유영필 목사 설교집

새벽에 산책한 하나님의 말씀

유영필 著

새벽 아직도 밝기 전에 예수께서 일어나 나가 한적한 곳으로 가사 거기서 기도하시더니(마가복음 1:35)

Very early in the morning, while it was still dark, Jesus got up, left the house and went off to a solitary place, where he prayed.(Mark 1:35)

도서출판 삼일

 The Lord's prayer

하늘에 계신 우리 아버지시여
이름이 거룩히 여김을 받으시오며 나라가 임하시오며
뜻이 하늘에서 이루어진 것 같이
땅에서도 이루어지이다
오늘 우리에게 일용할 양식을 주시옵고
우리가 우리에게 죄 지은 자를 사하여 준 것 같이
우리 죄를 사하여 주옵시고
우리를 시험에 들게 하지 마옵시고
다만 악에서 구하시옵소서
(나라와 권세와 영광이 아버지께 영원히 있사옵나이다. 아멘)

마태복음 6장 9하반절-13절

 새번역

하늘에 계신 우리 아버지,
아버지의[1] 이름을 거룩하게 하시며[2]
아버지의 나라가 오게 하시며,
아버지의 뜻이 하늘에서와 같이
땅에서도 이루어지게 하소서.
오늘 우리에게 일용할 양식을 주시고,
우리가 우리에게 잘못한 사람을 용서하여 준 것 같이
우리 죄를 용서하여 주시고,
우리를 시험에 빠지지 않게 하시고, 악에서 구하소서.
나라와 권능과 영광이 영원히 아버지의 것입니다. 아멘.

---

1) 원문 〈οὖν〉은 '당신의'라는 뜻이다.
2) '아버지께서 우리를 통하여 당신의 이름을 거룩하게 하소서'라는 의미가 함축되어 있다.

 The Apostles' Creed

전능하사 천지를 만드신 하나님 아버지를 내가 믿사오며,
그 외아들 우리 주 예수 그리스도를 믿사오니,
이는 성령으로 잉태하사 동정녀 마리아에게 나시고,
본디오 빌라도에게 고난을 받으사,
십자가에 못박혀 죽으시고,
장사한 지 사흘 만에 죽은 자 가운데서 다시 살아나시며,
하늘에 오르사, 전능하신 하나님 우편에 앉아 계시다가,
저리로서 산 자와 죽은 자를 심판하러 오시리라.
성령을 믿사오며, 거룩한 공회와, 성도가 서로 교통하는 것과,
죄를 사하여 주시는 것과, 몸이 다시 사는 것과,
영원히 사는 것을 믿사옵나이다. 아멘.

3) 새번역

나는 전능하신 아버지 하나님, 천지의 창조주를 믿습니다.
나는 그의 유일하신 아들
우리 주 예수 그리스도를 믿습니다.
그는 성령으로 잉태되어 동정녀 마리아에게서 나시고,
본디오 빌라도에게 고난을 받아 십자가에 못 박혀 죽으시고,
장사된 지4) 사흘 만에 죽은 자 가운데서 다시 살아나셨으며,
하늘에 오르시어 전능하신 아버지 하나님 우편에 앉아 계시다가,
거기로부터 살아 있는 자와 죽은 자를 심판하러 오십니다.
나는 성령을 믿으며, 걸구한 공교회와 성도의 교제와
죄를 용서받는 것과 몸의 부활과 영생을 믿습니다. 아멘.

---

3) '사도신조'로도 번역할 수 있다.
4) '장사되시어 지옥에 내려가신 지'가 공인된 원문(Forma Recepta)에는 있으나, 대다수 본문에는 없다.

추천사

우리 인터내셔널 서울김포영광교회 협동목사인 유영필 목사가 2013년 6월 순천세무서장으로 공직을 마무리하고 세무사로 활동하면서 새벽예배 설교 등 분주한 가운데 이번 "새벽에 산책한 하나님의 말씀"이란 설교집을 출간함에 먼저 축하를 드립니다.

평소 성실한 자세로 모범적으로 신앙생활하면서 틈틈이 취미생활하는 색소폰연주도 1급지도사자격증 소지자로 찬양곡을 연주하며 온 성도에게 은혜를 끼치고 하나님께 영광돌리는 모습도 참으로 아름다웠는데 신·구약 66권을 전체적으로 다룬 설교집을 내놓은 것은 코로나19라는 세계적 펜데믹 상황에서 비대면 예배라는 극약처방속에 서적을 통해서라도 말씀의 은혜를 경험할 수 있다는 점에서 정말 다행스럽다고 생각합니다.

설교집 내용의 우수성이나 질적 수준을 평가하기보다는 성도들에게 새벽예배시 생명의 말씀인 성경 전체를 통해 은혜를 전달했다는 점에서 그동안의 수고에 박수를 보냅니다.

저자는 책의 표지에 기록된 것처럼 마가복음 1장 35절 "새벽 아직도 밝기 전에 예수께서 일어나 나가 한적한 곳으로 가사 거기서 기도하시더니" 말씀을 모토삼아 기도에 힘쓴 사람이었습니다.

바라기는 저자와 이 책 "새벽에 산책한 하나님의 말씀"을 읽는 모든 사람들에게, 우리 주 예수 그리스도의 크신 은혜와 하나님 아버지의 다함없는 사랑과 성령의 감동·감화 역사하심이 함께 하시기를 축원합니다. 히브리서 4장 12절의 말씀처럼 살아있는 말씀으로 승리하길 원하는 크리스챤들에게 이 책이 읽혀지길 바라며 책장을 넘길 때마다 은혜가 넘치시길 바랍니다.

2021년 8월 15일 광복절에
꼬뿔소 목사 **박 영 민**
(인터내셔널 서울김포영광교회 담임목사)

머리말

저는 1955년 군산에서 가난한 목수의 아들로 태어나 1974년 군산고등학교를 졸업하고 약관 20세에 공무원 말단인 9급공무원으로 투신한 이래 2013년 6월 **순천세무서장으로 명예퇴임**하기까지 약 38년 7개월 동안 공직생활을 한 바, '최선의 절세는 성실납세하는 것'입니다.

하나님은 부족한 저에게 국가의 홍조근정훈장(박근혜 대통령), 두 대통령(김대중, 이명박)의 표창과 모범공무원으로 총리표창을 수여하였고 경제부총리와 교육부총리, 정통부장관 표창과 부대장 표창 등 다수의 상도 받아 보았으며 자랑같으나 지난 2019년 전라남도 미술대전 제55회 서예부문에서 과분하게 대상을 받은 바 있으며 올해에는 대한민국 미술대전 초대작가가 되기도 했습니다.

군대는 부산의 모 부대의 **군종병으로 군대생활**을 하였으며 2017년 김포한강신도시로 전입하여 세무사로 지내는 중 지난 **민선7기 김포시장에 출마하여 6,214표 득표로 낙선을 경험**했습니다.

세무사로서 한국세무사회 상임이사인 홍보이사를 역임하고 홍남기 경제부총리 표창도 수상했습니다.

지난 2017년 사전 지식은 물론 아무런 상식도 없는 김포 땅에 첫발을 내 딛고 그해 3월 4일 평소 좋아하는 여행차원에서 강화도 고인돌박물관 방문 후 귀가 길에 착각으로 역주행하여 쌍방간에 타고 있던 차를 모두 폐차할 정도의 큰 사고였으나 사람은 피한방울도 흘리지 않고 멀쩡했습니다.

잠자리에 들었던 저는 사고 당시가 불현 듯 떠오르며 오늘 내가 죽어도 피투성이가 되어 죽었어야 하나 편안하게 잠자리에 든다는 것이 천만다행이다는 생각으로 결국 저는 **이렇게 고백**했습니다.

하나님! 죽음의 자리에서 건져주시고 생명을 **연장해 주신** 하나님의 은혜 감사합니다.

남은 여생은 주님 위하여 살겠습니다. 그리하여 그해 10월 27일 목사 임직을 받게 되었고 김포참된교회에서 약 1년여 동안 협동목사로 섬기다가 단독으로 교회를 개척하려고 하였으나 개척이라는 것이 쉬운 일이 아니었습니다. 그리하여 혼자서 사무실에서 예배를 드리기도 하였고, 주위의 교회내지는 장로로 섬기던 안양동은교회를 오가기도 하며 정착하지 못하고 신앙적으로 방황하는 시간을 보내면서 내 신앙을 위해서도 주님 일을 해야만 살겠다는 생각으로 김포영광교회의 박영민 담임목사님께 전화를 걸어 목사신분 노출하지 않고 주일학교 교사로 봉사하고 싶다고 제 심정을 밝혔는데 분에 넘치게 부족한 사람을 **협동목사로 임명**하여 주셨고 간헐적이나 저녁설교와 새벽설교를 담당하는 기회를 주셨습니다. 저는 설교준비하면서 마지막 죽어가는 분들에게 마지막 설교라는 생각으로 심히 부족하나 심혈을 기울였습니다. 정말 최선을 다하였습니다.

설교의 내용과 순서 등 고민하다가 최종적으로 신·구약 성경을 신약의 짧은 장부터 시작하여 긴 장 순서로 구약까지 설교를 하기로 하고 **새벽예배시 신약 27권과 구약 39권 도합 66권을 다룬 점을 살려『새벽에 산책한 하나님의 말씀』으로 책명을 정했으며 설교 제목은 가급적 본문의 내용 중 말씀으로 제목을 삼았습니다.**

제가 책을 만드는 목적은 내용이 알차거나 좋아서가 아니라 그동안 고생한 저의 수고의 밤을 정리하여 간직하고 싶은 마음에서 감히 책을 내 놓습니다. 널리 양해하여 주시고 **다소라도 신앙생활하면서 성경을 이해하는데 보탬이 되길 바라는 마음뿐입니다.** 허락해 주신 **서울김포영광교회 박영민 담임목사님**과 새벽설교를 들어 주신 **성도님들**과 살아갈수록 고맙고 아름다운 **아내 최선자**와 **아들 은상**과 귀여운 **하연**과 **하린 두 손녀**에게 **사랑을 전하며**, 늘 사랑과 격려를 아끼지 않는 **삼일기획의 홍연희 사장님**께 깊은 **감사를** 드립니다.

오직 하나님께 영광을 돌립니다.

2021년 8월 15일 76주년 광복절을 맞아 저자 **유 영 필** 올림

차 례

추천사 …

머리말 …

제Ⅰ부. 새벽설교   1

제1장 신약성경   3

1. 전도자 바울과 거듭난 자 (오네시모/빌레몬서1:1-25/ ♪ 199, 235)   5
2. 예수 안에 있는 존귀한 자 (요한2서1:1-3/ ♪ 202)   11
3. 사랑의 목자상 (요한3서1:1-4/ ♪ 304)   17
4. 힘써 싸우라 (유다서1:3-4/ ♪ 357, 348)   22
5. 거짓 가르침에 대한 교훈 (데살로니가 후서2:1-12/ ♪ 336)   27
6. 교회 장로의 자격 (디도서1:1-9/ ♪ 430)   32
7. 마지막 때의 삶 (베드로후서3:8-13/ ♪ 176)   36
8. 성도의 가는 길 (빌립보서3:12-14/ ♪ 438, 420)   41
9. 성도의 새 생활 (골로새서3:1-11/ ♪ 436, 423)   47
10. 모범적인 교회 (데살로니가 전서1:1-10/ ♪ 95, 245)   54
11. 모든 성경은? (디모데후서3:13-17/ ♪ 202, 199)   61
12. 주님 중심의 생활 (야고보서1:1-11/ ♪ 534, 465)   68
13. 만물의 마지막이 가까이 왔으니 (베드로전서4:7-11/ ♪ 90, 176)   75
14. 하나님은 사랑이심이라 (요한일서5:7-21/ ♪ 505, 503)   83
15. 사람이 의롭게 되는 것은? (갈라디아서2:15-21/ ♪ 259, 516)   90
16. 찬송하리로다 (에베소서1:3-14/ ♪ 259, 304)   96

17. 자족하는 마음 (디모데전서6:6-10/ ♪ 390, 401)   101

18. 그리스도 안에 있으면 (고린도후서5:17-19/ ♪ 527, 508)   108

19. 하나님의 말씀은? (히브리서4:12-13/ ♪ 200)   115

20. 사람이 등불을 가져오는 것은 (마가복음4:21-25/ ♪ 500, 510)   121

21. 하나님을 사랑하는 자 (로마서8:28-31/ ♪ 441, 449)   127

22. 하나님의 증거를 전할 때에 (고린도전서2:1-5/ ♪ 505, 518)   133

23. 예수님께서 행하신 표적 (요한복음6:1-15/ ♪ 542, 543)   138

24. 십사만 사천이 서 있는데 (요한계시록14:1-7/ ♪ 210, 9)   144

25. 너희가 기도할 때에 이렇게 하라 (누가복음11:1-4/ ♪ 420, 635)   149

26. 입을 열어 가르쳐 이르시되 (마태복음5:1-12/ ♪ 28, 427)   155

27. 한밤중에 바울과 실라가 기도하매 (사도행전16:24-34/ ♪ 357, 361)   161

제2장 구약성경   167

1. 구원받은 자들 (오바댜1:17-21/ ♪ 445, 545)   169

2. 내가 너희에게 복을 주리라 (학개1:8, 14-19/ ♪ 449, 453)   175

3. 내가 내 영을 만민에게 부어 주리니 (요엘2:28-32/ ♪ 185, 190, 191)   181

4. 니느웨에 대한 경고 (나훔1:1-8/ ♪ 528, 538)   187

5. 구원의 하나님으로 기뻐하리로다 (하박국3:16-19/ ♪ 182, 185)   192

6. 너의 하나님 여호와가 너희 가운데 계시니 (스바냐3:14-20/ ♪ 430, 429)   198

7. 어머니의 하나님이 나의 하나님 (룻기1:15-22/ ♪ 384, 144)   204

8. 물고기 뱃속에서 기도한 요나 (요나2:1-10/ ♪ 524, 529)   210

9. 말라기를 통하여 이스라엘에게 말씀하신 경고 (말라기1:1-5/ ♪ 524, 529)   220

10. 고난 중에 소망을 주시는 하나님 (예레미야 애가3:19-26/ ♪ 259, 375)   226

차 례

11. 인애를 기뻐하시는 하나님 (미가서7:18-20/ ♪ 565, 566)	232
12. 내 사랑 너는 어여쁘고도 어여쁘도다 (아가서4:1-5/ ♪ 8, 336)	238
13. 그 날에 (아모스9:11-13/ ♪ 485, 175)	244
14. 에스라가 울며 기도하여 (에스라10:1-4/ ♪ 361, 364)	251
15. 죽으면 죽으리이다 (에스더4:1-17/ ♪ 311, 575)	257
16. 헛되고 헛되며 헛되고 헛되니 모든 것이 헛되도다 (전도서1:1-11/ ♪ 523, 375)	264
17. 큰 은총을 받은 사람이여 (다니엘10:19/ ♪ 144, 197)	271
18. 하늘의 하나님 앞에 기도한 느헤미야 (느헤미야1:1-11/ ♪ 365)	278
19. 마시고 음행하며 부끄러운 일 (호세아서4:11-19/ ♪ 9)	284
20. 너희는 내게로 돌아 오라 (스가랴서1:1-6/ ♪ 527)	291
21. 한 구원자를 세우셨으니 (사사기3:15-30/ ♪ 341)	298
22. 다윗이 죽을 날이 임박하매 (열왕기상2:1-9/ ♪ 312)	305
23. 눈의 아들 여호수아에게 말씀하여 이르시되 (여호수아1:1-9/ ♪ 546)	312
24. 이제 그대로 하라 (사무엘하3:17-21/ ♪ 393)	319
25. 디셉 사람 엘리야로다 (열왕기하1:8/ ♪ 408)	326
26. 포도주나 독주를 마시지 말라 (레위기10:8-15/ ♪ 325)	333
27. 하나님 여호와를 칭송하고 감사하며 찬양 (역대상16:1-6/ ♪ 197)	340
28. 만군의 여호와의 이름으로 나아 가노라 (사무엘상17:41-49/ ♪ 351)	347
29. 지혜로운 아들은 아비를 기쁘게 하거니와 (잠언10:1-14/ ♪ 277)	355
30. 나를 사랑하고 내 계명을 지키는 자에게는 천 대까지 은혜를 (신명기5:7-21/ ♪ 202)	361
31. 이스라엘 자손을 위하여 이렇게 축복하라 (민수기6:22-27/ ♪ 536)	367
32. 히스기야가 부와 영광이 지극한지라 (역대하32:27-33/ ♪ 272)	373
33. 이 노래로 여호와께 노래하니 (출애굽기15:1-18/ ♪ 303)	379
34. 욥에게 이전 모든 소유보다 갑절이나 (욥기42:10-17/ ♪ 538)	385

35. 내 입에서 달기가 꿀 같더라 (에스겔3:1-15/ ♪200)   391
36. 태초에 하나님이 천지를 창조 (창세기1:1-5/ ♪79)   397
37. 이 세대여! (예레미야2:29-37/ ♪529)   403
38. 말일에 (이사야2:1-11/ ♪179)   409
39. 네 짐을 여호와께 맡기라 (시편55:22/ ♪337)   415

제Ⅱ부. 저녁설교   421

 1. 하나님의 뜻 (데살로니가전서5:16-18/ ♪438,303/수요예배·간증설교)   423
 2. 천국이 이런 사람의 것 (마태복음19:13-15/ ♪565/수요예배·어린이 날 설교)   433

새벽설교

새벽 아직도 밝기 전에 예수께서 일어나 나가 한적한 곳으로 가사
거기서 기도하시더니(마가복음 1장 35절)

제1장

신약성경

전도자 바울과 거듭난 자 (오네시모/빌레몬서1:1-25/♪199, 235)

○ **목운동**(위아래, 좌, 우, 좌위아래, 우위아래, 좌로한바퀴, 우로 한바퀴돌리기)**으로 몸풀기로 시작**

○ **기도 후 사도신경**

생명의 말씀을 허락하사 영의 양식 삼을 수 있게 해주시니 참으로 감사합니다. 오늘은 성경의 책 별로 신약성경 짧은 장부터 살펴보려고 합니다. 심히 부족하오니 성령님 도우시사 말씀을 바로 알게 하여 주옵소서! 이 예언의 말씀을 읽고 듣고 지키는 자가 복이 있다고 했사오매 한없는 은혜와 복을 받게 하옵소서 모든 것 주께 맡기고 사랑의 예수님 이름으로 기도합니다. 아멘

○ **찬송가-1 : 199장(나의 사랑하는 책)**

이 찬송의 배경은 **딤후 3:15절** "또 어려서부터 성경을 알았나니 **성경은 능히 너로 하여금 그리스도 예수 안에 있는 믿음으로 말미암아 구원에 이르는 지혜가 있게 하느니라**"라는 말씀을 근거로 지어진 찬송입니다. 이곡의 작사자 **윌리암즈** 목사가 작곡자인 **틸만** 목사에게 **설교 후 부를 찬송**을 골라 줄 것을 부탁했는데 틸만은 윌리엄즈에게 "직접 작시를 해 보세요. 그러면 제가 곡을 만들어 드리겠습니다."라고 했답니다. 얼마 후 윌리암 목사는 이 찬송시를 지었고 이 가사를 본 틸만은 크게 감동받아 그 자리에서 바로 곡을 짓게 되었다고 합니다. 먼저 199장 찬송 부르시겠습니다.

○ **찬송가-2 : 235장(달고 오묘한 그 말씀)**

이 찬송의 성경적 근거는 **시편119편 : 103~105절** "주의 말씀의 맛이 내게 어찌 그리 단지요 내 입에 **꿀보다** 더 다니이다 104. 주의 법도들로 말미암아 내가 명철하게 되었으므로 모든 거짓 행위를 미워하나이다 **105.주의 말씀은 내 발에 등이요 내 길에 빛이니이다**"입니다. 이 찬송은 작사자인 **필립 블리스**가 주일 학교 신문인 「생명의 말씀」의 발행인 플레밍 레벨의 요청으로 지은 것입니다. **하나님의 말씀인 성경을 사랑하는 마음을 담고 있는 이 찬송**은 '성경이 아름답고 귀한 말씀 생명샘 이로다'라고 고백하는 찬송으로 많은 사람들에게 사랑받고 감동을 주며 특히 주일 학교에서 많이 불려지는 찬송으로 알려져 있습니다. 그러면 가사 생각하면서 200장 찬송가를 다함께 부르겠습니다.

○ 성경 : 빌레몬서1장입니다.
　　오늘 새벽시간에는 방금 읽은 마태복음 13편 1절에서 23절 말씀을 토대로 "빌레몬서 1장"을 살펴 볼까 합니다. 여러분 잘 아시다시피 **성경은 구약 몇장이고 신약은 몇장**이죠?
66국에 3927로 전화하면 천국에서 하나님께서 직접 전화 받으신다고 합니다. 무슨 말인가요 구약3곱하기 9는 27이지요? 39와 27을 합하면 총 66권이니까요?

여러분 새벽시간에 어떻게 말씀에 은혜를 드릴까 고민하다가 지난 주 목요일 혼자 기도하는 중 제 마음에 뭘 걱정하니? 하나님 말씀말고 다른 것 더 좋은 것 뭐가 있냐?는 물음이 저에게 왔습니다. 그래서 맞아 아멘!하고 앞으로 저에게 주어 주는 시간은 절기라든지 특별한 이유가 있지 않는한 신·구약 성경을 신약의 가장 짧은 장부터 긴장으로 구약까지 한번 경험해 보자는 생각을 했는데 좋은 것 같아요 저도 세계여행을 몇나라는 해 봤지만 세계일주는 못해 봤거든요 그러나 성경은 전체를 한번 저와 함께 여행하며 사진도 찍고 여행체험기도 쓰듯이 성경을 함께 찾아 보고 공부하면서 달고 오묘한 진리의 생명의 말씀을 맛보고 싶습니다.
사랑하는 성도 여러분!

먼저 **빌레몬서의 약자는 "몬"입니다. 저자는 사도 바울(Paul)입니다.** 다메섹도상에서 사울이 변하여 바울이 되었으나 전에는 악성과 독성과 죄성으로 예수 믿는 자를 핍박하고 못된 짓만 골라 하던 죄인중의 괴수라고 고백하던 사울이 바울로 된 것은 왜 네가 나를 핍박하느냐?은 음성을 듣고 깨어졌다고 하지요?
여러분도 환상과 음성을 들은 경험도 있을 줄 압니다. 저는 고등학교 졸업시 대학입시를 앞두고 교회를 쉬었다 입학후 다니면 되지 하고 청명한 가을하늘을 바라보니 당시의 상황을 간증처럼 소개하면 "십자가가 한 개에서 여러개로 나눠지다가 뭉개구름이 크게 원을 그리며 두 개로 나눠진 후 가운데는 큰 대로처럼 길이 생겨 바로 그 길이 천국가는 길 갔다 생각되어 바로 군산 성광교회가서 철야 하고 신앙생활을 쉬지 않고 지금까지 하고 있습니다. 그 때 십자가가 여러개로 흩어지며 나눠질 때 당시는 지붕위에 안테나가 있어서 바람에 흔들리는 것을 헛보고 잘못 본 것 아닌가하며 다시 보았을 때는 십자가 형상은 사라져 버렸습니다. 믿음 부족한 저에게 그런 환상을 보여주신 하나님이 계시기에 저는 살아 계신 하나님을 확신합니다.

기록시기는 주후 A.D 61년~63년 경이라고 합니다.

기록한 목적은 회개하고 돌아가는, 도망친 노예 오네시모를 그의 주인된 빌레몬이 그리스도의 사랑으로 받아들여 줄 것을 부탁하면서, 믿는 자들에게 용서와 사랑의 도를 가르치기를 원하여 기록하였습니다.

여기서 용서란 단어가 나오니까 마태복음의 성경 한 구절을 소개하고 싶습니다. 마태5장 23절 "그러므로 예물을 제단 앞에 드리려다가 거기서 네 형제에게 원망들을 만한 일이 있는 것이 생각나거든" 24절 "예물을 제단 앞에 두고 먼저 가서 형제와 화목하고 그 후에 와서 예물을 드리라"고 먼저 화목하고 예물을 드리라고 하십니다. 고난주간에 교독하는 교독문131번 내용처럼 주님은 억만 죄악가운데 죽어 마땅한 우리 죄인들을 위하여 "**우리의 질고를 지고 슬픔을 당하였거늘 그가 찔림은 우리의 허물 때문이요 그가 상함은 우리의 죄악 때문이라**"고 고백하거니와 평소 예배 때마다 **주님이 가르쳐 주신 주기도를** 외우면서 "우리가 우리에게 잘못한 사람을 용서하여 준 것 같이, 우리 죄를 용서하여 주시고"라고 하는데 습관처럼 암송하면 안됩니다. 주님이 우리 죄를 용서해 준 것처럼 나도 남의 죄를 용서해 주어야 합니다. 용서는 가장 신성한 승리라고 합니다. 우리 모두는 **용서의 사람이 됩시다.**

본서는 바울이 로마 옥중에서 빌레몬에게 보낸 편지로, 먼저 빌레몬을 위한 감사 기도를 한 다음, 빌레몬 집에서 도망친 노예 오네시모를 위해 간청합니다. 그리고 인사와 축도로 끝맺고 있는 바, 중요한 절을 중심으로 살펴 보겠습니다.

1:1 '예수를 위하여 갇힌 자' 이는 예수 그리스도의 복음을 전파하다가 로마 감옥에 갇힌 바울을 가리킵니다.
'우리의 사랑을 받는 자요 동역자인 빌레몬' 여기의 빌레몬은 당시 유복한 그리스도인들 가운데 한 사람으로 에베소에서 바울의 복음을 듣고 믿게 되었다고 합니다.

1:2 '네 집에 있는 교회에 편지하노니' 하는 네 집은 빌레몬 자신의 집을 예배 처소로 제공하였습니다. 초대교회는 대부분 신자들의 가정에 모여 예배를 드렸습니다.
　* 롬16:5 "또 저의 집에 있는 교회에도 문안하라"

* 고전16:19 "아시아의 교회들이 너희에게 문안하고 아굴라와 브리스가와 그 집에 있는 교회가 주 안에서 너희에게 간절히 문안하고"
* 골4:15 "라오디게아에 있는 형제들과 눔바와 그 여자의 집에 있는 교회에 문안하고" 등 초대교회 당시에는 **가정에 모여 예배드린** 사실을 확인할 수 있습니다.

1:6 "**믿음의 교제**"가 나오는데 이는 **신앙안에서 성도간의 사귐**을 의미하는 것으로 신앙적인 것 물론이고 **영적인 교제** 분만 아니라 **물질적인 교제**까지 의미하고 있습니다.
* 마6:21 "네 보물 있는 그 곳에는 네 마음도 있느니라"

1:10 "**갇힌 중에서 낳은 아들**" 바울이 옥에 갇혀 있는 동안에 오네시모를 전도하여 구원을 받게 했다는 뜻으로 **옥중에서 바울의 영적 아들로 삼았다는 것**입니다.

1:24 "**또한 나의 동역자 마가, 아리스다고, 데마, 누가가 문안하느니라**" 두 인물 **아리스다고와 데마**를 알아보겠습니다.
'**아리스다고**'는 데살로니가 교회의 대표자로서 헌금을 관리하며 바울과 함께 예루살렘으로 갔으며
* 행20:4 "아시아까지 함께 가는 자는 베뢰아 사람 부로의 아들 소바더와 **데살로니가 사람 아리스다고**"와 하반절 생략...

'**데마**' 본서의 기록 당시까지는 바울과 함께 있었으나 후에는 **세상을 더 사랑하여 바울을 버리고 떠나갔답니다.**
* 데마는 이 세상을 사랑하여 나를 버리고 데살로니가로 갔고 그레스게는 갈라디아로, 디도는 달마디아로 갔고(딤후4:10)

그러면 이제 설교형식으로 "**전도자 바울**"과 "**거듭난 자 오네시모**"에 대해 살펴보며 은혜를 나누고자 합니다.

먼저 **전도자 바울**은

첫째는 **나이 많은 바울**이였습니다. 9절에 보니 "도리어 사랑으로써 간구하노라 나이가 많은 나 바울은 지금 또 예수 그리스도를 위하여 갇힌 자 되어"
로마의 감옥에 갇힌 바울은 자신의 말대로 **노인**이였습니다. 그는 젊은 시절 혈기로 그리스도인을 핍박하고 협박했던 인물이였습니다. 전에는 **핍박자요 훼방자**였으나 다메섹 회심이

후 그는 하나님의 은혜 복음 증거하는 일을 위해 생명을 조금도 귀한 것으로 여기지 않는다고 고백했습니다.

* 행20:24 "내가 달려갈 길과 주 예수께 받은 사명 곧 하나님의 은혜의 복음을 증언하는 일을 마치려 함에는 나의 생명조차 조금도 귀한 것으로 여기지 아니하노라"

백발이 성성한 할아버지가, 또는 허리가 굽은 할머니가 전도지를 들고 나눠 주는 모습은 하나님께서 보시기에 그 어떤 젊은이의 봉사보다 훨씬 아름다운 모습 아니겠습니까?
사랑하는 성도 여러분!
결론은 나이 먹었다고, 나는 힘이 없어 못한다는 것은 노인 바울 앞에서 핑계댈 수 없는 것 맞지요?

둘째는 9절 하반절 말씀대로 **예수 그리스도를 위하여 갇힌 자** 되었다고 합니다.
사도 바울은 자신의 고백처럼 그 어떤 사도들보다 더 많이 옥에 갇히고 더 많이 죽음의 위협을 받았습니다.

* 고후6:4-5 "4.오직 모든 일에 하나님의 일꾼으로 자천하여 **많이 견디는 것**과 **환난과 궁핍과 고난과**
    5. 매 맞음과 갇힘과 난동과 수고로움과 자지 못함과 먹지 못함 가운데서도"

고후 11:23 "그들이 그리스도의 일꾼이냐 정신 없는 말을 하거니와 나는 더욱 그러하도다 내가 수고를 넘치도록 하고 옥에 갇히기도 더 많이 하고 매도 수없이 맞고 여러 번 죽을 뻔 하였으니"

십자가의 길을 걸어 온 바울 사도는 세상 부귀 안일함을 미련없이 포기하고 차가운 감옥 생활속에서도 오히려 기쁨과 보람된 삶을 영위하였습니다.
요약하면 **전도자 바울은 나이에 불구**하고 전도사명을 다하였고 옥에 갇혀 죽는 순간까지 주를 위해 살았습니다.
우리도 바울처럼 사는 동안 전도사명을 잘 감당하도록 합시다.

다음은 **거듭난 자 오네시모의 생애**에 대해 살펴보겠습니다.
첫째는 거듭나기 전의 사람 오네시모에 대해 알아 보면
오네시모는 빌레몬의 가정에 종으로 있던 사람으로 **믿기 전에는 무익한 사람**이었습니다.
빌레몬의 종으로 **믿기 전에는 죄의 종**이었지만 **믿은 후에는 하나님의 종**이 되었습니다.

둘째는 거듭난 후의 변화된 사람은 어떤 사람인가요?
1) 하나님과 사람앞에 **유익한 사람**으로 변화되었습니다.
2) 바울 사도의 심복이 되어 불의한 자에서 **믿을만한 인품으로 변화**되었습니다.
3) 잠시동안 일시적으로 바울 사도를 떠났으나 거듭난 후로는 **영원히 같이 동행하는 자**가 되었습니다.
4) 전에는 마귀의 종이었으나 **거듭난 후로는 하나님의 자녀**가 되었습니다. 이는 **하나님의 복과 은혜**인 것입니다.
   * **주일학교 찬양**이지요?
     하늘나라는 돈으로도 못가요 지식갖고 못가고 얼굴 예뻐도 못가지만 **거듭나면 가는 나라 하나님 나라입니다.**

이 하루도 빌레몬서 강해 통해 얻은 말씀대로 **사도바울처럼 전도하며 사는 복된 하루** 되시기를 간절히 축원합니다.

다음 주 **8월13일 목요일** 새벽은 **요한2서**를 연구해 오겠습니다. 기대하십시요

○ 주기도문으로 마침
○ 웃음치료(웃음박케스)

(기도 제목)
1. 이번 주 **토요일 주례**하시는 박영민 담임목사님 말씀통해 모인 모든 사람들이 은혜 받고 예수믿게 해 달라고
2. 낮 12시 임계점 기도와 밤9시 작전실 기도회 온 성도들 동참하게
3. 자녀의 장래와 부부문제, 사업문제 등 **현재 겪는 모든 문제**
4. 포괄적 차별금지법과 자유대한민국수호를 위해 개인 기도 등 자유롭게 기도하다가 돌아 가시기 바랍니다.

   "너는 내게 **부르짖으라** 내가 네게 **응답하겠고**
   네가 알지 못하는 크고 은밀한 일을 네게 **보이리라**(예레미야33:3)"

   * 주여! 삼창하고 부르짖겠습니다

2 예수 안에 있는 존귀한 자 (요한2서1:1-3 / ♪202)

○ 목운동(위아래, 좌, 우, 좌위아래, 우위아래, 좌로한바퀴, 우로 한바퀴돌리기)으로 몸풀기로 시작

○ 기도 후 사도신경
　* 살아있는 하나님의 말씀을 통해 이 새벽에 은혜받게 하여 주시니 감사합니다. 말씀의 은혜와 기도의 응답을 체험하는 귀한 시간들이 되게 하옵소서 모든 말씀을 사랑의 예수님 이름으로 감사하옵고 기도드리옵나이다. 아멘

○ 찬송가-1 : 202장(하나님 아버지 주신 책은)
　* 이 찬송의 배경은 요 15:9절 "아버지께서 나를 사랑하신 것 같이 나도 너희를 사랑하였으니 나의 사랑 안에 거하라"
라는 말씀을 근거로 지어진 찬송입니다. 이곡의 작사자 블리스가 부흥사 휘틀과 함께 부흥 집회를 인도하던 어느 날, 청중들과 찬송가를 불렀는데 이 때 **작시자 블리스의 마음속에 이런 생각이 떠올랐습니다.**
이제는 나에 대한 하나님의 크신 사랑을 노래해야 하지 않을까? 하고 지은 것이 바로 이 찬송 '하나님 아버지 주신 책은'입니다. 202장 찬송 부르시겠습니다.

○ 지난 주는 빌레몬서 1장이었는데 여러분 요지를 기억하시죠? 빌레몬의 약자는 몬이고요 저자는 옥중에서 노인 사도 바울였지요 내용은 도망친 오네시모를 빌레몬이 용서하고 사랑하길 원하여 기록하였다고 했고 옥에도 갇히고 매도 많이 맞고 여러 번 죽을 뻔하였으나 전도에 힘썼던 그 유명한 그의 고백으로 그는 하나님의 은혜 복음 증거하는 일을 위해 생명을 조금도 귀한 것으로 여기지 않는다고 하였지요
　* 행20:24 "내가 달려갈 길과 주 예수께 받은 사명 곧 하나님의 은혜의 복음을 증언하는 일을 마치려 함에는 나의 생명조차 조금도 귀한 것으로 여기지 아니하노라" 했습니다.

○ 성경 : 오늘 새벽시간에는 방금 읽은 **요한2서**의 말씀을 토대로 살펴보며 은혜를 나누고자 합니다.

먼저 요한이서의 약자는 "요이"입니다. 저자는 사도 요한(John)입니다.
기록시기는 주후 A.D 95년~96년 경이라고 합니다.

기록한 목적은 기독교 진리를 왜곡하면서 그럴 듯한 궤변으로 성도를 미혹하는 거짓 교사들에 대한 경고와 적그리스도를 경계하고, 주님의 새 계명인 서로 사랑하라고 하는 하나님의 계명에 따라 성도간에 서로 사랑할 것을 권고하기 위해 이 편지를 썼습니다.

본서의 구성은
1. 인사말/1-4절   2. 사랑에 대한 명령/5-6
3. 거짓 선생에 대한 경계/7-11   4. 맺는 말/12-13

먼저 1절에 문안 인사 후 사도 요한은 그리스도 안에서 형제 사랑을 돈독히 할 것과 영지주의 이단 사상을 가르치는 거짓 교사들을 경계할 것을 권한 후 마지막 인사말로 끝을 맺고 있는 바, 의미있는 몇절을 살펴 보겠습니다.

1:9 '지나쳐' 이말은 '앞서가다' '한계를 넘어서다'의 뜻으로 하나님의 진리를 벗어나 헛된 사상의 영역으로 나아가는 것을 의미합니다. 다시말해 영지주의자들을 염두해 두고 한 말입니다. 여기서 한계선을 넘는다는 것은 우리는 세계의 유일한 분단국가인데 38선 휴전선을 넘어서는 순간 죽음이지요? 마찬가지로 그리스도의 교훈안에 거하지 아니하고 지나치는 것은 하나님 아버지와 사귐을 절교하는 거나 같다고 교훈합니다. 우리는 마치 송충이가 죽으나 사나 소나무에 붙어 솔잎 먹고 살아야지 살 듯, 어항속의 금붕어가 물을 먹고 살아야 하듯 우리는 주님 품을 떠나 살 수 없고 송충이의 솔잎처럼 금붕어의 물처럼 신자에게는 하나님의 말씀을 영의 양식삼아 계시록 1:3절의 말씀처럼 "이 예언의 말씀을 읽는 자와 듣는 자와 그 가운데 기록한 것을 지키는 자가 복이 있나니 때가 가까움이라"는 그 날(The Day), 즉 마지막 날(End Time)을 알아야 합니다.

1:11 '그에게 인사하는 자는…참여하는 자임이라' 본 절은 앞절 10절에 "누구든지 이 교훈을 가지지 않고 너희에게 나아가거든 그를 집에 들이지도 말고 인사도 하지 말라"고 단호하게 말한 이유를 밝혀 주고 있습니다. 논에서 모내기 할 때 거머리가 장단지에 붙으면 살살 떼면 떨어질 듯 말 듯 하다가 그대로 붙어있지요? 딱 단호하게 때려야 딱

떨어지듯 선과 악을 명확히 확실히 구분하라는 것입니다. 술에 물탄듯하면 안된다하여 **주님은 뜨겁든지 차겁든지 하지 아니하고 미지근하면 내 입에서 토해 내신다고** 하십니다. 일반적으로 교회안에 들어오면 거룩한 하나님의 백성으로 살고 교회문만 나가면 세상과 짝하여 세상물결과 풍습따라 자행자죄하며 사는 것을 경고합니다. '성도'는 거룩할 성자에 무리 도입니다. 따라서 하나님의 자녀답게 구분되게 살아야 하는 것입니다. 저는 이번주 8.15일 토요일 오후 노들섬에서 **빈체로 앙상블 색소폰연주**를 합니다. 비용도 많이 들어 갔습니다. 그러나 주일인 9.6일 세종문화회관행사와 10월 행사 등이 주일이라서 단호히 탈퇴하기로 정했습니다. 협동목사이지만 목사가 되어 가지고 주일을 범하는 것은 본이 안 되고 저 자신의 신앙양심상 용납할 수 없기 때문입니다.

다시 말하면 미혹하는 자들을 맞이함으로 그들의 거짓된 가르침을 퍼뜨리도록 허용한다면 엄청난 영향을 주어 믿음이 약한 형제들을 교회를 떠나 믿음생활을 소홀히 할 수 있습니다. 그러기 때문에 **처음부터 이단자들에 대하여 단호한 태도를 보여야 한다는 것**입니다. 만약 적당히 대응한다면 궁극적으로는 **이단자들의 악한 일에 동참하는 자**가 되므로 하나님의 심판을 면할 수 없다고 경고합니다.

1:13 "택하심을…문안하느니라" 요한 1서는 마지막 문안인사가 생략된 체 서신이 끝나는 반면 요한2서는 비록 내용은 간단하지만 "**택하심을 받은 네 자매의 자녀들이 네게 문안하느니라**"라고 당시 서신의 일반적인 형식을 따라 마지막 문안 인사를 하고 있습니다.

속담에 '웃는 얼굴에 침 못 뱉는 다'는 말이 있습니다. 우리 삶 가운데서도 인사를 잘하는 사람들의 첫인상(First Impression)이 중요하다고 하지요 특히 면접볼 때 보는 몇초간의 느낌이 합격여부를 결정할 수 도 있다는 말을 들었습니다.

그러면 이제 "**예수 안에 있는 존귀**"라는 제목으로 예수안에 있는 존귀한 자는 어떤 자인가를 살펴보며 은혜받고자 합니다.

첫째는 택하심을 입은자가 되었습니다.
예수 안에 있는 자들은 하나님의 택하심을 입은 자들입니다. 우리가 하나님을 택한 것이 아니라 하나님이 우리를 택하여 세우셨습니다. 우리가 자격이 있어서 택함을 받은 것이 아니라 전적으로 하나님의 은혜로 택하심을 받은 것입니다. 이것이 바로 칼빈의 예정론에 의한 하나님의 전적 은혜인 것입니다. 성경은 우리가 '택하신 족속이요, 왕같은 제사장이요 거룩한 나라요 그의 소유된 백성이라고 벧전 2:9은 말합니다.

둘째는 참으로 사랑받는 자가 되었습니다
예수 안에 있는 자들은 하나님의 참으로 사랑받는 자들입니다. 예수 안에 있는 자들을 말씀하다 보니 "예수 안에 있는 나에게"란 복음송이 생각납니다.

♪ 예수안에 있는 나에게 결코 정죄함 없네 생명의 성령의 법이 해방하였네 오직 예수 죄와 사망에서 나를 구원했네.
그렇습니다. 하나님이 우리를 사랑하시면 아무도 우리를 해하지 못합니다. 막혔던 우리의 삶이 형통하게되는 것입니다.
롬8:35절 말씀과 같이 "누가 우리를 그리스도의 사랑에서 끊으리요 환난이나 곤고나 박해나 기근이나 적신이나 위험이나 칼이랴
38절 "내가 확신하노니 사망이나 생명이나 천사들이나 권세자들이나 현재 일이나 장래 일이나 능력이나"
39절 "높음이나 깊음이나 다른 어떤 피조물이라도 우리를 우리 주 그리스도 예수 안에 있는 하나님의 사랑에서 끊을 수 없으리라"

♪ 당신은 사랑받기 위해 태어난 사람 당신의 삶 속에서 그 사랑 받고 있지요 지금도 그 사랑 받고 있지요
주일학교다니는 초등학생은 엄마와 함께 나와 새벽기도한다는 것이 얼마나 다행스럽고 감사한 일입니까? 기도하는 엄마가 있는 한 그 자녀는 반드시 성공합니다. 기도하는 백성은 망하지 않는다고 합니다.
생일 축하곡으로도 많이 불리는 가스펠 송이지요

천지의 주재자시오 인생의 생사화복을 주관하시며 삼라만상의 주인되시는 **전능하신 하나님 아버지의 사랑받는 자녀가 된다는 것이** 그 얼마나 가치있는 일인가요?
그런데도 불구하고 세상의 허다한 사람들은 어리석게도 이 귀한 하나님 자녀의 직분을 포기하고 세상에 속하여 세상과 짝하며 세상풍습따라 물결따라 마음대로 살다가 지옥불에 떨어지는 미련함을 선택하고 삽니다. 우리는 이 세상에 살면서 무엇이 중요하며

급한 일인가 참으로 가치있는 일인가를 판단하며 "선택과 집중"을 지혜롭게 잘 하는 지혜로운 삶 사시는 저와 여러분이 되시기 바랍니다.

마지막은 은혜와 긍휼, 평강이 함께하는 자가 되었습니다.
사람이면 누구나가 자신이 존귀하게 되고 복된 삶을 누리기를 원합니다. 예수 안에 있는 자에게는 주의 은혜와 긍휼, 평강이 함께하시는 **임마누엘의 하나님께서 늘 함께** 합니다 은혜안에 거하는 자는 복이 있습니다. 또 평강가운데 거하는 자도 **여호와 샬롬의 복**이 있습니다.

사랑하는 성도 여러분!
이 새벽에 기도하러 나오신 여러분에게 이와 같은 **은혜와 평강의 복**이 넘치시길 간절히 소원합니다. 아멘이지요?
아멘 좀 합시다.

이 하루도 **요한2서 강해**를 통해 들은 말씀대로 택하심을 받고 참으로 사랑받는 주님의 자녀로 은혜와 긍휼과 평강이 함께 하는 **복된 하루 하루**를 살아가는 저와 여러분이 되시기를 간절히 축원합니다.

다음 주 **8월20일** 목요일 새벽은 **요한3서**를 이어서 보겠습니다. 기대하십시오

○ **주기도문으로 마침**
○ **웃음치료(웃음박케스)**

(기도 제목)
1. 박영민 담임목사님의 오산리기도원 말씀중 기도하면 초자연적기적(Super natural miracal)이 생긴다고 하셨습니다. 오늘 이 새벽에 기도하여 큰 능력받는 시간달라고
2. 낮 12시 **임계점 기도**와 밤9시 작전실 기도회 온 성도들 참여하게
3. 자녀의 장래와 부부문제, 사업문제 등 **현재 겪는 모든 문제**
4. 나라와 민족을 위해기도, 개인적 기도제목 등 자유롭게 기도하다가 돌아 가시기 바랍니다.

"너는 내게 부르짖으라 내가 네게 응답하겠고
네가 알지 못하는 크고 은밀한 일을 네게 보이리라(예레미야33:3)"

* 주여! 삼창하고 부르짖겠습니다

3. 사랑의 목자상 (요한3서1:1-4/ ♪304)

지난 번 말씀은 요한2서였는데 한번 기억을 살려 볼까요?
요한2서의 약자는 '요이'고요 저자는 사도 요한였지요

기록시기는 주후 A.D 95년~96년 경이라고 했지요.

기록한 목적은 기독교 진리를 왜곡하면서 그럴 듯한 궤변으로 성도를 미혹하는 **거짓 교사들에 대한 경고**와 **적그리스도를 경계**하고, 주님의 새 계명으로 성도간에 서로 사랑할 것을 권고하기 위해 이 편지를 썼다고 했습니다.

오늘 살펴볼 요한3서의 개요를 먼저 살펴보겠습니다.
요한3서의 약자는 '요삼'이고요 저자와 기록시기는 요한2서와 같이 사도 요한이고 **주후 A.D 95년~96년 경**입니다.

기록한 목적은 당시 복음 전도자들을 선하게 접대한 '가이오'를 칭찬하고, 반대로 교만하고 오만방자하게 복음 전도자들을 배척한 '디오드레베'를 본받지 말 것을 권고하기 위하여 이 편지를 썼습니다.
먼저 1절에 "장로인 나는 사랑하는 가이오 곧 내가 참으로 사랑하는 자에게 편지하노라"에서 가이오는 이 편지의 수신자로, 버가모 교회의 감독이라는 설이 있으나 정확하지는 않다고 합니다.
4절에 "내가 내 자녀들이 진리 안에서 행한다 함을 듣는 것보다 더 기쁜 일이 없도다"의 진리 안에서 행한다는 말을 하나님의 **말씀대로 사는 삶**, 즉 하나님의 진리를 따르는 것으로 전도자의 큰 기쁨이 되었습니다. 요8:32은 "진리를 알지니 진리가 너희를 자유롭게 하리라" 라고 하지요 우리는 진리를 따라 **바르게 정의롭게 살아야** 합니다. 왜냐하면 **진리를 따라 사는 것이 성도들이 천국에서 받을 면류관이요 상급이기 때문**입니다.

* 빌4:1 "그러므로 나의 사랑하고 사모하는 형제들, 나의 기쁨이요 면류관인 사랑하는 자들아 이와 같이 주 안에 서라"

여러분! 우리가 어느 편에 서는가 하는 것은 참으로 중요합니다. 영락교회 **한경직 목사님** 설교집을 읽다 보니 압록강물이 좌우 어디로 흐르냐에 따라 **동해와 서해로 나눠져서** 다시는 만날 수 없다고 하며 선택이 중요하다고 했습니다.

예수를 믿느냐 안 믿느냐 하는 **신·불신은 천국과 지옥의 티켓을 미리 끝어 놓는 것과 같다는 대목이** 떠오르는군요. 취사선택을 잘 해야 합니다. 고3학생의 경우는 학과 선택에 따라 사범학교가면 교사되고 육사가면 군인되고 법대가면 법조인되듯 순간의 **선택이 일생을 좌우할 수 있으므로** 선택할 때는 고민 **많이** 하고 **신중해야** 하지요?

동의 하면 아멘 한번 합시다?

13절의 "내가 네게 **쓸 것이 많으나** 먹과 붓으로 쓰기를 원하지 아니하고" 이 말은 사랑하는 가이오에게 좀 더 많은 것을 말하고 싶으나 **편지로는 제한되어 다 쓸 수 없기에** 만나서 날새며 원없이 이야기 해보자는 뜻이 담겨있지요.

♪**찬송가 304장(그 크신 하나님의 사랑)3절의 가사보면**

"하늘을 두루 마리 삼고 바다를 먹물 삼아도 한 없는 하나님의 사랑 다 기록 할 수 없겠네
하나님의 크신 사랑 그 어찌 다 쓸까 저 하늘 높이 쌓아도 채우지 못하리
후렴) 하나님 크신 사랑은 측량 다 못하네 **영원히 변치 않는 사랑 성도여 찬양하세**"

그러면 이제 오늘 설교제목으로 본문 1절에서 4절에 보면 참으로 아름다운 사랑으로 사랑의 목자상을 보면서 **"사랑의 목자상"**이란 제목으로 함께 은혜의 시간 되시길 바랍니다.

첫째는 사랑의 목자상은 목자의 관심이 중요합니다.

관심이 뭘까요? 목자의 유일한 관심은 오직 양들 뿐인 것입니다. 예화) 어제 저녁에 CBS의 "새롭게 하소서"를 듣는 중 텔런트인 황신혜배우의 남동생이 교통사고로 목 아래로 전신불구자가 되었을 때 어머니는 삶의 목적을 잃고 인생을 포기했다고 하더 군요 왜 그랬을까요? 관심이 사랑하는 아들였기 때문이지요. 우리의 관심이 중요하지요 그런데 본분을 잃어버리고 딴 생각하면 안되지요?

세상에서도 흔히 염불하는자가 잿밥에 정신팔리면 안된다고 합니다. 특히, 목자는 다른 명예나 권세나 물질에 욕심을 내면 안됩니다. 오직 양무리에게만 관심을 집중해야 하나 **양들 이외에 관심 갖기 시작하면 시험들기 시작하는 것 같다는** 생각이 듭니다. 예를 들면, 대형교회 담임목사하고 유명해 졌다하면 **교단 총회장에** 욕심내고 양치는 일을 소홀히

하다가 자신도 망하고 교회도 시험들어 분리내지는 안 믿는 사람들에게까지 욕먹는 일을 봤습니다. △△교회, ○○○○교회 등 이름은 생략합니다만 말년이 불행한 것을 봤습니다. **목사도 목사면 됐지 무슨 박사? 무슨 단체장** 등 명예 좋아하는 순간부터 타락하기 시작한다고 생각합니다. 저와 여러분은 솔직히 말해 크게 자랑할 것도 없지요?. 우리는 **하나님의 자녀로서 이름값** 합시다. 성도보다 더 좋은 무슨 이름이 있습니까? 저는 "주를 위해 살다 간 성도 유영필"이란 비문을 남기고 싶다고 장로 투표당시 목사님께 말했는데 그 때 장로되지도 못했어요 지금 생각하면 순종하지 않고 교만했다는 생각이 들었습니다. 우리는 하나님의 존귀한 자녀들입니다.

둘째는 목자가 간구해야 할 것은 무엇일까요?
목자의 간구해야 할 것은 **양들이 바르게 신앙생활**하고, 영육간에 강건하며 **형통한 삶을 사는 것**이라고 생각합니다.
따라서 신실한 종은 목회자로 양치는 일에 전념하며 양들을 위해 **끊임없이 기도하며 살펴봐야** 합니다. 개인적 이익을 중시하고 안일을 추구한다면 존경받는 참 목자라기 보다는 삯꾼 목사라는 오해를 받을 수 있겠지요

셋째는 목자가 추구해야 할 기쁨은 무엇일까요?
목자의 기쁨은 개인적 자신의 기쁨보다는 **양들이** 진리안에서 바르게 행하며 말씀대로 **하나님을 기쁘시게 하면서 "양들이 기뻐하는 것**을 보는 기쁨"이 바로 목자의 기쁨이 되어야 합니다.
예를 들면, 목회자가 재정부장과 친하게 지내며 시례비 정할 때 되면 교회의 재정규모는 무시하고 본인의 사례비 수준만 올리려 한다면 바람직하지 못하다고 생각합니다. 또 주의 종이라하여 하나님처럼 섬김과 대접을 받으려고만 하는 것보다 **몸소 섬김과 사랑의 실천자로 모범을 보일 때 사랑의 목자로 인정과 신뢰와 존경**을 받게 될 것입니다.
예를 들면, 제가 닮고 싶은 목회자로 **순천강남중앙교회 최경학 담임목사님**은 목사님 사례비 정할 때 되면 본인은 올리지 말고 부목사나 전도사 등 올려 주라하거니와 **퇴직금**도 미리 받아 교회의 어려운 교인들에게 미리 나눠 줘 버리므로 **장로들이 고민한다고** 하더군요 만약 갑자기 목사님께서 소천하시면 퇴직금도 없이 사모님은 어떻게 사냐고 하더군요? **대형차량도 본인이 운전한데요** 성도들끼리 대화하며 교제하라는 의미라고 하

더군요. 또 어느 식당에 갔더니 이름모를 성도 한분이 10만원을 맡겨 놓고 목사님 오시면 대접해 달라고 부탁했다고 식당 주인이 말하더군요 그 목사님은 절대로 본인이 식대를 먼저 내기 때문에 성도들이 대접할 수 없다고 하더군요
우리 김포영광교회 박영민 담임목사님처럼 오늘의 교회들이 세상풍습과 세파에 흔들리지 않고 오직 주님 임박한 마지막 때에 하나님의 대언자로 담대하게 복음을 증거하는 참 목자들이 많이 나오기를 간절히 기대해 봅니다.

다음은 "**교만한 자 디오드레베**"에 관한 경고를 살펴보면,
교만은 패망의 선봉이요 겸손은 존귀의 길잡이입니다.
잠언 18장 12절은 교훈합니다. "사람의 마음의 교만은 멸망의 선봉이요 겸손은 존귀의 앞장이니라", 본문 9~10절은 교만한 자 '디오드레베'에 경고합니다.
첫째는 으뜸이 되기를 좋아했습니다. 교만한 자들은 언제나 으뜸이 되기를 좋아합니다. 섬기기보다 섬김을 받으려합니다. **교회는 언제나 으뜸이 되기를 좋아하는 사람들로 인하여 문제가 발생합니다. 여러분 물어 봅시다.** 책망듣는데 그런데도 으뜸이 되기를 좋아하시렵니까?
제 얘기를 해서 죄송합니다만 순천세무서장을 퇴직하고 과장들에게 식사를 대접하는데 식당 출입문 입구의 말단자리에 앉으니 안된다하며 중앙으로 오라고 하더군요 반면, 제가 과장시절 천안에서 서장했던 분이 와서 과장들 밥사준다고 하고 자기가 마치 현직 서장인양 으스대니까 다 들 싫어하더군요 항상 **겸손이 미덕**인 것 같습니다. 겸손하면 손해 볼 것 없습니다. 옛날 군인교회 **사령부 군종목사님**께서 여담으로 하신 말씀이 생각납니다. **참나무는 휘면 딱 부러지지만 버드나무는 굽어졌다 다시 처음처럼 펴진다고** 하며 잘 난 체하거나 교만하면 부러진다고 했습니다.

둘째는 주의 종들을 영접하지 아니했습니다.
교만한 자들은 주의 일군들을 영접하지 않고 소홀했습니다. 교만한 유대인들이 그리스도를 거부했듯이 주의 종들을 무시하며 거부했습니다. 그러나 하나님께서는 이들을 **낮추시고 멸망으로 인도하십니다.** 따라서 우리는 주의 종을 정성껏 **주께 하듯 대접하는 것이** 복받는 길이라고 생각하는데 죄송해요 오해 없이 들어 주시길 바랍니다. 종전 교회의 일인데요 목사님과 다투는 듯 하신 곽 모장로님이 건강했는데 갑자기 감기걸려 몸이

안 좋아 입원했다 했는데 일주일정도 지난 후 폐암인가 뭔가로 죽는 것을 보고 저도 경각심을 받은 적이 있습니다. 저는 장로도 약 10년 해 봤고 목사는 초년생이지만 양쪽의 잘못된 점을 교훈삼아 잘못 된 점은 개선하고 잘 해 보려고 합니다. **목사다운 목사되도록 부족한 이 사람위해 기도해 주시기 바랍니다.**

교만한 사람들은 좋지 않은 소문 퍼뜨리기를 좋아합니다. 악한 말로 비방하며 일하는 대신 **악한 일을 잘도 만듭니다.** 성도들은 이 악한 사람들 무리 중에 들지 않도록 조심해야 합니다. 누구든지 악을 뿌리면 악의 열매즉, 재앙을 거둡니다. 하나님께서는 **이혼하는 사람을 미워하신다고** 말라기 2:16에 말씀하십니다. "이스라엘의 하나님 여호와가 이르노라 나는 **이혼하는** 것과 옷으로 학대를 가리는 자를 미워하노라 만군의 여호와의 말이니라 그러므로 너희 심령을 삼가 지켜 거짓을 행하지 말지니라"
이 새벽에 참여한 성도님들이시여! **적어도 여러분의 가정에는 절대로 이혼하는 일이 없도록** 기도 많이 하여 가정이 파괴되지 않기를 간절히 부탁드립니다. 당사자들 본인은 물론 함부로 결정해서는 안되거니와 특히, 부모는 최대한 막아야 합니다. **어린아이들이 무슨 죄입니까?**

사랑하는 성도 여러분!
이 새벽에 기도하러 나오신 여러분에게 이와 같은 **사랑의 목자상을 닮고** 주의 종을 잘 섬김으로 복과 **은혜와 평강이** 넘치는 각 가정이 되시기를 간절히 축원합니다.

다음 주 **10월15일** 목요일 새벽은 **요한3서 다음책**인 **유나서**를 보겠습니다.

힘써 싸우라 (유다서1:3-4/ ♪357, 348)

지난 주 말씀은 요한3서였는데 한번 기억을 살려 볼까요?
요한3서의 약자는 '요삼'고요 저자는 사도 요한였지요

기록시기는 주후 A.D 95년~96년 경이라고 했지요.

기록한 목적은 당시 복음 전도자들을 선하게 접대한 '가이오'를 칭찬하고, 반대로 교만하고 오만방자하게 복음 전도자들을 배척한 '디오드레베'를 본받지 말 것을 권고하기 위하여 이 편지를 썼습니다.

유다서의 약자는 "유"입니다. 저자는 예수 그리스도의 종이며 야고보의 형제인 유다가 썼습니다.
기록한 목적은 전체 그리스도인들을 대상으로 영지주의의 이원론적 사상 체계의 잘못된 점을 지적해 주기 위해 기록한 것으로 특히, 성경에서 말하는 창조론과 예수 그리스도의 성육신 사건을 부정하는 거짓 교사들을 꾸짖었습니다.
유다서의 개관으로 내용을 보면,
1-4: 서언   5-16: 거짓 선생들
17-23: 신자들에 대한 경고   24-25: 축도

오늘은 3-4절을 본문삼아 **"힘써 싸우라"**는 제목으로 말씀을 상고하려고 합니다. 피차간에 은혜의 시간되기를 바랍니다.

우리교회 담임목사님은 꼬뿔소 목사이십니다. 최근에 임계점기도도 특전사기도로 이름을 바꿨습니다. 복장도 장교복장으로 나오십니다. 박목사님께서 옷을 바꾸니 마음 자세가 달라졌다고 하시더군요
옷은 직업을 상징적으로 나타내기도 하지요 경찰은 경찰복장을 하고 법관은 법복을 입고 의사는 흰 의사가운을 입고 목사는 목사가운을 입고 운동선수는 운동복을 입고 운동하지요. 우리 믿는 사람들을 그리스도의 군사라고도 부릅니다. 말씀 마치고 부를 ♪찬송가

352장 '십자가 군병들아' 가사에 보면 십자가 군병들아 주 위해 일어나 기들고 앞서 나가 담대히 싸우라 주께서 승전하고 영광을 얻도록 그 군대 거느리사 이기게 하시네 하십니다. 그 다음장 ♬ 353장 십자가 군병되어서 예수를 따를 때 무서워하는 맘으로 주모른 체할까 후렴) 나의 주 그리스도 나를 속량했으니 나 십자가를 벗은 후 저 면류관 쓰리
에베소서 6장 10절에서 20절에 보면 마귀를 대적하는 싸움으로 마귀의 간계를 능히 대적하기 위하여 하나님의 전신갑주를 입으라고 합니다. 그런즉 서서 진리로 너희 허리 띠를 띠고 의의 호심경을 붙이고 평안의 복음의 준비한 것으로 신을 신고 모든 것 위에 믿음의 방패를 가지고 이로써 능히 악한 자의 모든 불화살을 소멸하고 구원의 투구와 성령의 검 곧 하나님의 말씀을 가지라고 합니다. 또 모든 기도와 간구를 하되 항상 성령 안에서 기도하고 이를 위하여 깨어 구하기를 항상 힘쓰며 여러 성도를 위하여 구하라고 하십니다.
자 그러면 싸우는 격전장의 한 가운데 있는 사람들이 할 수 있고 또 해야 할 일은 무엇일까요? 힘써서 싸우는 것입니다.

첫째는 믿음의 도를 위해 힘써 싸워야 합니다.
성도들은 힘써서 싸우되 믿음의 도를 위해 힘써 싸워야 합니다.
♬**찬송가 357장**(주 믿는 사람 일어나)을 제가 한 번 불러 보겠습니다. 주 믿는 사람은 어떻게 해야 하는지 그 결과는 어떻게 되는지 찬송부르겠습니다. 아는 분은 함께 불러도 좋겠습니다.
1. 주 믿는 사람 일어나 다 힘을 합하여 이 세상 모든 마귀를 다쳐서 멸하세 저 앞에 오는 적군을 다 싸워 이겨라 주 예수 믿는 힘으로 온 세상 이기네 **후렴)** 믿음이 이기네 믿음이 이기네 주 예수를 믿음이 온 세상 이기네

온 인류 마귀 궤휼로 큰 죄에 빠지니 진리로 띠를 띠고서 늘 기도 드리세 참 믿고 의지하면서 겁 없이 나갈 때 주 예수 믿는 힘으로 온 세상 이기네 후렴)믿음이 이기네 믿음이 이기네 주 예수를 믿음이 온 세상 이기네
믿음이 이깁니다.(↑) 온 세상 이깁니다. **믿으면 아멘합시다.**

믿음을 변하게 하려는 자들, 악한 거짓선생들이 있고 우리를 유혹하며 넘어 뜨리려하는 공중의 권세잡은 악한 세력들 우는 사자와 같이 우리를 삼키려하는 사단을 이겨야

합니다. 우리 주변에 믿음을 도둑질하려하는 자들이 있기 때문에 힘써 싸워야 믿음을 잃지 않게 됩니다.

바울은 힘써 싸웠으므로 넘어지지 않고 믿음을 지킬 수 있었고 서머나 교회와 빌라델비아 교회도 힘써 싸웠으므로 믿음에 대해 칭찬을 받는 교회가 되었던 것입니다.

둘째는 가만히 들어온 사람들을 경계해야 합니다.

기독교의 옷을 입고 들어 온 이단들 때문에 성도들은 힘써 싸워야 합니다. 종교다원주의를 인정하는 WCC에 가입한 대형교회 목사들 또 창조론을 부인하고 진화론을 인정하는 신복음주의 WEA. 저는 박영민 담임목사님처럼 계시록과 전천년설과 후천년설을 잘 풀어 전하기에 부족하지만 코로나19 펜데믹 지나면 교회는 더 크게 부흥할것이라며 낙관적으로 수수방관하는 후천년설입장보다는 여인의 해산고통처럼 비관적이고 종말론적으로 언제 올지 그 날과 그 시를 알수 없으나 등과 기름을 준비한 슬기로운 다섯 처녀와 같이 전천년설입장에서 주님 맞을 준비를 항상 하는 저와 여러분이 되시기를 바랍니다.

도둑이 오는 것은 도둑질하고 죽이고 멸망시키려는 것 뿐입니다. 요한복음 10장 10절은 말씀합니다.『도둑이 오는 것은 도둑질하고 죽이고 멸망시키려는 것뿐이요 내가 온 것은 양으로 생명을 얻게 하고 더 풍성히 얻게 하려는 것이라』고 하십니다. 우리는 생명을 얻되 풍성히 얻읍시다.

교회와 성도들이 가만히 몰래 들어 온 사람들을 용납하면 심각한 타격과 손상을 감수해야 합니다. 그들은 양의 옷을 입었지만 실상은 노략질하는 이리입니다. 그러므로 우리는 반드시 조심해야 하며 경계를 소홀히 하면 신세 망치는 것입니다. 참고로 이단인 이만희의 신천지가 조직적으로 교회로 침투하여 개인적으로는 물론 교회적으로도 어지럽히고 성도들을 유인해가고 교회를 망하게 하는 경우도 있다고 합니다. 그래서 교회마다 출입문에 신천지 OUT! 신천지 접근금지시키고 있습니다. CBS간부가 보내준 유튜브에 보니 교회성도를 성적으로 접근하여 빠지게도 하더군요 아무튼 조심해야 합니다. 저 개인적으로는 한편으로는 솔직히 말해 몰라서 잘못 빠진 신천지인들을 지옥가게 하고 모른체 하는 것이 과연 잘 하는 것인지도 의문스럽습니다. 병원은 병든 환자를 위해 필요하고 우리 예수님은 죄에 빠져 지옥갈 죄인들을 위해 하늘보좌 버리시고 낮고 천한 이 땅에 오사 단번에 생명을 주사 죽기까지 했는데 지옥갈 저들은 누가 구원해야 하나? 고민해 봤습니다.

셋째는 완전무장하고 깨어 있어야 합니다.

성도가 효과적으로 적과 싸우고 또 믿음을 지키기 위해서는 전투하는 방법을 익혀 효과적으로 싸우고 평소에 무장을 잘하고 깨어 있어야 합니다. 빈틈이 없도록 완전무장을 하고 기도로 깨어 있으면 악한 자들이 악한 영이 틈 탈 수 없습니다. 교회에서도 영적으로 깨어 있는 분들 기도많이 하고 성경을 주야로 묵상하며 하나님을 경외하고 주를 위해 살려고 몸부림치며 애쓰는 그런 신실한 자들을 가까이 하며 은혜로운 집회에 참석하는 것이 좋다고 생각합니다. 요즘은 코로나로 주일예배마저 드리지 못하게 되었지만 부흥회나 기도원이나 아버지학교, 어머니학교, 예수제자훈련학교 등 세상 쾌락의 장소보다 기도와 찬송하며 말씀공부하는 그런 훈련자리로 가는 것이 신앙생활에 도움이 된다고 봅니다. 최근 저는 인터콥 교육을 받는 중 1박2일로 경북 상주에 다녀왔습니다. 맘껏 찬양하고 기도하고 최바울선교사를 통해 『세계선교운동, 그리고 하나님의 나라와 역사운동』을 전하면서 결론적으로 우리는 어떻게 할 것인가에 대해 마태복음 4:17 "이 때부터 예수께서 비로소 전파하여 이르시되 **회개하라 천국이 가까이 왔느니라 하시더라**"를 강조하더군요

마지막시대에 충성된 종으로 하늘의 상급받는 주인공이 되라는 내용였습니다.
광화문집회처럼 위치 추적되어 불려갈까봐 핸드폰도 끄고 귀가길에 한참 오다가 켰습니다. 은혜받는 집회도 이렇게 눈치보며 감시받으면서 다녀 오는 현실이 안타까웠습니다.

오늘 말씀을 정리하면
그리스도의 군사로 격전장에 임하는 우리들은
첫째, 믿음을 지키기 위해 힘써 싸워야 한다는 것이고
둘째는 가만히 몰래 들어온 악한 사람들을 경계해야 하며
셋째는 완전무장하고 깨어 있어 기도해야한다는 것을 꼭 기억하시기 바랍니다.

초대 교회의 영지주의 못지 않게 현대의 인본주의와 이단들이 교회들에게 심각한 경고와 영향을 미치고 있습니다. 믿음의 도를 위해 싸우지 않고 가만히 들어오는 사람들을 경계를 소홀히 한다거나 깨어 있지 않으면 마귀의 밥이 될 수 있다는 것을 잊지 않아야 하겠습니다.

🎵찬송가 348장 "마귀들과 싸울지라" 다함께 부르면서 오늘 말씀을 마무리하려고 합니다.

사랑하는 성도 여러분!
이 새벽에 기도하러 나오신 여러분 오늘 하루도 유다서1장 25절 축복말씀처럼 『곧 우리 구주 홀로 하나이신 하나님께 우리 주 예수 그리스도로 말미암아 영광과 위엄과 권력과 권세가 영원 전부터 이제와 영원토록 있으시기』를 간절히 축원합니다.

다음 주는 10월21(수)과 22일(목) 새벽은 유다서 다음책인 데살로니가후서와 디도서를 보겠습니다.

5. 거짓 가르침에 대한 교훈 (데살로니가 후서2:1-12/♪336)

지난 주 말씀은 유다서였는데 복습해 봅시다.

유다서의 약자는 "유"입니다. **저자**는 예수의 아우이며 야고보의 형제인 **유다**가 썼고 **기록연대**는 주후 70~80년경 였습니다.
기록한 목적은 영지주의의 잘못된 점을 지적해 주기 위해 기록한 것으로 특히, 성경에서 말하는 창조론과 예수 그리스도의 성육신 사건을 부정하는 거짓 교사들을 꾸짖었지요.
오늘 데살로니가 후서는
약자는 "살후"입니다. **저자**는 "사도 바울" **기록연대**는 주후51년 말에서 52년 초에 썼습니다.
기록한 목적은 그리스도의 재림에 대한 그릇된 견해를 올바로 잡아 주면서, 재림의 날만을 고대하면서 **현실의 삶을 도피하는 자들에게 일상생활에 충실할 것을 교훈**하고자 기록했습니다.
데살로니가 후서의 개관을 살펴 보면,
  1. 인사/1:1-2
  2. 감사와 격려/1:3-12
  3. 주의 날에 대한 바른 설명/2:1-17
  4. 교회내의 질서에 대한 훈계/3:1-15
  5. 맺음말/3:16-18

먼저 성경 본문중 주석이 필요한 몇 군데를 보겠습니다.
1장 5절에 "이는 하나님의 공의로운 심판의 표요 너희로 하여금 하나님의 나라에 합당한 자로 여김을 받게 하려 함이니 그 나라를 위하여 너희가 또한 고난을 받느니라"에서
'이는' 4절의 핍박과 환난을 가리킵니다. 하나님의 공의로운 심판은 지금은 의인이 고난을 당하고 악인이 번영하는 것 같으나 미래에는 하나님께서 악한 박해자들을 벌하시고 박해받는 의인에게는 상급을 주신다는 말씀입니다.
2장 1절의 " 형제들아 우리가 너희에게 구하는 것은 우리 주 예수 그리스도의 강림 하심과 우리가 그 앞에 모임에 관하여"에서

'그 앞에 모임'은 그리스도께서 강림하실 때 살아 있는 성도들이 들림받아 공중에서 주님을 만나게 될 것을 말하고 있습니다. 참고로 살전4:17(다함께 찾아 읽어 봅시다 신약332쪽) "그 후에 우리 살아 남은 자들도 그들과 함께 구름 속으로 끌어 올려 공중에서 주를 영접하게 하시리니 그리하여 우리가 항상 주와 함께 있으리라"

2장 16절의 "우리 주 예수 그리스도와 우리를 사랑하시고 영원한 위로와 좋은 소망을 은혜로 주신 하나님 우리 아버지께서" 여기서 말하는 **영원한 위로**는 경건하게 한다는 말까지 포함된 말로서 하나님의 위로가 영원하기 때문에 일시적으로 받는 고통이나 환란이나 핍박 등 어떤 일이 일어나도 흔들리지 말고 인내하며 **잘 감당하라는 뜻**입니다.

3장 5절의 "주께서 너희 마음을 인도하여 하나님의 사랑과 그리스도의 인내에 들어가게 하시기를 원하노라"는 말씀 중
'그리스도의 인내'는 혹독한 시련과 고난 속에서도 흔들리지 말고 십자가 붙들고 충성을 다하라는 뜻입니다. 예수님의 십자가의 고통과 고난을 생각하며 "엘리 엘리 라마 사박다니 아버지여 아버지여 어찌하여 나를 버리시나이까?" 울부짖는 고통을 연상하면 웬만한 고통은 견딜 수 있을 것으로 생각됩니다.

3장 11절의 "우리가 들은 즉 너희 가운데 게으르게 행하여 도무지 일하지 아니하고 일을 만들기만 하는 자들이 있다 하니" 저는 솔직히 헬라어는 수박 겉핥기식으로 공부하여 해박하지 못합니다만 이해하고 들어 주시기 바랍니다. '일만 만들다'에 해당하는 **헬라어** '페리에르가조마이'는 '두루 다니며'라는 뜻의 '페리'와 '일하다'든 뜻의 '에르가조마이'의 **합성어**로서, 빈둥빈둥 돌아 다니며 일은 하지 않고 남의 일에나 간섭하여 일을 벌이는 것을 뜻합니다. 다시 말해 '**일만 만드는 자들**'이란 자신들에게 주어진 해야 할 일은 안하고 여기 저기 돌아 다니며 남의 일에 참견하고 간섭하는 '**꼴불견의 사람들**'을 가리킵니다.

오늘은 2장 1-12절을 본문 삼아 "거짓 가르침에 대한 교훈"과 3장10절을 중심으로 "근면, 다시말해 부지런히 일하라"라는 제목으로 말씀을 나누면서 함께 은혜를 받고자 했는데 시간을 재보니 양이 많아 3장 10절은 "누구든지 일하기 **싫어하거든 먹지도 말게 하라**"는 말씀으로 대신합니다.

여러분 지난 주 코로나19로 비대면 예배드리다가 오랜만에 교회에 나와 예배드리는 감격이 컸지요? 어제는 이 지역 세무사들과 김포CC에서 골프를 쳤는데 지역회장이 장로님이신데 저한테 와서 교회에서 예배드리니까 은혜롭고 감격스러웠지요? 하시더군요 **예배드릴 수 있는** 여건의 복이 얼마나 감격스럽고 큰 은혜인지 새삼스럽게 느껴봤습니다. 지난 주 우리교회 담임목사님이신 박목사님께서 예배시작하며 "한번 보고 두번 보고 **자꾸만 보고 싶네**"를 "한번 오고 두 번 오고 자꾸만 오고 싶네"로 부르셨습니다. 과천의 시 케츠프레이즈가 "언제나 살고 싶은 과천"였는데 지금은 모르겠습니다. 우리 교회는 "사랑이 넘치고 말씀과 기도로 은혜가 충만하여 자꾸 오고 싶은 그런 교회"가 되었으면 좋겠습니다.

여담으로 며칠 전 **가수 나훈아**가 유튜브에서 **노래 잘하는 방법과 제스쳐**를 지도해 주는 것을 보고 저도 한 수 배웠습니다.

노래는 **강조하는 부분만** 잘하고 나머지는 기차가 설 때 **미끄러져 가듯** 그렇게 부르면 관중은 속아 감동받는다는 것이었고요.

제스쳐는 레이밴(Ray Ban)인지 선글래스인지는 쓰고 한 손은 주머니에 **건방지게** 넣고 **삐딱선 타듯이** 삐딱하게 서서 눈은 깔고 부르다가 어느 대목에서 눈을 지긋이 감고 두손으로 마이크를 잡으며 감정을 호소하듯 부르라고 하더군요.

어쨌든 최근의 추석 KBS방송의 노래도 노 개런티였고 코로나19로 어려움 겪는 대구에 3억을 무명으로 기부했다는 말을 듣고 대단하다는 생각을 해 봤습니다. 전에는 가수 하춘화가 200억 정도를 기부했다하여 딴따라로만 알던 하춘화가수를 달리 봤는데 이번에 나훈아가수도 달리 봤습니다. 이번 신곡 테스형의 마지막 부분에 보면 테스형 먼저 가보니 천국은 있던가요? 가사가 아쉬웠습니다. 제가 부른다면 저는 천국은 있었지요? 하던지 좋았지요? 긍정적으로 묻는 가사였더라면 더 좋았을텐데하는 아쉬움이 있었습니다.

이제 본문으로 돌아갑니다.
데살로니가 후서 2장 1절에서 12에 보면
바울은 본문에서 종말에 대한 바른 교훈으로 데살로니가 교인들을 행해 다음과 같이 세 가지로 권면하고 있습니다.

첫째는 거짓가르침은 성도들을 미혹킵니다.
3절에서 "누가 어떻게 하여도 너희가 미혹되지 말라 먼저 배교하는 일이 있고 저 불법의 사람 곧 멸망의 아들이 나타나기 전에는 그 날이 이르지 아니하리니"라고
신자들은 어떠한 거짓 가르침에도 미혹되어서는 안된다고 가르치고 있습니다. 주님의 재림은 언제인지 알 수 없으나 오직 하나님께서 정하신 때에 임하는 것입니다. 재림에 대한 많은 주장들이 있고 자칭 재림주라고 하는 이단의 사람들이 있으나 빠져서는 안됩니다. 성경에 근거한 사실 외에는 사람들의 주장이나 현혹에 넘어가지 않도록 우리는 깨어 기도하며 말씀의 굳건한 반석위에서 다시 오실 주님을 기다리며 신앙생활을 제대로 잘 해야 하겠습니다.

둘째는 거짓 가르침은 하나님의 진리에서 멀어지게 합니다.
요즘 저희 박영민목사님께서 목터지도록 반복하여 전하시는 엔드 타임 즉, 주님의 재림의 때가 오면 주님의 재림전에 반드시 진리를 떠나는 배교의 일들이 생기며, 참된 신앙을 적대하는 불법의 사람들이 나타날 것이라고 조심하라고 하십니다. 4절에서 7절에 보면 이는 '적 그리스도로서 스스로 하나님이라 칭하며 복음의 진리에서 많은 사람들을 떨어지게 할 것'이라고 하십니다.
그러나 8절의 말씀과 같이 "그 때에 불법한 자가 나타나리니 주 예수께서 그 입의 기운으로 그를 죽이시고 강림하여 나타나심으로 폐하시리라"
우리가 분명히 알아야 할 것은 "적그리스도는 주 예수의 강림의 날에 멸망당할 것이라는 것"입니다.

셋째는 하나님께서는 거짓으로 가르치는 자를 반드시 심판하십니다.
11절에서 12절에 보면 "이러므로 하나님이 미혹의 역사를 그들에게 보내사 거짓 것을 믿게 하심은, 진리를 믿지 않고 불의를 좋아하는 모든 자들로 하여금 심판을 받게 하려 하심이라"
하나님께서는 마지막 때에 거짓 주장들과 미혹하게 하는 적 그리스도와 그들을 따르는 자들을 심판하신다고 말씀합니다.

성도의 믿음은 순금같이 연단되어야 합니다. 그 연단은 환난과 핍박뿐만 아니라 미혹하게 하는 거짓 교훈과 유혹을 이김으로 가능하게 됩니다.

결론적으로 종말에 대한 관심으로 필요한 것이나 그러나 잘못된 이단성 종말관에 빠지지 않도록 주의해야 하겠습니다.

날씨도 쌀쌀한 이 새벽에 기도하러 나오신
사랑하는 성도 여러분!

거짓 가르침에 우리 성도들은 미혹되지 말고
하나님의 진리에서 멀어지지 않도록 참된 신앙을 지키며
거짓 주장과 미혹하는 적 그리스도를 심판하시는 하나님이심을 기억하고 잘못된 종말론에 빠지지 않도록 주의하여 신앙생활 잘 하다가 주님 강림하실 때에 들림받아 주님 만나는 저와 여러분 되시기를 간절히 축원합니다.

모레 10월 22일(목) 새벽은 **디도서(348쪽)**를 보겠습니다.
기대하십시오. 한번씩 읽고 오시길 바랍니다.
감사합니다.
가사 생각하면서 **찬송가 336장**(환난과 핍박 중에도)를 다함께 부르시겠습니다.

6. 교회 장로의 자격 (디도서1:1-9/ ♪430)

지난 주 말씀은 데살로니가 후서였는데 복습해 봅시다.

데살로니가 후서의 약자는 "살후"입니다. 저자는 사도바울이 썼고 **기록연대**는 주후 51년말에서 52년초에 썼습니다.
기록한 목적은 그리스도의 재림에 대한 그릇된 견해를 올바로 잡아 주면서, 재림의 날만을 고대하면서 **현실의 삶을 도피하는 자들에게 일상생활에 충실할 것을 교훈**하고자 기록했습니다.

오늘 디도서의 약자는 "딛"입니다. 저자는 "사도 바울"
기록연대는 주후64~65년경에 썼습니다.
디도서의 개관을 살펴 보면,
  1. 지도자의 임명/1:1-16
  2. 교회의 역할/2:1-3:11
  3. 마지막 인사/3:12-15

먼저 성경 본문중 **주석이 필요한 몇** 군데를 보겠습니다.
1장 1절에 "하나님의 종이요 예수 그리스도의 사도인 나 바울이 사도 된 것은 하나님이 택하신 자들의 믿음과 경건함에 속한 진리의 지식과"에서
'하나님의 종, 예수 그리스도의 사도' 여기서 바울은 자신의 사도직이 사람에게서 난 것이 아니요, 하나님과 예수 그리스도로부터 온 것임을 말하고 있습니다.

2장 1절의 "오직 너는 바른 교훈에 합당한 것을 말하여"에서 바른 교훈에 합당한 것의 '바른'은 '건전한'의 뜻이고 '교훈'은 '복음'을 말합니다. 다시말해 바른 교훈에 합당한 것은 **교훈과 생활이 일치하는 삶**을 의미합니다.
3장 1절의 "너는 그들로 하여금 통치자들과 권세 잡은 자들에게 복종하며 순종하며 모든 선한 일 행하기를 준비하게 하며"에서
'선한 일 행하기를 준비'하는 것은 만일 악한 일을 명령받으면 그것에 저항하고 하나님께

순종해야 합니다. 다함께 사도행전 4:19(신약193쪽)을 찾아 봉독하겠습니다. "**베드로와 요한이 대답하여 이르되 하나님 앞에서 너희의 말을 듣는 것이 하나님의 말씀을 듣는 것보다 옳은가 판단하여 보라**"

주석 끝으로 3장 14절의 "**또 우리 사람들도 열매 없는 자가 되지 않게 하기 위하여 필요한 것을 준비하는 좋은 일에 힘 쓰기를 배우게 하라**"에서 필요한 것 좋은 일은 교회에서 봉사하는 교역자들을 물질로 돕는 것을 말합니다. 세나와 아볼로 같은 이들을 물질적으로 도와 주어 **하나님의 축복을 받아 많이 결실하는 자들이** 되라는 말씀입니다.

오늘은 **디도서 1장 1-9절**을 본문 삼아 "**교회의 장로의 자격**"이라는 제목으로 말씀을 나누면서 함께 은혜를 받고자 합니다.

바울은 디도에게 장로로 장립받는 사람이 되려면 다음과 같이 자격을 갖춰야 한다고 권면하고 있습니다.

첫째는 가정적 자격입니다.
먼저 **장로는 사회적으로 책망할 것이 없어야** 합니다. 사회적으로 책망받지 않으려면 **그 행실이 바르고 덕이 있어야** 합니다.
그 구체적 요건으로서 **한 아내의 남편** 즉, 첩을 두거나 성적으로 문란하여 사회적으로 지탄받지 않아야 함은 물론 그 **자녀까지도 방탕한 생활을 하지 않아야** 한다고 합니다. 다시 말해 주변의 이웃들에게 **손가락질을 받지 않아야** 한다는 것입니다. **참 어렵지요?** 사회적으로도 지도자가 된다는 것은 외롭고 고독하며 매사에 자신을 돌아보며 훈련해야 합니다.
옛날부터 "**수신제가 치국평천하**"라는 말이 있죠? 자신의 몸부터 시작하여 한 가정을 잘 다스리고 나서 나라를 다스리며 천하를 통치하라는 뜻이지요
한마디로 요약하면 자신은 물론 그 가족까지도 본이 되어야 한다는 것입니다.

둘째는 인격적 자격입니다.
다음은 장로는 인격적으로도 도덕적이요 영적인 잣대로 부족함 없이 자격을 갖추어야 합니다.

1. 제 고집대로 똥고집 부리지 말고
2. 급히 함부로 분내지 말고
3. 술을 즐기지 않아야 하며
4. 남을 때리면 안되요. 즉 구타하지 않아야 합니다.
5. 더러운 이득을 탐하거나 챙기지 않아야 합니다.

야고보서 1장 15절 "욕심이 잉태한즉 죄를 낳고 죄가 장성한 즉 사망을 낳느니라" (신약371쪽) **함께 봉독**해 봅시다. 헬라속담에도 "행복은 욕심을 적게 낼수록 행복하다"고 기억납니다.

요약하면 성격이 급하거나 고집이 센 사람은 다른 사람과 원만한 인간관계를 맺지 못하고 화합하지 못합니다. 술과 폭력과 더러운 이득은 비단, 교회의 장로가 아니라 하여도 사회의 일반인도 삼가야 할 덕목이라고 생각합니다.

그렇게 생각하시지요?

셋째는 교리적 자격입니다.

장로는 교회의 지도자입니다. 성도들은 그의 가르침에 따라서 신앙생활을 하기 쉽습니다. 근묵자흑이란 말이 있지요 먹을 가까이 하면 검어지게 마련이지요

지도자가 잘못되면 성도들이 모두 잘못되기 쉽습니다. 소경이 소경을 이끌면 같이 구렁텅이에 빠지게 되므로 그만큼 지도자가 중요합니다. 한 가정도 한 교회도 한 국가도 지도자 한 사람이 얼마나 중요한 역할을 하는가 생각해 볼 필요가 있다고 생각합니다. 제가 석사학위 논문의 서론에서 교수한 사람이 임용되면 3-40년동안 수많은 학생들을 지도하기 때문에 1인의 교수채용은 막중하다고 성경을 인용한 바 있습니다.

교회도 마찬가지로 지도자인 장로 한 분을 잘못 뽑으면 교회가 어지럽습니다. 성도들이 모두 잘못될 수 있기 때문에 지도자는 교리적으로도 건전해야 합니다. 그래야 교인들을 잘 지도할 수 있기 때문입니다. 오직 성경제일주의로 성경대로 믿는 신앙의 소유자여야 합니다. 또한 바른 교훈으로 훈계할 수 있어야 합니다.

화이트(White)는 말하길 "목자는 양을 잘 돌볼 수 있을 뿐만 아니라 이리 들을 쫓을 능력도 있어야 한다"고 하였습니다.

날씨도 제법 추워지는 이 계절에 새벽 일찍 기도하러 오신
사랑하는 성도 여러분!

사도 바울이 디도에게 편지한 훈계로
장로가 갖춰야 할 자격으로 제시한 3가지인
가정적 자격과 인격적 자격과 교리적 자격을 잘 갖추고 신앙생활하는 저와 여러분이
되기를 간절히 축원합니다.

다음주 10월 29일(목) 새벽은 **베드로후서(384쪽)입니다.**
미리 한번씩 읽고 오시길 바랍니다.
가사 생각하면서 **찬송가 430장(주와 같이 길 가는 것)**을
다함께 힘차게 부르시겠습니다.
감사합니다.

7 마지막 때의 삶 (베드로후서3:8-13/ ♪176)

지난 주 말씀은 디도서였는데 기억을 살려 봅시다.
디도서의 약자는 "딛"입니다. 저자는 "사도 바울"였고요
기록연대는 주후64~65년경에 썼습니다.

베드로후서의 약자는 "벧후"입니다. 저자는 베드로이고 기록연대는 주후(A.D) 66년에서 68년경에 썼습니다.
기록한 목적은 당시 영지주의의 이단 사상으로 교회를 괴롭히고 있던 거짓 교사들을 경계하고, 부도덕한 향락주의를 배격하고 주님의 재림에 대한 확신을 갖도록 하기 위하여 이 편지를 썼습니다.

베드로후서 개관을 살펴 보면,
  1. 기독교인의 성숙
    ① 그리스도 안에서의 성장/1:1-4
    ② 믿음의 근거/1:15-21
  2. 거짓교사들에 대한 경고
    ① 받을 형벌/2:1-9 ② 그들의 특성/2:10-22
  3. 그리스도의 재림에 대한 확신
    ① 조롱하는 자들/3:1-7 ② 갑작스런 도래/3:8-10
    ③ 재림을 위한 준비/3:11-18

먼저 성경 본문중 주석이 필요한 몇 군데를 보겠습니다.
1장 3절에 "그의 신기한 능력으로 생명과 경건에 속한 모든 것을 우리에게 주셨으니 이는 자기의 영광과 덕으로써 우리를 부르신 이를 앎으로 말미암음이라"에서
'신기한 능력'은 신적 능력을 말합니다. '생명과 경건에 속한 모든 것'은 영적 생명과 하나님을 공경하는 생활과 관계 있는 모든 것 다시 말해 모든 것이 살아 숨 쉬는 것까지도 하나님의 은혜라는 것입니다.

2장 3절의 "그들의 탐심으로써 지어낸 말을 가지고 너희로 이득을 삼으니 그들의 **심판은 옛적부터 지체하지 아니하며 그들의 멸망은 잠들지 아니하느니라**"에서 이것은 **거짓 교사들에 대한 하나님의 심판**이 예부터 있었으며 지금도 있고 앞으로도 있되, 마지막 심판에 의해 형벌을 받을 것을 **문학적으로 표현**한 것입니다.

또 '지체하지 아니하며', '자지 아니하느니라'는 표현은 옛적부터 **거짓 선지자들을 심판하신 하나님이 깨어 계시사** 거짓 교사들의 죄악을 간과 즉, 모른체 하거나 그냥 지나가지 않고, 반드시 **심판하실 것**이라는 확신에 찬 표현입니다.

3장 11절의 "이 모든 것이 이렇게 **풀어지리니** 너희가 어떠한 사람이 되어야 마땅하냐 거룩한 행실과 경건함으로"에서
'이 모든 것'이란 하늘과 땅과 그 가운데 있는 모든 것을 말하며, '이렇게 풀어지리니'라는 말은 곧 파괴되고 녹아서 없어질 것을 뜻하는 것으로 **이 세상의 모든 것이 심판으로 말미암아 없어진다는 것을** 의미합니다.

오늘은 **베드로후서 3장 8-13절**을 본문 삼아 "마지막 때의 삶"이란 제목으로 말씀을 나누며 피차 함께 은혜받길 원합니다.

당연한 말 같지만 바른 신앙심의 소유자라고 한다면
믿는바 **하나님의 뜻을 생활속에서 실천**하며 살아야 합니다.
그러면 과연 어떻게 사는 것이 성도로서 올바르게 사는 삶일까요? 하나님께 칭찬받을 수 있을까요?
세 가지로 생각해 보겠습니다.

첫째는 영원하신 하나님을 잊지 말아야 합니다.(8절)
3장 8절에 보면 "사랑하는 자들아 주께는 하루가 천 년 같고 천 년이 하루 같다는 이 한 가지를 잊지 말라"고 합니다. 주님께서는 하루가 천년같고 천년이 하루같다고 **시편 90편4절** "주의 목전에는 천년이 지나간 어제 같으며 밤의 한 순간 같을 뿐임이니이다"라고 말씀하셨습니다.

이 말은 **하나님의 영원하심과 인간의 유한함을** 잘 나타내는 말씀입니다. 하나님을 믿는 우리 성도들은 하나님과 함께 사는 영생을 누릴 것을 바라보며 하나님께 모든 것을 맡기고 전능하신 엘로힘의 하나님을 의지하며 마치 어린아이가 그 부모의 품에 안겨 평안히 쉬리로다 하는 것처럼 위험에 처해도 모르고 새곤새곤 잘 자듯 능치 못함이 없으신 살아 계신 하나님을 의지하며 살아야 합니다. 전 날의 한숨이 변하여 찬송이 되고 전 날의 근심이 변하여 기도가 되어야겠습니다. 저만 그렇게 생각하는지 몰라도 우리 인간이 제 힘으로 혼자 할 수 있는 것이 별로 없습니다. 바로같이 한숨 쉬며 탄식만 하지 말고 주께로 나아 와 간구해야 합니다. 그러면 하나님의 영원하심을 성경은 무어라고 설명하는지 요한복음 17장 3절(신약 177쪽) ☎ 찾아서 다같이 읽어 보겠습니다. "**영생은 곧 유일하신 참 하나님과 그가 보내신 자 예수 그리스도를 아는 것이니이다**"라고 합니다. 영생은 하나님과 그의 아들 독생 성자 예수 그리스도를 아는 것이라고 말합니다. 하나님을 아는 방법은 하나님의 말씀인 성경을 열심히 읽고 지키는 것 아닐까요?

요한계시록 1장 3절 "이 **예언의 말씀을 읽는 자와 듣는 자와** 그 가운데 기록한 것을 **지키는 자는 복이 있나니 때가 가까움이라**" 부지런히 말씀을 읽고 듣고 지켜 복 받는 **여러분과 제가 되기를** 간절히 바랍니다.

둘째는 전도를 지속적으로 해야 합니다(9)

마지막 때, 성도가 해야 할 일은 **전도**입니다. 주님께서는 지상명령으로 유언적 부탁이 너무도 잘 알려진 사도행전1:8(신약187쪽) "**오직 성령이 너희에게 임하시면 너희가 권능을 받고 예루살렘과 온 유대와 사마리아와 땅 끝까지 이르러 내 증인이 되리라 하시니라**"입니다.

옛날 최권능 목사님은 "예수천당! 불신지옥!"의 지극히 짧은 멘트이지만 이 말씀으로 수많은 영혼을 살려 냈습니다.

주님의 재림이 늦어지는 이유가 있습니다.

주님은 속 터지지만 오래 참는 이유가 있는데 이는 인류가 멸망하는 것이 안타깝기 때문에 한 영혼이라도 더 구원시키려고 최대한 재림을 지연시키고 있는 깊은 뜻이 있다는 것을 우리는 알아야 하겠습니다.

따라서 하나님의 참으시는 그 뜻이 속히 이루어 지도록 모든 교회가 복음전도하는 일을 최우선으로 삼고 하나님의 나라와 그의 의의 확장을 위해 힘써야 하겠습니다. 국내 전도는 물론 해외 선교에도 선교사를 파송하고 재정적 지원도 아끼지 말고 적극 후원해야 합니다. 최근 저는 인터콥이란 교육을 받고 있는데 어느 강사는 시골 작은교회의 담임 목사임에도 선교사를 파송하고 생활비를 지원하는 것을 보고 저도 도전받았습니다. 아멘이라고 화답했습니다.

마태복음 6장 33절 "그런즉 너희는 먼저 그의 나라와 그의 의를 구하라 그리하면 이 모든 것을 너희에게 더하시리라"

우리가 살아가면서 우선순위를 정하여 먼저 할 일과 나중 할 일을 잘 정하고 선택을 잘해야 성공합니다. **중요성** 즉, priority와 **선택과 집중**을 잘해야 성공적 인생을 살 수 있는 것입니다. 많은 사람을 전도한 자는 어떻게 되는 지 한번 같이 찾아 함께 읽어 봅시다. ☎ 다니엘서 12장 3절(구1255쪽) "지혜 있는 자는 궁창의 빛과 같이 빛날 것이요 많은 사람을 옳은 데로 돌아오게 한 자는 별과 같이 영원토록 빛나리라" 많은 사람을 옳은 데로(교회로, 주님께로) 돌아오게 하면 **뭣과 같이 빛난다고요?** 별과 같이! 잠깐만요? 아뇨! 영원토록 빛난다고 합니다. 저와 여러분은 별처럼 영원히 하늘의 별과 같이 반짝 반짝 빛나는 휘황찬란한 아름다운 삶을 영위합시다.

이렇게 살기를 원하시는 분만, 아멘하시기 바랍니다.
아멘이시죠?

셋째는 하나님 앞에서 부끄럼 없이 살아야 합니다.(10-13)

주님이 재림하실 때는 모든 것이 벌거 벗은 것처럼 다 드러납니다. 숨길 수 없습니다. 우리 성도들은 주님 오시는 그 날이 아닌 지금 평소에 하나님 앞에서 부끄럼 없이 숨김 없이 떳떳하게 살아야 하겠습니다.

다시 한번 말씀을 찾아 봅시다. 본문 중 **벧후 3장 10절**

"그러나 주의 날이 도둑 같이 오리니 그 날에는 하늘이 큰 소리로 떠나가고 물질이 뜨거운 불에 풀어지고 땅과 그 중에 있는 모든 일이 드러나리로다." 도둑은 살금 살금 조심스럽게 경계하며 몰래 오지요? 주의 날이 언제 오실지 그 날과 그 시를 모르지만 주님이 오시는 그 날이 오면 모든 것은 순식간에 일시에 다 드러난다는 것입니다. 12절 말씀처럼 하나님의 날이 임하기를 바라보고 간절히 사모하는 가운데 거룩한 행실과 경건함으로 주님 오실 날을 사모해야 하겠습니다.

우리가 하나님을 아바 아버지로 부르는 하나님의 자녀들로서 하나님의 뜻대로 사는 저와 여러분이 되기를 바랍니다.

날씨도 제법 쌀쌀해 졌지요? 추위를 이기고 이 새벽 일찍 기도하러 오신
사랑하는 성도 여러분!

마지막 때에 성도로서 살아야 할 본분은
영원하신 **하나님을** 의지하고 살아야 합니다.
생명을 살리는 **전도를 해야** 합니다.
하나님 앞에서 **성도답게 살아야** 합니다.
이렇게 살기로 작정하는 저와 여러분에게 **하늘의 별과 같이 영원토록 빛나는 축복**이 넘치시길 간절히 축원합니다.

다음주 11월 5일(목) 새벽은 네 장인 **빌립보서(318쪽)**입니다.
미리 한번씩 읽고 오시면 좋겠어요 은혜가 더 될겁니다..
다함께 **찬송가 176장(주 어느 때 다시 오실는 지)**을
가사 생각하면서 힘차게 부르시겠습니다.
감사합니다.

성도의 가는 길 (빌립보서3:12-14/ ♪438, 420)

지난 주 말씀은 베드로후서였는데 기억을 살려 봅시다.

베드로후서의 약자는 "벧후"입니다. **저자**는 베드로가 썼고 **기록연대**는 주후(A.D) 66년에서 68년경에 썼습니다.
기록한 목적은 당시 영지주의의 이단 사상으로 교회를 혼란하게하던 거짓 교사들을 경계하고, 부도덕한 향락주의에 빠지지 말고 주님의 재림에 대한 확신을 갖게 하기 위하여 이 편지를 썼습니다.

빌립보서의 약자는 "빌"입니다. 저자는 '사도 바울'이며 기록연대는 주후(A.D)63년경에 썼습니다.
기록한 목적은 바울이 로마 옥중에 있을 때 쓴 4대 옥중 서신(에베소서, 빌립보서, 골로새서, 빌레몬서)가운데 하나로 빌립보 교인들이 보내 준 헌금에 대해 감사를 표하면서 오직 **예수 그리스도안에서 참된 소망과 기쁨을** 갖고 살으라고 격려하고자 이 편지를 썼습니다.

먼저 성경 본문중 **주석 몇 군데를** 살펴 보겠습니다.
1장 1절에 "**그리스도 예수의 종** 바울과 디모데는 그리스도 예수 안에서 빌립보에 사는 모든 성도와 또한 **감독들과 집사들에게 편지하노니**"에서 '그리스도 예수의 종'이란 바울이 자신을 '종'으로 소개한 곳은 본서 빌립보서와 로마서, 디도서뿐입니다. **종**'(헬, 둘로스)은 '**노예(servent)**' 공무원은 (purverlic servent)라고 국민의 종이란 뜻으로 그가 **하나님의 소유인 것과 하나님**에 대하여 절대적인 복종심을 상징적으로 표현하고 있습니다. 또 "**감독**"이란 지교회를 총 관리하는 자로 신약에서의 '장로'와 같은 의미입니다.

1장 6절의 "너희 안에서 착한 일을 시작하신 이가 **그리스도 예수의 날까지 이루실 줄을 우리는 확신하노라**"에서 '그리스도 예수의 날'이란 말은 그리스도 예수의 **재림의 날**로, **구원이 완성되며 만물이 새롭게 되는 날**을 말합니다.

1장 11절의 "예수 그리스도로 말미암아 **의의 열매**가 가득하여 하나님의 영광과 찬송이 되기를 원하노라"에서 '**의의 열매**'는 율법이 아닌 믿음으로 말미암아 순전히 하나님의 **전적인 은혜**를 통해 맺어진 **성령의 9가지 열매** 갈5:22-23, 사랑 희락 화평 오래참음 자비 양선 충성 온유 절제니 이같은 것을 금지할 법이 없느니라 했지요

3장 14절의 "**푯대**를 향하여 그리스도 예수 안에서 하나님이 위에서 부르신 부름의 상을 위하여 달려 가노라"에서 '**푯대**'란 경주자의 최종 목표로, 영적 경주장의 푯대는 그리스도께서 주시는 **상**, 즉 성도들이 받을 **영생과 선한 싸움을 싸운 자에게 주시는 면류관**을 의미합니다.

오늘은 **빌립보서 3장 12-14절**을 본문 삼아 "성도의 가는 길"이란 제목으로 말씀을 나누며 서로 함께 은혜받길 원합니다.

이 시간에는 **성도의 가는 길**에서 어떻게 하면 장거리 경주를 끝까지 완주하여 **승리의 면류관**을 받아 쓸 수 있는지를 세가지로 나눠 살펴보겠습니다.

첫째는 결코 멈출 수 없는 경주임을 명심해야 합니다.
세상 일에는 요즈음은 힐링이라고 하는데 적당한 휴식과 여가 다시말하면 **쉼과 휴가가 필요합니다**. 우리가 전국 고속도로를 다니다 보면 중간 중간 고속버스 휴게소를 발견하게 되지요 누군가가 말한 것이 기억납니다. 사람도 생체적인 대·소변도 보며 화장실을 들러 지루함을 기분전환시켜 주거니와 고속버스도 중간에 조금 쉬어 줘야 차의 수명도 오래 간다 하더군요
그러나 하나님 나라를 향한 신앙적 경주에는 절대로 휴식과 여가가 있을 수 없습니다. 성도가 달리는 일을 멈추는 것은 멈추는 **정지상태가 아니라** 이것은 곧 바로 뒤로 물러서는 것 **퇴보**라는 것을 알아야 합니다. 여러분이 잘 아시는 바와 같이 물레방아는 저 혼자 돌 수 없지요 흘러가는 물이 있어야 물레방아를 돌릴 수 있듯이 물이 멈추는 순간, 물레방아는 물레방아 역할을 못하는 것처럼 신앙의 경주를 멈추는 것은 **퇴보하는 것입니다**. **타락하는 것**이라고 감히 말합니다. 아니 **사단의 밥이 되어 마귀의 종노릇할** 수도 있습니다. 그래서 바울은 멈추지 말고 하나님을 바라보고 쉬지 말고 정진해야

함에 대하여 말하길 자신이 "이미 얻었다 함도 아니요, 온전히 이루었다 함도 아니라"고 하며 군산 후배가수 이진관의 '인생은 미완성' 유행가 제목처럼 계속하여 경주해야 한다고 고백하고 있습니다.

둘째는 뒤에 있는 것을 잊어 버려야 합니다.
달음질 하는 경주자가 뒤를 바라보면 결코 승리할 수 없습니다. 요즘 진성의 "태클을 걸지마" 에 나오는 유행가 가사가 떠오릅니다. "되돌릴 수 없는 인생인 것을 지금부터 뛰어 앞만 보고 뛰어 내 인생에 태클을 걸지 마"가 생각나 혼자 콧노래 부르며 자정 시간에 혼자 웃었습니다.

우리 인생도 앞만 보고 뛰어야 하듯이 과거에 얽매이지 말고 지난 날의 실수와 상처를 주님 앞에 다 고백한 뒤에 깨끗이 잊어 버려야 합니다. 뿐만 아니라 지난 날의 모든 기억들을 잊어버리고 새출발해야 합니다. 우리 하나님은 우리가 우리 죄를 고백하면 동에서 서만 먼 것처럼 다 기억하지 않으시고 용서하는 인애하신 하나님이지 않습니까? 또한 **요한 일서 1장 9절**은 " 만일 우리가 우리 **죄를 자백**하면 그는 미쁘시고 의로우사 **우리 죄를 사하시며** 우리를 모든 불의에서 **깨끗하게 하실 것이요**" 그렇습니다. 우리 죄를 솔직히 자백하면 모든 불의에서 씻어 주신다고 하십니다.

우리가 신앙생활하면서 세상의 유혹이 손짓할 때 우리는 단호히 거절해야 합니다. 마치 착한 일은 목마른 사슴이 시냇가를 찾듯 갈급한 심정으로 지체말고 선행을 선택하고 악한 일은 뜨거운 불을 대하듯 거기서 빨리 손을 떼어야 데지 않는 것입니다. 세상 유혹이 우리를 부를 때 육신의 정욕과 이생의 자랑과 안목의 정욕이 엄습할 때 우리는 롯의 처를 상기해야 합니다. **누가복음 17장 31절** "그 날에 만일 사람이 지붕 위에 있고 그의 세간이 그 집 안에 있으면 그것을 가지러 내려가지 말 것이요 밭에 있는 자도 그와 같이 **뒤로 돌이키지 말 것이니라**" 또 32절 **"롯의 처를 기억하라"** 하십니다. 창세기 19장 26절 **다같이 성경 한절 찾아 봅시다.** 저와 같은 성경은 구약32쪽입니다. 창19:26절 **"롯의 아내는 뒤를 돌아보았으므로 무엇이 되었나요 소금 기둥이 되었더라"** 멀쩡한 사람이 소금기둥이 되었으니 얼마나 기막힌 일입니까? 뒤를 돌아 보시겠습니까? **앞만 보고 뜁시다.** 신앙의 훈련, 강한 하드 트레이닝을 위해 새벽기도도 쉬지 맙시다. 주마가편이라고 달리는 말에 채찍을 가한다는 말이 있는데 여러분은 사실 빠지지 않고 새벽마다 잘 나오시기 때문에 지금 이 시간 곤히 잠든 영혼들이 문제이지요? **그렇죠?**

교회 중직자들이 새벽에 한번도 안나오고 하나님 일한다고 하는 것도 **기적인 것 같아요** 대범하기도 하고요. **맞죠?** 소금 안되려면 앞만 보고 전진해야 겠지요? 믿으시면 아멘합시다!

셋째는 푯대를 바로 세우고 달려야 합니다.

성도의 푯대는 예수 그리스도가 푯대가 되어야 합니다. 성경 한절만 더 찾아 봅시다.
히브리서 12장 2절(신약367쪽)
"믿음의 주요 또 온전하게 하시는 이인 예수를 바라보자 그는 그 앞에 있는 기쁨을 위하여 십자가를 참으사 부끄러움을 개의치 아니하시더니 하나님 보좌 우편에 앉으셨느니라"

우리는 물과 기름이 화합할 수 없다는 것을 잘 알지요? 마찬가지로 **십자가와 명예를** 함께 병행할 수 없고 하나님과 재물을 겸하여 섬길 수도 없는 것입니다. 고린도전서 1장 18절은 교훈합니다. "십자가의 도가 **멸망하는 자들에게는 미련한 것이요 구원을 받는 우리에게는 하나님의 능력이라**"

또 재물에 관하여는 돈을 사랑함이 일만 악의 뿌리가 된다고 하며 **히브리서 13장 5절**은 " 돈을 사랑하지 말고 있는 바를 족한 줄로 알라 그가 친히 말씀하시기를 내가 결코 너희를 버리지 아니하고 너희를 떠나지 아니하리라 하셨느니라" 아멘!

사랑하는 성도 여러분!

확실한 것은 목표가 분명하지 않으면 제대로 뛸 수 없고 또한 최선을 다하지 않으면 목표를 성취할 수 없습니다. 공부하는 학생이나 사업하는 사업가나 공무를 집행하는 공무원도 승진의 꿈을 갖고 남들보다 열심히 일하여 남다른 실적을 남겨야 상도 받고 승진도 하게 됩니다. 세상의 지도자들은 나름대로 꿈과 야망을 갖고 분명하고 확실한 목표가 있었기에 그 자리에 오른 것입니다. 감나무 밑에서 감이 떨어지기만 기다리면 굶어 죽습니다. 나무에 올라가면 따 먹을 수 있습니다. 도전해야 합니다. 실패는 부끄러운 것이 아닙니다. 꿈이 없는 백성은 망합니다. 기도는 능력입니다. 목표를 세웠으면 지혜를 달라고 기도해야 합니다. 지혜가 부족하거든 후히 주시고 꾸짖지 아니하시는 하나님께서 주신다고 야고보서 1장 5절은 약속하셨습니다. "너희 중에 누구든지 지혜가 부족하거든 모든 사람에게 후히 주시고 꾸짖지 아니 하시는 하나님께 구하라 그리하면 주시리라"

오직 우리의 푯대이신 예수 그리스도를 향해 힘껏 달립시다. 바울은 옥속에 갇힌 몸에도 기뻐하라 내가 다시 말하노니 기뻐하라며 하늘의 위로와 소망가운데 넘치는 기쁨과 풍성한 은혜의 삶을 누렸습니다.

날씨가 스산합니다. 감기 조심하시고 늘 건강한 몸으로 행복한 Sweet Christian Home이 다 되시기 바랍니다.
사랑하는 성도 여러분!

엔드 타임! 주님 오실날이 머잖았는데
"**성도의 가는 길**"을 가면서
쉬지 말고 경주하고,
뒤를 바라보지 말고,
푯대를 향하여 최선을 다하여 달리는 저와 여러분의 심령위에 주 예수 그리스도의 은혜가 넘치시길 **간절히 축원합니다**.

다음주 **11월 12일(목)** 새벽은 그 다음책인 골로새서(**324쪽**)입니다.
미리 한번씩 읽고 오세요.
다함께 말씀과 관련된 **찬송가 420장**(너 성결키 위해)을
힘차게 부르시겠습니다.
감사합니다.

찬송가 해설

1. 438장(내 영혼이 은총 입어)

이 찬송은 누가복음 17:21 "또 여기 있다 저기 있다고도 못하리니 **하나님의 나라는 너희 안에 있느니라**"는 말씀에 근거하여 지어진 찬송입니다.

구원 받은 성도들이 현재적으로 누리는 하늘나라의 기쁨을 노래한 찬송시로 하늘나라는 먼 미래뿐 아니라 지금 이 시간에도 이 순간에도 성도들이 체험할 수 있는 것으로 **하나님의 나라인 하늘나라는 하나님 손에 달려 있고 하나님이 다스린다**는 것을 노래하고 있습니다.

구원의 감격과 기쁨으로 찬양합시다.

2. 420장(너 성결키 위해)

이 찬송은 살전5:17 "쉬지 말고 기도하라"는 말씀을 배경삼아 지어진 찬송시로

작사자 60세의 **롱스템이 집회에 참석**했는데 그 자리에서 중국선교사로 다녀 온 **존 박사의 인사말**을 듣는 중 "모든 시간을 거룩하라"는 내용이 마음을 울리며 감동되어 그 자리에서 찬송시를 4절까지 지었는바 "성결키 위해 늘 기도하며 성경보고 주님만 믿다가 저 천국가자"는 내용이 그 마음에 흘러 나와 만들게 되었다고 합니다.

가사 생각하면서 즐거우나 괴로우나 주님만 믿고 늘 따라가리라 하는 마음으로 **찬송 부르겠습니다.**

9. 성도의 새 생활 (골로새서3:1-11 / ♪436, 423)

지난 주 말씀은 빌립보서였는데 기억을 살려 봅시다.

빌립보서의 약자는 "빌"입니다. 저자는 '사도 바울'이며 기록연대는 주후(A.D)63년경에 썼습니다.

기록한 목적은 바울이 로마 옥중에 있을 때 쓴 4대 옥중 서신(에베소서, 빌립보서, 골로새서, 빌레몬서)가운데 하나로 빌립보 교인들이 보내 준 헌금에 대해 감사를 표하면서 오직 **예수 그리스도안에서 참된 소망과 기쁨**을 갖고 살으라고 격려하고자 이 편지를 썼습니다.

골로새서의 약자는 "골"입니다. 저자는 '사도 바울'이며 기록연대는 주후(A.D)62년경에 썼습니다.

기록한 목적은 바울은 골로새 교회에 침투하여 교인들을 혼란시키는 **혼합주의적 이단 사상을 배격**하고, 복음에 입각한 **그리스도의 참된 진리**를 알려줌으로써 교회를 바로 세우고자 이 편지를 썼습니다.

먼저 성경 본문중 **주석 몇 군데**를 살펴 보겠습니다.
1장 2절에 "골로새에 있는 **성도들** 곧 그리스도 안에서 신실한 형제들에게 편지하노니 우리 아버지 하나님으로부터 은혜와 평강이 너희에게 있을지어다"에서 '**성도**'는 '하나님께 바친자', '**구별된 자**'의 뜻으로 구약에서는 이스라엘 민족 전체를 가리켰으나 신약에서는 믿는 자 개개인을 지칭합니다.
우리는 하나님의 자녀로 거룩할 성, 무리도로 성도로서 세상사람들과 구별되게 하나님의 자녀답게 거룩한 삶을 살도록 힘써야 하지요? 맞지요? 그런데 저는 잘 안 되어요 자꾸 세상풍습을 빠져 물결치는 대로 바람부는 대로 자행자죄하며 넘어지고 쓰러지고 죄악 가운데 살다가 다시 돌아오곤 합니다.

3장 1절의 "그러므로 너희가 그리스도와 함께 다시 살리심을 받았으면 **위의 것을 찾으라** 거기는 그리스도께서 하나님 우편에 앉아 계시느니라"

또 2절엔 **"위의 것을 생각하고 땅의 것을 생각하지 말라"**
에서 '위의 것'은 '신적인 것'을 뜻하며, '땅의 것' 즉 세속적인 것과 대조됩니다. 엡1: 3절은 "찬송하리로다 하나님 곧 우리 주 예수 그리스도의 **아버지께서** 그리스도 안에서 **하늘에 속한 모든 신령한 복을 우리에게 주시되**"라고 성도들이 그리스도와 연합함으로 받게 될 하나님의 모든 축복을 약속하셨습니다. 위를 보면 하나님께서 이렇게 넘치는 모든 복을 주신다고 하시는데 **땅만 바라보고 살면 돼요? 안돼요?**
이렇게 물으니까 전광훈 목사님이 지금은 감옥에 계시지만 평소 설교하실 때 되요? 안되요? 하는 것을 흉내내는 것 같아 죄송합니다만 어찌됐든 좌우지간 하늘보고 살아야 겠지요? 그렇게 살기 원하시면 아멘합시다.

4장 15절의 "라오디게아에 있는 형제들과 눔바와 **그 여자의 집에 있는 교회**에 문안하고"에서 '그 여자의 집에 있는 교회'에서 알수 있듯이 초대교회는 따로 건물을 짓지 않고 그 지방의 유력한 성도의 집에서 가정교회형태로 예배를 드렸다고 합니다. **고전 16:19**을 보아도 "아시아의 교회들이 너희에게 문안하고 아굴라와 브리스가와 **그 집에 있는 교회**가 주 안에서 너희에게 간절히 문안하고" 그 집에 있는 교회라고 하지요 가정교회를 말합니다. 그런데 오늘날 보면 이영훈목사 시무하는 여의도 순복음 교회나 오정현목사 시무하는 서초동의 사랑의 교회는 제가 알기로 약 2,600억원이상 들여 교회를 지었다 하지요 맘모스 대형교회로 건물만 높이 솟고 그 안에 예수님이 계시지 않는다면 옛날 가정교회만 못할 수 있다는 생각이 듭니다.
그 나라의 종교를 결정할 때 적어도 인구의 50%정도는 되어야 국교로 인정할 수 있다고 지난 화요일 인터콥 강사의 특강중 인도선교사 한분이 말하면서 한국성도수가 약20%인 1,200만 성도에서 지금은 반토막나 약 700만이라고 하며 하나님이 기뻐하시는 전도에 앞장서야 한다고 하는 말을 들었습니다.

『지하철에서 사람들이 싸우는 것을 보고 여보! 여기 교회아니니까 싸우지 말고 조용히 좀 갑시다』 그랬다지요 얼마나 교회가 서로 얼마나 싸우고 소송하고 하면 세상 사람들이 교회를 이렇게 비유했겠습니까? 최근 분당우리교회 이찬수목사님 설교 듣다보니 요즈음 세상풍조가 한심하더군요 학생들 세계에서 하는 유행어로 넌 아직도 교회가냐?라고 교회가 세상사람들로부터 신뢰를 잃어 버리고 있다고 개탄하는 말을 들었습니다. 우리는 그동안 기복주의 신앙으로 물량공세하며 교회의 교세를 교인수나 예산으로 판단하려

했던 과거의 잘못을 반성하고 철저히 회개하며 기도로 회복해야 한다고 생각하는데 여러분께서는 어떻게 생각하시는지 모르겠습니다.

자 그러면 오늘은 함께 봉독한 **골로새서 3장 1-11절**을 말씀을 본문 삼아 "**성도의 새 생활**"이란 제목으로 말씀을 나누며 서로 은혜받길 원합니다.

하나님께로부터 새 생명을 부여 받은 성도들이 어떻게 살아야 하나님께 칭찬받는 복된 삶이 될까를 세가지로 나눠 살펴 보겠습니다.

첫째는 위의 것을 생각하는 삶입니다.
그리스도와 함께 사는 자는 위의 것을 생각하여야 합니다.
하늘의 하나님을 생각하며 하늘을 쳐다 보아야 합니다.
그래야 하늘엔 뭐가 있을까? 상상하는 하늘을 그리어 보며 예수님을 닮아가는 성도의 생활을 할 수 있는 것입니다.
새 생활은 또한 땅의 것을 생각하지 않는 생활입니다. 땅의 것이란 현세적이요 물질적이며 이기적이고 육체적인 것을 말합니다.
그러면 성도들이 왜 위의 것을 생각하며 위의 것을 찾아야 하는 가 하면 이유가 있는데 그 이유는 바로 우리 옛 사람이 그리스도 예수안에서 죽고 그 분 안에서 새롭게 거듭나고 새로 탄생되어야 하나님 나라에 갈 수 있기 때문입니다.
새 술은 새 부대에 넣어야 합니다.
그리스도 예수안에서 새로운 피조물이 된 우리들은 옛 습관을 버리고 그리스도로 새 옷을 입고 그리스도의 자녀답게 살아야합니다. **고후 5:17절**은 "**그런즉 누구든지 그리스도 안에 있으면 새로운 피조물이라 이전 것은 지나갔으니 보라 새 것이 되었도다**" 위만 바라보며 이 한 날도 새롭게 삽시다.

둘째는 죄악을 버리는 삶입니다.
바울은 오늘 믿는 자에게 상당히 수준 높은 윤리적 요구를 제시합니다. 그리스도를 구주라고 고백하는 자는 도덕적 행위가 뒤따라야 하는데 먼저 **마땅히 버려야 할 육체적인 것**과 또 **정신적인 죄악**에 대해 이렇게 말합니다.

① **음란과 부정**입니다. 음란에 관하여 마태복음은 여자를 보고 음욕을 품는 자마다 이미 마음으로 간음했다고 하시는데,
마5:22~23절에 "22.또 간음하지 말라 하였다는 것을 너희가 들었으나 23.나는 너희에게 이르노니 음욕을 품고 여자를 보는 자마다 마음에 이미 간음하였느니라" 하시며 네 오른 눈이 실족하게 하면 눈을 빼어 내버리고 오른 손이 실족하게 하거든 찍어 내버리라 네 백체 중 하나가 없어지고 온 몸이 지옥에 던져지지 않는 것이 유익하다고 엄히 경고하십니다.
② 사욕과 악한 정욕이며 **탐심과 우상 숭배**입니다.
③ **악의와 비방**입니다.
④ **부끄러운 말과 거짓말**입니다. 외모를 보지 아니하시고 중심을 보시는 **우리 하나님은 정직한 자를 사랑**하십니다. 거짓말을 밥 먹듯 쉽게 남을 속이고 거짓말하는 자를 미워하십니다.
그런데 중국사람들은 뻔히 다 알면서도 거짓말하는 것이 몸에 베어 습관처럼 쉽게 거짓말한다고 하더군요.
그러나 하나님을 구주로 시인하고 아버지로 믿는 우리 성도들은 하나님의 품성을 닮아 **정직하게 살아야** 합니다. 너희는 이 마음을 품으라 곧 그리스도 예수의 마음이니 예수님을 닮아가야 합니다. 우리 사람들도 부모들은 자식이 자기를 닮는 것을 좋아하잖습니까? 아이가 저 아랫동네 할아버지를 꼭 빼 닮았다고 생각해 보세요 부끄럽고 창피한 일이지요
우리는 악은 모양이라도 버리고 정직하게 살아야겠습니다.

셋째는 그리스도와 함께하는 삶입니다.
베드로가 마태복음 16장 16절에서 고백한 것처럼 "주는 그리스도시요 살아계신 하나님의 아들이니이다" 고백할 때 하나님은 만족하시고 기뻐하셨을 것 같아요 사람도 즐겁고 기쁜 일을 만나면 엉덩이를 실룩거리듯이 마태복음 16장 16절을 보면 저는 **엉덩이를 실룩거리며 베드로가 고백**하지 않았을까 상상해 봅니다.
에녹은 하나님과 함께하시는 임마누엘의 하나님과 300년동안 동행하며 살았습니다.
누구와 함께 사느냐 하는 것은 무진장으로 중요합니다. 도둑놈의 아버지와 사는 자식은 도둑놈의 자식입니다. 도둑놈의 남편과 사는 아내는 도둑놈의 각시입니다.

우리는 삼위일체되신 하나님과 예수님과 성령님과 늘 함께 사는 것이 기쁘고 즐겁지 않겠습니까? 복되고 가치있는 보람찬 삶이 될 것입니다.

참된 그리스도인은 그리스도와 함께 죽고, 그리스도와 함께 사는 사람들입니다. 우리 속의 **모든 탐심과 죄악이 그리스도와 함께 죽을 때에** 우리의 모든 **흉악한 죄가 십자가 위에서 단번에 다 사함받았습니다.** 죄에 대하여 죽고 그리스도안에서 다시 살았으므로 우리는 그리스도와 함께 승리하는 삶을 살아야 합니다.

오는 이번 주일은 추수감사절인데요
"감사로 예물을 삼으라"는 예화를 하나 들고 마치려고 합니다.
『유럽의 어느 교회에서 추수감사절을 맞아 예배를 드리게 되었습니다. 목사님의 설교가 끝나고 감사예물을 드리는 시간이 되어 헌금 바구니가 도는데 한 소년이 갑자기 헌금 바구니에 들어 갔습니다. 깜짝 놀란 성도들이 바구니에 들어간 소년을 보았습니다. **한번 상상해 보셔요 웃기잖아요 헌금 바구니에 헌금이 아닌 산 사람이 들어 갔으니 얼마나 황당한 일입니까?** 이 때 예배 후에 목사님이 그 소년에게 "왜 헌금 바구니에 들어 갔냐"고 물으니 그 소년은 "드릴 헌금은 없고 하여 제 몸이라도 드리고 싶어 헌금 바구니에 들어 갔다고" 말했답니다. 찬송가 의 "몸 밖에 드릴 것 없어 이 몸 바칩니다." 이 소년이 바로 그 유명한 리빙스턴인데 그는 어린 시절의 헌신 결단에 따라 아프리카 선교사가 되어 죽음을 무릅쓰고 선교를 하여 아프리카 선교의 아버지로 불리게 되었다고 합니다.
날씨가 몹시 추운데도 불구하고 이 새벽, 잠을 이기고 나오신 사랑하는 성도 여러분!

코로나19로 사업도 안되고 사는 맛이 없다고 아우성치는 이 때 나훈아 가수의 노래 가사에 나오는 세상이 왜 이래? 한탄만 하지 말고 주님 앞에 모든 근심과 걱정의 보따리를 풀고
오 주여 저희는 연약하고 미련하오니 저희를 불쌍히 여기시사 용서하여 주시고 도와 주옵소서 회개의 기도를 하면서
"성도의 새 생활"을 하기 위해
위에 것을 생각하며,

죄악을 버리고 악은 모양이라도 버리고,
날마다 그리스도와 함께 살기로 작정하는 저와 여러분의 심령마다에 주 예수 그리스도의
은혜가 차고 넘치시길 **간절히 축원합니다.**

다음주 11월 19일(목) 새벽은 그 다음 책인 데살로니가 전서**(329쪽)**입니다.
미리 예습하고 오세요.
다함께 말씀과 관련된 **찬송가 423장**(먹보다도 더 검은)을
힘차게 부르시겠습니다.
감사합니다.

찬송가 해설

1. 436장(나 이제 주님의 새 생명 얻은 몸)

이 찬송은 고후 5:17 "그런즉 누구든지 그리스도 안에 있으면 새로운 피조물이라 이전 것은 지나갔으니 보라 새 것이 되었도다"는 말씀으로 지어진 찬송입니다.

그리스도인에게 **중생이란** 경이롭고 신비한 사건이지요 하나님께서는 창조의 역사인 중생을 통하여 우리로 하여금 예수 **그리스도의 지체가 되게 하셨고** 중생할 때 새로운 창조 질서에 속하는 **새 피조물이 된 것**입니다.

이 찬송의 작시자는 1967년에 이호운씨가 지었고
박태준씨가 작곡한 **순수 한국찬송가**입니다.
"나 이제 새 생명 얻은 몸, 영생을 맛보며 오늘도 내일도
주안에서 주함께 살리라"는 고백을 찬송 부릅시다.

2. 423장(먹보다도 더 검은)

이 찬송은 행15:9 "**믿음으로 그들의 마음을 깨끗이 하사** 그들이나 우리나 차별하지 아니하셨느니라" 는 말씀에 근거하여 지어진 찬송시로

후렴의 "주의 보혈 흐르는데"에서 보혈이란 가사가 나오지요
성경에서는 **죄를 붉은 빛으로 묘사**합니다.
이사야1:18 "여호와께서 말씀하시되 오라 우리가 서로 변론하자 너희의 **죄가 주홍 같을 지라도** 눈과 같이 희어질 것이요 **진홍같이 붉을지라도** 양털같이 희게 되리라" 합니다.
성경에서 죄를 붉은 빛으로 묘사한 이유는 붉은 빛이 주는 혐오감과 죄악의 중대성을 나타내기 위한 것입니다
가사 생각하면서 힘차게 찬송 부르겠습니다.

10. 모범적인 교회 (데살로니가 전서1:1-10/ ♪ 95, 245)

지난 주 말씀은 골로새서였는데 짚고 넘어갑시다.

골로새서의 약자는 "골"입니다. 저자는 '사도 바울'이며 기록연대는 **주후(A.D)62년경**에 썼습니다.

기록한 목적은 바울은 골로새 교회에 침투하여 교인들을 혼란시키는 **혼합주의적 이단 사상을 배격**하고, 복음에 입각한 그리스도의 참된 진리를 알려줌으로써 교회를 바로 세우고자 이 편지를 썼습니다.

오늘 말씀은 데살로니가 전서입니다. 사실은 오늘순서는 **디모데 후서(4장)**인데 성경책 약자에 **살전이 4장**으로 되어 있으나 실제는 5장으로 순서가 바꿨으나 여러분께 성경 살전을 미리 읽고 오라고 말씀드려서 **오늘 살전**을 보겠습니다.

데살로니가 전서의 약자는 "살전"입니다. 저자는 '사도 바울'이며 기록연대는 주후(A.D) 51년말에서 52년 초입니다.

기록한 목적은 바울이 '그리스도의 재림'에 관한 건전하고 참된 진리를 지도함으로써, 시련과 환난중에 있는 믿음의 형제들을 격려하는 가운데 성결한 삶을 살아가도록 교훈하려고 이 편지를 썼습니다.

먼저 성경 본문중 주석 몇 군데를 살펴 보겠습니다.
1장 3절에 "너희의 믿음의 역사와 사랑의 수고와 우리 주 예수 그리스도에 대한 소망의 인내를 우리 하나님 아버지 앞에서 끊임없이 기억함이니"
'믿음의 역사'는 선한 일의 열매를 맺는 능동적이며 살아 있는 믿음을 말하며
'사랑의 수고'는 대체로 '그리스도를 위한 봉사의 뜻'으로 사용되었는데 수고에 대하여 고후10:15절은 "우리는 남의 수고를 가지고 분수 이상의 자랑을 하는 것이 아니라 오직 너희 믿음이 자랄수록 우리의 규범을 따라 너희 가운데서 더욱 풍성하여지기를 바라노라" 남이 해 놓은 것 가지고 자기가 수고한 것처럼 생색내지 말라는 것이죠

'소망의 인내'는 고난에 지지 않고 강건하게 서서 버티어 믿음을 지켜 나가는 것을 말합니다. 악에게 지지 말고 선으로 악을 이기라 하지요? 고난에 지지 말고 믿음을 잘 지켜 나갑시다.

2장 19절의 "우리의 소망이나 기쁨이나 자랑의 면류관이 무엇이냐 그가 강림하실 때 우리 주 예수 앞에 너희가 아니냐"
'강림'은 (헬라어로 파루시아)인데 왕이 내방하는 것을 가리키는 말이며 이 말은 고전 15:23절 "그러나 각각 자기 차례대로 되리니 먼저는 첫 열매인 그리스도요 다음에는 그가 강림하실 때에 그리스도에게 속한 자요"라고 하여 강림은 그리스도의 재림을 뜻하는 것으로 사용되었습니다.
♪찬송가 179장 1절 '주 예수의 강림이 불원하니(가까우니) 저 천국을 얻을 자 회개하라, 주 성령도 너희를 부르시고 뭇 천사도 나와서 영접하네' 주 예수의 강림이 가깝다고 찬송 부르며 주님 오실 날을 고대하는 찬송입니다.

4장 6절의 "이 일에 분수를 넘어서 형제를 해하지 말라 이는 우리가 너희에게 미리 말하고 증언한 것과 같이 이 모든 일에 주께서 신원하여 주심이라"
여기서 '분수를 넘어서'는 '경계를 넘는다', '범죄한다'의 뜻으로 성적 범죄를 말합니다. 남의 일에 간섭하는 월권정도로 생각하기 쉬운데 즉 외도 결혼한 사람이 결혼의 정상적인 부부관계를 넘어서 다른 사람과 성관계를 갖는 것을 말하고 있습니다.

5장 2절 "주의 날이 밤에 도둑 같이 이를 줄을 너희 자신이 자세히 알기 때문이라"
여기서 '주의 날'은 구약의 개념으로는 하나님이 이방인을 심판하시는 날을 말하는 것으로
요엘서 2장 1절 "시온에서 나팔을 불며 나의 거룩한 산에서 경고의 소리를 질러 이 땅 주민들로 다 떨게 할지니 이는 여호와의 날이 이르게 됨이니라 이제 임박하였으니"
요엘서 3장 14절에서도 " 사람이 많음이여, 심판의 골짜기에 사람이 많음이여, 심판의 골짜기에 여호와의 날이 가까움이로다" 주의 날, 여호와의 날이 가깝다라고 말합니다. 신약에서는 그리스도가 재림하시는 날로 각 개인들을 심판하시는 날을 의미합니다.

자 그러면 오늘은 데살로니가 전서 1장 1-10절을 말씀을 본문삼아 "모범적인 교회"란 제목으로 상고할 때 피차간에 은혜의 시간이되시길 바랍니다.

데살로니가 교회는 별로 책망할 것이 없는 모범적인 교회로 하나님께로부터 칭찬을 받았는데 어떻게 감사와 은혜가 넘치는 교회가 되었는지 세가지로 나눠 살펴 보겠습니다.

첫째는 믿음의 역사가 있는 교회였습니다.
성경은 히브리서11장을 믿음의 장으로 11:1 "믿음은 바라는 것들의 실상이요 보이지 않는 것들의 증거니" "믿음이 없으면 아무것도 할 수 없느니라" 고 하였고 야고보서 2:26에서 "영혼 없는 몸이 죽은 것 같이 행함이 없는 믿음은 죽은 것이니라" 믿음과 행함은 병존해야 하며 행함없는 믿음은 허세에 불과하다고 행함을 강조하고 있습니다. 우리는 믿음으로 하나님의 자녀가 되어 하나님을 아바 아버지라고 부르는 자녀의 신분을 누리는 특권을 부여 받은 것입니다. 그러므로 구원받은 백성인 하나님의 자녀들은 믿음으로 살아야 합니다. 단적으로 표현하면 믿음으로 행하는 것과 행함이 없는 거짓 믿음의 차이는 천지차이입니다. 생과 사의 살고 죽는 것의 엄청난 차이가 있다는 것을 기억합시다.
그러면 믿음의 선진들은 어떻게 살았나 한번 볼까요?
아벨은 믿음으로 가인보다 더 나은 제사를 하나님께 드림으로 의로운 자라고 인정받았고, 에녹은 믿음으로 하나님과 300년동안 동행하며 하나님을 기쁘시게 하였고,
노아는 믿음으로 아직 보이지 않는 일에 경고하심을 받아 경외함으로 방주를 준비하여 그 집을 구원하였으니 이로 말미암아 세상을 정죄하고 믿음을 따르는 의의 상속자가 되었습니다.
중요한 것은 히브리서11장 6절 말씀과 같이 "믿음이 없이는 하나님을 기쁘시게 못하나니 하나님께 나아가는 자는 반드시 그가 계신 것과 또한 그가 자기를 찾는 자들에게 상 주시는 이심을 믿어야 할지니라" 찾을 때는
예레미야 33장 3절 말씀처럼
"너는 내게 부르짖으라 내가 네게 응답하겠고 네가 알지 못하는 크고 은밀한 일을 네게 보이리라" 아멘!

시편 119편 145절은 " 여호와여 내가 전심으로 부르짖었사오니 내게 응답하소서 내가 주의 교훈들을 지키리이다"
또 예레미야 29장 13절은 "너희가 온 마음으로 나를 구하면 나를 찾을 것이요 나를 만나리라"
신명기 4장 29절에서는 " 그러나 네가 거기서 네 하나님 여호와를 찾게 되리니 만일 마음을 다하고 뜻을 다하여 그를 찾으면 만나리라"
♪찬송가도 361장 '기도하는 이시간'의 가사중에도 "믿음으로 나가면 주가 보살피사 크신 은혜를 주네 거기 기쁨있네"

둘째는 사랑의 수고가 있는 교회입니다.
사랑은 하나님의 속성입니다. 하나님을 한 단어로 표현한다면 '사랑'입니다. 여수 애향원 교회의 손양원목사님의 별명이 사랑의 원자탄였습니다. 왜요? 자기 친아들 동인이와 동신이를 총으로 죽인 원수 안재선을 아들삼았기 때문이지요. 성경의 그 유명한 대표적 성구로 **요한 복음 3장 16절** "하나님이 세상을 이처럼 사랑하사 독생자를 주셨으니 이는 그를 믿는 자마다 멸망하지 않고 영생을 얻게 하려 하심이라"
사랑은 은사중 가장 큰 은사로서 사랑을 싫어하는 사람은 한사람도 없습니다. 그런데 사랑은 받는 즐거움보다 주는 기쁨이 크다는 것을 알아야 합니다.
행20:35절 "범사에 여러분에게 모본을 보여준 바와 같이 수고하여 약한 사람들을 돕고 또 주 예수께서 친히 말씀하신 바 주는 것이 받은 것보다 복이 있다 하심을 기억하여야 할지니라" 주는 것이 받는 것보다 복이 있다 하심을 기억하여야 하겠습니다.
다만, 사랑은 주는 것이기 때문에 반드시 수고가 있어야 합니다. 수고가 함께하는 사랑이 참 사랑입니다. 수고가 없는 말만의 사랑은 거짓 사랑입니다 그리스도를 사랑한다면 그리스도를 위하여 수고하는 것이 있어야 합니다.
우리가 잘 아는 성경의 **사랑의 장**은 고린도전서 13장입니다.
사람의 방언과 천사의 말을 할지라도 사랑이 없으면 소리나는 구리와 울리는 꽹과리가 되고
산을 옮길만한 믿음이 있을지라도 사랑이 없으면 아무 것도 아니요 또 내 몸을 불사르게 내줄지라도 사랑이 없으면 내게 아무 유익이 없느니라
그런즉 믿음, 소망, 사랑, 이 세 가지는 항상 있을 것인데 그 중에 제일은 사랑이라 하십니다.

셋째는 소망의 인내가 있는 교회입니다.

사람은 누구에게나 소망이 있습니다. 사람마다 품고 있는 소망은 다를 수 있습니다. 어떤 사람은 낮고 천한 물질에 대한 소망이 있고 또 어떤 사람은 높고 귀하며 고상한 소망을 가지고 살아 갑니다. 그러나 하나님의 자녀로서 거룩하고 구별된 삶을 사는 우리 성도들에게는 하나님의 나라, 예수님의 재림에 대한 소망이 있습니다.

베드로전서 2장 9절은 말합니다. "그러나 너희는 택하신 족속이요 왕 같은 제사장이요 거룩한 나라요 그의 소유가 된 백성이니 이는 너희를 어두운 데서 불러 내어 그의 기이한 빛에 들어가게 하신 이의 아름다운 덕을 선포하게 하려 하심이라"고 택하신 족속이요 왕같은 제사장이며 거룩한 나라의 소유된 백성으로서 하늘의 소망을 이루기 위해서는 인내가 필요합니다. 인내는 쓰나 그 열매는 달다고 하지 않습니까? 십자가 없이는 면류관도 없다고 No Cross No Crown이라고 하지요

세상의 목적과 꿈과 소망을 이루기 위해서도 인내가 필요합니다. 인내가 없으면 아무 것도 이루지 못합니다. 마찬가지로 교회의 뜻이 '에클레시아'라고 세상가운데에서 불러냄을 받은 무리인 것처럼 우리 성도들은 교회안에서 믿음으로 일하고, 서로를 내몸처럼 사랑하며 소망을 갖고 세상을 이기는 하나님의 눈높이에 딱 맞는 그런 칭찬받는 모범적인 교회를 만들어 가는 여러분과 제가 되기를 바랍니다.

끝으로 **소망관련 예화**로 "우리의 소망은 예수 그리스도"를 소개하고 마치겠습니다. 1834년 아주 오래 된 이야기 인데요 영국 런던에 **에드워드 모토** 라는 사람이 살았는데 어릴적 부모를 여의고 오갈데 없는 불행한 어린시절을 보냈습니다. 집에 가봤자 냉냉 할 뿐 반겨줄 사람이 없어 거리를 배회하며 방황하다 교회에 들어가 목사님 말씀 들었습니다. 세상엔 믿고 의지할 사람이 아무도 없는 줄 알았는데 예수 그리스도가 친구이신 것을 발견하고 인생관이 달라져 주님을 위해 열심히 일했습니다. 그러다보니 어느새 가구공장의 직공에서 사장까지 진급하게 되었습니다. 하나님의 크신 사랑에 감격하여 성령님의 인도대로 감동을 글로 표현하여 적어 내려 간 것이 바로 **찬송가 488장**(이 몸에 소망 무언가)

우리 주 예수 뿐일세 우리 주 예수 밖에는 믿을 이 아주 없도다
주 나의 반석이시니 그 위에 내가 서리라 그 위에 내가 서리라

이 찬송은 아주 오래전 군산성광교회 담임목사님이신 이진휘목사님께서 심방오시면 자주 즐겨 부르시던 찬송였습니다.

날씨가 많이 춥지요 비도 오고 날씨가 곱지 않음에도
이 새벽기도에 나오신 사랑하는 성도 여러분!

"**모범적인 교회**"가 되기 위해서는
믿음의 역사와 **사랑의 수고**와 **소망의 인내**가 있는 교회를 위해 **헌신하겠다**고 다짐하는 저와 여러분에게 **우리 주 예수 그리스도의 은혜**가 **충만**하시길 간절히 축원합니다.

다음주 새벽(11월 26,목)은 디모데 후서(343쪽)입니다.
한번씩 미리 읽고 오세요.
다함께 말씀과 관련된 **찬송가 210장**(시온성과 같은 교회)를 부르시겠습니다.
감사합니다.

찬송가 해설

1. 95장(나의 기쁨 나의 소망되시며)

이 찬송은 아가서 6:2 "내 사랑하는 자가 자기 동산으로 내려가 향기로운 꽃밭에 이르러서 동산 가운데에서 양 떼를 먹이며 백합화를 꺾는구나"는 말씀을 근거로 죠셉 스웨인 목사가 지은 찬송으로 크리스챤들의 영적 교제의 기쁨을 노래한 것인데요 이 작사자 스웨인 목사는 일찍 부모를 여의고 허송세월하다가 **성경을 숙독하는 중** 성시가 떠오르기 시작하였고 **성경을 중심으로 한 그의 설교가 유명하게 되었으나** 5년이란 짧은 목회를 마지막으로 35세의 젊은 나이로 세상을 마쳤는데 그가 목사 안수를 받던 해인 1791년에 썼다고 합니다.

5절 "나의 진정 사모하는 **예수여 음성조차도 반갑고 나의 생명과 나의 참 소망은 오직 주 예수 뿐일세**"

2. 245장(시온성과 같은 교회)

이 찬송은 엡5:27 "자기 앞에 영광스러운 교회로 세우사 티나 주름 잡힌 것이나 이런 것들이 없이 거룩하고 흠이 없게 하려 하심이라"을 토대로 지어진 찬송시로 존 뉴튼 목사가 작시했는데 나이 7세 때 어머니를 여의었으나 경건한 신앙심의 모친의 영향으로 훌륭한 목사가 되었는데 **이 찬송의 영향을 크게 받은 한 장군을 소개하겠습니다.** 이 장군은 37세에 장군이 된 군대 천재라고 불리는 **스톤월 잭슨**인데요 전투에서는 그렇게 용감한데 교회에서 기도회를 인도할 때면 숫기가 없어 그의 무릎이 서로 맞두드리는 소리가 날 정도라고 하며 끝내는 주저앉고 말았다고 합니다. 그러나 그는 늘 쉬임없이 기도하는자로 얼마나 기도를 열심히 했는지 부하들이 말하길 "**잭 장군은 전투하지 않을 때는 기도하는 때**"라고 했답니다. **감사하지 않고는** 냉수도 마시지 않았다고 합니다. "세상 헛된 모든 영광 아침 안개 같으나 주의 자녀 받을 복은 영원 무궁하도다" 생각하면서 **찬송 부릅시다.**

11. 모든 성경은? (디모데후서3:13-17 / ♪ 202, 199)

제가 지난 주 **목요일 새벽기도 나오지 못한 이유는** 제가 사무실 거래처 업무로 김포 세무서 조사를 방문했는데 그 시간에 방문한 사람은 전부 보건소 검사를 하라하여 음성판정을 받았으나 **2주간 자택에서 격리하라하여** 어제 12.2(수) 12시 이후 해제되어 나오지 못했습니다.
아내가 어제 밤 결혼 후 처음으로 집에서 이렇게 2주동안 장시간 쉬었다고 하더군요. 사실 2013년 퇴임후에도 세무사로 사무실 운영한다고 숨가쁘게 살았습니다. 생각해 보니 정말 쉬지 않고 살았던 것 같더군요

지난 번 말씀을 살펴보면, 데살로니가 전서였습니다.
데살로니가 전서의 약자는 "살전"입니다. 저자는 '사도 바울'이며 기록연대는 주후(A.D) 51년말에서 52년 초입니다.

기록한 목적은 바울이 '그리스도의 재림'에 관한 것과 **환난중에 있는 믿음의 형제들을 격려하며 성결한 삶을 살도록** 교훈하려고 이 편지를 썼습니다.

오늘 말씀은 디모데 후서입니다.
디모데후서의 약자는 "딤후"입니다. 저자는 '사도 바울'이며 기록연대는 주후(A.D) 67년경 입니다.

기록한 목적은 바울이 믿음의 아들 디모데에게 거짓 교사들의 그릇된 가르침에 빠지지 않도록 훈계하며, 감옥생활하면서 물품을 조달받기 원해서 이 편지를 썼습니다.

먼저 성경 본문중 주석 몇 군데를 살펴 보겠습니다.
1장 1절에 "하나님의 뜻으로 말미암아 그리스도 예수 안에 있는 생명의 약속대로 그리스도 예수의 사도 된 바울은"
'**생명의 약속**' 은 하나님께서 그리스도를 통하여 신자들에게 **영생을 주시기로** 하신 **약속**을 말합니다.

2장 20절의 "큰 집에는 금 그릇과 은 그릇뿐 아니라 나무 그릇과 질그릇도 있어 귀하게 쓰는 것도 있고 천하게 쓰는 것도 있나니"
에서 큰 집은 하나님의 교회를 가리킵니다. 금 그릇과 은,나무 그릇, 질그릇 등은 성도들이 받은 은사의 다양함을 보여줍니다.

3장 6절의 "그들 중에 남의 집에 가만히 들어가 어리석은 여자를 유인하는 자들이 있으니 그 여자는 죄를 중히 지고 여러 가지 욕심에 끌린 바 되어"
여기서 '남의 집에 유인하는 자'는 이단의 거짓 교사들을 말하며 '어리석은 여자'란 '연약한 여자' 또 '작은 여자'의 뜻으로 거짓교사들의 가르침에 쉽게 넘어가는 자를 말하는 것으로 여자들의 경솔함과 어리석음을 나타내고 있습니다.
죄송해요 여자라고 다 그런 것은 아닌데 사실 지혜롭고 영특한 여성분들도 많은데 주석에선 하여간 이렇게 해석하고 있습니다.

4장 2절 "너는 말씀을 전파하라 때를 얻든지 못 얻든지 항상 힘쓰라 범사에 오래 참음과 가르침으로 경책하며 경계하며 권하라"
말미의 '권하라'는 뜻은 '권고하다', '용기를 북돋우다'의 뜻으로, 꾸지람 받는 자에게 하는 말로 이제부터 올바르고 굳세게 잘살아가도록 권면하는 것을 말합니다.

자 그러면 오늘은 디모데후서 3장 13-17절의 본문중 16절의 "모든 성경은 하나님의 감동으로 된 것으로 교훈과 책망과 바르게 함과 의로 교육하기에 유익하니"에서 "모든 성경은"의 성경말씀을 제목삼아 말씀을 나누며 은혜받길 원합니다.

사탄 마귀의 거짓말을 물리치는 유일한 방법은 하나님의 말씀을 간직하는 것입니다.
마태복음 4장에 보면 시험받으신 예수님께서 어떻게 대처했는가 잘 알 수 있습니다.

1. 그 때에 예수께서 성령에게 이끌리어 마귀에게 시험을 받으러 광야로 가사
2. 사십 일을 밤낮으로 금식하신 후에 주리신지라
3. 시험하는 자가 예수께 나아와서 이르되 네가 말일 하나님의 아들이어든 명하여 이 돌들로 떡덩이가 되게하라
4. 예수께서 대답하여 이르시되 기록되었으되 사람이 떡으로만 살 것이 아니요 하나님의 입으로부터 나오는 모든 말씀으로 살 것이라 하였느니라 하시니

5. 이에 마귀가 예수를 거룩한 성으로 데려다가 **성전 꼭대기**에 세우고
6. 이르되 **네가 만일** 하나님의 아들이어든 뛰어 내리라 기록되었으되 그가 너를 위하여 그의 사자들을 명하시리니 그들이 손으로 너를 받들어 발이 돌에 부딪치지 않게 하리로다 하였느니라 **하니**
7. 예수께서 이르시되 또 기록되었으되 **주 너의 하나님을 시험하지 말라** 하였느니라 하시니
8. **마귀가 또** 그를 데리고 지극히 높은 산으로 가서 **천하 만국과 그 영광을** 보여 **주며**
9. 이르되 **만일 내게 엎드려 경배하면** 이 모든 것을 네게 주리라
10. 이에 예수께서 말씀하시되 **사탄아 물러가라** 기록되었으되 **주 너의 하나님께 경배하고 다만 그를 섬기라** 하였느니라 하시니
11. 이에 **마귀는 예수를 떠나고 천사들이** 나아와서 **수종들더라** 하셨습니다.

모든 성경이 우리에게 주는 교훈을 세가지를 보기에 앞서 성경이 무엇인지 잠깐 살펴보겠습니다.

성경은 하나님의 말씀으로 진리입니다. 또 성경은 예수님을 증거하고 영생을 알리는 책입니다. 성경은 하나님의 감동으로 기록된 하나님의 말씀으로서 구원의 책입니다.

성경은 다양한 직업을 가진 사람들이 성령의 감동으로 오랜 세월에 걸쳐 기록하였는데
 - 기록연대 : 구약성경은 1,500년, 신약은 100년으로 1,600년간 기록하였습니다.
 - 기록한 사람 : 농부, 목자, 음악가, 세리, 어부, 의사, 왕, 사도, 선지자 등 다양한 분야의 사람들이었습니다.
 - 기록한 인원 : 구약 28명, 신약 8명 합계 약 36명입니다.
 - 기록한 언어 : 구약은 히브리어와 아람어, 신약은 헬라어
 - 성경의 권수 와 장·절
   * 구약 : 39권 929장 23,214절
   * 신약 : 27권 260장 7,959절로 합계 66권에 1,189장이며 총 31,173절입니다.

특히, 성경을 장별로 나누는 것은 1,250년경 추기경 위고가 라틴어 성경에 장을 붙인 것이 기원으로 지금까지 그대로 유지되고 있습니다./ 이일화의 '하나님을 찾아가는 길'

첫째는 모든 성경은 '하나님의 말씀'입니다.
앞서 말씀드린대로 성경은 하나님의 감동으로 된 것으로 살아 있고 활력이 있는 말씀입니다.
히브리서 4장 12절 "하나님의 말씀은 살아 있고 활력이 있어 좌우에 날선 어떤 검보다도 예리하여 혼과 영과 및 관절과 골수를 찔러 쪼개기까지 하며 또 마음의 생각과 뜻을 판단하나니" 살아있다고 말씀하십니다.
그 유명한 스펄전은 "가정이 하나님의 말씀에 따라 지배될 때 천사들이 그들과 동거하며 그들의 식구가 될 것이다"하고 하였습니다.
또 제퍼슨은 "성경이 없었다면 인류는 이미 멸망하였을 것이다"라고 하였습니다.
활력있는 말씀이 우리를 선하게 인도하십니다.

스펄전의 '하나님 말씀에 따라 지배될 때' 란 말을 워딩하면서 **저의 작은 숙부님의 가정을** 소개하고 싶습니다.
작은숙부는 가난한 목수로 아이들을 제대로 교육시킬 형편도 되지 않았습니다. 얼마전에 장례를 치렀는데 가만히 생각해보니 자녀들이 잘 되었어요
딸 다섯(미순, 경자, 미경, 은경, 은미)에 아들 하나인데
사모가 3명, 교사가 2명 이번에 알게 되었는데 한명은 미국 석·박사더군요. 막내 아들은 서울법대 나와 지금은 한국은행에 근무중 해외파견 나가 공부중이고 사위도 부부교사로 제가 졸업한 군산남초등학교 교장이더군요 한마디로 모범적으로 신앙적으로 사신 저희 작은 집은 자식농사를 잘 지었고 하나님의 큰 복과 은혜를 받은 가정이란 생각이 들었습니다.
자식들이 마지막 입관시 한마디씩 하는데 모두가 신앙으로 잘 키워주시어서 감사하다며 한 순간 감동받은 것은 박사인 딸은 돌아가신 아버지의 볼에 얼굴을 부비는 모습은 한편의 영화 같았습니다. '가나 혼인잔치의 기적' 영화를 보라고 담임목사님 어제 밤 설교시에 권유하시는데 정말 가슴이 찡하고 눈물이 났었습니다.

둘째는 성경은 '구원으로 인도하십니다'.
성경은 우리 죄인들에게 구원이 필요함을 알려주며 죄인 스스로 구원할 수 없음을 명백히 말씀하십니다. '중이 제머리 스스로 못 깎는다는 속담'이 생각납니다.

또한 성경은 우리가 예수 그리스도를 믿음으로 구원받을 수 있다는 진리를 교훈 하십니다.

요한복음 14장 6절 "**예수께서 이르시되 내가 곧 길이요 진리요 생명이니 나로 말미암지 않고는** 아버지께로 올 자가 없느니라"라고 **진리의 예수님**을 말씀하시며

신명기 32장 4절 "그는 반석이시니 그가 하신 일이 완전하고 그의 모든 길이 **정의롭고 진실하고 거짓이 없으신 하나님이시니** 공의로우시고 바르시도다" 라고 진리되시는 하나님을 말씀하시며

요한일서 5장 6절은 "이는 물과 피로 임하신 이시니 **곧 예수 그리스도시라** 물로만 아니요 물과 피로 임하셨고 **증언하는 이는 성령이시니 성령은 진리니라**" 진리의 성령님을 말하며

다시 말하면 모든 성경은 진리의 예수님!, 진리의 하나님!, 진리의 성령님!을 말하며 이 삼위일체가 우리를 구원으로 인도하신다는 진리를 깨닫는 귀한 새벽시간이 되시기 바랍니다.

셋째는 모든 성경은 '유익한 말씀입니다.'

성경은 '옳은 것'과 '바르게 함'과 '옳게 사는 법'을 가르치는 유익한 책입니다. 즉, 성경은 정의와 불의와 선악을 구분하는 저울, 잣대입니다. 성경을 배우고 그 말씀에 순종하면 하나님의 사람으로 온전해지며 선을 행할 수 있는 능력이 생깁니다. 그러므로 우리는 계속적으로 성경을 읽고 배워야 합니다.

시편 1편 1절~2절은 " 복 있는 사람은 악인들의 꾀를 따르지 아니하며 죄인들의 길에 서지 아니하며 오만한 자들의 자리에 앉지 아니하고"

2. "오직 여호와의 율법을 즐거워하여 그의 율법을 주야로 묵상하는자로다"

밤낮 묵상만 하면 안되고 배운 것을 **실행해야** 합니다.

그래서 **요한계시록 1장 3절** "이 예언의 말씀을 **읽는 자와** 듣는 자와 그 가운데 기록한 **것을 지키는 자는** 복이 있나니 때가 가까움이라" 하셨습니다.

디모데가 훌륭한 목회자가 될 수 있었던 것은 바로 성경을 토대로 양육되었기 때문입니다. 우리도 디모데처럼 말씀으로 인생을 승리하도록 성경을 사랑하고 실천하도록 합시다.

말씀을 맺습니다.

'**모든 성경**'은 하나님의 말씀입니다.
우리를 **구원**으로 인도합니다.
유익한 말씀입니다.

이 말씀을 믿고 그렇게 살기 원하는 저와 여러분에게
예수 그리스도의 놀라운 은혜와 하나님의 다함 없는 사랑과 성령님의 교통하심이 늘 함께하시길 간절히 축원합니다.

다음주 새벽(12월 10,목)은 야고보서(371쪽)입니다.
다함께 말씀관련 **찬송가 199장**(나의 사랑하는 책)을
어머니 생각하면서 신나게 부르시겠습니다.
감사합니다.

찬송가 해설

1. 202장(하나님 아버지 주신 책은)

이 찬송은 요한복음 15:9 "아버지께서 나를 사랑하신 것 같이 나도 너희를 사랑하였으니 나의 사랑 안에 거하라"는 말씀을 근거로 블리스가 지었는데
블리스는 부흥사가 인도하는 부흥 집회에서 찬송가를 부르다가 갑자기 이런 생각이 떠올랐다고 합니다. "이제는 나에 대한 그의 크신 사랑을 노래해야 하지 않을까?" 하고 지은 찬송시라고 합니다.
후렴 "주 나를 사랑하시오니 즐겁고도 즐겁도다
주 나를 사랑하시오니 나는 참 기쁘다" 즐거운 마음으로 부릅시다.

2. 199장(나의 사랑하는 책)

이 찬송은 딤후 3:15 "또 어려서부터 성경을 알았나니 성경은 능히 너로 하여금 그리스도 예수 안에 있는 믿음으로 말미암아 구원에 이르는 지혜가 있게 하느니라"
토대로 지어진 찬송시로

윌리엄즈 목사가 **틸만 목사**에게 설교후에 부를 찬송을 골라 달라고 부탁했더니 틸만 목사가 윌리엄즈 목사에게 직접 곡을 하나 작시해 보세요 그러면 제가 작곡을 하겠습니다.
하여 바로 **윌리엄즈목사가 찬송시를 지었고** 가사를 본 틸만 목사는 크게 감동하여 그 자리에서 곡을 작곡하였다고 합니다.
주일학교 예배시 많이 부렸던 곡입니다. 가사가 정말 주옥같아요

틸만 목사가 감동받은 윌리엄즈목사의 시를 생각하면서
찬송가 199장을 힘차게 부릅시다.

12. 주님 중심의 생활 (야고보서 1:1-11 / ♪ 534, 465)

한해가 참 빠르게 지나가는군요. 세월은 유수같다고도 하고 빛처럼 빠르게 지나 간다하여 광속이란 표현도 하지요 올해 신년예배 드린게 엊그제 같은데 올해도 마지막달을 남기고 며칠 안 남았네요 빠른 광음지날 때 세월을 아껴 부지런하여 게으르지 말고 열심을 품고 주를 섬겨야겠지요

지난 주 말씀을 살펴보면, 디모데 후서로
디모데후서의 약자는 "딤후"였고요. 저자는 '사도 바울'이며 기록연대는 주후(A.D) 67년경 였지요

기록한 목적은 바울이 믿음의 아들 디모데에게 거짓 교사들의 그릇된 가르침에 빠지지 않도록 훈계하며, 감옥생활하면서 물품을 조달받기 원해서 이 편지를 썼다고 했습니다.

오늘 말씀은 야고보서입니다.
야고보서의 약자는 "약"입니다. 저자는 '야고보'이며
기록연대는 주후(A.D) 60-62년경 입니다.

기록한 목적은 예루살렘 교회의 지도자인 야고보는 **참된 믿음**이란 그 믿음에 근거하여 **실천의 삶을 사는 것**이라고 가르치기 위해 이 편지를 썼습니다.

먼저 야고보서의 **주석** 몇 군데를 살펴 보겠습니다.
1장 6절에 "오직 믿음으로 구하고 조금도 의심하지 말라 의심하는 자는 마치 바람에 밀려 요동하는 바다 물결 같으니"
'의심'은 '불리하는 것', '서로 다투는 것', '망설이는 것'을 뜻합니다. 이는 신앙과 불신앙, 또 신뢰와 주저함 등 두 견해 사이에서 **헤매는 마음의 상태**를 말합니다. 다시말하면 좌정하지 못하고 안절부절 헤매는 것으로 우리는 헤매지 말아야겠습니다.

1장 11절의 "해가 돋고 뜨거운 바람이 불어 풀을 말리면 꽃이 떨어져 그 모양의 아름다움이 없어지나니 부한 자도 그 행하는 일에 이와 같이 쇠잔하리라"

에서 '**뜨거운 바람**'은 아라비아 사막 지대에서 불어오는 '시로코'라는 열풍으로, 이것이 한 번 불면 채소들이 다 말라 버린다고 합니다.
세상의 부귀와 영광도 이처럼 **허무하게 끝나는 것임을** 잘 표현해 주고 있습니다.
우리가 허무주의에 빠지는 것도 문제지만 성경은 분명히 말합니다.
전도서1장 2절 "전도자가 이르되 헛되고 헛되며 헛되고 헛되니 모든 것이 헛되도다"

2장 1절의 "내 형제들아 영광의 주 곧 우리 주 예수 그리스도에 대한 믿음을 너희가 가졌으니 사람을 차별하여 대하지 말라"
여기서 '**사람을 차별하여 대하지 말라**'는 말은 사람의 외형적인 조건을 가지고 편견이나 차별 대우하는 것을 금하고 있습니다.
우리는 보통 지위가 높고 돈 많은 사람들 앞에서 굽신거리고, 낮고 천한 사람은 업신여기는 경우가 많으나 **중심을 보시는 우리 하나님은** 외모를 보지 않으시고 그 마음에 **간사함이 없는 목동 다윗을** 들어 내 마음에 합한 자라고 인정하는 것을 볼 수 있습니다.

2장 21절 "우리 조상 아브라함이 그 아들 이삭을 제단에 바칠 때에 행함으로 의롭다 하심을 받은 것이 아니냐"
'**행함으로 의롭다 하심을 받았다**'는 것은 아브라함이 믿음으로 하나님께 의롭다 칭함을 받았습니다. 창 15:6에 보면 "아브람이 여호와를 믿으니 여호와께서 이를 그의 의로 여기시고"
그 믿음은 이삭을 바치는 것으로 그의 행함을 통해 믿음을 증명한 것입니다. 하나님은 **창22:12**을 통해 "사자를 이르시되 그 아이에게 네 손을 대지 말라 그에게 아무 일도 하지 말라 네가 네 아들 독자까지도 내게 아끼지 아니하였으니 내가 이제야 네가 하나님 나를 경외하는 줄을 아노라"하셨습니다.

4장 14절 "내일 일을 너희가 알지 못하는도다 너희 생명이 무엇이냐 너희는 잠깐 보이다가 없어지는 안개니라"에서
안개하면 『정훈희의 안개』라는 노래에서 나오는 "**나홀로 걸어가는 안개만이 자욱한 이 거리, 그 언젠가~** 생각이 납니다만 여기서 '**안개**'란 '연기'로도 번역되는 말로 인생의 짧고 허무함을 잘 나타내고 있습니다. 이 허무한 인생을 **어떻게 살다가 장식하느냐** 하는 것이 중요한 것이지요

5장 16절 "그러므로 너희 죄를 서로 고백하며 병이 낫기를 위하여 서로 기도하라 의인의 간구는 역사하는 힘이 큼이니라" 여기서 '너희 죄를 위하여 서로 고백하며'라는 말은 믿는 성도들끼리 서로 죄를 자복하면서 기도하라고 합니다. 죄를 공중 앞에 나와서 꼭 자복할 필요는 없으나 하나님의 은혜를 받기 위해서는 고백하는 것이 좋다는 것입니다. **죄 많은 곳에 은혜도 더한다는 말이 바로 이 말 아닌가 싶습니다.**

자 그러면 오늘은
야고보서 1장 1-11절의 본문을 중심으로 **"주님 중심의 생활"**이란 제목으로 말씀을 나누며 함께 은혜받고 싶습니다.

야고보는 본문을 통하여 그리스도 중심의 생활을 어떻게 할 것인지 세가지로 교훈 합니다.

첫째는 '시험을 만나게 될 때 기쁘게 여기라'고 합니다.
시험은 누구에게나 아프고 고통스러운 일임에 틀림없습니다. 그래서 시험당하길 원하지 않습니다. 주님께서도 "엘리 엘리 라마 사박다니" 나의 하나님 나의 하나님 할 수만 있다면 이 잔을 내게서 옮기시옵소서 그러나 주님의 뜻대로 하옵소서 하셨습니다.
그러나 그리스도 중심으로 사는 사람들은 이 시험으로 인하여 슬퍼하거나 절망하지 말고 기쁘게 받아들여야 합니다. 이는 믿음의 시련이 인내를 만들어 내는 줄 알기 때문 입니다. 그리스도의 고난에 동참하는 자라야 영광의 자리에 참여할 수 있기 때문입니다. No Cross, No Crown 고난의 십자가 없이는 천국의 영광도 면류관도 없기 때문입니다. 믿음의 사람은 고난을 통하여 영광을 바라볼 줄 알아야 합니다. 믿음은 바라는 것들의 실상이요, 보지 못하는 것들의 증거니... 칠흑같은 어둠이 지나면 새벽의 동이 터오듯 돛단배는 바람이 불어야 목적지에 더 빨리 도착할 수 있듯이 인생도 고생과 고난이 닥쳐야 성공을 빨리 경험할 수 있는 것입니다.
제가 어려운 일을 만날 때 위로 받고 힘을 얻는 말씀으로 **고전10:13절 말씀**입니다. "사람이 감당치 밖에는 너희가 당한 것이 없나니 오직 하나님은 미쁘사 너희가 **감당하지 못할 시험 당함을 허락하지 아니하시고** 시험 당할 즈음에 **또한 피할 길을 내사** 너희로 **능히 감당하게 하시느니라**"

제가 74년 고등학교 졸업하고 서울올라와서 부흥회 참석하여 곽전태부흥강사님으로부터 크게 은혜받은 말씀입니다.

둘째는 하나님께 지혜를 믿음으로 구해야 합니다.
5절에 "너희 중에 누구든지 지혜가 부족하거든 모든 사람에게 후히 주시고 꾸짖지 아니하시는 하나님께 구하라 그리하면 주시리라" 하나님께서는 구하면 주십니다.
마태복음 7:7절 "구하라 그리하면 너희에게 주실 것이요 찾으라 그리하면 찾아낼 것이요 문을 두드리라 그리하면 너희에게 열릴 것이니"
하나님은 God is so good입니다. 좋으신 하나님이십니다.
솔로몬은 하나님께 지혜를 구하여 지혜의 왕이 되었습니다. 우리도 솔로몬처럼 지혜를 구하여 은혜 풍성한 삶 살기를 원합니다.
우리가 하나님께 간구할 때 주실 까 반신반의하면 전능하신 하나님께서 기분 나빠 하십니다. 감사함으로 믿고 의심하지 말고 구하라고 권고하십니다.
1장 6절의 말씀처럼 "오직 믿음으로 구하고 조금도 의심하지 말라 의심하는 자는 마치 바람에 밀려 요동하는 바다 물결같다"고 하십니다.
의심하는 사람은 마음이 나누인 상태로 이런 사람의 기도엔 하나님께서 귀를 기울이지 않으시므로 응답받을 수 없는 것입니다.
시편기자는 노래했습니다.
시편1편 3절 "그는 시냇가에 심은 나무가 철(계절)을 따라 열매를 맺으며 그 잎사귀가 마르지 아니함 같으니 그가 하는 모든 일이 다 형통하리로다"
형통하다는 것은 모든 것이 뜻대로 잘 된다는 뜻입니다. 하나님께서 함께하시면 막히는 것이 없습니다. 만사형통하는 것입니다.

셋째는 예수중심의 삶을 살아야 합니다.
지금까지 지내온 것이 하나님의 은혜요 내게 있는 모든 것이 주께로부터 온 것이므로 우리는 자랑할 것이 하나도 없습니다.
우리의 부귀나 영화도 풀의 꽃과 같은 것이므로 자랑할 것이 없습니다.
사도바울은 그리스도와 십자가외에는 자랑할 것이 없다며 분토만도 못하다하며 배설물로 여겼습니다.

찬송가 634장은 역대상 29장 14절 "모든 것이 주께로 말미암았사오니 우리가 주의 손에서 받은 것으로 주께 드렸을 뿐이니이다"말씀에 근거하여 지어진 찬송!
"모든 것이 주께로부터 왔으니 이 예물을 주께 드리나이다 아멘"
노래하며 다윗과 그의 백성들은 성전건축을 위해 많은 예물을 즐거운 마음으로 봉헌했습니다.
우리의 자랑은 바울과 같이 십자가와 예수 그리스도여야 합니다.
고전1장 18절 "십자가의 도가 멸망하는 자들에게는 미련한 것이요 구원을 얻는 우리에게는 하나님의 능력이라"

사랑하는 성도여러분!
우리의 자랑은 주님과 함께하는 생활이어야 합니다. 최상의 가치가 되어야 합니다. 세상것은 안개와 같이 잠깐 있다가 없어질 허무한 것들입니다.
성도의 생활은 예수 중심의 생활이어야 합니다. 예수님 손잡고 언제 어디나 함께 동행할 때 우리는 거룩할 수 있고 경건할 수 있고 승리할 수 있습니다.
예수가 중심이 되어야 한다고 말하고 보니 어느 교회의 이름은 '예수중심교회"도 있더군요 지금 생각해 보니 참 의미심장한 주님이 기뻐하실 만한 교회같습니다.
우리 담임목사님 지난 주일 예배시 예배시간은 다소 길지만 지루하지 않기 때문에 은혜가 넘치기 때문에 30분같은 2시간 예배도 진지하고 은혜롭다고 하시면서 유머로 "안지루교회"라고 명명하면 어떨까하시며 웃으셨는데 참 좋은 생각입니다.
우리는 예수님중심으로 살아갑시다.
예수중심으로 살아 갈 때 모든 것이 합력하여 선을 이룰것입니다.
이제 말씀을 맺습니다.

'주님 중심의 생활'은
 1) 시험을 만나도 기쁘게 여겨야 합니다.
 2) 솔로몬처럼 믿음으로 지혜를 구해야 합니다.
 3) 예수중심으로 살아야 합니다.

언제나 주님 모시고 주님과 동행하는 삶을 살기 원하는
저와 여러분에게
예수 그리스도의 한없는 은혜가 넘치시길 간절히 축원합니다.

다음주 새벽(12월 17,목)은 베드로전서(377쪽)입니다.
다함께 말씀관련 **찬송가 407장**(구주와 함께 나 죽었으니)를
생각하면서 시험을 받을 때와 무거운 근심이 있을 때에도 언제나 주만 바라봅니다를
힘차게 부르시겠습니다.
감사합니다.

찬송가 해설

1. 534장(주님 찾아 오셨네)

이 찬송은 요한계시록 3:20 "볼찌어다 내가 문 밖에 서서 두드리노니 누군든지 내 음성을 듣고 문을 열면 내가 그에게로 들어가 그와 더불어 먹고 그는 나로 더불어 먹으리라"는 말씀을 근거로 쉐퍼드가 지었는데
1절에서는 가시관 쓰신 주님을 모시어 들이세 하는데
다음 찬송 530장 "주예수 대문 밖에"를 지은 윌리엄 하우는
'문 두드리는 손은 못 박힌 손이요 또 가시관은 그 이마 둘렀네'라고 묘사하고 있습니다. 우리 죄인 부르시고 찾으시는 주님을 모시어 들이는 마음으로 다함게 534장 찬송부르겠습니다.

2. 465장(구주와 함께 나 죽었으니)

이 찬송은 갈 2:20 "그리스도와 함께 십자가에 못 박혔나니 그런즉 이제는 내가 사는 것이 아니요 오직 내 안에 그리스도께서 사시는 것이라 이제 내가 육체 가운데 사는 것은 나를 사랑하사 나를 위하여 자기 자신을 버리신 하나님의 아들을 믿는 믿음 안에서 사는 것이라" 토대로 지어진 찬송시로

어느 날 선교자 빌리가 이 곡의 작시자 휘틀에게 '나는 매 시간 당신이 필요합니다.' 라는 찬송이 마음에 들지 않는다고 하며 매시간 필요한 것이 아니라 매순간마다 필요한 것 아니냐하고 하니 이 말에 영감을 얻어 휘틀이 이 시를 지었다고 합니다.

언제나 나를 도와주시며 언제나 생각하시며 나와 함께 계시는 주만 바라봅니다. 가사 생각하며 465장 힘차게 부릅시다.

13. 만물의 마지막이 가까이 왔으니 (베드로전서4:7-11/♪90, 176)

오늘은 본래 손용관전도사님 순서이나 개인사정으로 저에게 부탁하여 제가 담당하게 되었습니다.
제가 지난 11월 26일(목) 코로나 격리로 한 주 빠졌거든요 대신 오늘 보충하게 되었습니다.
저는 제가 많이 부족하다는 것을 잘 알지만 최근에 말씀을 준비하면서 제가 먼저 은혜를 받게 되어 얼마나 기쁘고 감사한지 모릅니다.

지난 주 말씀을 살펴보면, 야고보서로
야고보서의 약자는 "약"이고, 저자는 '야고보'였지요
기록연대는 주후(A.D) 60-62년경입니다.

기록한 목적은 예루살렘 교회의 지도자인 야고보는 **참된 믿음**이란 그 믿음에 근거하여 **실천의 삶을 사는 것**이라고 가르치기 위해 이 편지를 썼습니다.

오늘 말씀은 베드로전서입니다.
베드로전서의 약자는 "**벧전**"입니다. 저자는 '베드로'이며
기록연대는 주후(A.D) 64-66년입니다.

기록한 목적은 베드로가 환난 중에 있는, 도처의 믿는 자들에게 **신앙의 위로와 용기**를 주고, 거짓 교사들의 잘못된 가르침을 경고하기 위해 이 편지를 썼습니다

먼저, 베드로전서의 주석 몇군데 살펴 보겠습니다.
1장 2절에 "곧 하나님 아버지의 미리 아심을 따라 성령이 거룩하게 하심으로 순종함과 예수 그리스도의 피뿌림을 얻기 위하여 택하심을 받은 자들에게 편지하노니 **은혜와 평강이 너희에게 더욱 많을지어다**"에서
'**예수 그리스도의 피뿌림**'은 구약의 제사법에서 빌려 온 표현으로 즉, 구약의 백성들이 희생제물의 피뿌림으로 사죄를 얻었던 것처럼, 신약의 백성들은 모두 **그리스도의 구속의 피뿌림으로 죄를 용서 받았음**을 가르칩니다.

또 마26:28절에서는 "이것은 죄사함을 얻게하려고 많은 사람을 위하여 흘리는 바, 나의 피 곧 언약의 피니라"하여 '언약의 피'라고 표현했습니다.

1장 16절의 "기록되었으되 내가 거룩하니 너희도 거룩할지어다 하셨으니"
여기서 '거룩할지어다'의 '거룩하다'에 해당하는 히브리어 '카데쉬'는 원래 '구별하다'는 뜻으로 속된 것에서 분리시키는 것을 가리키며
바울은 신자들에게 자신을 죄에 방치해 육신을 따라 살지 말고, 하나님께 드려서 성령을 좇아 살라고 했는바,
갈5장의 '육체의 일과 성령의 열매'에 대해
19. 육체의 일은 분명하니 곧 음행과 더러운 것과 호색과
20. 우상숭배와 주술과 원수맺는 것과 분쟁과 시기와 분냄과 당 짓는 것과 분열함과 이단과
21. 투기와 술 취함과 방탕함과 또 그와같은 것들이라 전에 너희에게 경계한 것 같이 경계하노니 이런 일을 하는 자들은 하나님의 나라를 유업으로 받지 못할 것이요
22. 오직 성령의 열매는 사랑과 희락과 화평과 오래참음과 자비와 양선과 충성과
23. 온유와 절제니 이같은 것을 금지할 법이 없느니라"
  하십니다.

4장 10절의 "각각 은사를 받은대로 하나님의 여러 가지 은혜를 맡은 선한 청지기같이 서로 봉사하라"
에서 '은사'는 성령께서 신자들에게 봉사하라고 주신 것입니다. 자랑의 도구가 아님을 유의해야 합니다.

주석 마지막 5장 5절 "젊은 자들아 이와 같이 장로들에게 순종하고, 다 서로 겸손으로 허리를 동이라 하나님은 교만한 자를 대적(물리치시되)하시되 겸손한 자들에게는 은혜를 주시느니라"에서 '겸손으로 허리를 동이라'는 동이라는 뜻은 옷을 입고 그 옷을 동여 매라는 말로 겸손의 옷을 입고 남을 섬기는 자리에 있으라는 말입니다.

자 그러면 오늘은
베드로전서 4장 7-11절의 본문 중 7절의 **"만물의 마지막이 가까이 왔으니"** 말씀을 그대로 제목삼아 어떻게 살아야 할까를 세 가지로 말씀 드릴 때 함께 은혜받기 원합니다.

본문에서 베드로는 앞으로 닥칠 고난에 대비하여 신자들이 지켜야 할 사항을 말하고 있습니다.

첫째는 '준비하는 삶을 살아야' 합니다.

베드로는 7절에서 "만물의 마지막이 가까이 왔으니 그러므로 너희는 정신을 차리고 근신하여 기도하라"고 한 이 말은 거짓교사들의 잘못된 가르침에 힘들어 하는 당시 그리스도인들에게 위로와 용기를 부여하기 위한 것이었습니다. 세상사람들은 바람따라 물결따라 풍습따라 '먹고 마시고 취하자'라고 노래하며 흥청망청 죄가운데 살지만, 그들은 언제 죽을지도 **모르고 살고 있고** 마지막 때 엔드 타임의 의식없이 살다가 종말이 오고 심판에 임하면 어이 할꼬 하며 후회하고 원통해 봤자 아무 소용이 없는 것이지요. 인생이 가련하고 불쌍할 뿐이지요 하나님을 믿는 우리 신자들은 정신을 **바짝** 차리고 근신하여 기도함으로써 **미리 준비하는** 예비하는 삶을 살아야 합니다.

우리가 잘 아는 성경의 **기름과 등을 준비한 슬기로운 다섯처녀**의 예화를 안 들더라도 세상에서도 '유비면 무환'이라고 합니다. 대학입학을 준비하는 학생은 고등학교 입학하면 1학년 때부터 미리 미리 철저히 준비하는 학생이 수능일이 임박할 때 여유있게 임하여 좋은 결과를 가져오는 것입니다. 제가 듣기로는 **고시**는 '높을 고' '시험시'로 험산준령 같다고도 하고 남들 띵까 띵까 놀 때 홀로 외로이 잠과 이기며 책과 씨름하면서 고독과 싸운다 하여 '외로울 고'를 써서 고시라고도 하더군요. 모든 성공자는 운이 좋아서가 아닙니다. "Rome is not built in a day"라고 로마는 하루 아침에 이루어지지 않았다는 속담도 있습니다.

마찬가지로 **우리의 신앙도 천국가는 것도** 준비를 철저히 해야 합니다. 하나님나라가서 받을 상급을 위해 공을 드리며 남보다 어려운 일, 궂은 일, 힘든 일도 앞장서서 솔선하여 모범을 보이며 몸소 실천할 때 칭찬받게 되는 것입니다.

마태복음 25장 1절~13절에 나오는 **'열 처녀 비유'**를 소개합니다.

1. 그 때에 **천국은 마치 등을 들고 신랑을 맞으러** 나간 열 처녀와 같다 하리니
2. 그 중의 **다섯은 미련**하고 **다섯은 슬기 있는** 자라
3. 미련한 자들은? 어떻게 했어요? 등을 가지되 기름을 가지지 아니하고. 여기서 저는 (싸우는 군인이 총은 가지되 총알은 가지지 아니하고) 또 얼마전 수능봤지요? 시험보러 간 학생이 필기도구 놓고 **가면 돼요? 안돼요?** 마찬가지입니다.

4. 그러나 슬기 있는 자들은 그릇에 **기름을**(만땅 담았을 것 같아요) **담아** 등과 함께 가져갔더니

5. 신랑이 더디 오므로 **다 졸며 잘새**

6. **밤중에 소리가 나되 보라 신랑이로다! 맞으러 나오라** 하매

7. 이에 그 처녀들이 다 일어나 등을 준비할 새

8. 미련한 자들이 슬기 있는 자들에게 이르되 우리 등불이 꺼져가니 **너희 기름을 좀 나눠 달라**(다오) 하거늘

9. 슬기 있는 자들이 대답하여 이르되 우리와 너희가(함께)쓰기에 다(서로) **부족할까 하노니**(하니) **차라리**(같이 죽느니) 기름 파는 자(주유소)에 가서 너희 쓸 것을 사라(사오는 게 낫겠다)하니

10. 그들이 사러 간 사이에 (짠~)신랑이 오므로 **준비하였던 자들은 함께 혼인 잔치에 들어 가고 문**(철문)**은 닫힌지라**

11. 그 후에 남은 처녀들이 와서 이르되 **주여 주여**(해 봤자여) 우리에게 열어 주소서(하니)

12. 대답하여 이르되 진실로 너희에게 이르노니 내가 너희를 (도무지) 알지 못하노라 하였느니라

13. 그런즉 어떻게 해요? **깨어 있으라** 너희는 그 날과 그 때(시)를 알지 못하느니라 (아멘!) 아멘이지요?

여러분과 저는 **슬기론 다섯 처녀**와 같이 평소 주님 맞을 준비하며 살도록 합시다.

둘째는 '사랑하는 삶을 살아야' 합니다.

사도 바울은 고전13장 13절 "그런즉 믿음, 소망, 사랑, 이 세 가지는 항상 있을 것인데 그 중에 제일은 사랑이라"이라고 말했습니다.

고린도 교인들을 향하여 그리스도인들에게 항상 있어야 할 세가지, 즉 믿음, 소망, 사랑을 권하면서 특히 그 중에서 제일은 사랑이라고 권면하였습니다. 본문에서 베드로는 **모두가 고난을 당할 때 흩어지는 나그네와 같은 신자들**을 향하여 외친 말씀이 바로 8절 "**무엇보다도 뜨겁게 서로 사랑하라**"고 하십니다. 사랑은 모든 허물을 모든 죄를 덮느니라고 가르쳤습니다. 허물 많은 우리의 **죄를 가리우고 덮어주는 사랑**을 해야겠어요? 안해야겠어요? 뜨겁게 사랑해야 겠지요?

우리의 **신앙생활도 미지근하면 주님은 싫어하십니다.** 뜨겁거나 차겁지 아니하면 **내 입에서 토해 내리라** 하십니다. 오늘 말씀처럼 뜨겁게 사랑합시다.
유행가의 가사도 생각났어요 **사랑을 할려면 뜨겁게 하세요**
미지근하게 사랑을 하는 둥 마는 둥 하면 애인도 도망간답니다.

유행가 누구의 노래인가 찾으려다 **예향/도지현**의 '사랑에 관한 고찰'을 발견하고 **마음에 감동을 주어 소개합니다.**

"**머리에** 쥐가 나도록 생각해도
풀어지지 않는 것

그냥 있는 그대로 받아 들이기엔
때로 자존심이 상하지만
그 자존심 세워 봐야 손해인걸요

사랑함에 있어 타협 하지 마라
감정을 숨기지 말고
사랑을 하면 표현을 하세요

속으로만 하는 사랑
잘 알지 못하니까요

눈빛만 보아도 안다는 것은
깊이 사랑 할 때이고

내 마음 표현하지 않으면
누가 알아 줄까요.

사랑을 하려면 무조건 하세요
사랑에 조건이란 필요하지 않아요

사랑을 하려면
불 같이 뜨겁게 하세요

그래야
후회없는 사랑을 하는 거니까요"

성경은 로마서 12:9 "사랑에는 거짓이 없나니 악을 미워하고 선에 속하라"합니다만, 연애할 때 처음에는 예외적으로 약간은 허풍스럽고 과장스런 표현이지만 남자가 사랑을 고백하며 약속할 때 고대광실에서 여왕처럼 모시고 생명바쳐 당신만을 사랑하리라 해야 여자가 뿅~하고 결혼한다고 들었어요
여기서 로마서 8장에 나오는 그리스도의 사랑, 하나님의 사랑을 잠깐 전합니다.
롬 8:35절 "누가 우리를 그리스도의 사랑에서 끊으리요 환난이나 곤고나 박해나 기근이나 적신이나 위험이나 칼이랴"
그 누구도 그리스도의 사랑에서 끊을 수 없다고 하며
또 39절에서는 "높음이나 깊음이나 다른 어떤 피조물이라도 우리를 우리 주 그리스도 예수 안에 있는 하나님의 사랑에서 끊을 수 없으리라" 그 어떤 무엇으로도 하나님의 사랑을 단절시킬 수 없다고 성경은 말합니다.
이왕 사랑하는 것 뜨겁게 사랑합시다.

셋째는 '봉사하는 삶을 살아야' 합니다.
그리스도인은 받은 바 달란트(재능,재주)를 교회를 위하여 하나님의 뜻대로 사용하여야 합니다. 우리 모두는 하나님께 받은 은사가 있습니다. 말하자면 굼뱅이도 꿈틀거리는 재주가 있다고 하지 않습니까? 말씀 준비하면서 혼자 웃기도 합니다. 굼뱅이가 꿈틀 거리는 상상이 되는 거예요 성령님께서 제 때에 필요한 곳에 사용할 말씀들이 생각나면 저도 신기하고 놀라워요 한마디로 말씀드리면 굼뱅이도 재주가 있는데 하물며 만물의 영장인 특히 하나님이 불러 택하신 하나님의 자녀들에게 뭔가 달란트가 있지 않겠습니까? 각자 주어진 달란트를 찾아야 합니다. 발굴해야 합니다. 있는 달란트까지 썩히고 묻어 버린다면 도리가 아니라고 생각합니다. 멋지게 품위있게 표현하여 **전문가**라고 하여 인간문화재도 있고 명인이라고도 하여 명인들이 뭘 만들면 가격도 부르는 게 값이더군요 등산화나 골프화 보통 10만원이면 사는 데 40-50만원씩하고 보름이나 한달 반까지

기다려야 한데요

차의 명인, 구두명인, 수타면이라고 짜장면도 명인이 있더군요 어쨌든 각종 각양의 은사들이 있는데 이 은사들은 개인의 자랑거리나 돈벌이를 위한 수단으로 사용하는 것보다 하나님의 영광을 위하여 사용하여야 한다는 것이죠?

그래서 **결론은** 하나님의 자녀인 우리게 주어진 달란트를 잘 찾아내어 **기쁨으로 열심히 봉사하며 살아야겠습니다.**

이제 말씀을 맺습니다.

'만물의 마직막이 가까이 왔으니'
1) 슬기로운 다섯 처녀처럼 준비하며 삽시다.
2) 뜨겁게 사랑하며 삽시다
3) 헌신적으로 열심히 봉사하며 삽시다.

이렇게 살기 원하는
저와 여러분에게
오늘도 **예수님의 은혜와 하나님의 사랑과 성령님의 동행하심이 늘** 함께하시기를 간절히 축원합니다.

모래 목요일 새벽(12월 17,목)은 요한일서**(388쪽)**입니다.
다함께 **찬송가 176장** 부르시겠습니다.
감사합니다.

찬송가 해설

1. 90장(주 예수 내가 알기 전)

이 찬송은 요한복음 15:15 "너희를 친구라 하였노니 내가 내 아버지께 들은 것을 다 너희에게 알게 하였음이라"는 말씀 근거로 지어진 찬송시로
형식적으로 드리는 예배를 탈피해 보려고 애썼던 작시자 스몰 목사는 영국 자유교회 목사로 설교를 통하여 난해한 교리들을 쉬운 말로 교인들에게 가르쳤답니다.
이 찬송시에서 하나님이 우릴 선택한 것은 예정론이지요? 저도 준비하면서 가사 내용을 보니 정말 은혜롭고 좋았어요
주 예수님 내가 알기 전 날 먼저 사랑했네
내 친구되신 예수님 날 구원하시려고 귀한 몸 버리사 대속했네 내 몸과 맘을 바쳐서 끝까지 충성하리
날 항상 보호하시고 내 방패되시는 그 풍성한 사랑을 누가 능히 끊을 소냐 날 구원하신 예수는 참 좋은 나의 친구! **설교 한편!**

2. 176장(주 어느 때 다시 오실는지)

이 찬송은 마 24:42 "그러므로 깨어 있으라 어느 날에 너희 주가 임할는지 너희가 알지 못함이니라" 토대로 지어진 찬송시로

이 찬송가 해설집을 4권을 찾아도 없다가 '재림'편을 다시 보니 제목이 전에는 "언제 주님 다시 오실는지"이더군요
미국의 가난한 가정에서 태어난 **패니 크로스비**는 약 9천편에 달하는 가장 많은 찬송을 작시한 작시자요, **생후 6주** 밖에 안 되어 두 눈을 보지 못하는 **맹인**이었으나, 연약한 여성으로 **95세까지 장수한 가장 행복한 사람**이었습니다. 본인이 앞을 못 보는 시각장애인였으나 빈민굴을 찾아 다니며 그들을 돌보고 영혼에 희망의 빛, 생명을 빛을 전해 주었다고 합니다. 주님 다시 오실 때 기쁨으로 맞자는 찬송 176장 부릅시다.

14. 하나님은 사랑이심이라 (요한일서5:7-21/ ♪505, 503)

다음 주면 우리 주님 탄생하신 날 성탄절이 오는군요. 성탄의 기쁨이 여러분 마음은 물론 온누리에 넘치기를 원합니다.
지난 주 말씀을 살펴보면, 베드로전서로
베드로전서의 약자는 "**벧전**"이고, 저자는 책이름과 같이 '**베드로**'였지요
기록연대는 주후(A.D) 64-66년경입니다.

기록한 목적은 베드로는 환난 중에 있는, 도처의 믿는 자들에게 신앙의 위로와 용기를 주고, 거짓 교사들의 잘못된 가르침을 경고하기 위해 이 편지를 썼습니다

오늘 말씀은 요한일서입니다.
요한일서의 약자는 "**요일**"입니다. 저자는 '**사도 요한**'이며
기록연대는 주후(A.D) 90-95년입니다.

기록한 목적은 당시 기독교 진리를 위협하면서 교회를 큰 혼란에 빠뜨렸던 **이단 사상을 경계하는** 가운데, **구원의 유일한 방편이신 그리스도에 관한 올바른 지식을 가르치기를** 위해 이 편지를 썼습니다.

먼저, 요한일서의 주석 몇 군데 살펴 보겠습니다.
1장 1절에 "태초부터 있는 생명의 말씀에 관하여는 우리가 들은 바요 눈으로 본 바요 자세히 보고 우리의 손으로 만진 바라"에서
'생명의 말씀'은 생명의 관한 메시지 즉, 생명이신 그리스도를 가리킵니다. 말씀이 태초부터 있었다는 것은 영원전부터 계신 알파와 오메가 되신 하나님을 간접적으로 암시하는 말씀이기도 하지요
요한복음 14장 6절 "예수께서 이르시되 내가 곧 길이요 진리요 생명이니 나로 말미암지 않고는 아버지께로 올 자가 없느니라"
또 마26:28절에서는 "이것은 죄사함을 얻게 하려고 많은 사람을 위하여 흘리는 바, 나의 피 곧 언약의 피니라"하여 '언약의 피'라고 표현했습니다.

2장 16절의 "이는 세상에 있는 모든 것이 육신의 정욕과 안목의 정욕과 이생의 자랑이니 다 아버지께로부터 온 것이 아니요 세상으로부터 온 것이라"
'육신의 정욕'은 인간의 부패한 마음에서 비롯되는 모든 죄악적인 욕망을 말합니다.
'안목의 정욕'은 눈으로 보이는 모든 것에 대한 욕심을 말하며
'이생의 자랑'은 현세의 소유를 남에게 뽐내고 과시하는 허영심을 말합니다.

2장 20절 "너희는 거룩하신 자에게서 기름 부음을 받고 모든 것을 아느니라"
'기름'은 참기름이나 들기름 아주까리 기름 등 먹는 기름이 아니고 성령(Holy Ghost)을 말합니다.

3장 24절 "그의 계명을 지키는 자는 주 안에 거하고 주는 그의 안에 거하시나니, 우리에게 주신 **성령으로 말미암아** 그가 우리 안에 거하시는 줄을 우리가 아느니라"

4장 8절의 "사랑하지 아니하는 자는 하나님을 알지 못하나니 이는 하나님은 사랑이심이라" '하나님이 사랑'이란 말은 하나님의 성품과 본성을 표현함에 있어 가장 기본적이고 본질적인 것을 말합니다.

주석 마지막 5장 16절 "누구든지 형제가 사망에 이르지 아니하는 죄 범하는 것을 보거든 구하라 그리하면 사망에 이르지 아니하는 범죄자들을 위하여 그에게 생명을 주시리라 사망에 이르는 죄가 있으니 이에 관하여 나는 구하라 하지 않노라"에서
'**사망에 이르는 죄**'란 **하나님을 훼방하는 죄**로
민수기 15장 30절~31절
30. "본토인이든지 타국인이든지 고의로 무엇을 범하면 누구나 여호와를 비방하는 자니 그의 백성 중에서 끊어질 것이라"
31. "그런 사람은 여호와의 말씀을 멸시하고 그의 명령을 파괴하였은즉 그의 죄악이 자기에게로 돌아가서 온전히 끊어지리라"
또, **성령을 훼방하는 죄**로
마태복음 12장 31절 "그러므로 내가 너희에게 이르노니 사람에 대한 모든 죄와 모독은 사하심을 얻되 **성령을 모독하는 것은 사하심을 얻지 못하겠고**"
예수께서 그리스도이신 것을 부인하는 죄,
끝까지 회개하지 않는 죄 등을 말합니다.

자 그러면 오늘은

요한일서 4장 7-21절의 본문 중 8절의 "사랑하지 아니하는 자는 하나님을 알지 못하나니 이는 하나님은 사랑이심이라"에서 **"하나님은 사랑이심이라"** 는 말씀을 그대로 제목 삼았습니다. 저는 박사는 아닙니다만 석사논문 쓸 때 제목을 무엇으로 정할까 참 고민 많이 했습니다. 결국 대학근무시절이라 **"대학교수 충원의 합리화방안"** 으로 학위를 받았는데요 그래서 흔히 말하길 논문제목 선정하면 반절은 쓴 것이라고 말하곤 하지요 하나님 말씀중 제목을 정하니까 제 마음이 왠지 스스로 **은혜의 곳으로 빠져드는 느낌을** 받았습니다. 듣는 여러분도 같은지 모르겠어요 하나님 말씀보다 더 좋은 양약은 없습니다. 달고 오묘한 진리의 말씀이기 때문입니다. 이 제목 갖고 오늘 본문에서 **8절과 16절**에서 두 번이나 나오는 '**하나님은 사랑이시다**'라고 선언하는 그 사랑에 대하여 **사도 요한이 교훈하는 바를 살펴보며 은혜받기** 원합니다.

첫째는 '하나님은 독생성자를 희생시키며 온 인류를 사랑'하셨습니다.

본문 9절에서 "하나님의 사랑이 우리에게 이렇게 나타난 바 되었으니 하나님이 자기의 독생자를 세상에 보내심은 그로 말미암아 우리를 살리려 하심이라"라고 하여 그리스도를 세상에 보내심은 인간에 대한 하나님의 사랑의 극치였습니다. 이것은 믿는 자들에게 죄사함과 영생을 주시는 하나님의 사랑의 표현이었습니다. 이 보다 더 큰 사랑의 표현은 없습니다.

가장 사랑하는 단 하나뿐인 독생성자, 외 아들! 예수 그리스도를 대신 십자가에 매달고 단번에 생명을 주사 죽어 마땅한 죄인들의 죄를 구속하신 것은 놀라운 은혜요 최고의 감사조건입니다.

제가 이렇게 표현해 봤는데 **여러분도 동의하시죠?**

뜻을 같이 하면 아멘하시기 바랍니다.

예수님은 세상에 오시어서 세상 죄를 지고 가는 어린양으로 억만죄악가운데 빠져 죽을 수 밖에 없는 저와 여러분을 구하시려 찔림을 당하시고 상함을 입으신 것은 우리의 죄악을 인함이라 우리의 허물 때문입니다. 맞지요? 죄 없으신 예수님은 **사도신경으로 신앙을 고백할 때마다 암송하듯이** "성령으로 잉태하사 동정녀 마리아에게 나시고, 본디오 빌라도에게 고난을 받으사 십자가에 못박혀 죽으시고"처럼 베들레헴 나사렛이란 동네의 말구유에 나셔서 **죄 없으신 예수님을 빌라도의 오판하고 처형케한 역사의 오명을 남긴 것처럼**

2020년 12월 15일(화)의 윤석열 검찰총장 징계위를 보면서 저 개인적인 사견입니다만 십자가에 달려 돌아가신 예수님을 보는 것 같은 느낌이 들었습니다. 대법원 청사 앞에 가면 저울이 상징적으로 공정하게 무게를 달고 죄를 다스려야 할 저울이 고장난 저울이지 않은가 하는 의심이 들었습니다. 요한복음 8장 32절은 "진리를 알지니 진리가 너희를 자유롭게 하리라"했건만 비진리가 진리를 승하는 것만 같아 쓸쓸합니다.

성경에서 '정의'를 검색하니 셀 수 없을 만큼 여러 책에서 발견할 수 있었는바

신명기 10장 18절은 "고아와 과부를 위하여 정의를 행하시며 나그네를 사랑하여 그에게 떡과 옷을 주시나니"

신명기 32장 4절은 "그는 반석이시니 그가 하신 일이 완전하고 그의 모든 길이 정의롭고 진실하고 거짓이 없으신 하나님이시니 공의로우시고 바르시도다"

사무엘하 15장 4절은 "또 압살롬이 이르기를 내가 이 땅에서 재판관이 되고 누구든지 송사나 재판할 일이 있어 내게로 오는 자에게 내가 정의 베풀기를 원하노라 하고"

열왕기상 10장 9절에서도 "당신의 하나님 여호와를 송축할지로다 여호와께서 당신을 기뻐하사 이스라엘 왕위에 올리셨고 여호와께서 영원히 이스라엘을 사랑하시므로 당신을 세워 왕으로 삼아 정의와 공의를 행하게 하셨도다 하고"

욥기 29장 14절은 "내가 의를 옷으로 삼아 입었으며 나의 정의는 겉옷과 모자 같았느니라" 의를 옷으로 입고 정의는 겉옷과 모자같았다는 성경귀절은 여기에서 처음봤어요

'정의의 모자' 그 모자는 어떻게 생겼을까 궁금하더군요

하나만 더 봅시다.

시편 37편 30절에서는 "의인의 입은 지혜로우며 그의 혀는 정의를 말하며" 우리 담임 목사님 가끔 올바르지 않은 말하는 입은 찢어버려야 한다고 우스개로 말씀하시는데 의인의 입과 혀는 정의를 말해야 합니다.

너무 정의에 관한 말씀이 많아 마태복음 23장 23절

한 절만 더 보겠습니다.

"화 있을진저 외식하는 서기관관 바리새인들이여 너희가 박하와 회향과 근채의 십일조는 드리되 율법의 더 중한 바 정의와 긍휼과 믿음은 버렸도다 그러나! 이것도 행하고 저것도 버리지 말아야 할지니라"

본래의 주제말씀으로 돌아갑니다.

로마서 12장 9절 "사랑에는 거짓이 없나니 악을 미워하고 선에 속하라" 하십니다.

신·구약성경 중 대표적인 하나님 말씀으로

요한복음 3장 16절 "하나님이 세상을 이처럼 사랑하사 독생자를 주셨으니 이는 그를(예수 그리스도를) 믿는 자마다 멸망하지 않고 영생을 얻게 하려 하심이라"

예수 그리스도는 이 땅에 오셔서 하나님이 사랑이심을 본인이 희생하심으로 친히 보여 주셨습니다.

사도 요한은 이 그리스도를 직접 보고 듣고 만져서 실제적인 경험을 체험한 제자 중 한 사람이었습니다.

우리도 하나님의 극진한 사랑을 입은 자로 한량없는 그 크신 하나님의 사랑을 전하는 우리 모두가 되길 원합니다.

둘째는 '서로 사랑하며 살아야' 합니다.

본문 7절~8절은 "사랑하는 자들아 우리가 서로 사랑하자 사랑은 하나님께 속한 것이니 사랑하는 자마다 하나님으로부터 나서 하나님을 알고"

"사랑하지 아니하는 자는 하나님을 알지 못하나니 이는 하나님은 사랑이심이라"

11절에 보면 사랑하는 것이 의무라는 것입니다.

"사랑하는 자들아 하나님이 이같이 우리를 사랑하셨은즉 우리도 서로 사랑하는 것이 마땅하도다"

12절은 "어느 때나 **하나님을 본 사람이 없으되** 만일 우리가 **서로 사랑하면** 하나님이 우리 안에 거하시고 그의 사랑이 우리 안에 **온전히 이루어지느니라**"

하나님을 본 사람이 없다고 하는 말씀을 정리하다 보니 예전 순천시절 제가 출석하던 순천중앙교회 임화식 담임목사님의 말씀이 생각납니다. 임목사님은 통합측 총회장까지 꿈꾸던 거물급으로 연세대학교 교목도 하신 실력있는 분입니다. 그런데 이런 말씀을 하실 때 저는 정직하고 그 말에 공감을 했습니다.

"연세대 학생들에게 가르칠 때 솔직히 천국에 대하여 가보지 않아서 모르겠다!

그러나 죽어 가보니, 천국이 있으면 다행이다 잘 믿었구나 하며 횡재하는 것이고 만약 없다면 본전 아니냐 라고 하시면서, 있는데 믿지 않아 천국가지 못한다면 얼마나 억울하고 불행한 일이냐? **따라서 믿자**라고 했다고 하셨습니다.

하나님을 아는 길은 7절과 12절 말씀처럼
"우리가 서로 사랑하자 사랑은 하나님께 속한 것이니 우리가 서로 사랑하면 하나님이 우리 안에 거하시고 그의 사랑이 우리 안에 온전히 이루어진다고 말씀"하십니다.
믿습니까?

이제 말씀을 맺습니다.

'하나님은 사랑이십니다.'
1) **하나님은 독생성자를 희생시키면서까지 우리를 사랑하셨습니다.**
2) 하나님의 명령이기에 우리도 **서로 사랑하며 살아야 합니다.**

이렇게 살기 원하는 저와 여러분에게
오늘도 예수 그리스도의 은혜와 하나님의 다함없는 사랑과
성령님의 교통교제 가운데 승리하시길 간절히 축원합니다.

다음주 목요일은(12월 24일)은 갈라디아서(302쪽)입니다.
다함께 **찬송가 503장** 부르시겠습니다.

찬송가 해설

1. 505장(온 세상 위하여)

이 찬송은 사도행전 6:4 "우리는 오로지 기도하는 일과 말씀사역에 힘쓰리라 하니 (전무)"는 말씀에 근거로 지어진 찬송으로
복음을 전파하고 싶은 마음이 강하게 일어나게 하는 감동적인 찬송가입니다. "전하고 기도해 매일 증인되리라"는 후렴가사는 초대교회 신자들의 뜨거운 신앙생활을 연상케 합니다.
사도행전 5장 42절은 "그들이 날마다 성전에 있든지 집에 있든지 예수는 그리스도라고 가르치기와 전도하기를 그치지 아니하니라" 쉬지 않고 교육하고 전도했다는 말이죠

2. 503장(세상 모두 사랑 없어)

이 찬송은 요일 4:11 "사랑하는 자들아 하나님이 이같이 우리를 사랑하셨은즉 우리도 서로 사랑하는 것이 마땅하도다" 토대로 지어진 찬송시로

이 곡의 주제는 '사랑'입니다. 사랑의 종류가 다양한데 여기서 말하는 사랑은 남녀간의 사랑인 에로스나 에피투미아 같은 세상적 사랑이 아니라 희생적이고 숭고한 무조건적인 사랑인 아가페의 하나님 사랑을 말하는 것으로
찬송의 가사를 생각하면서 다함께 사랑없는 까닭에 냉냉하고 탄식소리 나며 고통과 근심 많으나 예수 사랑가지고 만민중에 나가서 예수 사랑전하세 힘차게 찬송 부르겠습니다.

하나님은 사랑이심이라 _ 89

15 사람이 의롭게 되는 것은? (갈라디아서2:15-21/ ♪259, 516)

내일이 바로 우리 주님 이 땅에 탄생하신 성탄절인데 세계적 펜데믹인 코로나19로 사회적 거리두기 수도권 3단계 시행으로 각종 연말행사 등 모이지 말라하니 너무 조용한 크리스마스를 맞는 것 같습니다. 저와 여러분 심령마다 성탄의 기쁨이 충만하시길 기원합니다.

지난 주 말씀을 살펴보면, 요한일서로
요한일서의 약자는 "요일"이고, 저자는 '사도요한'였지요
기록연대는 주후(A.D) 90-95년이고.

기록한 목적은 당시 기독교 진리를 위협하면서 교회를 큰 혼란에 빠뜨렸던 이단 사상을 경계하는 가운데, 구원의 유일한 방편이신 그리스도에 관한 올바른 지식을 가르치기를 위해 이 편지를 썼다고 했습니다.
지난 주 말씀의 제목은
'하나님은 사랑이십니다.'로
1) 하나님은 독생성자를 희생시키면서까지 우리를 사랑하셨고
2) 하나님의 명령이기에 우리도 서로 사랑하며 살아야한다고 했습니다.

오늘 함께 볼 말씀은 갈라디아서입니다.
갈라디아서의 약자는 "갈"입니다. 저자는 '사도 바울'이며
기록연대는 주후(A.D) 53-56년입니다.

기록한 목적은 당시 율법에 의해 구원을 받을 수 있다고 가르치는 유대 율법주의자들의 잘못된 가르침을 꾸짖고, 오직 예수 그리스도 안에 구원과 자유함이 있음을 알려 주기 위해 이 편지를 썼습니다.

먼저, 갈라디아서의 주석 몇 군데 살펴 보겠습니다.
1장 12절에 "이는 내가 사람에게서 받은 것도 아니요 배운 것도 아니요 오직 예수

그리스도의 계시로 말미암은 것이라"에서
'예수 그리스도의 계시'는 11절의 "내가 전한 복음은 사람의 뜻을 따라 된 것이 아니니라" 처럼 '사람의 뜻을 따라 된 것'과 대조되는 말로, 바울이 전한 복음의 핵심이 바로 그리스도이며 그 복음은 그리스도로부터 직접 받은 것임을 말하고 있습니다.

2장 20절의 "내가 그리스도와 함께 십자가에 못 박혔나니 그런즉 이제는 내가 사는 것이 아니요 오직 내 안에 그리스도께서 사시는 것이라 이제 내가 육체 가운데 사는 것은 나를 사랑하사 나를 위하여 자기 자신을 버리신 하나님의 아들(예수님)을 믿는 믿음 안에서 사는 것이라"
'육체가운데 사는 것'은 사회적 존재로 인간은 사회적 동물이지만 예수 그리스도를 믿는 믿음 안에서 구별되게 성도로서 살아야 한다는 것을 강조합니다.
마치 배는 물이 있어야 떠 갈수 있듯이
사람도 이 세상속에 살면서 땅을 짚고 걸어야 하듯 속세와 멀리 떨어져 살 수 없으나 중심은 거듭난 그리스도인임을 잊지 말고 크리스챤으로서 모범적으로 살아야 합니다.

4장 6절 "너희가 아들이므로 하나님이 그 아들의 영을 우리 마음 가운데 보내사 아바 아버지라 부르게 하셨느니라"에서
'아바 아버지'의 '아바'는 아버지를 뜻하는 아람어이며, '아버지'는 아버지를 반복적으로 강조한 아버지를 말하는 헬라어입니다. 우리는 하나님의 아들이신 그리스도를 영접하고 그의 영, 곧 성령을 받음으로 하나님을 아버지라 부를 수 있는 것입니다.
4장 26절 "오직 위에 있는 예루살렘은 자유자니 곧 우리 어머니라"에서 '우리 어머니'란 아브라함의 아내인 사라를 말하며, 이는 율법에서 벗어나 그리스도 안에서 참 자유를 누리는 그리스도인들을 상징하는 말입니다.

주석 마지막 6장 17절 "이 후로는 누구든지 나를 괴롭게 하지말라 내가 내 몸에 예수의 흔적을 지니고 있노라"에서 **'예수의 흔적'**이란 복음을 전파하다 얻은 핍박과 고난의 흔적을 의미하는 것으로
율법주의자는 할례를 자랑하고 있고,
바울은 자기의 삶에서 얻은 예수의 흔적을 자랑하고 있습니다.

자 그러면 오늘은
갈라디아서 2장 15-21절의 본문 중 15절의 "사람이 의롭게 되는 것은 율법의 행위로 말미암음이 아니요 오직 예수 그리스도를 믿음으로 말미암는 줄 알므로 우리도 그리스도 예수를 믿나니 이는 우리가 율법의 행위로써가 아니고 그리스도를 믿음으로써 의롭다 함을 얻으려 함이라 율법의 행위로는써는 의롭다 함을 얻을 육체가 없느니라"에서 **"사람이 의롭게 되는 것은"** 이라는 제목으로 은혜를 나누고 싶습니다.
하나님께서 인류를 향하여 허락하신 의의 길은 마치 사형수를 특별사면해 주시는 것과 같은 것으로 사람이 어떻게 의롭게 될 수 있는지 살펴보겠습니다.

첫째는 '예수를 믿어야.'합니다.

16절에서 말씀하심과 같이 "율법의 행위로 말미암음이 아니요 오직 예수 그리스도를 믿음으로 말미암는 줄 알라"고 말씀하십니다.
옳으신 말씀입니다. 사람이 의롭게 되는 유일한 방법은 죄 없으신 예수를 믿으면 됩니다.

고후 5:21 "하나님이 죄를 알지도 못하신 이를 우리를 대신하여 죄로 삼으신 것은 우리로 하여금 그 안에서 하나님의 의가 되게 하려 하심이라"에서 알 수 있듯이 죄 없으신 예수님의 희생으로 우리가 의롭게 될 수 있습니다.
우리는 마치 시계점에서 돈 주고 사면 산 사람것이 되는 게 맞지요 마찬가지로 죄 가운데 있을 때는 사단 마귀에 소속이었으나 죄없는 예수님을 돈 주고 시계 사듯 죽음의 자리에서 지옥에서 우리를 건져주신 것은 정말 놀라운 은혜가 아닐 수 없습니다. 따라서 예수로 말미암지 않고는 단 한 사람도 하나님의 의에 이를 사람은 아무도 없습니다.
오직 예수 그리스도를 믿음으로만 의롭게 될 수 있습니다.

말씀 준비하다 갑자기 "예수 예수 믿는 것은"이 자꾸 생각나 관련 찬송을 찾아 보았습니다.
찬송가 542장 후렴
"예수 예수 믿는 것은 받은 증거 많도다
예수 예수 귀한 예수 믿음 더욱 주소서 아멘"
4절 다같이 불러 볼까요

구주 예수 의지하여 구원함을 얻었네
영원무궁 지나도록 주여 함께 하소서
후렴) 예수 예수 믿는 것은 받은 증거 많도다
예수 예수 귀한 예수 믿음 더욱 주소서 아멘

둘째는 '율법의 행위로는 불가능'합니다.

본문 16절에서는 "사람이 의롭게 되는 것은 율법의 행위로 말미암음이 아니요"라고 분명히 말씀합니다.
유대인들이 지향했던 **율법적인 의, 곧 행위로 말미암는 의는 인류를 절망의 구렁텅이로 몰아 넣는 결과를** 가져왔습니다. 아무도 율법에 의해서는 의롭게 될 수가 없기 때문입니다. 율법의 역할이라 죄를 깨닫게 하는 것과 사람을 그리스도께로 인도하는 초등 교사가 되는 것일 뿐입니다.

마치 율법은 거울과 같이 우리의 얼굴에 묻은 더러운 것을 볼 수 는 있지만 거울이 얼굴의 더러운 것을 씻어 줄 수 없듯이 **율법은 우리의 죄를 깨닫게 할 뿐 죄를 씻어 주거나 사해 줄 수 없는 것입니다.**
율법으로는 단 한 사람도 죄로부터 의에 이르게 할 수 없습니다.

셋째는 '성도들 안에 사시는 주를 통해서' 의롭게 될 수 있습니다.

예수를 믿어 의롭게 된 사람들은 하나님의 은혜를 입은 자들입니다. 즉 주님께서 그들 각 사람안에 사셔서 역사하시기 때문에 세상을 변화시키며 혼탁한 시대의 물줄기를 바꿔 놓을 수 있는 유일한 것입니다.

살아 있는 물고기는 거센 물줄기를 역류할 수 있습니다. 죽은 고기는 물의 흐름을 따라 떠 내려 가지만 살아 있는 고기는 거꾸로 올라갑니다.

살아 있는 고기처럼, 불의가 판치는 세상에서 정의를 부르짖으며 때로는 **불의에 맞서 투쟁도 해야** 한다고 생각합니다.

우리가 주의 말씀, 주의 약속을 믿는다면 모든 두려움을 극복하고 말씀을 따라서 담대히 말하고 행동해야 합니다.

이제 말씀을 맺습니다.

사람이 의롭게 되는 것은?
1) '예수를 믿어야.'합니다.
2) '율법의 행위로는 불가능'하다는 것을 깨달아야 합니다.
3) '성도들 안에 사시는 주를 통해서' 의롭게 될 수 있습니다.

의롭게 살기 원하는 저와 여러분에게
오늘도 예수 그리스도의 큰 은혜와 하나님의 극진하신 사랑과
성령님의 역사하심이 넘치시길 간절히 축원합니다.

다음주 목요일(12월 31일)은 에베소서(310쪽)입니다.
다함께 찬송가 516장 부르시겠습니다.

찬송가 해설

1. 259장(예수 십자가에 흘린 피로써)

이 찬송은 요일 1:7 "그가 빛 가운데 계신 것 같이 우리도 빛 가운데 행하면 우리가 서로 사귐이 있고 그 아들 예수의 피가 우리를 모든 죄에서 깨끗하게 하실 것이요"는 말씀에 근거로 지어진 찬송으로
호프만 목사가 지은 이 찬송은 '그대는 어린 양의 피로 씻기어 있는가?'라는 물음이 그 주제를 말하는데
이처럼 **예수 그리스도의 피를 강조하는 이유는** 이 피야말로 성경과 구속사 전체를 통틀어서 중요하기 때문입니다.

2. 516장(옳은 길 따르라 의의 길을)

이 찬송은 요 14:6 "예수께서 이르시되 내가 곧 길이요 진리요 생명이니 나로 말미암지 않고는 아버지께로 올 자가 없느니라" 토대로 지어진 찬송시로

예수님만이 길이요 진리요 생명입니다. 아담의 타락 이후 많은 사람들이 진리와 생명의 길을 찾으려 했지마는 그들의 노력은 허사였고 오직 예수님만이 강의 다리와 같고 하나님께로 갈 수 있는 길이기 때문에 **예수님을 믿어야만 우리는 구원을 얻을 수 있고** 예수님을 통해서 **진리를 깨닫고 생명을 얻을 수 있습니다.**
찬송의 가사를 생각하면서 다함께 힘차게 찬송하시겠습니다

16. 찬송하리로다 (에베소서 1:3-14 / ♪ 259, 304)

오늘은 한 해의 마지막날입니다. 저녁에는 송구영신예배를 드리며 한해를 정리하고 새해를 맞이하는 예배를 드릴것입니다.

교수들이 뽑은 올해의 사자성어는 "아시타비"로 '나는 옳고 남은 그르다'는 뜻으로 내가 하면 로맨스, 남이 하면 불륜과 같은 의미의 내로남불 이란 말이고 2위는 "후안무치"라고 '낯이 두꺼워 뻔뻔하고 부끄러움을 모른다'는 뜻으로 아시타비와 뜻이 통한다고 합니다.

어쨌든 한 해를 보내면서 세월이 참 빠르다는 것을 실감합니다.

지난 주 말씀을 살펴보면, 갈라디아서로.
갈라디아서의 약자는 "갈"입니다. 저자는 '사도 바울'이며
기록연대는 주후(A.D) 53-56년입니다.

기록한 목적은 당시 율법에 의해 구원을 받을 수 있다고 가르치는 유대 율법주의자들의 잘못된 가르침을 꾸짖고, 오직 예수 그리스도 안에 구원과 자유함이 있음을 알려 주기 위해 이 편지를 썼습니다.

지난 주 말씀의 제목은
사람이 의롭게 되는 것은? 으로
1) '예수를 믿어야.'하며
2) '율법의 행위로는 불가능'하다고 했고
3) '성도들 안에 사시는 성령을 통해서' 의롭게 될 수 있다고 했습니다.

오늘 함께 볼 말씀은 에베소서입니다.
에베소서의 약자는 "엡"입니다. 저자는 '사도 바울'이며
기록연대는 주후(A.D) 62년경 입니다.

기록한 목적은 유대인과 이방인 간의 분열을 방지하기 위해 바울은 그리스도의 몸인 교회를 설명함에 있어, 그리스도 안에서 모두가 한 몸이라는 것을 바로 가르쳐 주고자

이 편지를 썼습니다.

먼저, 에베소서의 주석 몇 군데 살펴 보겠습니다.

1장 3절에 "찬송하리로다 하나님 곧 우리 주 예수 그리스도의 아버지께서 그리스도 안에서 하늘에 속한 모든 신령한 복을 우리에게 주시되"에서
'하늘에 속한 신령한 복'은 성도들이 그리스도와 영적으로 연합함으로써 얻게 될 하나님의 모든 축복을 말합니다.

2장 1절의 "그는 허물과 죄로 죽었던 너희를 살리셨도다"에서 '허물'은 '정도에서 떨어지다'는 뜻으로 하나님의 말씀에서 이탈하는 것, 자체가 인간의 가장 큰 허물임을 보여줍니다. 즉 "송충이는 소나무에 붙어 솔잎 먹고 살아야 하고 금붕어는 어항속에서 물 먹고 살아야 하듯" 벗어나면 죽는 것입니다. 집 나가면 탈선하고 타락하기 마련입니다. 또 "죄로 죽었다"는 말은 하나님과 사귐이 끊어져 하나님과 영적으로 단절된 상태를 말합니다. 그러므로 우리는 사나 죽으나 하나님과 일심동체로 붙어 다녀야 안전하고 평안하고 행복한 것입니다.

3장 1절 "이러므로 그리스도 예수의 일로 너희 이방인을 위하여 갇힌 자 된 나 바울이 말하거니와"에서
'갇힌 자 된 나 바울'은 바울이 이 편지를 쓸 당시 구속되어 감금된 상태였다는 것을 알 수 있습니다.

4장 7절 "우리 각 사람에게 그리스도의 선물의 분량대로 은혜를 주셨나니"에서 '은혜'란 모든 성도들에게 값없이 주시는 은사를 가리킵니다. 따라서 성도들은 받은 은사를 개인의 영광을 위해 사용할 것이 아니라 교회의 유익과 성도들을 온전히 세우는 데 겸손하게 섬기는 마음으로 사용해야 합니다.

5장 1절 "그러므로 사랑을 받는 자녀 같이 너희는 하나님을 본 받는 자가 되고"에서 '하나님을 본 받는 자'란 문자 그대로 성도된 우리들은 하나님의 성품을 본받고 모방해야 한다는 의미로 빌2:5에서도 "너희 안에 이 마음을 품으라 곧 그리스도 예수의 마음이니" 하나님을 본 받고 예수님의 마음을 품으라 하십니다.

주석 마지막 6장 13절 "그러므로 하나님의 전신 갑주를 취하라 이는 악한 날에 너희가 능히 대적하고 모든 일을 행한 후에 서기 위함이라"에서
'전신갑주를 취하라' 라는 말은 성도들이 우는 사자와 같이 믿는 자를 삼키려는 공중의 권세잡은 마귀와 싸워 이기기 위해서는 성령으로 완전 무장해야 함을 말하고 있습니다.

자 그러면 오늘은
에베소서 1장 3-14절의 본문 중 3절의 "찬송하리로다 하나님 곧 우리 주 예수 그리스도의 아버지께서 그리스도안에서 하늘에 속한 모든 신령한 복을 우리에게 주시되"에서
"찬송하리로다" 이라는 제목으로 은혜를 나누고 싶습니다.

먼저 **찬송의 의미**를 살펴본 후 찬송을 통해 성삼위 하나님께 영광돌리는 내용을 알아보겠습니다.

첫째는 '성부 하나님께 영광'돌려야 합니다.(3-6)

① 하나님은 그리스도 안에서 하늘에 속한 모든 신령한 복을 우리에게 주셨습니다.(3)
② 하나님은 창세전에 구원과 복, 그리고 그의 앞에서 거룩하고 흠이 없게 하시려고 우리를 선택하셨습니다.(벧전1:19)
③ 그는 사랑으로 우리를 자기의 아들이 되게 예정하셨습니다.(칼빈의 예정론)
④ 우리에게 그의 은혜를 값없이 풍부하게 선물로 주셨습니다.(요10:10)

둘째는 '성자 하나님께 영광'돌려야 합니다.

① 죄인인 우리는 죄 없으신 독생자의 피값으로 속죄함을 받고 생의 자유와 부요를 누리게 되었습니다.(골1:13-14; 벧전1:18-19)
② 하나님은 당신의 깊은 뜻을 이해할 수 있도록 지혜와 총명이 넘치게 하시며(8절) 하나님의 때가 오면 그리스도를 머리로 그 권위에 복종하며, 사람과 만물을 하나님께로 회복시키십니다.

셋째는 '성령 하나님께 영광' 돌려야 합니다.

① 진리의 말씀 곧 구원의 복음을 듣게 하여 그 복음이 먼저 '우리'에게(12), 다음에 '너희'에게(13)로 이르게 하셨습니다. 그 복음을 믿고 구원받게 하시고 둘을 화목하게 하셨습니다.
② 그는 우리들(신자)에게 우리는 하나님의 소유임을, 하나님과 개인적으로 친교할 수 있는 권리를 가진 자들임을 확신하게 하여 주셨습니다.

결론적으로 인간의 제일되는 목적은 하나님께 영광을 드리는 것입니다.
이사야 43장 21절 "이 백성은 내가 나를 위하여 지었나니 나를 찬송하게 하려 함이니라"
우리를 지으시고 우리에게 복 주시는 복의 근원되시는 하나님을 찬양하여야 합니다.
시150:6 "호흡이 있는 자마다 여호와를 찬양할지어다 할렐루야"

이제 말씀을 맺습니다.

하늘에 속한 모든 신령한 복을 주시는 하나님께 찬송하리로다
1) '성부하나님께' 영광의 찬송을 불러야 합니다.
2) '성자하나님께' 영광의 찬송을 불러야 합니다.
3) '성령하나님께' 영광의 찬송을 불러야 합니다.

시와 찬미와 신령한 노래로 찬송하기 원하는 저와 여러분에게
우리 주 예수 그리스도의 변함없는 은혜가 충만하기를
간절히 축원합니다.

다음주 목요일은 신축년(1월 7일)은 디모데전서(337쪽)입니다.
다함께 **찬송가 304장** 부르시겠습니다.

찬송가 해설

1. 259장(예수 십자가에 흘린 피로써)

이 찬송은 요일 1:7 "그가 빛 가운데 계신 것 같이 우리도 빛 가운데 행하면 우리가 서로 사귐이 있고 그 아들 예수의 피가 우리를 모든 죄에서 깨끗하게 하실 것이요"라는 말씀에 근거로 지어진 찬송으로
호프만 목사가 지은 이 찬송은 '그대는 어린 양의 피로 씻기어 있는가?'라는 물음이 그 주제를 말하는데
이처럼 **예수 그리스도의 피**를 강조하는 이유는 이 **피야말로 성경과 구속사 전체를 통틀어서 중요하기 때문입니다.**

2. 304장(그 크신 하나님의 사랑)

이 찬송은 요 3:16 "하나님이 세상을 이처럼 사랑하사 독생자를 주셨으니 이는 그를 믿는 자마다 멸망하지 않고 영생을 얻게 하려 하심이라" 토대로 지어진 찬송시로

11세기 한 유대인이 지은 시에 기초하여 Lehman이 작시했는데 원시의 3절 일부분이라고 합니다.

'하늘을 두루마리 삼고 바다를 먹물 삼아도 한없는 하나님의 사랑을 다 기록할 수 없다'는 가사처럼

하나님의 크신 사랑은 측량도 못하고 기록도 다 할 수 없는
한량없는 사랑, 영원히 변치 않는 사랑을 찬양합시다

이 찬송 304장을 힘차게 부르시겠습니다

17. 자족하는 마음 (디모데전서 6:6-10 / ♪ 390, 401)

오늘은 지난 1.2(토) TV조선 강적들을 보는데 다섯자로 요약하여 한마디씩 결론적으로 말하는데 제가 모르는 요즘 젊은이들이 지난해를 표현한 것으로 다섯자로 **"함더다만말"** 이라고 검사출신의 국민의 힘 초선의원인 김웅인데 인물도 착해 보이고 정직한 것 같은 분이 말하여 기록해 봤어요
그 뜻은 좋은 의미는 아니나 "함께해서 더러웠고, 다시 만나지 말라"라는 뜻이랍니다.

오늘은 한 해를 시작하는 저의 말씀 첫 시간으로 맛있는 말씀으로 잘 준비한다 했는데 은혜의 시간이 되길 바랍니다.

어쨌든 천리길도 한걸음부터라는 속담이 있듯 올 한해 남들이야 아무리 어렵고 힘들다 할지라도 우리는 **능력**의 하나님! **전능**의 엘로힘 하나님! 기적의 미러클 하나님! 바라보며 십자가 튼튼히 붙잡고 승리하는 **축복**의 흰 소가 상징하는 명예와 부귀의 **신축년 한 해를** 되기를 간절히 소원합니다.

지난 주 말씀을 살펴보면, 에베소로.
에베소서의 약자는 "엡"입니다. 저자는 '사도 바울'이며
기록연대는 주후(A.D) 53-56년입니다.

기록한 목적은 유대인과 이방인 간의 분열을 방지하기 위해 바울은 그리스도의 몸인 교회를 설명함에 있어, 그리스도 안에서 모두가 한 몸이라는 것을 바로 가르쳐 주고자 이 편지를 썼다고 했습니다.

지난 주 말씀의 제목은 "찬송하리로다"로
하늘에 속한 모든 신령한 복을 주시는 하나님께 찬송하는데
그 하나님은? 성부의 하나님! 성자의 하나님! 성령의 하나님께 영광의 찬송을 불러야 한다고 했습니다.

오늘 함께 볼 말씀은 디모데전서입니다.
디모데전서의 약자는 "딤전"입니다. 저자는 '사도 바울'이며
기록연대는 주후(A.D) 63년경입니다. 엡 62년경이니까 거의 같은 시기이지요

기록한 목적은 바울은 사랑하는 믿음의 아들 디모데에게 매우 실제적인 목회 지침을 제시함으로써 그의 목회 사역을 격려하고, 그가 **좋은 목자로서 주님의 교회를 잘 돌보기를** 원하여 말하자면 양치는 일, **목양일념을** 당부하며 이 편지를 썼습니다.

먼저, **디모데전서의 주석 몇 군데** 살펴 보겠습니다.
1장 2절에 "믿음 안에서 참 아들 된 디모데에게 편지하노니 하나님 아버지와 그리스도 예수 우리 주께로부터 은혜와 긍휼과 평강이 네게 있을지어다"에서
'디모데'는 본서의 수신자로서 루스드라에 거주했습니다. 디모데는 바울의 제1차 전도 여행시에 바울과 동행했어요 그래서 바울은 디모데 그를 "믿음 안에서 참 아들"이라 부르고 있습니다. 바울이 로마 1차 투옥시 디모데는 바울과 함께 있었습니다.

3장 2절의 "그러므로 감독은 책망할 것이 없으며 한 아내의 남편이 되며 절제하며 신중하며 단정하며 나그네를 대접하며 가르치기를 잘하며"에서 '절제'는 세상의 것에 취하지 않음을 가리킵니다. 또 '**나그네를 대접하며**'는 그 당시에는 핍박으로 인해 의지할 곳이 없어 방황하던 신자들이 많았으므로, 여기서는 유리방황하는 이들에 대한 대우를 언급하고 있습니다. 즉 손을 대접하는 것은 바로 '**이웃사랑**'의 열매입니다.

4장 1절 "그러나 성령이 밝히 말씀하시기를 후일에 어떤 사람들이 믿음에서 떠나 미혹하는 영과 귀신의 가르침을 따르리라 하셨으니"에서 '어떤 사람'이란 영혼의 선함과 물질의 악함을 주장하며 금욕주의나 쾌락주의에 빠진 영지주의자들을 말합니다. **표면적으로는 위선적으로 모든 비기독교적 사상이 그렇듯 그 배후에 사탄이 깔려 있다는 것을 조심해야** 합니다. 최근 며칠전 제가 섬기던 교회의 찬양대를 지휘할 때 함께 찬양대원으로 섬겼던 **신실한 권사님**이 신천지에 깊이 빠져 혹시 갈 데 정착하지 못하고 방황하나 싶어 전화하였는데 계시록을 말하면서 일반 교회 성도들이 성경을 모른다며 **말씀을 인용**하며 강하게 자기 주장을 하더군요 그래서 제가 얼마전 "**이음공동체**"라고 하여

순복음교회 이영훈목사님 설교와 각 교단 총회장들이 축사하며 지역별로 신천지에서 나온 분들을 교회로 이어주는 공동체역할을 한다고 우리 교회를 소개하려 했으나 '미혹하는 영과 귀신의 가르침'을 따르는 '어떤 사람'은 어떻게 할 수가 없구나하며 포기했습니다.

5장 3절 "참 과부인 과부를 존대하라"에서 '과부를 존대하라'란 말은 '인격적으로만 아니라 물질적으로도 잘 돌보라'는 말입니다. 그 당시에는 남편과 사별한 과부 외에 일부 다처제의 성행으로 부당하게 버림받은 과부들이 많이 있었다고 합니다.

6장 6절 "그러나 자족하는 마음이 있으면 경건은 큰 이익이 되느니라"에서
'자족' 이란 뜻의 참된 만족은 하나님과 교제함으로써 얻어지는 것으로 하나님께서 허락해 주셔야 진정한 만족을 누릴 수 있으며 경건해야 큰 이익이 된다는 것도 기억해야겠습니다.

자 그러면 오늘은
디모데전서 6장 6-10절의 본문 중 6절의 "그러나 자족하는 마음이 있으면 경건은 큰 이익이 되느니라"에서
"자족하는 마음" 이라는 제목으로 은혜를 나누고 싶습니다.
믿는 사람들은 어떤 형편에 있든지 빈들이나 사막이나 주님 계신 곳이면 그 어디나 하늘나라되는 것을 믿으시죠?
빈들에 마른 풀 같이 시들은 우리의 영혼들이 성령을 구하오니 가물어 메마른 땅에 단비를 내리시듯 이 시간 성령의 단비! 은혜의 단비를 폭포수처럼 내려 주시기를 간절히 구하며 말씀을 나눕니다.
바울이 자족하는 마음에 대해 교훈함을 통하여 피차간에 은혜의 시간되시기를 바랍니다.

첫째는 '자족하는 마음'을 가져야 합니다.

바울은 옥속에서도 "항상 기뻐하라 다시 말하노니 기뻐하라" 할 정도로 모든 일에 자족하기를 터득했기 때문에 풍부에 처할 줄도 알고 비천에도 처하여도 능히 대처할 능력을 겸비하게 되었던 것입니다.

옛날 대학의 어느 총장님이 경력이 있어야 한다는 말을
"그슬려야 한다"고 하며 즐거운 일은 물론 어려운 일도 겪어봐야 한다고 경력이 풍부해야 한다며 그래야 훌륭한 일군이 되는거야 했던 것이 기억납니다.

나무도 밤엔 이슬을 맞고 낮엔 햇빛을 받으며 목재가 되듯
야채도 온실에서 자라면 채소 밖에 안되지요
사람도 큰 일을 하려면 "젊어서 고생은 사서도 한다고"
자녀들도 독립할 수 있도록 마치 독수리가 새끼를 훈련시킬 때 고공을 날 다 던지고 또 더 높이 날다가 내 팽개치는 것이 새끼를 사랑하기에 훈련통해 적응시키려는 것과 같지요
여기 김경애 집사님 자녀들은 셋인데 전부 지들이 알바 등벌어서 용돈과 학비조달하고 한다하여 대단하다 했습니다.
맞아요 우리는 먹을 것과 마실 물만 있어도 족한 줄 아는 마인드 그런 마음자세를 가진 사람이라야 하나님 나라에 소망을 두고 주의 일을 묵묵히 불평하지 않고 감사함으로 겸손하게 섬기며 봉사할 수 있는 사람입니다.
"네가 잘 하였도다 작은 일에 충성하였으매 네게 큰 일을 맡기리니 주인의 즐거움에 참여할지어야" 하는 **칭찬과 축복**받는 사람이 될 줄 믿습니다.

하박국 3장 17~18절 "비록 무화과나무가 무성하지 못하며 포도나무에 열매가 없으며 감람나무에 소출이 없으며 밭에 먹을 것이 없으며 우리에 양이 없으며 외양간에 소가 없을지라도"
18절 "나는 여호와로 말미암아 즐거워하며 나의 구원의 하나님으로 말미암아 기뻐하리로다" 라는 하박국의 고백이 우리의 고백이 되시기를 바랍니다.

둘째는 '부하려 하는 자의 위험성'을 알아야 합니다.

이 세상에 부자로 사는 것을 싫어하는 사람은 한 사람도 없습니다. 그러나 부가 인생의 성공여부를 결정짓지 않습니다. 돈 많다고 존경받는 것도 아닙니다. 오히려 도적이 집에 들끓고 잘못하면 죽는 위험에 빠질 수 있습니다.

성경에도 부자가 하늘나라 가는 것은 낙타가 바늘구멍에 들어가는 것보다 더 어렵다고 하며 청년이 "나를 따르라"하는 예수님의 명령에 따를 수 없었던 것도 '부'라는 장애물 때문이었습니다. 따라서 우리 성도들은 지나치게 부를 축적하려는 마음은 버려야 합니다.
헬라 속담에도 행복하려거든 욕심을 적게 내는 것이 행복의 조건이라고 합니다.
물질의 부자보다 정신의 부자가 더 중요하다고 생각하는데 여러분도 동의하시면 아멘해 주시기 바랍니다.

셋째는 '돈을 사랑함이 일만 악의 뿌리가 됨'을 교훈삼아야 합니다.

바울은 말씀과 경건에 관한 교훈을 하시면서 10절에서
"돈을 사랑함이 일만 악의 뿌리가 되나니 이것을 탐내는 자들은 미혹을 받아 믿음에서 떠나 근심으로써 자기를 찔렀도다"라고 말씀하였습니다.
돈을 사랑하는 것은 현대인들의 선호요 특성으로 황금만능주의라는 말이 보여 주듯이 현대인들은 너나 할 것 없이 돈을 좋아하며 돈 준다면 남을 대신 죽이는 청부살인까지도 합니다. 그러나 성도는 하나님의 자녀인 우리들은 돈에 대한 애착을 떨궈야 합니다.
돈의 미혹으로 아버지가 자녀의 손가락을 잘라 보험금을 타려다 경찰에서 조사과정에서 발각되는 것을 들었습니다. 결국 아버지는 영창가고 그 자녀는 뭐가 됩니까?
가룟 유다는 은 30량에 예수님을 팔아 먹기도 하지요
우리는 요10:10절 "도둑이 오는 것은 도둑질하고 죽이고 멸망시키려는 것뿐이요 내가 온 것은 양으로 생명을 얻게 하고 더 풍성히 얻게 하려는 것이라"는 말씀처럼 양을 위해 생명을 버리신 사랑의 예수님을 본 받아 어떠한 형편에 처하든지 자족하는 삶을 살도록 합시다.

이제 말씀을 맺습니다.

자족하는 마음을 가지라는 바울의 교훈처럼
1) 어떤 형편에서도 자족하는 마음을 갖고
2) 위험한 부의 헛된 욕심 버리고
3) 돈을 사랑하는 것이 일만 악의 뿌리임을 깨닫고 주님의 마음을 본받아 살기를 원합니다.

이제 시작한 2021년 흰소의 해 신축년을 자족하는 마음으로 살기 원하는 저와 여러분에게 은혜가 함께 있기를 간절히 축원합니다.

다음주 목요일은 1월 14일은 고린도후서입니다.
다함께 **찬송가** 401장 부르시겠습니다.

찬송가 해설

1. 390장(예수가 거느리시니)

이 찬송은 시편 23:3 "내 영혼을 소생시키시고 자기 이름을 위하여 의의 길로 인도하시는도다"는 말씀에 근거로 지어진 찬송으로

작사자 길모어 목사는 예배가 끝나자 몇몇 성도들과 함께 교회 가까운 곳에 있던 **왓슨 집사의 집에 모여 차를 마시며 교제를 가졌는데**

담소가운데 길모어 목사가 쪽지에 시를 적어 내려갔고
그후 얼마 후 찬송가 작곡자인 **브래드 버리가 이 시에 곡을 붙여** 이 유명한 찬송시가 탄생했다고 합니다.

**예수가 거느리시니 즐겁고 태평하구나
괴로우나 즐거우나 예수가 거느리시네**
주옥같은 내용의 이 찬송시는 많은 신자들의 애송시로 불리게 되었는데 우리도 가사 생각하면서 390장 힘껏 부릅시다.

2. 401장(주의 곁에 있을 때)

이 찬송은 시16:9을 토대로 지어진 찬송시인데요

이 찬송시는 Davis가 지었고요
시편 기자가 시편16:8에서 "내가 여호와를 항상 내 앞에 모심이여 그가 내 우편에 계시므로 내가 요동치 아니하리로다"
노래하였는데 함께 하신다는 뜻의 **임마누엘**의 하나님께서 우리와 항상 함께하십니다. 하나님은 기분 좋으면 함께하고 기분 나쁘면 멀리하는 분이 아니고 **변함없는 사랑으로** 우리가 살아 있는 동안 영원히 **우리와 함께하시며 우리의 출입을 지켜 주실 줄 믿습니다.** 지난해 얼마나 빨리 지나갔습니까? **빠른 세상 살 동안 주님이시여 우리를 인도하소서!** 하는 마음으로 401장 부릅시다.

18. 그리스도 안에 있으면 (고린도후서 5:17-19 / ♪ 527, 508)

오늘은 유목사가 왜 또 나왔어? 묻는다면 오늘은 박환팔목사님 자녀 종진이가 건강이 악화되어 병간호로 제가 대신 나오게 되었어요. 저는 여러분을 자주 뵈니 좋습니다. 회를 거듭할수록 은혜도 더 많아지길 바랍니다.

지난 주 말씀을 살펴보면, 디모데전서였지요
디모데전의 약자는 "딤전"입니다. 저자는 '사도 바울'이며
기록연대는 주후(A.D) 53년-56년경였습니다.

기록한 목적은 바울은 사랑하는 믿음의 아들 디모데에게 매우 실제적인 목회 지침을 제시함으로써 그의 목회 사역을 격려하고, 그가 **좋은 목자로서 주님의 교회를 잘 돌보기를** 원하여 말하자면 양치는 일, **목양일념**을 당부하며 이 편지를 썼습니다.

지난 주 말씀의 제목은 "자족하는 마음"으로
1) 어떤 형편에서도 자족하는 마음을 갖고
2) 위험한 부의 헛된 욕심 버리고
3) 돈을 사랑하는 것이 일만 악의 뿌리임을 깨닫고 주님의 마음을 본받아 살자고 하였습니다.

오늘 함께 볼 말씀은 고린도후서입니다.
고린도후서의 약자는 "고후"입니다. 저자는 '사도 바울'이며
기록연대는 주후55년~제3차 전도여행중에 기록하였으며
기록목적은 바울이 전도자와 사도로서의 정당성을 밝히고 자신에 대한 오해를 풀어주고, 고린도교회의 내부 문제들을 해결하며, 예루살렘 교회의 구제와 올바른 연보에 대한 교훈을 기록함

먼저, 고린도후서의 주석 몇 군데 살펴 보겠습니다.
1장 3절에 "찬송하리로다 그는 우리 주 예수 그리스도의 하나님이시요 자비의 아버지시요 모든 위로의 하나님이시며"에서

'찬송하리로다'는 '찬송을 받으실 이'의 뜻으로
이사야 43장21절의 말씀 "이 백성은 내가 나를 위하여 지었나니 나를 찬송하게 하려 함이니라"처럼 찬송받으시기에 합당하신 하나님인 것을 강조하고 있습니다.

2장 4절의 "내가 마음에 큰 눌림과 걱정이 있어 많은 눈물로 너희에게 썼노니 이는 너희로 근심하게 하려 한 것이 아니요 오직 내가 너희를 향하여 넘치는 사랑이 있음을 너희로 알게 하려 함이라"에서 '많은 눈물로 썼노니'를 보면 고린도교인들을 사랑하는 마음이 애통하며 눈물을 흘리며 그들에게 편지를 쓸 정도로 사랑하며 진실로 눈물의 사람이었음을 알수 있습니다. 우리는 흔히 예레미야 선지자가 눈물의 선지자로 아는데 **바울도 눈물이 있었네요**
행20:31절 : "그러므로 여러분이 일깨어 내가 삼 년이나 밤낮 쉬지 않고 눈물로 각 사람을 훈계하던 것을 기억하라"

"학이시습지면 불역열호아"라 공자의 말로 기억하는데요 때때로 배우고 익히면 또한 기쁘지 아니한가?
이 말씀을 어젯밤 조용한 사무실에서 혼자 성경 보다가 야! 삼년이나 주야로 쉬지 않고 눈물로 훈계했었구나 새로운 것을 배우며 놀랐고 감사했습니다.

3장 17절 "주는 영이시니 주의 영이 계신 곳에는 자유가 있느니라"에서 '자유'는 요한복음 8장 32절 "진리를 알지니 진리가 너희를 자유롭게 하리라"하시며 또 요한복음 4장 23절은 "아버지께 참되게 예배하는 자들은 영과 진리로 예배할 때가 오나니 곧 이 때라 아버지께서는 자기에게 이렇게 예배하는 자들을 찾으시느니라" 어떤 자를 찾으신다고요?
24절 "하나님은 영이시니 예배하는 자가 영과 진리로 예배할지니라"
17절의 "주는 영이시니 주의 영이 계신 곳에는 자유가 있다"는 말은 복음의 진리를 **깨달음으로 오는 영적인 목마름을 해갈하는 해방, 답답하게 억매는 죄로부터 해방으로 완전한 자유를 가리킵니다.**

6장 14절 "너희는 믿지 않는 자와 멍에를 함께 메지말라, 의와 불법이 어찌 함께 하며 빛과 어둠이 어찌 사귀며"에서

'멍에를 함께 메지말라' 이는 불신자들과 일체의 교제도 하지 말라는 뜻이 아니라 함께 어울려 띵까 띵까 부어라 마셔라하며 의식잃고 죄악에 구렁텅이에 빠지지 말라는 말입니다. 종전에 보면 제법 잘 믿는 권사·집사라고 하여 믿지 않는 친척은 사람취급도 안하고 상종도 하니하며 명절에도 시댁에 핑계대고 가지도 안하려는 사람볼 때 오히려 잘 섬기고 전도의 기회로 삼는 것이 옳지 않나 생각해 봤습니다.

9장 5절 "그러므로 내가 이 형제들로 먼저 너희에게 가서 너희가 전에 약속한 연보를 미리 준비하게 하도록 권면하는 것이 필요한 줄 생각하였노니 이렇게 준비하여야 참 연보답고 억지가 아니니라"에서 '참 연보'에 해당하는 헬라어는 '율로기아'로 '축복'을 의미합니다. 각각 그 마음에 정한 대로 인색함이나 억지로 하지말지니 하나님은 즐겨 내는 자를 사랑하시며 축복해 주신다고 말씀하십니다.

11장 24절 "유대인들에게 사십에서 하나 감한 매를 다섯 번 맞았으며"에서 '사십에서 하나 감한 매'란 39를 말하지요
신명기 25장 3절 "사십까지는 때리려니와 그것을 넘기지는 못할지니 만일 그것을 넘겨 매를 지나치게 때리면 네가 네 형제를 경히 여기는 것이 될까 하노라"에서 알 수 있듯이 율법의 태형 규례는 40대까지 허용되었으나 유대인의 관례는 때리다가 숫자를 잘못 세어 더 때리거나 법을 어길까봐 39대로 규정하였다고 합니다.
마지막 주석 13장 13절 "주 예수 그리스도의 은혜와 하나님의 사랑과 성령의 교통하심이 너희 무리와 함께 있을지어다" 이 말씀은 본 서신을 끝맺는 마지막 축복인사로 삼위일체의 하나님을 동원하여 부드럽게 끝마치고 있는데
이 말씀은 목사님들께서 **예배 후 축도시** 사용하는 **대표적 모범예문입니다**. 저도 종전 교회에서 **목사임직 후 첫 축도**를 시키는데 매주 들던 축도인데도 **어떻게 할까 고민되더군요**

자 그러면 오늘은 고린도후서 5장 17-19절의 본문 중 17절의 "그런즉 누구든지 그리스도 안에 있으면"에서
"그리스도 안에 있으면" 이라는 제목으로 은혜를 나누겠습니다.

여기서 우리가 어디에 있느냐에 따라 우리 마음이 불안할 수 있고 아무 걱정이 없을 수도 있지요?
어린아이들은 엄마의 품에 안기면 강도가 오던 불량배가 오던 아무 걱정이 없지요.
우리의 목자되신 하나님 품에 안길 때 우리는 아무 걱정이 없게 되는 것입니다.

본문은 그리스도인 된 자의 신분과 삶의 방식과 하나님자녀로서 어떻게 살아야하는가를 잘 설명해 주고 있습니다.

첫째는 '새로운 피조물로서 새롭게 살아야'합니다.

예수님을 영접하고 그리스도 예수 안에 있는 사람들은 신분이 높든 낮고 천하든 돈이 많든 가난하든 누구를 막론하고 새로운 피조물입니다.
중요한 것은 근본적으로 본질적으로 새롭게 변화된 사람들이라는 것이 무진장 중요합니다. 형식적변화가 아닙니다.
사랑하는 성도 여러분!
지저분한 우리속에 살았던 돼지는 아무리 깨끗이 목욕을 시켜 비단 옷을 입히고 좋아하는 음식을 주고 고대광실 좋은 환경에서 생활시켜도 내 놓으면 옛날 생활하던 지저분한 우리를 찾아간다고 합니다. 돼지의 **속성상 성질상 더러운 것을 좋아하기 때문이라고 합니다.**
그러나! 예수 믿는 우리는 믿기 전과 믿은 후가 확연히 달라져야 합니다. 마치 예수를 핍박하고 죽이려했던 사울이
사도행전 22장 7절 "내가 땅에 엎드러져 들으니 소리있어 이르되 사울아 사울아 네가 왜 나를 박해하느냐 하시거늘"다메섹도상에서 "사울아 사울아 네가 왜 나를 핍박하느냐?
주님의 음성을 듣고 죄성과 악성과 독성중에 살았던 사울이 "바로 내가 죽을 놈여!"
죄인중에 괴수로다 고백하며 사울이 변하여 바울이 된 것처럼 우리의 옛사람은 완전히 죽고 새사람으로 거듭나야 되겠습니다.

벧전1장 16절 "기록되었으되 내가 거룩하니 너희도 거룩할지어다 하셨느니라" 말씀처럼 새로운 한해 2021년 흰 소의 해 신축년을 또 선물로 주셨으니 주안에서 새로운 피조물이 되어 거룩한 삶을 살아야하겠습니다.

우리의 몸도 내 것이라고 함부로 해서는 안 되겠습니다.
고전 6장 19절 "너희 몸은 너희가 하나님께로부터 받은 바 너희 가운데 계신 '성령의 전'인 줄을 알지 못하느냐"
너희는 너희 자신의 것이 아니라
20절 "값으로 산 것이 되었으니 그런즉 너희 몸으로
하나님께 영광을 돌리라"고 하십니다.
성령의 전인 우리 몸을 통하여 하나님께 영광돌리는 저와 여러분이 되시기를 간절히 바랍니다.
그러기 위해서는 코로나19에 걸리지 말도록 조심하고 몸관리를 철저히 잘해야 하겠습니다.
우리 지은 죄가 아무리 무겁고 크다할지라도 우리가 주님을 영접하면 사랑의 우리 하나님은 우리를 자녀 삼아 주시고 구원을 베풀어 주십니다.
여기서 **찬송가 527장 어서 돌아오오** 색소폰 연주해 보겠습니다. 여러분은 찬송으로 함께 동참해 주세요

둘째는 '이전 것을 후회하지 말아야'합니다.

그리스도 안에 있는 자는 이전 것을 붙잡고 후회하며 탄식하지 말아야 합니다. 쓸데없는 짓입니다. 흘러 간 물로는 방아 찧을 수 없잖습니까? **나훈아의 과거는 흘러 갔다** 가사처럼 "즐거웠던 그날이 올 수 있다면 아련히 떠오르는 과거로 돌아가서 지금에 내 심정을 전해 보련만 아무리 뉘우쳐도 과거는 흘러갔다." 설명이 필요 없습니다.
우리는 과거에 얽매이지 맙시다. 학창시절의 성적이 안 좋았던 과거도, 젊은 날 가난하게 살며 고생했던 과거도, 좋지 않았던 과거의 추억과 기억들을 회상할 필요가 없습니다. **전혀 도움이 안되기 때문이죠** 우리는 그리스도 예수 안에서 새로운 피조물이라 이전 것은 지나 갔으니 보라 새 것이 되었도다
한번 따라서 해 봅시다. "보라 새 것이 되었도다"

셋째는 '하나님을 대적하지 말고 화목해야'합니다.

그리스도 안에 사는 자는 하나님을 아버지로 부르며 하나님의 자녀로서 하나님과

화목해야 합니다.
인간은 철학이나 종교나 수행이나 착한 행실을 통하여 구도자로서의 삶을 살으려 노력하나 헛수고일 뿐입니다.
우리가 우리를 지으신 인생의 주인이신 하나님과 화목할 수 있는 방법은 오직 한 길 예수 그리스도를 영접하고 주님과 동행하며 하나님을 기쁘게 하는 삶입니다.
주님이 이 땅에 오신 것은 peace maker로 평화를 만드는 자로 오신 것처럼 우리도 어지러운 세상을 살면서 화목을 위해 살아야 합니다. 싸우지 맙시다 가족끼리 싸우지 말고 이웃과도 싸우지 말고 그 누구와도 화목하며 삽시다.

19절 " 곧 하나님께서 그리스도 안에 계시사 세상을 자기와 화목하게 하시며 그들의 죄를 그들에게 돌리지 아니하시고 **화목하게 하는 말씀을 우리에게 부탁하셨느니라**"
이제 말씀을 맺습니다.

그리스도 안에 있는 우리들은
1) '새로운 피조물로서 살아야' 합니다.
2) '이전 것을 후회하지 말아야' 합니다.
3) '하나님과 화목하며 살아야' 합니다.

이렇게 살기 원하는 저와 여러분에게
주예수 그리스도의 은혜와 하나님의 사랑과 성령의 교통하심이 항상 함께 있기를 간절히 축원합니다.

이번주 목요일 1월 14일은 히브리서입니다.
다함께 찬송가 401장 부르시겠습니다.

찬송가 해설

1. 527장(어서 돌아 오오)

이 찬송은 눅 15:18-24의 잃은 아들을 되찾은 아버지의 비유말씀에 근거로 지어진 찬송으로 한국 복음 찬송의 대표적인 이 찬송은 1943년 박재훈씨가 전영택 목사에게 작시를 부탁하여 곡을 붙인 것입니다.
방탕한 자식을 향하여 돌아 올 것을 호소하는 이 찬송은 죄인이 회개하고 돌아 오기를 끝까지 참고 기다리시는 하나님 아버지의 사랑을 잘 노래하고 있습니다.

'지은 죄가 아무리 무겁고 크기로' 이 가사가 생각나 선곡했습니다. 가사 생각하면서 527장 힘껏 부릅시다.

2. 508장(우리가 지금은 나그네 되어도)

이 찬송은 마28:19-20을 토대로 지어진 찬송시인데요
이 찬송도 가사중 후렴의 "화목케 하라신 구주의 말씀을 온 세상 전하세"가사가 오늘 말씀 고후 5:19절과 상통하여 당초
찬송을 바꿨습니다.

이 찬송시의 작시자 카셀은 의사로 생활하다가 60세가 지나서 목사가 된 사람인데, 이 대목에서 저도 60세가 지나 목사된 사람으로 위로가 되네요
작곡자는 그의 부인입니다.
바울은 고전 9:16에서 "복음을 전하지 아니하면 내게 화가 있을 것임이로다"라고 하며 전도의 사명을 잘 감당했지요
우리도 구주의 말씀을 온세상 전합시다. 찬송가 508장 부릅시다.

19 하나님의 말씀은? (히브리서4:12-13/ ♪200)

며칠 전 신세계백화점을 가 본적 이 있어요 **백화점**은 **고객감동**에 이어 **고객졸도**까지 시킨다고 하잖아요 그래서 저도 성도님들의 눈높이와 요구를 반영하여 정치적인 말 가급적 안 하기로했고 시간도 줄이기 위해 복습시간에는 성경의 개요를 생략하기로 했습니다.

지난 주 말씀의 제목은 그리스도 안에 있는 자들은
1) '새로운 피조물로서 살아야' 하고
2) '이전 것을 후회하지 말아야' 하며
3) '하나님과 화목하게 살아야' 한다고 했습니다.

오늘 함께 볼 말씀은 19번째 히브리서입니다.
히브리서의 약자는 "히"입니다. 요즘 문자 하다보면 답장으로 "ㅎㅎ 감사합니다" 하더군요. 저자는 '알 수 없다고 합니다.'
기록연대는 주후60년대 후반경(64~68년?) 기록하였으며
기록목적은 구약의 실체이며 복음의 핵심인 예수 그리스도를 중심으로 구약성경을 재해석함으로써, 유대교 신자들에게 기독교 신앙의 절대적 필요성을 일깨워 주기 위해서 기록하였습니다.

먼저, **히브리서**의 핵심적인 주식 몇 군데만 살펴 보겠습니다.
1장 6절에 "또 그가 맏아들을 이끌어 세상에 다시 들어오게 하실 때에 하나님의 모든 천사들은 그에게 경배할지어다 말씀하시며"에서 '맏아들'은 성자 예수님을 나타내는 것으로 예수님께서 **부활**의 **첫 열매**가 되시고 위엄과 권위의 상속자가 되셨음을 말해 주고 있습니다.

2장 5절의 "하나님이 우리가 말하는 바 장차 올 세상을 천사들에게 복종하게 하심이 아니니라"에서 '장차 올 세상'은
그리스도의 재림과 더불어 오는 영광의 세계로
계시록 21:1~2절

"1. 또 내가 새 하늘과 새 땅을 보니 처음 하늘과 처음 땅이 없어졌고 바다도 다시 있지 않더라
2. 또 내가 보매 거룩한 성 새 예루살렘이 하나님께로부터 하늘에서 내려오니 그 준비한 것이 신부가 남편을 위하여 단장한 것 같더라"말씀에서 보듯이 새 하늘과 새 땅을 의미합니다.

3장 11절 "내가 노하여 맹세한 바와 같이 그들은 내 안식에 들어오지 못하리라 하였다 하였느니라"
여기 보면 '내 안식에 들어오지 못하게 하였는데' 그 이유는 시내 광야에서 이스라엘 민족이 하나님의 능력을 믿지 않고 의심하며 시험했기 때문입니다. 결국 하나님을 노하게 만들었고 눈의 아들 여호수아와 갈렙을 제외하고는 그 누구도 젖과 꿀이 흐르는 땅, 가나안에 들어가지 못했습니다.
사무엘상 15장 22절 " 사무엘이 이르되 여호와께서 번제와 다른 제사를 그의 목소리를 청종하는 것을 좋아하심 같이 좋아하시겠나이까? 하니 '순종이 제사보다 낫고 듣는 것이 숫양의 기름보다 나으니"라고 하듯 하나님은 순종하는 백성을 원하십니다.

7장 1절 "이 멜기세덱은 살렘 왕이요 지극히 높으신 하나님의 제사장이라 여러 왕을 쳐서 죽이고 돌아오는 아브라함을 만나 복을 빈 자라" 여기서 '살렘'은 평화의 뜻으로 우리가 '여호와 살롬'하면 죽을 놈이 아니라 살놈이라며 평강의 하나님을 표현하는데 B.C. 2082년 멜기세덱이 왕이자 제사장으로 있던 성읍으로 시편76편 2절 "그의 장막은 살렘에 있음이여 그의 처소는 시온에 있도다"한 것을 보면, 예루살렘의 고대 명칭 같습니다.

11장 12절 "이러므로 죽은 자와 같은 한 사람으로 말미암아 하늘의 허다한 별과 또 해변의 무수한 모래와 같이 많은 후손이 생육하였느니라"에서 '죽은 자와 같은 한 사람'이란 나이 많아 생식 능력이 없어진 사람을 말하는 것으로 생식을 중요시 하는 당시 이스라엘 사회에서는 '죽은 것이나 다름없는 살았으나 죽은 사람' 취급받았다고 합니다. 그러나 아브라함은 거의 절망 상태에서도 하나님의 약속만을 믿음으로 바라본 결과 그를 통해 하늘의 별처럼(우리 목사님 서로 축복할 때, 하늘의 별처럼, 바다의 모래알처럼 번성할지어다 하듯) 많은 후손들이 나올 수 있었던 것입니다.

히11:1 "믿음은 바라는 것들의 실상이요 보이지 않는 것들의 증거니" 아멘이시죠?

13장 25절 "은혜가 너희 모든 사람에게 있을지어다"는 말씀은 지난 월요일 축도예문으로 고후13장13절 말씀드렸던 것처럼 바울이 즐겨 썼던 **편지형식의 마지막 인사말**인데, 이러한 인사말은 간절한 사랑의 울부짖는 호소이었고 소망이자 위로의 메시지였습니다.

자 그러면 오늘은 히브리서 4장 12-13절의 본문 중 12절의 "하나님 말씀은"이라는 제목으로 우리 서로 은혜를 나누겠습니다.

하나님의 말씀은 살아 있는 **활력과 생동감 넘치는 하나님의 능력**입니다. 이 말씀의 능력을 세 가지로 알아 보겠습니다.

첫째는 '혼과 영을 새롭게' 합니다.

말씀은 엡6:17 "구원의 투구와 성령의 검 곧 하나님의 말씀을 가지라"는 말씀처럼 **성령의 검**인 것입니다. 우리가 예수 그리스도를 영접하고 새로운 피조물이 되는 것은 성령이 말씀으로 거듭나게 하는 중요한 역할입니다.
또한 요17:17 "그들을 진리로 거룩하게 하옵소서 아버지의 말씀은 진리니이다" 말씀처럼 말씀은 성도들을 깨끗하게 **성결하고 거룩하게** 하는 능력이 있습니다.
시119:9 "청년이 무엇으로 그의 행실을 깨끗하게 하리이까 주의 말씀만 지킬 따름이니이다"하여 **청년이 그 행실을 깨끗하게 하는 방법**은 오직 Only Lord 오직 주의 말씀을 지키는 것으로만 가능하다고 훈계하고 있습니다.
그러니까 우리의 **혼과 영을 새롭게 하는 생명의 능력의 말씀을 사모하고 주야로 묵상해야 겠지요?**

시편1편 1절에 "복 있는 사람은 악인들의 꾀를 따르지 아니하며 죄인들의 길에 서지 아니하며 오만한 자들의 자리에 앉지 아니하고"
2. "오직 여호와의 율법을 즐거워하여 그의 율법을 주야로 묵상하는도다"

둘째는 '관절과 골수를 쪼갠다는 것'입니다.

관절과 골수가 인체의 가장 깊숙한 곳에 있는 부분이라하여 '숫자로 본 인체의 신비'를 알아 보았습니다.

성인에서 몸을 이루는 뼈는 206개, 근육 5-600개, 관절은 100개 이상이며 혈관의 길이는 10만km가 넘어 지구를 거의 세 바퀴 도는 거리라고합니다.

콩팥에서 구성하는 네프론을 길게 펼쳐 혈액으로부터 오줌이 만들어지도록 여행하는 길을 더하면 80km로 광주에서 순천가는 거리이며 입에서부터 항문까지는 8.5km, 뇌는 1000만개의 신경세포와 100조개의 신경 연접부를 갖고 있어 신경의 연결망은 우리의 상상을 초월하는 것으로 정말 저도 깜짝 놀랐습니다.

하나님의 말씀은 이처럼 깊숙한 인체의 부분까지 **관절과 골수를 찔러 쪼개어서** 병든 부분을 제거하시며 활력을 주고 생명력이 넘치게 하십니다. 말씀의 능력은 **38년된 병자를 고치셨고 죽었던 회당장 야이로의 딸도** 살리시듯 죽은 자에게 생명력을 불어 넣어서 살리시고 **달리다굼 일어나 걸으라**하며 **걷게도** 하시고 **요한복음 9:7 "실로암 못에 가서 씻으라**하시니 (실로암은 번역하면 보냄을 받았다는 뜻이라)이에 **가서 씻고 밝은 눈으로 왔더라"**는 말씀처럼 **보게도** 하시며 **생기**를 주셨습니다.

셋째는 '생각과 뜻을 판단'하십니다.

파스칼은 팡세에서 '사람은 생각하는 갈대'라고 했지요?
로뎅의 조각상 작품으로 '생각하는 사람'도 있지요?
우리의 생각이 잘못됨으로 생활이 잘못되는 것입니다.
또 뜻을 허탄한 곳에 둠으로 죄짓게 되며 악의 구렁텅이에 빠지고 결국 악의 꽃을 피우며 그 댓가로 사망을 가져오게 되는 것이지요
우리 인간의 악성, 독성, 죄성이란 그 마음의 성품이 악하고 강퍅하며 죄성이 강하다는 것 아니겠습니까?
우리 마음에 탐욕과 정욕과 헛된 욕심이 생각나고 마음을 움직이려 할 때 우리 인간은 넘어지기 쉽고 깨어지기 쉬운 질그릇같은 약한 인생들이오니 우리 마음의 생각과 뜻을 올바르게 판단할 수 있도록 하나님말씀을 자주 듣고 읽고 그 가운데 기록한 것을

지켜야 죄악 많은 이 세상을 이길 수 있습니다.

이 살아 있는 말씀을 통하여 진정한 회개를 할 수 있습니다. 회개에 합당한 열매를 맺어야 하나님과 올바른 관계를 유지할 수 있습니다. 화요일 새벽 손용관전도사님 말씀전하시면서 길게 한숨 쉬시며 이 악하고 죄 많은 세상을 볼 때 한숨밖에 안 나온다하시며 말씀과 기도로 살자하신 생각이 납니다.

말씀에 비추어 마음의 생각과 뜻을 감찰 분별하도록 합시다. 말씀은 마치 냇가에 얼굴을 비추면 훤히 내 모습을 보듯 거울같은 말씀으로 우리의 죄를 발견하고 회개합시다.

이제 말씀을 맺습니다.

하나님의 말씀은
1) 혼과 영을 새롭게하며
2) 관절과 골수를 쪼개며
3) 생각과 뜻을 판단하십니다.

올 한해도 하나님 말씀으로 살기 원하는 저와 여러분에게
주 예수 그리스도의 은혜와 하나님의 사랑과 성령의 교통하심이 충만하시기를 간절히 축원합니다.

다음주 목요일 1월 21일은 #20 마가복음입니다.
다함께 **찬송가 202장** 부르시겠습니다.

찬송가 해설

1. 200장(달고 오묘한 그 말씀)

이 찬송은 시 119:103 "주의 말씀의 맛이 내게 어찌 그리 단지요 내 입에 꿀보다 더 다니이다"에 근거로 지어진 찬송

말씀의 맛이 어찌 그리 단지요 꿀보다 더 다니이다 말씀보면서

'둘이 먹다가 하나 죽어도 모르는' 호박 엿!이 생각났고

인터넷 들어가 **신라면 광고**보다가 **혼자 한참 웃었어요**
영상의 주제는 가족애로 '**형님먼저 아우먼저**'콘셉으로 서로 라면 한그릇 가운데 놓고 서로 밀면서 '**형님먼저 아우먼저**' 양보하는 모습이 **참 웃기더라고요**

옛날 주일학교 교사시절 마칠 때 옛 찬송가 235장으로
이 곡 부르면서 뛰어 나가는 아이들이 눈에 선하군요

이 찬송은 **필립 블리스**가 주일 학교 신문인 『생명의 말씀』의 **발행인 플레밍 레벨의 요청**으로 지은 곡입니다. 하나님의 말씀인 성경을 잘 표현하여 많은 사람들로부터 **은혜와 감동을 주는** 애창곡입니다.

'모든 사람에 복 주는 생명의 말씀은 맘에 용서와 평안을 골고루 주나니 **아름답고 귀한 말씀 생명샘이로다**'

다함께 동요 부르던 어린시절, **동심의 세계로 돌아가 찬송가 200장** 힘차게 부릅시다.

20. 사람이 등불을 가져오는 것은 (마가복음4:21-25/ ♪ 500, 510)

지난 주 말씀은 히12:4-5절 가지고 「하나님의 말씀은」 제목으로
1) 혼과 영을 새롭게하고
2) 관절과 골수를 쪼개며
3) 생각과 뜻을 판단하신다고 하였습니다.

오늘 함께 볼 말씀은 20번째 마가복음입니다.
마가복음의 약자는 "막"입니다. 막가파의 막이 아니고 마가복음을 줄여 '막'이며,
저자는 책 제목과 같이 '마가'이고,
기록연대는 주후(A.D)65년~70년경입니다.
기록목적은 예수의 제자인 마가는 예수 그리스도를 믿고 따르는 모든 자들에게 예수의 지상 사역을 증거하기 위해 이 책을 기록하였습니다.

먼저, 마가복음의 함께 알아야 할 주석 몇 군데 살펴 보겠습니다.

① 1장 1절에 "하나님의 아들 예수 그리스도의 복음의 시작이라"에서 '복음의 시작'은 마가복음이 아니라 예수 그리스도에 관한 좋은 소식의 시작을 말하는 것으로, 요한의 사역이 예수님 사역의 길잡이 역할을 했다는 것입니다.
요1:26-30을 보면 쉽게 이해할 수 있습니다.
26절 요한이 대답하되 나는 물로 세례를 베풀거니와 너희 가운데 너희가 알지 못하는 한 사람이 섰으니
27절 곧 내 뒤에 오시는 그이라 나는 그의 신발끈을 풀기도 감당하지 못하겠노라 하더라
28절 이 일은 요한이 세례 베풀던 곳 요단 강 건너편 베다니에서 일어난 일이니라
29절 이튿날 요한이 예수께서 자기에게 나아오심을 보고 이르되 보라 세상 죄를 지고 가는 하나님의 어린 양이로다
30절 내가 전에 말하기를 내 뒤에 오는 사람이 있는데 나보다 앞선 것은 그가 나보다 먼저 계심이라 한 것이 이 사람을 가리킴이라

② 3장 29절의 "누구든지 성령을 모독하는 자는 영원히 사하심을 얻지 못하고 영원한 죄가 되느니라 하시니"에서
'성령을 모독하는 자'란 성령께서는 사람의 마음을 감동시켜 죄를 깨달아 회개하도록 하시는데 성령을 훼방하는 것은 성령의 권능이 나타나는 예수의 인격과 사역을 거부하며 회개하지 않는 것으로 이것은 하나님께 용서받지 못할 죄인 것입니다.
성령을 훼방하면 안 되겠죠?

③ 5장 39절 "들어가서 그들에게 이르시되 너희가 어찌하여 떠들며 우느냐 이 아이가 죽은 것이 아니라 잔다 하시니"
여기서 '잔다'는 뜻은 성경에서는 '죽음'을 가리켜 자주 '잔다'라고 표현하는데 고전 15:20절에서도 "그러나 이제 그리스도께서 죽은 자 가운데서 다시 살아나사 잠자는 자들의 첫 열매가 되셨도다"
라고 '잠자는 자들의 첫 열매'로 표현한 것은 마지막 날에 다시 살 소망이 있기 때문입니다.
여기서도 소녀는 죽었으나 잔다고 표현한 것은 일시적으로 잠자는
자가 깨어 나듯이 곧 다시 살아나게 될 것으로 믿었기 때문입니다.

④ 9장 29절 "이르시되 기도 외에 다른 것으로는 이런 종류가 나갈 수 없느니라 하시니라"
여기서 '기도'는 신자와 하나님과의 교제하는 수단으로 하나님을 향한 간구를 말합니다. 나약한 인간이 하나님의 능력을 인정하고 그 분을 믿고 따르는 것으로서 기도 자체가 일종의 신앙고백입니다.
사무엘은 삼상 12:23에서 "나는 너희를 위하여 기도하기를 쉬는 죄를 여호와앞에 결단코 범하지 아니하고 선하고 의로운 길을 너희에게 가르칠 것인즉"
사무엘은 진정, 위대한 기도의 사람이었습니다.

⑤ 14장 30절 "예수께서 이르시되 내가 진실로 네게 이르노니 오늘 이 밤 닭이 두 번 울기 전에 네가 세 번 나를 부인하리라"에서 '닭이 울기 전'이란 당시 닭 울음은 밤 시간을 나누는 데 사용되었는데 보통 밤사이에 닭이 세 번 우는 것으로 본문의 두 번 울기 전이란 날 새기 전의 새벽시간을 의미한 것 같습니다.

자 그러면 이제 마가복음 4장 21-25절의 본문 중 21절의 "사람이 등불을 가져오는 것은" 이라는 제목으로 말씀을 전하겠습니다.

예수님께서는 말씀을 전하실 때 씨뿌리는 비유, 겨자씨 비유, 포도원 농부 비유, 혼인 잔치 비유, 열처녀 비유, 달란트 비유, 잃은 양을 찾은 목자 비유, 잃은 드라크마를 찾은 여인 비유, 과부와 재판장 비유 등 쉽게 비유로 말씀을 가르치셨는데
오늘 본문의 **등불** 비유는 복음의 등불, 생명의 등불, 즉 거룩한 진리의 등불을 의미하고 있는 바,

『**사람이 등불을 가져오는 것**』이란?

먼저, '어둔 세상은 복음의 등불을 필요로 하는 것'입니다.

그 당시 유대의 상황이나 오늘날 우리나라의 상황이나 최근 미국 선거 후 미의사당을 폭력으로 들어가다가 5명이나 죽는 등 어지러운 상황을 볼 때 **예나 지금이나 국내적으로나 국제적으로나** 정치 경제 사회 전반에 걸쳐 무질서하고 어둔 세상이란 것이 느껴집니다. 이 어둔 세상에는 복음의 등불, 복음의 빛이 필요한 시기라고 생각합니다. 그래서 주님은 세상에 빛으로 오셨는데 세상 사람들은 그를 알지 못하였습니다.

요1:9-10. 9절 "참 빛 곧 세상에 와서 각 사람에게 비추는 빛이 있었나니"
10절 " 그가 세상에 계셨으며 세상은 그로 말미암아 지은 바 되었으되 세상이 그를 알지 못하였고"라고 하셨으며
우리를 가리켜서는 마 5:14에 "너희는 세상의 빛이라 산 위에 있는 동네가 숨겨지지 못할 것이요"라고 세상의 빛의 역할을 당부하셨습니다.
빛은 어둠을 내 쫓습니다. **아침 동이 터오면 어둠은 저절로 물러 가듯이** 우리가 세상의 빛이 되어 어둔 이 세상을 밝혀야 합니다. **미약하고 힘도 없으나 힘되신 여호와를 의지하고** 어둔 세상의 복음의 등불이 되어 세상을 밝힙시다.

다음은 '등불은 높은 곳에 두어야' 합니다.

사람이 등불을 가져 오는 것은 말 아래에나 평상 아래에 두려함이 아니라 **높은 곳에 두어** 반드시 온 집안을 환하게 비추고 산 위에 두어 온 동네를 **밝게** 비추려고 하는 것입니다. 그러나 이렇게 밝게 환하게 밝히는 좋은 등불도 말이나 평상으로 덮어 버려 쓸모없게 만든다면 **책망받게 되는 것입니다.**
따라서 우리 성도들은 세상의 빛과 소금이니 빛의 사명을 잘 감당해야 하겠습니다.
어둔 세상을 밝게 비추도록 **등불을 높은 곳에 두며**
그 역할을 잘 수행해야 하겠습니다.

마지막으로 '복음은 생명의 등불, 생명의 빛'입니다.

빛은 곧 생명입니다. 빛이 있으므로 생명이 존재하는 것입니다. 복음의 빛은 가는 곳마다 어둠을 정복하고 새 생명의 역사를 만듭니다. 복음은 어둠에 헤매는 영혼을 생명의 빛으로 인도합니다. 천국으로 이끕니다. **복음의 등불이 켜지는 곳곳마다** 죄와 불의가 두손 들고 항복합니다.

항해하는 배가 등대의 빛이 있어야 사고나지 않고 목적지까지 안전하게 갈 수 있듯이 우리 인생길에서 빛되신 주님 바라보며 악에 빠지지 않도록 빛되신 주님만을 바라보고 좌로나 우로 치우치지 말고 **주님 손잡고 주님과 함께 언제 어디나 주님 떠나지 말고 주와 함께 살아야**겠습니다.

♬ 찬송가 430장 '주와 같이 길 가는 것'
주와 같이 길 가는 것 즐거운 일 아닌 가?
우리 주님 걸어가신 발자취를 밟겠네
후렴) 한 걸음 **또** 한 걸음, 주 예수와 함께,
　　　날마다 날마다 우리 걸어 가리

마 5:14 "너희는 세상의 빛이라 산 위에 있는 동네가 숨겨지지 못할 것이요"

우리 모두는 복음의 진리의 생명의 횃불을 더 높이 들고 이 세상에서 살면서 어둠의 악한 세력을 몰아 내며
빛되신 주님을 따르는 참 제자가 됩시다.

이제 말씀을 맺습니다.
등불을 가져오기 위하여
1) 어둔 세상에 복음의 등불을 밝히고,
2) 등불이 있어야 할 자리, 높은 곳에 두며,
3) 복음으로 생명의 등불, 생명의 빛을 밝히는 사명을 잘 감당하고자 하는 저희들에게 예수님의 **은혜**와 **하나님의 사랑**과 **성령의 교통하심이** 함께하시기를 간절히 축원합니다.

다음주 목요일 1월 21일은 #21 로마서입니다.

찬송가 해설

1. 500장(물위에 생명줄 던지어라)

이 찬송은 잠 24:11 "너는 사망으로 끌려가는 자를 건져주며"라는 말씀으로 지어진 찬송

이 찬송은 늘 해안 거닐기를 즐기던 유포드 목사가 해난 구조훈련을 보면서 영감이 떠올라 지었다고 합니다.

죽어가는 **영혼구원**의 주제찬송인 찬송가 500장을
물속에 빠져가는 사람에게, 생명줄 던지는 마음으로 불러봅시다.

2. 510장(하나님의 진리등대)

이 찬송은 마 5:16 "너희 빛이 사람 앞에 비치게 하여"라는 말씀으로 지어진 찬송으로 오늘 말씀의 주제와 상통합니다.

이 찬송은 작곡한 블리스가 무디의 설교를 듣다가 영감을 받아 지었다고 합니다.

무디의 설교는 " 형제들이여 주님께서는 큰 등대가 되어 끝까지 빛을 발할 것입니다. 여러분도 작은 등대로 타 놀라야 하지 않을까요?

우리 작은 불을 켜서, 물에 빠져 헤매는 이, 건져내어 살리세 찬송가 510장 부르시겠습니다.

21. 하나님을 사랑하는 자 (로마서8:28-31/ ♪ 441, 449)

지난 주 말씀은 마가복음 4장 21-25절의 본문 중 21절의 "사람이 등불을 가져오는 것은" 이라는 제목으로
1) 어둔 세상에 복음의 등불을 밝히고,
2) 등불이 있어야 할 자리로 높은 곳에 두며,
3) 복음으로 생명의 등불, 생명의 빛을 밝히는 사명을 잘 감당하자고 말씀드렸습니다.

오늘 함께 볼 말씀은 21번째 로마서입니다.
로마서의 약자는 "롬"입니다. 이 놈 저 놈 할 때의 저속한 남자호칭이 아니라 로마서의 약자로 '롬'이라고 하며, **저자는 사도바울**이고,
기록연대는 주후(A.D)57년말엽~58년초입니다.
기록목적은 믿는 자들에게 예수 그리스도를 통한 하나님의 구원 계획과 기독교의 **핵심교리**를 가르치기 위하여 이 책을 기록하였습니다.

먼저, 로마서의 알아 두면 유익한 주석을 좀 살펴 보겠습니다.

① 1장 1절에 "예수 그리스도의 종 바울은 사도로 부르심을 받아 하나님의 복음을 위하여 **택정함을 입었으니**"에서 '사도'는 (헬 아포스톨로스)로 '보냄을 받은 자' 또는 '대리자'로 그리스도로부터 권위를 부여받은 '**전권 대사**' 라는 의미인데 성경에서 사도란 예수님의 부활을 체험하고 복음의 증인으로 보내심을 받은 사람을 가리킵니다.

  * 고전1:1 "하나님의 뜻을 따라 그리스도 예수의 사도로 부르심을 받은 바울" 이라고 합니다

② 2장 25절의 "네가 율법을 행하면 할례가 유익하나"에서
'**할례**'란 하나님께서 아브라함에게 언약의 표적으로 주신 것으로, 난 지 8일 만에 남성 생식기의 포피 끝을 잘라내는 의식인데
이는 하나님과의 언약의 증거요, 선민의 표시였으며, 신약시대의 '세례'의 그림자가 된 것입니다.

③ 5장 21절 "은혜도 또한 의로 말미암아 왕 노릇 하여 우리 주 예수 그리스도로 말미암아 영생에 이르게 하려 함이라"
여기서 '**영생**'은 문자적으로는 '영원한 생명'을 뜻하며, 궁극적으로 '행복에 가득 찬 신적 생명'을 뜻하는데, 이는 **단순히 영원히 사는 것만을 가리키지 않고 하나님의 축복 속에서 영원히 사는 것**을 말합니다.

④ 6장 3절 "세례를 받은 우리는 그의 죽으심과 합하여 세례를 받은 줄을 알지 못하느냐"
여기서 '**세례**'는 '물에 잠그다', '물로 씻다'란 뜻으로 의식상 물에 몸을 담그는 것이며 그리스도와 함께 죽을 건 죽고 살건 사는 것을 나타내며 물을 뿌리는 것은 정결하게 함을 나타냅니다.

'**세례**'는 하나님의 자녀로 거듭난 내적인 변화를 외적으로 표시하는 것으로, 중생한 내적 변화 없이 형식적으로 받는 세례는 본래의 의미를 상실한 것임을 유의해야 하겠습니다.

⑤ 10장 10절 "사람이 마음으로 믿어 의에 이르고 입으로 시인하여 구원에 이르느니라"
신앙 고백은 내적인 믿음에 대한 구체적이고 공개적인 표현으로, 다른 사람들 앞에서 자신의 믿음을 확인하는 행위입니다. 따라서 **믿음이 없이 하는 신앙고백은 위선**입니다.
예) 마7:21에 "나더러 주여 주여 하는 자마다 다 천국에 들어 갈 것이 아니요 다만
　　하늘에 계신 내 아버지의 뜻대로 행하는 자라야 들어 가리라"
주여! 주여! 입으로만 부르지 말라고 경고하시며

마10:31-32절은 "누구든지 사람 앞에서 나를 시인하면 나도 시인하고, 나를 부인하면 나도 하늘에 계신 내 아버지앞에서 부인하리라"하시니 시인하는 신앙고백이 중요하지요?

예) 김국환의 세상노래 「타타타」가사보면
"네가 나를 모르는데 난들 너를 알겠느냐 한치 앞도 모두 몰라 다 안다면 재미없지"
라고 네가 모르면 나도 몰라라 합니다.

자 그러면 이제 로마서8장 28-31절의 본문 중 28절의 "**하나님을 사랑하는 자**"라는 제목으로 말씀을 전하겠습니다.

본문은 넘치는 주의 은혜와 관련하여 우리가 어떻게 행할 바를 교훈해 주는 말씀입니다.

『하나님을 사랑하는 자』는?

첫째, '우리 위해 생명 주신 주님을 사랑해야' 합니다.

은혜를 받은 사람은 받은 은혜에 감사할 줄 알아야 합니다. 그러므로 값없이 댓가없이 거져 은혜를 받은 우리들은
마 22:37절 "예수께서 이르시되 네 마음을 다하고 목숨을 다하고 뜻을 다하여 주 너의 하나님을 사랑하라 하셨으니"
마음을 다하고 목숨을 다하고 **힘**을 다하고 **뜻**을 다하여
주님을 사랑해야 합니다.
계명 중 가장 큰 계명은 주를 사랑하는 것입니다.
나 네 하나님 **여호와는 질투하는 하나님**인즉
나를 미워하는 자의 죄를 갚되 아버지로부터 아들에게로
삼사 대까지 이르게 하거니와 나를 사랑하고 내 계명을 지키는 자에게는 (몇 대까지요?)
천 대까지 은혜를 베푸십니다.

한 율법사가 질문한 "선생님 율법 중에서 **어느 계명이 크니이까?**"
예수께서 말씀하시길 "네 마음을 다하고 목숨을 다하고 뜻을 다하여 주 너의 하나님을 사랑하라 하셨으니"
이것이 크고 **첫째 되는 계명**이요
둘째도 그와 같으니 네 이웃을 네 자신같이 사랑하라 하셨으니
이 두 계명, 하나님사랑과 이웃사랑이 온 율법과 선지자의 강령이라고 교훈합니다.

둘째는 '주의 뜻을 따라야' 합니다.

공짜로 은혜받은 우리 성도들은 **주님의 뜻을 따라야** 합니다. 우리가 세상에서도 부모들은 **자기를 닮으면 좋아하고** 부모의 원하는 희망대로 자녀들이 따라 주기를 바라듯 우리가

하나님의 자녀로서 하나님을 기쁘게 하는 방법은 주님의 뜻을 알고 그 뜻대로 순종하며 사는 것입니다.

주님 뜻을 따라 살 때에 우리의 삶이 **풍요로워집니다. 행복해 집니다. 만사가 형통해** 집니다.

오늘 말씀은 평소 제가 좋아하는 말씀으로 롬8:28절은 "하나님을 사랑하는 자 곧 그 뜻대로 부르심을 입은 자들에게는 모든 것이 합력하여 선을 이룬다"고 약속하십니다.
어지러운 세상, 코로나로 살기 힘들다고 아우성인데 이런 열악한 조건속에서도 **주님 뜻을 따를 때** 우리의 인생이 값지고 의미있는 소중한 인생으로 우리의 수고에 대해 **하나님의 보상을** 받게 됩니다. 모든 것이 **합력하여 선을 이룬다**하니 도우시는 **하나님을 힘껏 사랑합시다.**

예) 여러분 **주님의 뜻을 따르는 것**에 대해 저는 **숫자로 비유해** 볼께요
주님뜻을 먼저하느냐 내뜻을 먼저하느냐에 따라 그 결과는 천지차이입니다.
1억원이 꽤나 크지요? 쓸만 하지요? 숫자로 말하면 1억은 **영이란 숫자가 8개로 영이란 숫자는 우리의 노력과 고생등 수고를** 말할 수 있지요 수고가 많으면 많을수록 숫자는 커지는데 반해 뒤에 두면 1에 그칠수도 있지요
주님을 인생의 가장 중요한 자리 먼저 앞자리에 두면 1억이나 1을 제일 뒤에 두면 아무리 숫자가 많아도 1일뿐입니다.
우리는 주님 뜻을 우선하는 성공적인 지혜로운 삶을 삽시다.
마지막으로 '주님의 은혜에 감사해야' 합니다.

하나님의 뜻은 살전 5:16-18에서도 "항상 기뻐하며 쉬지말고 기도하며 범사에 감사하라 이는 너희를 향하신 하나님의 뜻"이라고 매사에 감사하라고 하십니다.

성도의 감사는 일반적인 통념을 초월하는 개념입니다.
감사하면 감사하고 만족스럽지 않으면 불평 불만하는 그런 감사가 아니라 성도는 어떤 경우에도 감사해야 한다는 말입니다. 일이 잘될 때 뿐만이 아니라 일이 잘 안 풀리고 꼬이고 순리대로 잘 진행이 안되더라도 감사해야 합니다.
감사는 은혜를 받은 우리들에게는 마땅한 일이며, 성도의 의무로 **범사에 감사하는 것은 하나님의 뜻이기 때문입니다.**

이제 말씀을 맺습니다.
하나님을 사랑하는 자'곧 그의 뜻대로 부르심을 받은자로
1) '주님을 이전보다 더욱 사랑하고'
2) '주님 뜻대로 살며'
3) '주님의 은혜에 감사하며'살고자 하는 저희들에게 예수님의 은혜와 하나님의 사랑과 **성령의 교통하심이** 충만하기를 간절히 축원합니다.

다음주 목요일 1월 28일은 #22. 고린도전서입니다.

찬송가 해설

1. 441장(은혜 구한 내게 은혜의 주님)

이 찬송은 빌 4:6 "아무것도 염려하지 말고 오직 모든 일에 기도와 간구로 너희 구할 것을 감사함으로 하나님께 아뢰라"에 근거하여 지어진 찬송

이 찬송은 하나님의 은혜를 누리는 자들이 지녀야 할 신앙적 태도를 잘 나타내고 있습니다.

『전엔 나를 위해 일해 왔으나, 이제 주만 위해 힘써 일하리』
다함께 441장 부르겠습니다.

2. 449장(예수 따라가며)

이 찬송은 잠 16:20 "삼가 말씀에 주의하는 자는 좋은 것을 얻나니 여호와를 의지하는 자는 복이 있느니라"라는 말씀근거

이 찬송은 한 청년이 간증시간에 고백을 듣고 감동받은 타우너가 그 내용을 적어 사미스 목사에게 작시를 부탁해 지어진 찬송
  * "저는 지금까지의 모든 생활을 청산하고 오직 주님만을 위해 순종하며 살겠습니다."

『의지하고 순종하는 길은 예수안에 즐겁고 복된 길』의 찬송가 449장 부르시겠습니다.

22. 하나님의 증거를 전할 때에 (고린도전서2:1-5/♪505, 518)

지난 월요일 말씀은 로마서8장 28-31절의 본문 중 28절의 "하나님을 사랑하는 자"라는 제목으로
1) '주님을 이전보다 더욱 사랑하고'
2) '주님 뜻대로 살며'
3) '주님의 은혜에 감사하며' 살자고 말씀드렸습니다.

오늘 함께 볼 말씀은 22번째 고린도전서입니다.
고린도전서의 약자는 "고전"입니다. 양서의 옛 책인 고전이 아니라 고린도전서의 약자로 '고전'이며, 저자는 사도바울이고,
기록연대는 주후55년~제3차 전도 여행 중에 썼습니다.
기록목적은 바울이 자신의 사도권에 근거하여 당시 고린도 교회의 문제점들을 올바로 잡아 주고, 거짓 교사들의 헛된 교훈을 척결하기 위해 기록하였습니다.

먼저, 고린도전서의 알아 두면 유익한 주석을 좀 알아 보겠습니다.

① 2장 3절에 "내가 너희 가운데 거할 때에 약하고 두려워하고 심히 떨었노라"에서 '약하고⋯떨었노라'는 바울의 마음 상태를 표현한 것으로
1) 고후12:7 "여러 계시를 받은 것이 지극히 크므로 너무 자만하지 않게 하시려고 내 육체에 가시 곧 사탄의 사자를 주셨으니 이는 나를 쳐서 너무 자만하지 않게 하려 하심이라"고 자신의 **육체의 연약함**과
2) 고후10:10 "그들의 말이 그의 편지들은 무게가 있고 힘이 있으나 그가 몸으로 대할 때는 약하고 그 말도 시원하지 않다 하니" 말이 어눌하여 **언변의 부족**과
3) 타락한 도시에서의 사명완수를 위한 **떨림** 등이 원인이었을 것이라고 합니다.

② 2장 12절의 "우리가 세상의 영을 받지 아니하고 오직 하나님으로부터 온 영을 받았으니 이는 우리로 하여금 하나님께서 우리에게 은혜로 주신 것들을 알게 하려 하심이라"에서

'세상의 영'은 엡2:2에서 잘 설명해 주고 있는바 "그 때에 너희는 그 가운데서 행하여 이 세상 풍조를 따르고 공중의 권세 잡은 자를 따랐으니 곧 지금 불순종의 아들들 가운데서 역사하는 영이라"고
세상의 영은 악한 마귀의 영을 말합니다. 그러나 '하나님으로부터 온 영'은 하나님께서 보내신 성령을 가리키며 '은혜로 주신 것'은 우리가 값을 치루지 않고 거져 받은 하나님의 선물을 뜻합니다.

③ 7장 3절 "남편은 그 아내에 대한 의무를 다하고 아내도 그 남편에게 그렇게 할지니"
여기서 '의무'는 부부간의 여러 의무 중 특히 **정상적인 부부생활 즉 성생활에 대한 책임도** 있음을 뜻한다고 합니다. 교회에서는 부부의 성문제를 소홀히 하고 죄악시하며 잘 다루지 않는 경향이 있는데 **성경보다 보니** 이런 풀이가 있어 소개합니다.

④ 10장 13절 "사람이 감당할 시험 밖에는 너희가 당한 것이 없나니 오직 하나님은 미쁘사 너희가 감당하지 못할 시험 당함을 허락하지 아니하시고 시험 당할 즈음에 또한 피할 길을 내사 너희로 능히 감당하게 하시느니라"
여기서 '사람이 감당할 시험'의 시험은 성도를 죄에 빠지도록 하는 Test의 떨어 뜨리기 위한 시험이 아니라 성도를 연단시키기 위해 허락한 유혹의 Temptation으로 이 시험을 통해 더 큰 믿음을 갖게 되므로 소망가운데 이 시험을 잘 이겨내야 합니다.

⑤ 13장 1절 "내가 사람의 방언과 천사의 말을 할지라도 사랑이 없으면 소리 나는 구리와 울리는 꽹과리가 되고" 이 '사랑'은 요 3:16 "하나님이 세상을 이처럼 사랑하사 독생자를 주셨으니 이는 그를 믿는 자마다 멸망하지 않고 영생을 얻게 하려 하심이라"의 아가페의 사랑을 말하는 것으로 하나님이 독생자 예수 그리스도를 주신 **절대적** 사랑, **무조건적인** 사랑, 희생적인 사랑입니다.
자 그러면 이제 고린도전서2장 1-5절의 본문 중 1절의 "하나님의 증거를 전할 때에"라는 제목으로 말씀을 전하겠습니다.

오늘 제목과 같이 **하나님의 증거를 전할 때에**, 다시 말해 전도할 때 전도의 방법과 원리를 배워, 주님께서 가장 기뻐하시는 전도의 사람되기를 바랍니다.
『**하나님의 증거를 전하는 자**』는?

첫째, 지혜의 말로 전하지 않았습니다.

1절에 보니 말과 지혜의 아름다운 것으로 즉, 감언이설로 하지 아니하였다고 합니다.
하나님의 증거를 전할 때는 말에 의존하거나 지혜에 의존하여서는 안됩니다. 증거는 비밀인데 말로는 완전히 증명할 수 없으며, 지혜로도 안됩니다. 다만, 확증있는 증거가 최고입니다.
행1:18 "십자가의 도가 **멸망하는 자들에게는 미련한 것이요 구원을 받는 우리에게는 하나님의 능력이라**"
십자가의 도는 믿는 자 안에 역사하는 힘이 있고 능력이 되므로 십자가를 의지하여 전해야 열매맺는 전도가 됩니다.

세례 요한은 신학적 학문으로 전하지 않고 단순하게 "Come and see"라고 '와 보라'고 전하였습니다.
장기동 가까운 곳에 있는 우리교회가면 말씀이 있고 사랑이 있고 은혜가 있고 힐링과 치유가 있는 참 좋은 교회 김포영광교회에 한번 가 보자 하고 손잡고 나오는 것이 중요합니다.

둘째, '성령으로' 전하였습니다.

4절에 "내 말과 내 전도함이 설득력 있는 지혜의 말로 하지 아니하고 다만 성령의 나타나심과 능력으로 하여"
사도 바울은 성령의 나타남과 능력을 따르지 않고는 전도하지 아니했습니다. 성령이 전도하게 하시고 전도받게 하시고 믿게 하시고 증거할 마음을 주셨습니다.
그러므로 엄격한 의미에서는 **성령께서 전도자로 세우시고 전도하게 하시고 전도의 열매를 맺게하시므로 성령이 전도의 주관자이십니다. 우리는 전도의 도구에 불과한** 것입니다.
바울은 **성령님께 전적으로 맡기고 의존하며 순종하였으므로 쓰임 받을 수 있었던** 것입니다.
행 1:8 "오직 성령이 너희에게 임하시면 너희가 권능을 받고 예루살렘과 온 유대와 사마리아와 땅 끝까지 이르러 내 증인이 되리라 하시니라"

우리 주님께서 저희들에게 **지상명령**으로 마지막 유언적 부탁의 말씀을 당부할 때 **성령이 임하시면 내 증인이 되라**고 하셨습니다.

마지막으로 '능력으로' 전하였습니다.

4-5절에 보면 "다만 성령의 나타나심과 능력으로 하여 사람의 지혜에 있지 아니하고 다만 하나님의 능력에 있게 하려 하였노라"하십니다.
바울의 전도는 증거있는 전도요 성령님께 의존한 전도이므로 자연히 능력있는 전도일 수 밖에 없습니다.
아무리 뛰어난 웅변과 미사여구와 지혜의 말을 하며 큰 소리로 목이 터지라 외쳐도 능력이 없으면 큰 전도의 효과를 보기 어렵습니다. **성령의 능력**은 내적으로 폭발하는 힘이 있기 때문에 감동과 감화와 놀라운 이적과 기사까지도 나타납니다.
드와이트 무디는 비록 구두방 아저씨였으나 5만명을 전도하였다고 하지요 그는 하루에 한사람이라도 전도하지 않으면 집에 들어가지 않았다고 합니다. 저는 전도한 날이 드문데 매일 전도한 무디를 볼 때 부끄럽기 짝이 없습니다. 하나님 죄송합니다. 올해도 새 해를 선물로 주셨는데 전도에 힘쓰는 주님의 사랑과 칭찬받는 자녀가 되겠습니다.
여러분도 같은 마음이시지요? 동의하면 아멘한번 해 주세요

사도 바울의 전도방법은 자신의 지혜와 능력보다는 전적으로 **성령의 인도하심과 성령의 능력**에 의존하여 전하였습니다.

이제 말씀을 맺습니다.
하나님의 증거를 전할 때에
1) '지혜의 말로 전하지 않게' 하옵시고
2) '성령으로 전하게' 하옵시며
3) '능력으로' 전하기 원합니다. 전도하며 살겠노라고 다짐하며 돌아가는 저와 여러분에게 **예수님 은혜**와 **하나님 사랑**과 **성령의 교통하심**이 함께하시기를 간절히 축원합니다.

다음주 목요일 1월 28일은 #23. 요한복음입니다.

찬송가 해설

1. 505장(온 세상 위하여)

초대교회 신자들의 신앙생활을 연상케하는 행 5:42 "저희가 날마다 성전에 있든지 집에 있든지 예수는 그리스도라 가르치기와 전도하기를 쉬지 아니하였다"고 합니다.

이 찬송은 복음을 전하고 싶은 마음이 강하게 일어나게 하는 후렴처럼 "**전하고 기도해 매일 증인되리라**"는 고백을
다함께 찬송 부르겠습니다.

2. 518장(기쁜 소리 들리니)

이 찬송은 행 16:31 "주 예수를 믿으라 그리하면 너와 네 집이 구원을 받으리라'"라는 말씀 근거 지어진 찬송

이 찬송은 주일학교 전도용으로 **오웬스**가 쓴 찬송시입니다.

예수님께서 부활하신 후 마지막으로 부탁하신 **지상명령**은 땅끝까지 이르러 내 **증인이** 되어 복음을 전하라는 것이었습니다.
만민에게 전합시나 예수구원하심을! 찬송하겠습니다.

23. 예수님께서 행하신 표적 (요한복음6:1-15/ ♪542, 543)

어제 말씀은 고린도전서 2장 1-5절의 말씀 중 1절의 "하나님의 증거를 전하는 자"는
1) '지혜의 말로 전하지 말고'
2) '성령으로 전하며'
3) '오직 능력으로 전하며' 살자고 말씀드렸습니다.

오늘 함께 볼 말씀은 23번째 요한복음입니다.
요한복음의 약자는 "요"입니다. 덮고 자는 요가 아니라 요한복음의 약자로 '요'이며,
저자는 요한이였고,
기록연대는 장수가 21장으로 주후80년~90년경 10년동안 썼습니다.
기록목적은 예수는 성육신(인카네이션)하신 하나님의 아들이기 때문에 누구든지 예수를 믿으면 구원을 받고 영생을 누린다는 구원의 확신을 심어 주기 위해 기록하였습니다.

먼저, 요한복음의 알아 두면 유익한 주석을 좀 알아 보겠습니다.

① 3장 19절에 "그 정죄는 이것이니 곧 빛이 세상에 왔으되 사람들이 자기 행위가 악하므로 빛보다 어둠을 더 사랑한 것이니라" 에서 '빛'은 그리스도를 가리키는 것으로, 죄악된 세상을 밝히사 구원을 이루는 예수의 사역이 **어두움을 밝히는 빛의 속성으로 비유되었으며** '세상'은 죄로 말미암아 **타락된 세상**을 말하며 '어둠' 또한 하나님을 대적하는 **죄악의 세력**을 말하고 있습니다.

② 6장 4절의 "마침 유대인의 명절인 유월절이 가까운 지라"에서
'유월절'은 유대인의 3대 절기(유월절, 칠칠절, 장막절)중 가장 큰 명절로서 **애굽에서의 구원을 기념하는 절기**입니다.

③ 9장 7절 "실로암 못에 가서 씻으라(실로암은 번역하면 보냄을 받았다는 뜻)으로 이에 가서 씻고 밝은 눈으로 왔더라"에서 '실로암' 예루살렘 성전 동쪽의 더로페온 계곡 입구에 있는 **못**인데 여기서 '가서 씻으라'고 하심은 다른 사람들에게 한 것처럼 말씀으로 하지 아니하고 '가서 씻으라' 하신 이유는 그들의 믿음과 순종을 시험하기 위함이었습니다.

④ 11장 35절 "예수께서 눈물을 흘리시더라"
여기서 '눈물은'은 예수님의 인성을 보여 주는 표현입니다. 공생애 기간동안 예수님은 세 번 우셨는데 본절과 **예루살렘 입성 때**(눅19:41 "가까이 오사 성을 보시고 우시며") 그리고 **겟세마네 동산에서**(히5:7에 보면 "그는 육체에 계실 때에 자기를 죽음에서 능히 구원하실 이에게 심한 통곡과 눈물로 간구와 소원을 올렸고") 우신 것을 볼 수 있습니다.

⑤ 15장 14절 "너희는 내가 명하는 대로 행하면 곧 나의 친구라"의 '친구'는(헬, 필로스)로 피조물에 불과한 인간이 **창조주의 친구로 불린다는 것은 참으로 큰 은혜**가 아닐 수 없습니다.

자 그러면 이제 요한복음 6장 1-15절의 본문 중 14절의 "예수께서 행하신 이 표적" 이라는 제목으로 말씀을 전하겠습니다.

사실 본문인 요한복음 6장 1-15절이 성경 제목은 '오천 명을 먹이시다'이나 저는 제목을 말씀중에서 정하여
오늘 제목과 같이 '예수님께서 행하신 표적'의 구체적 방법을 살펴보면서 은혜의 시간 되길 원합니다.

『예수님께서 행하신 표적』은?

첫째, '예수님 본인이 직접 문제의 해결사'로 오셨습니다.

예수님께서는 구주로 오셔서 우리 죄인들을 대신하여 찔림과 상함을 입으시고 단번에 생명을 주사 우리 죄를 속량해 주셨으며 우리 사람들이 살면서 당하는 큰 문제들에 직면할 때 우리로 하여금 **해결받도록** 하셨습니다. 어제 말씀 중 고전10:13였죠? "사람이 감당할 시험 밖에는 당한 것이 없나니 하나님은 미쁘사 우리가 시험 당할 즈음에 또한 피할 길을 내사 우리로 하여금 능히 감당하게 하신다"고 했습니다
전능하신 우리 주님은 모든 자물쇠를 열수 있는 마스터 키와 같이 우리 인생의 크고 작은 모든 문제를 속 시원하게 풀어 주시는 분이시나 우리 사람들이 하나님의 능력을 의심하고 전적으로 맡기지 않는 것이 문제입니다. 며칠전 T.V를 보면서 **금융위원회**

위원장인 은성수가 같이 근무했던 고향 고등학교 후배로 얼굴이 나와 봤는데 답변하면서 '시원한 답변이 안되어 죄송합니다.'하던데 ‖우리하나님‖은 우리의 문제를 시원하게 기갈을 해갈 해 주시는 엘로힘의 전능하신 하나님인 것을 믿을 때 하나님께서도 역사 하실 줄 믿습니다!. 자신의 능력을 믿고 혼자 힘으로 문제를 처리하며 해결하려고 용쓰면 '그래 한번 잘 해봐라' 할 것 같아요 우리는 연약하고 깨어지기 쉬운 질그릇같은 인생들로 어린아이처럼 힘도 없고 부족합니다. 문제에 봉착하면 고민하지 말고 일찌감치 오 주여 도우소서! 저는 미련하고 무능하오니 불쌍히 여기사 도와 주세요 하고 맡기며 삽시다.

요한은 본문에서 인간으로서는 행할 수 없는 한 이적을 행하시는 모습을 보여 주고 있습니다. 우리가 너무 잘 아는 오병이어의 기적과 같이 보리떡 다섯 개와 물고기 두 마리를 가지고 오천명을 먹이고도 그것도 배부르게 먹이고 남은 음식이 열 두바구니에 찼다고 합니다.

'문제의 해결사'로 오신 주님이 문제를 통쾌하게 해결하시는 예수님의 위대한 능력을 잘 보여 주고 있습니다.

둘째, '연약한 것을 들어 강하게'일하셨습니다.

예수님은 훌륭한 경영자이셨습니다.
정부의 중요한 역할은 국가예산을 확보하는 것과 사람을 잘 선택하여 적재적소에 잘 배치하는 것으로 예산과 인사가 중요한 것으로 알고 있습니다.
아무리 천하없이 뛰어난 정책일지라도 예산이 없으면 헛수고요 공염불에 불과하다고 하거든요.
또 사람하나 잘 못 쓰면 그 조직이 망하고 나아가서는 나라가 어려움을 겪게 되는 것입니다. 따라서 대통령도 인사권한은 있지만 능력을 검증하지 않고 함부로 써서는 안된다고 생각해요. 나라가 개인 소유물이 아니거든요.
그래서 기도하러 나온 우리가 이 새벽에 기도할 때 문재인 대통령과 그를 보좌하는 장관등을 위해 나라를 위해 기도하길 원합니다. 공사구분을 잘하여 나라발전에 유익한 훌륭한 대통령되게 지혜와 공의로운 마음을 갖게 해 달라고 기도합시다.
주님이 훌륭한 경영자라는 점을 말하다보니 너무 길어져 죄송해요 우리 주님은 사람을 **적재 적소에 배치**하여 일을 잘하게 생산성있게 능률과 효과를 거두게 하셨습니다.
운동선수를 예를 들면, 마치 **축구선수는** 운동장에 보내고 **농구선수는** 농구코트로 보내야 하듯 쉽게 말하면 자기 재주를 맘껏 발휘하도록 잘 고르시고 배치하셨다는 말이지요
우리 주님은 빌립에게 굶주린 무리의 식사 문제를 해결하도록 **오다(주문)**를 줬어요 빌립에게 명령한 이유는 빌립이 그 **지역사정을 잘 알고 있었기 때문**입니다.
적은 것을 가지고 풍성하게 하시며 연약하고 미련한 것을 택하사 강하고 지혜로운 것을 부끄럽게 하시는 것이 하나님의 방법이었습니다.

마지막으로 '사람들이 하나님을 의지할 때 역사'하셨습니다.

예수님께서는 제자들이 자기의 경험과 지식과 능력을 의지할 때는 일하시지 않으십니다. 하나님을 신뢰하지 않고 맡기지 않을 때는 역사하지 않으십니다. **여리고 성을 일곱 바퀴돌 때** 여리고 성이 무너진 것을 보아도 성을 일곱바퀴 도는 것이 무슨 의미가 있느냐가 상황만을 헤아리고 이 핑계 저 핑계대며 재면서 불평하고 불만하고 따르지 않을 수도 있지만 하나님을 빼 놓으면 아무 일도 안됩니다. **전적으로 순종할 때** 놀라운 일이 생깁니다.

하나님 말씀에 순종하고 우리가 가진 것이 무엇인지 파악하고 **주님 손에 드릴 때 이적과 기사**가 일어납니다.
결론적으로 우리가 당하는 문제 자체가 문제가 아니라 자신의 힘으로 해결하려하는 고집과 주장이 문제입니다..

이제 말씀을 정리합니다.
예수님께서 행하신 표적은
1) '예수님이 문제의 해결사'로 오셨다는 것과
2) '연약한 것을 들어 강하게' 하신다는 것과

3) '주님을 의지할 때 역사'하신다는 믿고
　그렇게 살기 원하는 저희들에게 예수님 은혜와 하나님 사랑과 성령의 교통하심이, 늘 함께 하시기를 간절히 축원합니다.

다음주 목요일 1월 28일은 #24. 요한계시록입니다.

찬송가 해설

1. 542장(구주 예수 의지 함이)

시 119:42 말씀에 근거하여 지어진 찬송

이 찬송의 작시자인 스테드 여사의 남편은 물에 빠진 한 소년을 구하려다 불행하게도 익사하고 말았어요
그녀는 슬펐지만 순탄할 때에 하나님을 신뢰하는 법을 잘 배워둔 사람이었기 때문에 기도하는 가운데 하나님의 위로의 음성을 듣고 이 찬송시를 쓰게 되었다고 합니다.

"예수 예수 믿는 것은 받은 증거 많도다
예수 예수 귀한 예수 믿음 더욱 주소서"라는 찬송을
다함께 부르시겠습니다.

2. 543장(어려운 일 당할 때)

이 찬송은 욥 13:13-15 말씀에 근거 지어진 찬송

욥은 어떤 사람인가 잘 아시지요?
이 찬송의 작시자 스타이비스가 욥기를 통하여 큰 은혜를 받고 이 시를 짓게 되었다고 합니다.
"아무 일을 만나도 예수 의지합니다"
주님 의지하면 어떤 문제도 해결할 수 있다고 작시자는 말합니다.

"인도하심 따라서 주만 의지합니다". 찬송하겠습니다.

24 십사만 사천이 서 있는데 (요한계시록14:1-7/ ♪210, 9)

지난 주 말씀은 요한복음 6장 14절의 "예수께서 행하신 표적"이란 제목으로
1) '예수님이 문제의 해결사'로 오셔서
2) '연약한 것을 들어 강하게' 하시며
3) '주님께 맡기고 의지할 때 역사' 하신다고 말씀드렸습니다.

오늘 함께 볼 말씀은 24번째 총 22장의 요한계시록입니다.
요한계시록의 약자는 "계"입니다. 계 모임하는 계가 아니고 요한계시록의 약자로 '계'이며, 저자는 사도 요한입니다.

기록연대는 주후(A.D)95년~96년경에 썼습니다.

기록목적은 당시 큰 환난과 핍박 중에 있는 교회들에게 사탄은 결국 멸망하고 그리스도는 최후 승리한다는 것을 확신시켜줌으로써, 신앙의 정절을 지키고 **주님의 재림**을 소망하도록 권면하기 위해 기록하였습니다.

먼저, 요한계시록의 알아 두면 유익한 주석을 몇 군데 고찰하겠습니다.

① 1장 8절에 "주 하나님이 이르시되 **나는 알파와 오메가라 이제도 있고 전에도 있었고 장차 올 자요 전능한 자** 하시너라"에서 '알파와 오메가' 이것은 헬라어 알파벳의 첫 자와 마지막 자로, 17절 "두려워말라 나는 **처음이요 마지막이니**" 한 것처럼 '처음'과 '나중' 그리고 '시작'과 '끝'을 의미합니다. 이러한 표현은 하나님께서 **창조주**이자 역사의 **심판자**이심을 강조한 것이라 볼 수 있습니다.

② 1장 4절의 "요한은 아시아에 있는 **일곱 교회**에 편지하노니"와 8장 2절의 "내가 보매 하나님 앞에 **일곱 천사**가 서 있어 **일곱 나팔**을 받았더라"에서 '일곱'이라는 숫자는 요한계시록 본서에서 54회나 사용되고 있는데 이는 **완전함이나 온전함**을 의미하며 8장 2절의 일곱 천사의 일곱 나팔소리는 하나님의 임재나 그리스도의 재림을 예고하는 소리로 종말을 상징하고 있습니다.

③ 13장 1절 "내가 보니 바다에서 한 짐승이 나오는데 **뿔이 열이요 머리가 일곱이라 그 뿔에는 열 왕관이 있고 그 머리들에는 신성 모독하는 이름들이 있더라**"
성경에는 숫자가 상징하는 의미가 있는데 '10'은 '**많다는 것**'이고 '7'은 완전함이나 온전함을 나타내는 '**완전수**'라고 하지요 따라서 본문은 적그리스도의 권세가 대단함을 보여 주고 있습니다.

④ 13장 18절 "지혜가 여기 있으니 **총명한 자는 그 짐승의 수를 세어 보라 그것은 사람의 수니 그의 수는 육백육십육이니라**"
성경에서 '7'이라는 수가 완전함을 의미하는 것에 반해 '6'은 불완전성을 의미합니다. 본문의 '666'은 가장 사악하고 불완전한 존재를 상징하는 숫자로서, 적 그리스도를 가리키는 **표현**입니다.

⑤ 19장 1절 "이 일 후에 내가 들으니 하늘에 허다한 무리의 큰 음성 같은 것이 있어 이르되"
"**할렐루야 구원과 영광과 능력이 우리 하나님께 있도다**"
의 '할렐루야'는 '찬양하라'(히, 할랄)과 '여호와(히, 야)의 복합어(합성어)로서 '**여호와를 찬양하라**'는 뜻입니다.
시편150:6 "호흡이 있는 자마다 **여호와를 찬양할지어다 할렐루야!**"로 시편을 마칩니다.
'**헨델의 메시야**'에 보면 할렐루야가 여러번 반복적으로 나오지요. '하이든의 **천지창조**'와 '멘델스존의 **엘리야**'와 함께 세계 3대 오라트리오로 유명한 곡들입니다.

자 그러면 이제 요한계시록 14장 1-7절의 본문 중 1절의 "그와 함께 **십사만 사천이 서 있는데** 그들의 이마에는 어린 양의 이름과 그 아버지의 이름을 쓴 것이 있더라"에서 '**십사만 사천이 서 있는데**'란 제목으로 말씀을 전하겠습니다.

하나님은 변함없으신 분이십니다. 약속을 지키시는 **신실하신 분이십니다. 사랑이 많으신** 분이십니다. 살아계셔서 우리 **인생의 생사화복을 주관하시는 전능하신 분이십니다.**
믿으시죠?
이런 하나님께서는 많은 유혹과 핍박에도 **짐승의 표를 받지 아니하고 우상에게 경배하지 아니한 성도들의 희생적인 미래를 책임져 주십니다.**

첫째, '어린 양이 시온산에 서' 있었습니다.

1절에 "내가 보니 보라 어린 양이 시온산에 섰고"라고 기록되어 있습니다.
시온은 예루살렘의 별명으로, 곧 천국을 의미하며
어린 양은 예수 그리스도를 뜻합니다.
예수님을 어린 양이라고 함은 하나님께 드리는 희생 제물을 뜻합니다. 예수 그리스도는 죽어 마땅한 **우리 죄인들을 위하여** 단번에 생명을 주사 우리의 죄를 속량해 주시고 영원한 나라 **저 천국에서 영원한 왕**이 되셨습니다.
♪ (복음송)
죄인들을 위하여 주님 찾아 오셨네
주안에 생명이 있네
죄인들을 위하여 주님 찾아 왔으나
사람들 영접 안했네
후렴) 예수 안에 생명 있네 주님이 빛이 되시네
　　　예수 안에 생명 있네 주님이 빛이 되시네

둘째, '시온산에 십사만 사천명이 서' 있었습니다.

저나 여러분이나 신앙생활하면서 십사만 사천명의 숫자는 여러번 들었을 줄 압니다.
교회는 보이는 교회와 보이지 않는 교회가 있는데,
보이지 않는 교회는 하나님만 아시는 교회로서,
144,000명이 모인 신령한 교회를 말합니다.
1절에 "그와 함께 **십사만 사천이 서 있는데 그들의 이마에는 어린 양의 이름과 그 아버지의 이름을 쓴 것이 있더라**"하였습니다.
144,000명은 **거룩한 천국 백성**을 상징합니다.
우리 모두는 그 이마에 **어린 양의 이름과 아버지의 이름이 쓰였듯이 저와 여러분의 이름도** 무슨 목사, 무슨 장로, 무슨 권사, 무슨 집사 무슨 성도 등 우리들의 이름 석자가 **쓰여지길 간절히 소원**합니다.
우리의 이름이 새겨지기 위해서는?

계2:10의 말씀처럼 "너는 장차 받을 고난을 두려워하지 말라 볼지어다 마귀가 장차 너희 가운데에서 몇 사람을 옥에 던져 시험을 받게 하리니 너희가 십 일 동안 환난을 받으리라 네가 죽도록 충성하라 그리하면 내가 생명의 관을 네게 주리라"
하나님은 **행한대로 갚으십니다.**
하나님께서 각 사람에게 갚으시는 원칙과 기준은 '행한 대로'입니다. 우리가 신앙생활하며 하나님을 섬길 때에도 심은 것을 거두고 자기 행위의 열매를 결실하게 되어 있습니다. 우리는 미래의 풍요로운 수확을 위해 수고의 땀과 눈물을 심어야 하겠습니다.
시126:5 "눈물을 흘리며 씨를 뿌리는 자는 기쁨으로 거두리로다"
마지막으로 '십사만 사천명은 노래하는 자들'이었습니다.

2절의 "하늘에서 나는 소리를 들으니" 란 말은 144,000명의 찬양 소리를 뜻합니다.
요한은 하늘의 음성에 관하여 말하기를 "많은 물소리와도 같고", "큰 우렛소리와도 같고", "거문고 타는 소리와 같다"고 하였습니다.
이 노래는 144,000명이 부르는 신비한 노래였습니다.
찬송은 곡조붙은 기도로서 마치 시와 찬미와 신령한 노래로 찬미의 제사를 드리듯이, 구속에 대한 감사와 감격으로 **창조주를 경배**하며 영원히 찬양하는 것이었습니다.
찬양하는 습관으로 우리의 **영혼이** 잘됨같이 범사가 잘되며 강건하길 바랍니다.

이제 말씀을 마칩니다.
'십사만 사천이 서 있는데' 란
1) '어린 양이 시온산에 서'있었고
2) '시온산에 십사만 사천명이 서'있었는데
3) '그 십사만 사천명은 노래하는 자들'였음을 믿고 찬양하며 살기 원하는 저희들에게 예수님 은혜와 하나님 사랑과 성령의 교통하심이, 넘치시길 간절히 축원합니다.

다음 순서는 목요일 1월 28일은 #25. 누가복음입니다.

찬송가 해설

1. 210장(시온성과 같은 교회)

시 87:3 "하나님의 성이여 너를 가리켜 영광스럽다 하는도다" 말씀에 근거하여 지어진 찬송

뉴튼이 작시한 이 찬송시는
1절의 '반석위에 세운 교회'는 베드로가 신앙고백한
마16:16 "주는 그리스도시오 살아계신 하나님의 아들이시니이다"에 기초하고 있다고 합니다.

시온산에 144,000명이 모인 신령한 교회를 그리며 선곡!
힘차게 불러 봅시다.

2. 9장(하늘에 가득찬 영광의 하나님)

이 찬송은 요 4:24 "영과 진리로 예배할 지니라" 말씀에 근거 하여 지어진 찬송

이 찬송 잘 보세요
작시자는 김정준이고 작곡자는 곽상수로 우리나라사람입니다.

후렴 '우리 예배를 받아 주시옵소서' 바로 앞에
'**구원의 하나님**'이 4절마다 똑 같은 것은 **구원의 하나님을 강조하기 위해** 의도적으로 하였다고 합니다.
이 **새벽예배를 받아 주옵소서** 하는 마음으로 부릅시다.

너희가 기도할 때에 이렇게 하라 (누가복음 11:1-4 / ♪ 420, 635)

지난 주 말씀은 요한계시록 14장 1절의 "십사만 사천이 서 있는데"란 제목으로 그 의미는
1) '어린 양이 시온산에 서'있고
2) '시온산에 십사만 사천명이 서'있는데
3) '그 십사만 사천명은 노래하는 자들'였음을 믿고
   우리도 찬양하며 살자고 말씀을 나눴습니다.

오늘 함께 볼 말씀은 25번째 총 24장의 누가복음입니다.
누가복음의 약자는 "눅"이며 저자는 누가(Luke)이고

기록연대는 주후(A.D)60년~62년경에 썼습니다.

기록목적은 데오빌로에게 보내는 편지 형식을 통해, 예수의 삶을 묘사하는 중에 예수는 하나님임과 동시에 온전한 사람으로서 인류의 구주가 되신다는 사실을 증거하기 위해 기록하였습니다.

먼저, 누가복음의 알아 두면 유익한 주석을 몇 군데 고찰하겠습니다.

① 1장 31절에 "보라 네가 잉태하여 아들을 낳으리니 그 이름을 **예수**라 하라"의 예수는 '**여호와는 구원이시다**'라는 뜻의 이름인데요. 이는 구약의 **여호수아**라는 **히브리적 이름의 헬라식 표현**으로 하나님께 향한 **인간의 신앙고백**을 반영한 이름으로 이스라엘 백성들 사이에서는 **흔한 이름**으로 우리식으로 말하면 영희야 철수야같은 이름인 것 같습니다.

② 3장 7절의 "요한이 세례 받으러 나아오는 무리에게 이르되 독사의 자식들아 누가 너희에게 일러 장차 올 진노를 피하라 하더냐"에서 '**독사의 자식들**'은 하나님의 선택된 백성임을 자처하면서 교만에 빠져 회개하지 않는 유대인을 가리키며 이 독사는 **하나님을 대적하는 마귀를 상징**하며 '**장차 올 진노**'는 예수의 재림으로 이루어질 하나님의 최후 심판을 말합니다.

③ 9장 10절 "사도들이 돌아와 자기들이 행한 모든 것을, 예수께 여쭈니 데리시고 따로 **벳새다라는 고을로** 떠나 가셨으나"에서 '벳새다'는 갈릴리 호수 북동쪽 해안에 위치한 작은 마을인데 '고기잡이의 집'이란 뜻으로 어부인 베드로와 안드레와 빌립의 고장이기도 합니다.

참고로) 요1:44 "빌립은 안드레와 베드로와 **한 동네 벳새다 사람이라**"고 같은 동네 산 것을 알 수 있습니다.

④ 12장 20절 "하나님은 이르시되 **어리석은 자여 오늘 밤에 네 영혼을 도로 찾으리니 그러면 네 준비한 것이 누구의 것이 되겠느냐** 하셨으니" 여기서 '어리석은 자'란 '생각이 없는 자(개념이 없는 자)'란 뜻으로 재물의 부를 영혼의 부보다 귀한 것으로 착각하는 것에 대해 책망하는 것으로 물질적인 것보다 영적인 것이 더 중요함을 교훈하고 있습니다.

이건희가 그렇듯 우리도 죽으면 다 놓고 가야 합니다.

마6:19-20 "너희를 위하여 보물을 땅에 쌓아 두지 말라 거기는 좀과 동록이 해하며 도둑이 구멍을 뚫고 도둑질하느니라

20절 오직 너희를 위하여 **보물을 하늘에 쌓아 두라** 거기는 좀이나 동록이 해하지 못하며 도둑이 구멍을 뚫지도 못하고 도둑질도 못하느니라"고 말씀하십니다.

⑤ 18장 13절 "세리는 멀리 서서 감히 눈을 들어 하늘을 쳐다 보지도 못하고 다만 가슴을 치며 이르되 하나님이여 불쌍히 여기소서 **나는 죄인이로소이다** 하였느니라" 여기 '죄인이로소이다'는 세리가 자신의 참 모습을 발견하고 **하나님께 용서를 구하는 겸손함**을 읽을 수 있는 반면 교만으로 가득찬 위선자 바리새인은 18:11 "바리새인은 서서 따로 기도하여 이르되 하나님이여 나는 다른 사람들 곧 **토색, 불의, 간음을 하는 자들과 같지 아니하고 이 세리와도 같지 아니함을 감사 하나이다**"라고 말한 것과 **참으로 대조가 됩니다.**

자 그러면 `누가복음 11장 1-4절의 본문 중 2절의 **"너희가 기도할 때에 이렇게 하라"**는 말씀을 제목삼아 모범적인 기도를 살펴보면서 은혜를 나누고 싶습니다. 우리는 **예배때마다 주기도문을 암송합니다.**

마태복음 6장 9절~13절을 보면
"9. 그러므로 너희는 **이렇게 기도하라** 하늘에 계신 우리 아버지여 이름이 거룩히 여김을 받으시오며
10. 나라가 임하시오며 **뜻이 하늘에서 이루어진 것 같이** 땅에서도 이루어지이다
11. 오늘 우리에게 **일용할 양식을** 주시옵고
12. 우리가 **우리에게 죄 지은 자를 사하여 준 것 같이** 우리 **죄를** 사하여 주시옵고
13. 우리를 **시험에 들게 하지 마시옵고** 다만 악에서 **구하시옵소서**(나라와 권세와 영광이 아버지께 영원히 있사옵나이다 아멘)"

이는 **새벽 오히려 미명에 한적한 곳으로 가사** 기도하셨던 주님께서 친히 우리에게 가르쳐 주신 기도문입니다.
우리 주님께서는 **너희는 이렇게 기도하라**하시면서
너희는 **기도할 때에 외식하는 자와 같이 하지 말라** 그들은 사람에게 보이려고 회당과 큰 거리 어귀에 서서 기도하기를 좋아하느니라 내가 진실로 너희에게 이르노니
너희는 기도할 때에 골방에 들어가 문을 닫고 은밀한 중에 계신 네 아버지께 기도하라
은밀한 중에 보시는 네 아버지께서 갚으시리라
또 기도할 때에 이방인과 같이 중언부언하지 말라 그들을 본받지 말라하시며 본받으려면 빌2:5 "너희는 이 마음을 품으라 곧 그리스도 예수의 마음이니"
하나님 아버지는 구하기 전에 너희에게 있어야 할 것을 아신다고 말씀하시면서 우리에게 **기도의 모범을** 가르쳐 주셨습니다.

첫째, 기도는 '하나님에 대하여' 해야 합니다.

기도의 대상은 우주만물을 만드시고 다스리시는 창조주 하나님이십니다. 그래서 먼저 "아버지여"라는 서두를 통하여 기도의 대상을 분명히 해야 합니다.
우리가 대표기도할 때에도 먼저 **사랑의 하나님!**, **찬양받으시기에 합당하신 하나님!** 등 **하나님을 부르는 것입니다.**
그리고 "이름이 거룩히 여김을 받으시오며"라고 하나님께 대한 **찬양과 영광의 기도를** 드립니다.
또 "나라가 임하시오며"라고 **하나님을 나라의 왕으로 인정하는 것입니다.**

이처럼 기도의 첫 시작은 하나님을 부르며 하나님께 대한 찬양과 경배가 되어야 합니다.
🎵 (찬송가 1장)
만복의 근원 하나님~
온 백성 찬송 드리고~
저 천사여 찬송하세~
찬송 성부 성자 성령~ 아멘

만복의 근원 하나님을 먼저 부르고, 기도도하고 찬송도 불러야 합니다.

둘째, '생활 문제에 대하여' 기도해야 합니다.

우리는 **육신적인 것과 영적인 것**에 대하여 두가지가 균형감각을 갖고 둘 **다 중요**하므로 **날마다 일용할 양식과 생활가운데 짓는 범죄에 대하여 사죄의 기도를 드려야** 합니다.
실수투성이인 우리는 허다한 허물과 죄로 죽을 수 밖에 없는 인간에게 가장 필요한 것은 호흡하며 살기 위해서는 먹어야 살 수 있는 '**일용할 양식**'과 매일 매일 살면서 알고 짓는 죄와 부지불식간에 모르고 짓는 죄 등 억만 죄에 대하여 '오호라 죄인중에 괴수로다' 바울도 고백했는데 연약하고 미련한 저희들이야 말할 것도 없겠지요 따라서 '**용서를 구해야 합니다.**' 이와 같이 **풍족한 양식과 마음에 평안**을 누리는 자가 **참 부유한 자**라고 말할 수 있습니다.
우리도 바른 기도로 풍성한 은혜의 삶을 누리도록 합시다.

끝으로 '날마다 겪게 될 어려움에 대하여' 시험에 들지 말게 기도해야 합니다.

"**성도의 삶**"은 진리가 너희를 자유롭게 하리란 말씀처럼 진리안에 거하며 진리의 삶을 살아야 합니다.
진리의 삶은 이 세상에서 살면서 어려움을 겪게 마련이기 때문에 우리 성도들은 주님이 가르쳐 주신 기도처럼 "**우리를 시험에 들게 하지 마시옵소서**"라고 날마다 기도해야만 합니다.
그렇지 않으면 우리는 바른 길로 걷고 있는데 **사악한 자가 갑자기 우리를 올무로 걸어**

넘어 뜨리기 때문입니다.

마치 자동차 타면서 빨간 신고등이 들어와 잘 서 있는데 뒤차가 갑자기 와서 받으면 꼼짝없이 사고나며 대형차가 와서 받으면 죽을 수도 있습니다.

그래서 저는 수시로 자동차 사고 나지 말고 사람만나 사기 당하는 일도 없게 해 달라고 기도합니다.

주기도문은 주님이 가르쳐 준 모범기도문입니다. 우리도 주님의 가르침을 따라서 바른 기도하며 살도록 합시다.

이제 말씀을 마칩니다.

'너희가 기도할 때에 이렇게 기도하라'는 말씀 교훈삼아

1) 먼저 '하나님에 대하여' 기도하고
2) '생활 문제에 대하여' 기도하며
3) '날마다 겪게 될 어려움에 대하여' 기도하며 살기 원하는 저희들에게 예수님 은혜와 하나님 다함없는 사랑과 성령의 교통·교제·역사하심이, 충만하시길 간절히 축원합니다.

다음 순서는 월요일 2월 1일은 #26. 마태복음입니다.

찬송가 해설

1. 420장(너 성결키 위해)

살전 5:17 "쉬지 말고 기도하라" 말씀에 근거한 찬송

60세의 **롱스탭**이 참석한 집회에서
중국에 선교사로 다녀 온 존 박사의 인사말 중
"시간을 가지고 거룩하라"는 말이 그의 심금을 울려
한 단어를 고쳐 "거룩하게 되기 위해 시간을 가지라"는 문장으로 고쳐 바로 만들어 시가
탄생되었다고 합니다.

1절과 4절의 "너 성결치 위해 늘 기도하라"처럼
가사 생각하면서 힘차게 불러 봅시다.

2. 635장(하늘에 계신-주기도문)

이 찬송은 마 6:9-13 "하늘에 계신 우리 아버지여" 말씀 근거 하여 지어진 찬송

주기도문을 노래로 불러 보겠습니다.

입을 열어 가르쳐 이르시되 (마태복음5:1-12/ ♪28, 427)

지난 주 말씀은 누가복음 11장 2절의 "너희가 기도할 때에 이렇게 하라"란 제목으로 예배 때마다 암송하는 주기도문을
1) '먼저 하나님에 대하여' 기도하고
2) '생활문제에 대하여' 기도하고
3) '날마다 삶속에서 시험에 들지말게 하옵소서' 기도하며 살자고 말씀을 나눴습니다.

오늘 함께 볼 말씀은 26번째 총 28장의 마태복음입니다.
마태복음의 약자는 "마"이며 저자는 마태(Matthew)이고

기록연대는 주후(A.D)65년~70년경 입니다.

기록목적은 나사렛 **예수**가 바로 구약성경에서 줄곧 예언되어 왔던 **메시야**(Messiah), 곧 온 인류의 영원한 왕이신 '**주는 그리스도**'라는 **사실**을 **입증**하고 위해서 기록하였습니다.

먼저, 마태복음의 알아 두면 유익한 주석을 몇 군데 살펴보겠습니다.

① 1장 6절에 "이새는 다윗 왕을 낳으니라 다윗은 **우리야의 아내에게서** (지혜의 왕) 솔로몬을 낳고" '우리야의 아내'에서 '우리야'는 다윗의 충신이었는데, 다윗은 **참 나뻐요** 우리야가 암몬 전투에 출전에서 싸우는 동안에 **우리아의 아내인 밧세바와 간통**하고 그것을 숨기기 위해 치열한 전투로 다시 보내 결국 전사시킨 후 아내를 강탈한 **밧세바의 남편**입니다. 충남지사 안희정이나 서울 박원수, 부산 오거돈 등 미투사건에 연루되는데 거슬러 올라가면 아주 오래전의 다윗한테 찾을 수 있는 데 중요한 것은 다윗은 **철저히 회개**하여 성군이란 칭호를 듣습니다.

② 7장 12절의 "그러므로 무엇이든지 남에게 대접을 받고자 하는 대로 너희도 남을 대접하라 이것이 율법이요 선지자니라"에서 '남을 대접하라'는 타인에게 희생적이고 적극적인 사랑을 요구하기 전에 네가 먼저 모범을 보이라는 말이다. 이는 모든 기독교 사회 윤리의 기본이 되는 말씀입니다.

③ 10장 42절 "또 누구든지 제자의 이름으로 이 **작은 자** 중 하나에게 **냉수 한 그릇**이라도 주는 자는 내가 진실로 너희에게 이르노니 그 사람이 결단코 상을 잃지 아니하리라"에서

'작은 자'는 미천하고 천대받는 자로 여기선 **예수의 당시 평범한 제자**를 가리킵니다. 또, '냉수 한 그릇'은 물이 귀한 팔레스틴에서 **냉수 한 그릇은 애정을 담은 환대**로 즉, 정성이 깃든 대접을 말하는 것으로 이는 그리스도인의 **삶**이 허영심으로 가득 해서는 안되며 **검소해야 함**을 보여 주는 것입니다. 그래서 **교회 예배**드리러 나올 때 **너무 화려한 사치도 자제하는 편**이 낫다고 봅니다.

④ 12장 45절 "이에 가서 저보다 더 악한 **귀신 일곱**을 데리고 들어가서 거하니 그 사람의 나중 형편이 전보다 더욱 심하게 되느니라"

여기서 '일곱귀신'의 '일곱'은 유대인에게 있어서 7이란 숫자의 의미가 완전수라고 했지요 따라서 일곱 귀신은 가장 악랄하고 강력한 귀신을 말합니다. 역사적인 측면에서 A.D. 70년에 예루살렘 성전을 멸망시킨 로마군대로 생각할 수 있습니다.

⑤ 22장 36절 "선생님 율법 중에서 어느 계명이 크니이까"에서 '율법'은 613개 조항 으로 되어 있는데 그 중에 248조항은 적극적인 계명이고, 365조항은 소극적 계명 으로 나눠집니다. 그런데 248이란 숫자는 사람 몸의 지체수이며 365의 숫자는 뭐 개요? 일년의 날 수로, 합친 수 248+365=613은 뭘까요? 십계명의 글자 수라고 합니다.

자! 그러면 마태복음 5장 1-12절의 본문 중 2절의 "입을 열어 가르쳐 이르시되"는 말씀을 제목삼아 무엇을 가르쳤는지 주님이 가르치신 복이 어떤 복인지 함께 은혜나누길 원합니다.

마태복음 5장에서 7장을 산상수훈이라고 하는데 이 **산상설교**는 복음서 중에서도 가장 **주옥같은 귀한 설교**여서 **산상보훈**이라고도 합니다.
예수께서 무리를 보시고 산에 올라가 앉으시니 제자들이 나아오는지라 예수님께서는 입을 열어 가르치실 복에 관해 말씀하셨습니다.

먼저, '복의 개념'을 살펴 보겠습니다.

저도 공무원을 퇴직하고 **세무사 개업할 때** 서예를 지도하신 남경 김현선 선생님께서 성경 어느 절을 써 주면 좋겠냐고 하시기에 저는 민수기 6장 24절에서 26절을 부탁했습니다. "24.여호와는 네게 복을 주시고 너를 지키시기를 원하며
 25.여호와는 그의 얼굴을 네게 비추사 은혜 베푸시기를 원하며
 26.여호와는 그 얼굴을 네게로 향하여 드사 평강 주시기를 원하노라"
왜 이 말씀을 부탁했냐하면 여호와께서 '복'과 '은혜'와 '평강' 주시기를 원하였기 때문입니다.
특히 **복받기 원하여** 이 말씀을 정하였습니다.
이제 다음 주면 11일부터 14일까지 민족의 고유명절인 **설날황금연휴**가 다가 옵니다.
설날이면 세배할 때도 '복' 많이 받으세요. 건강하세요 하며 세배를 하지요.
사람은 누구든지 **복을 받아 행복하게** 살기를 원합니다. '복'자는 기와집 처마밑에도 문고리에도 여성의 **한복과 신발**에도 복자를 쓰고 밥그릇에도 복자를 쓰는 등 **복자는 주변에서 쉽게 찾아 볼 수 있습니다.**
성경 **시편 1장 1절**에서도 "**복 있는 사람**은 악인들의 꾀를 따르지 아니하며 죄인들의 길에 서지 아니하며 오만한 자들의 자리에 앉지 아니하고
2절 "오직 **여호와의 율법을 즐거워하여** 그의 율법을 **주야로 묵상하는도다**"라고 복을
　　말씀하고 있습니다.
그래서 옛날부터 **복받는** 비결을 알려고 애를 썼고 또 그 복을 받으려고 무척 **노력**을 하고 있습니다.
세상사람들은 **부귀영화나** 장수와 같은 외형적인 복으로 생각합니다. 그러나 **주님께서는 외형적인 복보다는 내적인 복이 진정한 의미의 참 복이라고 복의 개념을** 말씀하고 있습니다.
지난 주 제가 불렀던 ♬ 찬송가 1장의
"만복의 하나님~ 온 백성 찬송 드리고~" 불렀는데
만복의 근원은 하나님이신 것을 깨달아야 하겠습니다.

다음은, '천국의 팔복'을 보겠습니다.

예수님은 산상설교에서 팔복을 말씀해 주셨는데 이를 일컬어서 '**천국의 팔복**'이라고 합니다.
① **심령**이 가난한 자
② **애통**하는 자
③ **온유**한 자
④ **의**에 주리고 목마른 자
⑤ **긍휼**히 여기는 자
⑥ **마음**이 청결한 자
⑦ **화평**하게 하는 자
⑧ **의**를 위하여 박해를 받은 자는 복이 있나니 **천국이 그들의 것**이라고 설교하셨습니다.

끝으로 '영적인 신령한 복'에 대해 살펴보겠습니다..

"**영적인 신령한 복**"은 믿음으로만 얻을 수 있는 복입니다.
이 복을 소유한 사람은 겉으로는 아무리 별 볼일 없다고 사람들에게 손가락질을 받을지라도 그 내면의 세계는 세상의 그 무엇과도 비교할 수 없고 세상의 어떤 것과도 바꿀 수 없는 **귀한 것**으로 마음속에서 솟아나는 기쁨을 아무도 막을 수 없습니다. 때문에 때론 세상 사람들에게 놀림당하고 박해를 당할지라도 겁낼 것 없고 어느 싯구 "삶이 그대를 속일지라도 슬퍼하거나 노하지 말라"처럼 슬퍼하거나 좌절할 필요가 없습니다.
사람은 누구나 복 받기를 원합니다. 그러나 우리는 주님께서 가르쳐 주신 팔복을 기억하고 주님이 주시는 영적인 복인 신령한 복을 받아 누려야 하겠습니다.

이제 말씀을 마칩니다.
'예수님께서 산에 올라 제자들에게 가르쳐 주신 복으로
1) 먼저, '**복의 개념**'을 바로 알고
2) '**천국의 팔복**'을 간구할 때
3) 믿음으로 '**영적인 신령한 복**'받기 원하는 저희들에게 **복**과 **은혜**와 **평강주시기를 간절히 축원합니다.**

다음 순서는 월요일 2월 4일은 #27. 사도행전입니다.

564찬송가 해설

1. 28장(복의 근원 강림하사)

삼상 7:12 "여호와께서 여기까지 우리를 도우셨다"라는 말씀 근거한 찬송

작시자 로빈슨은 8살에 아버지 여의고 14살 때 런던으로 건너가 이발기술을 배워 살면서 그곳의 **폭력배들과 방탕한 생활하다**
휫필드의 설교에 크게 감명받고 감화되어 예수를 믿게 되었으며, 후에 목회를 하였다고 합니다.
"복의 근원 강림하사 찬송하게 하소서"
하나님 품을 떠나 **죄에 빠져 살던** 로빈슨의 작사가가 된 기분으로 가사 생각하면서 찬송 부르십시다.

2. 427장(맘 가난한 사람-팔복)

이 찬송은 마 5:3-12 "산상수훈" 말씀 근거 하여 지어진 찬송

팔복의 말씀은 천국시민이 누릴 복으로
팔복을 노래로 불러 보겠습니다.

27. 한밤중에 바울과 실라가 기도하매 (사도행전 16:24-34 / ♪ 357, 361)

지난 월요일 말씀은 마태복음 5장 2절의 "입을 열어 가르쳐 이르시되"란 제목으로 산상설교시 하신 팔복에 대하여
1) '복의 개념'을 바로 알고
2) '천국의 팔복'을 간구할 때
3) '믿음으로 영적인 신령한 복'을 받자고 말씀을 나눴습니다.

오늘 함께 볼 말씀은 신약성경의 마지막으로 27번째 총 28장의 사도행전입니다.
사도행전의 약자는 "행"이며 저자는 누가(Luke)이고

기록연대는 주후(A.D)61년~63년경에 썼습니다.

기록목적은 오순절 성령강림으로 인한 교회의 탄생과 교회의 성장 과정을 보여 줌으로써, 유대인들과 이방인들에게 예수 그리스도의 십자가와 부활을 증거하기 위하여 기록하였습니다.

먼저, 사도행전의 알아 두면 유익한 주석을 몇 군데 살펴보겠습니다.

① 1장 8절에 "오직 성령이 너희에게 임하시면 너희가 권능을 받고 예루살렘과 온 유대와 사마리아와 땅 끝까지 이르러 내 **증인**이 되리라 하시니라"에서 '**증인**'은 신약성경에서 '**하나님의 진리에 대해 입증하는 자**'를 말하는 것으로
요8:18 "내가 나를 위하여 **증언하는** 자가 되고 나를 보내신 아버지도 나를 위하여 **증언하시느니라**"고 증언을 말하며
계11:3 "내가 나의 두 **증인**에게 권세를 주리니 그들이 굵은 베옷을 입고 천이백육십 일을 예언하리라"고 두 증인에게 **권세를 주었다**고 합니다.

② 2장 1절의 "**오순절**날이 이미 이르매 그들이 다 같이 한 곳에 모였더니"에서 '**오순절**'은 '제50일'이라는 뜻으로 유월절의 제2일부터 계수하여 50일째 되는 날이며, 구약에서는

민 28:26 "**칠칠절** 처음 익은 열매를 드리는 날에 너희가 여호와께 새 소제를 드릴 때에도 성회로 모일 것이요 아무 일도 하지 말 것이며"라고 '**칠칠절**'이라 했으며
출 23:16에서는 "**맥추절**을 지키라 이는 네가 수고하여 밭에 뿌린 것의 첫 열매를 거둠이니라 수장절을 지키라 이는 네가 수고하여 이룬 것을 연말에 밭에서부터 거두어 저장함이니라"라고 **맥추절**이라고도 불렀습니다.

특히, **신약**에서는 오늘 본 **행2:1-4절**에서 보는 바와 같이
"1. 오순절 날이 이미 이르매 그들이 다같이 한 곳에 모였더니
2. 홀연히 하늘로부터 **급하고 강한 바람같은** 소리가 있어 그들이 앉은 온 집에 가득하여
3. 마치 **불의 혀처럼 갈라지는 것들이** 그들에게 보여 각 사람 위에 하나씩 임하여 있더니
4. 그들이 다 **성령의 충만함을 받고** 성령이 말하게 하심을 따라 **다른 언어들로 말하기를 시작하니라**"처럼 '**성령 강림을 기념하는 교회의 축제일**'로 지켰습니다.

③ 16장 1절 "바울이 더베와 루스드라에도 이르매 거기 **디모데**라 하는 제자가 있으니 그 어머니는 믿는 유대 여자요 아버지는 헬라인이라"에서 '**디모데**'는 '**하나님의 영예**'란 뜻으로 바울의 1차 전도여행 때 믿은 것으로 보이며 **바울의 충실한 제자로** 그의 아들이라 불렀는데 **딤전 1:2절**과 보면 "**믿음의 참 아들** 디모데에게 편지하노니" 또 **딤후1:2절**에서도 "**사랑하는 아들** 디모데에게 편지하노니"라고 표현하고 있습니다.

④ 28장 31절 "하나님의 나라를 전파하며 주 예수 그리스도에 관한 모든 것을 담대하게 **거침없이 가르치더라**"에서 '거침없이 가르치더라"는 의미는 '**어떤 것으로부터도 방해받지 않음의 뜻**'으로 그는 **연금 상태에서도** 하나님의 말씀을 얽매이지 않고 **복음을 담대하게 열심히 전하였습니다.** 우리도 **바울처럼** 어떤 환경에서도 **전하도록** 해요

자! 그러면 사도행전 16장 24-34절의 본문 중 25절의 "한밤중에 바울과 실라가 기도하고 하나님을 찬송하매"에서 기도를 중심으로 다뤄볼려고 '**한밤중에 바울과 실라가 기도하매**'로 **제목**을 정하고 은혜를 나누려고 합니다.

바울의 능력의 근원은 그의 기도에 있었습니다. 이 시간 기도의 힘이 얼마나 위대한 것인가를 이적과 기사를 낳는다는 것을, 우리가 잘 알고 있는 **행16:31 "주 예수를 믿으라 그리하면 너와 네 집이 구원을 받으리라"**는 전도용 말씀이 생긴 과정을 살펴보겠습니다.

첫째, 기도는 '옥문을 열리게' 했습니다.

저는 이 설교를 하면서 기도에 대해 어떻게 쉽게 설명할 까를 생각하면서 출근 길에 갑자기 기도? 기도란 바랄 기자에 바랄도인데 누구에게 바라고 원하고 구해야 하지? 하는동안 서울역의 노숙자가 연상되었어요 노숙자는 헐벗고 굶주리고 집이 없어 잘 곳이 없어 노숙하는 데 만약 노숙자에게 잘 살게 해 줘요? 사업 잘 되게 해 줘요? 승진하게 해 줘요? 우리 가정 행복하게 해 줘요? 불치병을 낫게 해 줘요 등 우리의 원하는 바 소원을 부탁한다면 들어 줄 수 있을 까? 자기 자신하나도 해결 못하는 분에게 우리의 힘으로 능으로 할 수 없는 것을 간구하는 것은 어리석은 일이다는 것을 깨닫게 해 주었습니다. 우리가 기도할 대상은 전능하신 엘로힘의 하나님 한 분 밖에 없습니다. 하나님은 우리의 기도를 들으시고 응답해 주시는 좋으신 하나님이십니다. 맞지요? 동의하시면 아멘합시다.

오늘 본문에 보면 26절에 "이에 갑자기 큰 지진이 나서 옥터가 움직이고 문이 곧 다 **열리며 모든 사람의 매인 것이 다 벗어진지라**" 바울과 실라의 기도로 큰 지진이 일어나며 **옥문이 열리고** 모든 사람의 매인 것이 다 벗어지는 놀라운 일이 일어 났습니다. 이 모습을 연상해 보세요 그야말로 즉각적인 기도의 응답였습니다.

기도는 힘이 있습니다. 땅을 움직이고 굳게 닫힌 옥문도 여는 힘이 있고 차꼬에 매인 것을 풀고 쇠사슬을 끊어 버리는 힘이 있습니다. 그러므로 우리는 어떠한 절망에 처해 있더라도 근심하지 말고 기도해야 하겠습니다.

♬ 찬송가 365장 "마음속에 근심있는 사람"의 3절
  '괴로움과 두려움있을 때 주 예수 앞에 다 아뢰어라
  내일일을 염려하지 말고 주 예수께 아뢰라
후렴) f**주 예수 앞에 다 아뢰어라** mp주 우리의 친구니
  ff**무엇이나 근심하지 말고** p주 예수께 아뢰라'

그러나 '간수의 마음은 감옥 문같이 굳게 닫혀'있었습니다.

철문의 옥문을 열기보다 사람의 마음 문 열기가 더 어렵습니다. 속담에 '열길 물속은 알아도 한길 사람 마음은 모른다'라고 하죠. 빌립보 감옥을 지키던 간수의 마음은 옥문보다 더 굳게 닫혀 있었습니다. 그 누구도 그 마음속에 들어 갈 수 없고 그 마음속에 무슨 생각을 하는지 아무도 알 재간이 없었습니다. 그러나! **간수의 마음은 닫혀 있었기 때문에** 갑작스럽게 지진이 일어나고 옥문이 열린 것을 보았을 때 그 간수는 자살을 하려고 결심했습니다.

결국 '간수의 마음 문을 열리게'했습니다.

28절에 "크게 소리 질러 네 몸을 상하지 말라 우리가 다 여기 있노라" 바울의 음성을 듣고 굳게 마음의 문이 열리기 시작했습니다.
마치 "사울아! 사울아! 네가 어찌하여 왜 왜 나를 박해하느냐 다메섹 도상에서 들린 소리처럼 네가 왜 나를 핍박하느냐? 음성 듣고 오호라 나는 죄인중에 괴수였노라 고백하며 회개하고 사울이 변하여 바울이 된 것처럼 그 간수가 등불을 가지고 죄수들을 확인했을 때는 이미 그 마음의 문이 활짝 열려 있었습니다. 결국 그 마음속에 자리 잡았던 **자아를 내 놓게 되었습니다.** 그것은 뭐고 하니 "내가 어떻게 하여야 구원을 받으리이까" 라는 물음은 인생 일대의 아니 인류의 구원사 측면에서 **최대의 질문**이었습니다.
결론적으로 우리가 복음을 전하고 사람의 영혼을 구원하려면 사람의 재주나 지식이나 경험 등 물리적 힘으로 할 수 없고 오직 오직 기도로만 가능한 것입니다.

이제 말씀을 마칩니다.
'바울과 실라가 한 밤중 기도하매 생긴 기적(Miracle)은
1) 기도는 '옥문을 열리게'했습니다만
2) '간수의 마음은 굳게 닫혀 자결하려'하였으나
3) 결국 '바울의 기도로 간수가 구원받은 것'처럼 우리도 **기도로 모든 문제가 해결되기** 원하는 저희들에게 **복**과 **은혜**와 **평강**이 늘 함께 하시기를 **간절히 축원합니다.**

다음 순서는 내일 금요일 2월 5일은 구약 #1. 오바댜입니다.

찬송가 해설

1. 357장(주 믿는 사람 일어나)

요일 5:4 "세상을 이기는 승리는 이것이니 우리의 믿음이니라"라는 말씀 근거로 그리스도인들의 영적 **싸움**을 격려한 찬송

여기서 '세상'은 하나님과 적대 관계에 있는 **죄악 세상**을 가리킵니다. 그러면 세상을 이기는 믿음이란 요한이 정의한 바로는 그것은
요일5:5 "예수께서 하나님의 아들이심을 믿는 자가 아니면 세상을 이기는 자가 누구냐? **예수는 하나님의 아들임을 믿는 믿음**이라고 합니다.

제가 이 곡을 선곡한 것은 오늘 기도에 관한 말씀으로 이 찬송의 2절에 보면 온 인류마귀 궤휼로 큰 죄에 빠지니 진리로 띠를 띠고서 늘 기도 드리세

2. 361장(기도하는 이 시간)

이 찬송은 시 91:15 "그가 네게 간구하리니 내가 그에게 응답하리라" 는 말씀 근거하여 지어진 찬송

이 찬송의 작시자는 그 유명한 **패니 J 크로스비**로
성도들이 기도로 '하나님과 영적 교제를 나누는 것보다 더 큰 복은 없습니다'.
기도시간에 함께하시는 하나님께 "기도 시간에 복을 주시네"라고 **환희에 찬 고백**의 **찬송**을 다함께 부르시겠습니다.

제 2 장
구약성경

1. 구원받은 자들 (오바댜1:17-21 / ♪445, 545)

어제 목요일 말씀은 사도행전 16장 25절의 "한밤중에 바울과 실라가 기도하매"란 제목으로 생긴 기적은
1) 기도는 '옥문을 열리게' 했으나
2) '간수의 마음은 굳게 닫혀 자결하려' 하였으나
3) 결국 '바울의 기도로 간수가 구원받는 기적을 통해 은혜의 시간을 가졌었습니다.

오늘 함께 볼 말씀은 이제 구약성경의 첫번째로 1장인 오바댜입니다.
오바댜의 약자는 "옵"이며 저자는 오바댜(Obadiah)이고

기록연대는 주전(B.C:Before Christ) 855년~840년경에 썼습니다.

기록목적은 에돔에 대한 하나님의 엄중한 심판을 통해, 하나님과 그의 백성을 대적하는 세상의 모든 **악한 세력에 대하여 그들을 심판하시는 하나님의 주권을 보여 주기 위해서** 기록하였습니다.

먼저, 오바댜의 알아 두면 유익한 주석을 몇 군데 살펴보겠습니다.

① 1장 1절에 "오바댜의 묵시라 주 여호와께서 에돔에 대하여 이와 같이 말씀하시니라 우리가 여호와께로 말미암아 소식을 들었나니 곧 사자가 나라들 가운데에 보내심을 받고 이르기를 너희는 일어날지어다 우리가 일어나서 그와 싸우자 하는 것이니라"에서 '묵시'는 선지자가 **환상 상태**에서 보는 **계시**로
삼상 3:1 "아이 사무엘이 엘리 앞에서 여호와를 섬길 때에는 여호와의 말씀이 희귀하여 **이상**이 흔히 보이지 않았더라"에서 나오는 **이상**과 같은 뜻인데, '이상'은 여호와의 말씀과 같은 동의어의 뜻입니다. 한마디로 묵시는 **이상**이고 **이상**은 **하나님말씀**입니다.

② 1장 3절의 "너의 마음의 교만이 너를 속였도다 **바위 틈에 거주하며 높은 곳에 사는 자여** 네가 마음에 이르기를 누가 능히 나를 땅에 끌어 내리겠느냐 하니"에서 '바위

틈'은 '셀라의 동굴'로도 번역되는데, 셀라는 에돔의 수도이며 그 말 자체가 '**반석**'이란 뜻입니다. 천연 요새와 같은 에돔의 견고성을 비유하여 바위라고 표현하였습니다. 참고로, 마7:25 "비가 내리고 창수가 나고 바람이 불어 그 집에 부딪치되 무너지지 아니하나니 이는 주추를 어디 위에? 반석위에 놓은 까닭이요" 반석위에! 말씀의 반석위에! 세운 집은 무너지지 않습니다. 믿으십니까? 아멘합시다.

③ 1장 12절 "네가 **형제의 날** 곧 그 **재앙의 날**에 방관할 것이 아니며 유다 자손이 패망하는 날에 기뻐할 것이 아니며 그 고난의 날에 네가 **입을 크게 벌릴 것이** 아니며"에서 '**형제의 날**'은 재앙의 날을 뜻하며 '**입을 크게 벌릴 것**'은 '**크게 자만하고 교만하는 것을 말하는 것**으로 사촌이 논 사면 배아파하고 남이 잘 되는 꼴을 못 보듯 고난당하는 것을 오히려 기뻐하는 **에돔의 방관적 태도를 힐난한 것**입니다.
유머의 예를 하나 들어 볼까요? 누군가가 이런 말을 하더군요 투망 갖고 고기를 잡는데 아주 큰 고기를 잡아 좋아하던 어부보다 더 좋아하는 사람이 있는데 그 사람은 누구냐하면 잡다가 놓치는 것을 본 옆에 구경하던 사람이 더 좋아 한다더군요 남이 안 되는 것을 기뻐하고 좋아 한다는 얘기겠죠
그러나 **여호와 하나님께서는** 말씀하십니다.
시편 81:10절 "나는 너를 애굽 땅에서 인도하여 낸 여호와 네(니) 하나님이니 f네 입을 크게 열라 p내가 채우리라"하셨습니다.

④ 1장 17절 "오직 시온 산에서 **피할 자** 있으리니 그 산이 거룩할 것이요 야곱 족속은 자기 기업을 누릴 것이며"에서 '**피할 자**'란 하나님의 심판 후에 남은 자를 말하는 것으로
요엘서 2장 32절 "누구든지 여호와의 이름을 부르는 자는 구원을 얻으리니 이는 나 여호와의 말대로 시온 산과 예루살렘에서 피할 자가 있을 것임이요 **남은 자 중에 나 여호와의 부름을 받을 자가 있을 것**"이라고 누구든지 **여호와의 이름을 부르는 자가** 심판에서 **구원을 받을 수 있습니다.**
♬ 복음송 "예수님 찬양"
　예수님 찬양 예수님 찬양 예수님 찬양 합시다
　주의 이름을 부르는 자는 구원을 얻으리로다
　주의 이름을 부르는 자는 구원을 얻으리로다

오 주 예수 오 주 예수, 할렐루야 구원됐네
오 주 예수 오 주 예수, 할렐루야 구원됐네
가스펠 가사처럼 "주의 이름을 부르는 자는 구원을 받습니다."

자! 그러면 오바댜 1장 17-21절의 본문 중 21절의 "구원받은 자들이 시온 산에 올라와서 에서의 산을 심판하리니 나라가 여호와께 속하리라"에서 '**구원받은 자들**'이란 제목으로 은혜의 시간을 갖기 원합니다

먼저 본문은 이스라엘에 대한 약속으로 에돔에게는 심판이 가해지고 이스라엘에게는 해방이 주어진다는 약속의 말씀입니다. 사실 오바댜를 갖고 설교하는 경우는 극히 드물다고 합니다. 최신 성서 핸드북을 열어 봐도 마땅히 전할 내용이 눈에 안 들어 와 네이버를 찾아 보니

"오바댜, 설교하기 어려운 본문 오바댜"가 제목이더군요

성경을 읽고 묵상하고 연구하기를 사십년 가까이 한 분이 아직까지 한 번도 회중들에게 설교해 보지 않은 본문이 바로 오바댜서라고 하면서 '오바댜'란 이름이 생소하지 않은 이유는 성경에 동명이인으로 열 세명이나 등장한다고 합니다.

그 이름은 '여호와의 종' 혹은 '예배자'란 의미를 지닌 합성어로 흔하디 흔한데도 아는 이가 별로 없다고 합니다.

왕상 18:3절에 나오는 "아합이 왕궁 맡은 자 **오바댜를 불렀으니 이 오바댜는 여호와를 지극히 경외하는 자라**"

여기서 나오는 오바댜를 제외하고는 아는 인물이 없을 정도로 하나님께서는 오바댜서를 통해 하나님의 심판을 예언하고 있는데 이 시간, **하나님의 음성을 듣는 귀한** 시간되길 바랍니다.

첫째, 피난처인 시온산이 있었습니다.

유다인의 포로생활이 계속되기를 원했던 에돔인들과는 달리 구약에 예언된 구원의 약속의 성취를 위해 피난처로 시온산이 예비되어 있었습니다. 죽어 마땅한 죄인들을 구원을 베푸실 자는 오직 우리죄를 대속해 주신 예수님 한 분 뿐인데 그 예수님이 희생하심으로 우리 죄인들의 죄를 속량해 주시고 구원을 선물로 주셨습니다.

유다인의 피난처로 **시온산**이 있었는데 그 **시온산**은 **교회**로 볼 수 있습니다. 교회는 에클레시아라고 죽음의 자리에서 불러내어 생명의 자리로 옮겨 주신 것처럼 우리는 아무리 세계적인 전염병 팬데믹가운데서도 교회로 나와야 합니다. **교회안에 영원한 안식과 평화와 평안의 복을 누릴 수 있기 때문입니다.**
믿음의 주요 온전케 하시는 예수님이 계시는 **교회로 모이기를 힘써야** 합니다.
히10:25절 말씀과 같이 "모이기를 폐하는 어떤 사람들의 습관과 같이 하지 말고 오직 권하여 그 날이 가까움을 볼수록 더욱 모이기를 힘쓰라" 하십니다.

둘째, 심판하시는 하나님을 알아야 합니다.

21절 말씀은 "구원 받은 자들이 시온 산에 올라와서 에서의 산을 심판하리니"라고 하여 시온 산에 올라 와 구원받은 자들은 교회를 파멸과 몰락으로부터 건질 것이며, 복음의 말씀으로 구원의 길을 가르치며 구원의 완성을 이룰 것입니다. 하나님이 오시는 그 날과 그 시는 우리가 알수 없지만 하나님의 나라가 임할 때에 그리스도를 대항하며 배도하면 결국 망하게 된다는 교훈을 가르치고 있습니다.
마라나타 주 예수여 어서 오시옵소서 하는 심정으로 슬기로운 다섯처녀처럼 신랑이로다 할 때 당황하지 말고 기쁨으로 맞이할 수 있도록 예수님 맞을 준비하며 삽시다

셋째는 그리스도의 통치에 믿음으로 순종하며 살아야

본문의 주제는 '통치'인데 통치란 주권자가 국민을 다스리는 일로서 성경에서는 하나님은 모든 일에 일호의 착오없이 엄밀한 계획하에 다스리십니다.
21절 말미에 "**나라가 여호와께 속하리라**"는 말씀처럼 **야곱** 족속과 **요셉** 족속들이 그들의 소유를 되찾으며 적들의 땅을 기업으로 얻어 왕국이 확장됨을 믿고 **믿음대로 행하는** 백성들에게 주어진다고 합니다. 우리 믿는 하나님의 자녀들은 주님의 재림때까지 인내하며 소망가운데 복된 삶을 살아가야 하겠습니다.
이제 말씀을 마칩니다.

오바댜서의 묵시를 통해

1) 피난처인 시온산이 있었음과
2) 심판하시는 하나님임을 알고
3) 그리스도의 통치에 순종하며 살기 원하는 저희들에게 복과 은혜와 평강이 늘 함께 하시기를 간절히 축원합니다.

다음 순서는 월요일 2월 8일은 구약 #2. 2장 학개입니다

찬송가 해설

1. 445장(태산을 넘어 험곡에 가도)

요일 1:7 "그가 빛 가운데 계신 것같이 우리도 빛 가운데 행하면"라는 말씀 근거로 지어진 찬송

너희는 **세상의 빛이요** 소금이라 하신 말씀 기억하면서
그리스도인들이 **빛의 자녀**로 그리스도의 향기를 날리며
주를 찬양하며 살겠다고 다짐하는 마음으로
다같이 찬송 445장을 부르겠습니다.

2. 545장(이 눈에 아무 증거 아니 뵈어도)

이 찬송은 고후 5:7 "믿음으로 행하고 보는 것으로 행하지 아니함이로라" 는 말씀 근거하여 지어진 찬송

의심 많은 도마가 부활하신 예수님을 믿지 못하자 예수님께서 손의 못자국과 옆구리의 창자국을 만져 보게 하시자

도마가 완전히 굴복하자 주님은 말씀하시기를
요20:29 "너는 나를 본고로 믿느냐 보지 못하고 믿는 자들은 복되도다" 말씀하셨습니다.
"걸어가세 믿음위에 서서
눈과 귀에 아무증거 없어도" 다함께 부르시겠습니다.

2. 내가 너희에게 복을 주리라 (학개1:8, 14-19/ ♪449, 453)

지난 주 금요일 말씀은 오바댜 1장 21절의 "구원받은 자들"이란 제목으로 오바댜의 묵시를 통해 주는 교훈으로
1) **피난처인 시온산이 있었고**
2) **하나님은 심판하시는 상선벌악의 하나님이기 때문에**
3) **우리는 하나님의 통치에 따르며 살자고** 말씀을 나눴었습니다.
오늘 함께 볼 말씀은 구약성경의 두 번 째로 2장인 학개입니다.
학개의 약자는 "학"이며 군계일학이라고 뛰어난 사람을 지칭할 때 말하는 날아 다니는 학이 아니고 학개의 약자로 학입니다.
저자는 **책이름과 같이 학개**(Haggai)이고

기록연대는 주전(B.C:Before Christ) 520년경에 썼습니다.

기록목적은 난관에 부딪혀 오랫동안 **중단된 성전 재건의 사역을 다시 시작하도록 격려**하고, **성전 건축을 통하여서 하나님 중심의 올바른 신앙의 삶을 살도록** 하기 위하여 기록하였습니다.

먼저, **학개의 알아 두면 유익한 주석을 살펴보겠습니다.**

① 1장 1절에 "**다리오 왕** 제이년 여섯째 달 곧 그 달 초하루에 **여호와의 말씀이** 선지자 **학개로** 말미암아 스알디엘의 아들 유다 총독 **스룹바벨과** 여호사닥의 아들 대제사장 **여호수아에게 임하니라 이르시되**"에서 '**다리오 왕**'의 다리오는 **페르시아 제국의 네 번째 통치자로 재임기간은**(B.C.522-485)임

② 1장 4절의 "이 성전이 황폐하였거늘 너희가 이 때에 **판벽한 집**에 거주하는 것이 옳으냐"에서 '**판벽한 집**'이란 **지붕과 벽에 조각한 판을 붙인 화려한 집을 의미합니다.**
제가 작년 1월에 '강기만과 함께하는 색소폰여행'으로 중국으로 갔었는데 저희가 머문 숙소가 공산당들이 회의장으로 사용하다 일반인들에게 개방한 지 얼마 안

된다고 하는데 제 기억으로 로비 만드는데 50억원 중 벽 장식비만 25억원들었다고 한 것 같아요 호텔도 엄청 크고 화장실이 2개에 옷 다림질하는 다리미까지 갖춰진 **초호와 호텔**은 처음 봤습니다. 오늘 **판벽**이란 화려한 집이 나오니 그 **화려한 호텔**이 생각 납니다. 하나님은 **책망**하십니다. 너희가 사는 집은 **화려한 반면**, 경제적 궁핍을 **핑계**로 성전 건축을 회피하는 유대인들을 질책하고 계십니다.

③ 1장 8절 "너희는 산에 올라가서 나무를 가져다가 **성전을 건축하라** 그리하면 내가 그것으로 말미암아 **기뻐하고 또 영광을 얻으리라** 여호와가 말하였느니라" 여기서 '산'은 예루살렘 근교에 있는 왕의 산림을 말합니다. **왕의 산림**은 **느헤미야2:8** "또 **왕의 삼림** 감독 아삽에게 조서를 내리사 그가 성전에 속한 영문의 문과 성곽과 내가 들어갈 집을 위하여 들보로 쓸 재목을 내게 주게 하옵소서"하였습니다. 그 당시 이스라엘사람들은 어렵게 억눌려 사는 형편이었기 때문에 성전 건축을 위해 두로와 시돈에서 백향목을 실어 올 수 없으므로 성전 건축자재를 근교의 왕의 삼림에서 조달하여 사용하였다고 합니다.

④ 2장 7절 "또한 모든 나라를 진동시킬 것이며 **모든 나라의 보배**가 이르리니 내가 이 성전에 영광이 충만하게 하리라 만군의 여호와의 말이니라"에서 '모든 나라의 보배'란
1) **이방인들**이 가지고 올 존귀한 **예물**들로 보는 견해와
2) **택함 받은 성도**로 보는 견해가 있고
3) 인격체인 **예수 그리스도**로 보는 견해도 있습니다.

⑤ 2장 9절 "이 성전의 나중 영광이 이전 영광보다 크리라 만군의 여호와의 말이니라 내가 이곳에 평강을 주리라 만군의 여호와의 말이니라" 여기서 제1성전인 **솔로몬 성전**(B.C.586년 파괴)과 제2성전인 **스룹바벨 성전**(B.C. 536-516 완공)을 비교하는 것으로
나중에 지은 **스룹바벨 성전의 영광이 거 크다**는 말입니다.
솔로몬 성전은 모든 기구를 순금과 은으로 장식했는데
역대하 4장7-8절에 보면 "또 규례대로 금으로 등잔대 열 개를 만들어 내전 안에

두었으니 왼쪽에 다섯 개요 오른 쪽에 다섯 개이며

8절 또 상 열 개를 만들어 내전 안에 두었으니 왼 쪽에 다섯 개요 오른 쪽에 다섯 개이며 또 금으로 대접 백 개를 만들었고"

또 **역대상 22장 14-15절**에 보니

"내가 환난 중에 여호와의 성전을 위하여 금 **십만 달란트**와 은 **백만 달란트**와 놋과 철을 그 무게를 달 수 없을 만큼 심히 많이 준비하였고 또 재목과 돌을 준비하였습니다.

15절은 "또 장인이 네게 많이 있나니 (장인은 장인 장모가 아니라 목수나 석수 등 일 잘하는 일꾼들을 말하는 것으로) 곧 석수와 목수와 **온갖 일에 익숙한 모든 사람이니라**"

여기서 금이 **십만 달란트**는 계산하면 삼천 사백여톤이며, 은 백만 달란트는 삼만 **사천여 톤**이 성전 자재로 썼다고 합니다. 서울 서초동 대법원앞의 '사랑의 교회'가 2013년 말 지상 14층~ 지하 7층의 연면적 6만여평 크기로 땅값 빼고 **건축비만 3,000억원**이 들었다고 합니다.

솔로몬 성전은 금과 은으로 호화롭게 지은 반면 스룹바벨 **성전**은 1:8절 말씀대로 산에 올라가 **나무를 가져다가 성전을 지었으나** 여호와께서는 내가 **기뻐하고 또 영광을 얻으리라**"하셨습니다.

우리가 알아야 할 것은 하나님은 성전의 외형을 보지 아니하시고 나무로 지은 **스룹바벨** 성전을 **칭찬하시고** 영광받으셨습니다. 우리 성도의 삶도 마찬가지로 형식적인 외적인 화려함보다 내적으로 진심이 담긴 섬김이 중심을 보시는 하나님 앞에서 더 중요하다는 것을 교훈삼아야 하겠습니다.

자! 그러면 학개서 2장 14-19절의 본문 중 19절의 "그러나 오늘부터는 내가 너희에게 복을 주리라"라는 말씀"에서 '**내가 너희에게 복을 주리라**'란 제목으로 피차간 은혜 받는 시간이 되기를 간절히 원합니다

하나님께서는 자기 백성에게 **잘못을 돌이키고 회개하면** 오늘부터 복을 주시겠다고 **약속하셨습니다.** 복 받는 신앙생활을 하기 위하여 어떻게 하여야 할까요?

첫째, 과거를 돌이켜 보라고 하십니다.

과거의 잘못을 짚고 넘어 가라고 하십니다. 이스라엘 백성들이 포로에서 돌아온 후, 그들은 성물을 바치며 정성껏 드리는 **제사의식은 있었으나** 그들의 제사는 **형식적이었습니다.** 다시말해 그들은 **경건의 모양만 있고 경건한 마음이 없는** 매우 의식적인 제사였기 때문에 하나님은 그들의 제사를 열납하지 아니하셨고 특히, **영적으로 잠자고 있었기 때문에** 영적 태만으로 자신들의 불신앙가운데 하나님의 집인 성전이 파괴되는 것을 보고도 방치하는 우를 범하는 그들을 향하여 질책하셨습니다.

1장 7절에 "만군의 여호와가 말하노니 너희는 **자기의 행위를 살필지니라**"하시며 하나님께서 그토록 원하시던 성전건축을 지연하는 그들에게 진노하셔서 모든 **수입과 복의 문을 차단시켜** 버리셨습니다.
그래도 우리는 감사해야 합니다. 왜냐하면 **속담**에 미운자식 떡하나 더 주고 예쁜 자식 매하나 더 준다고 하나님께서 사랑하는 자기 백성이기 때문에 **포기하지 않으시고** 진노하심을 깨달아 알아야 하겠습니다.

둘째, 오늘부터 복을 주리라 하십니다.

마침내 **학개 선지자를 통해** 질책과 권고하시는 말씀인
1장 8절 "너희는 산에 올라가서 나무를 가져다가 성전을 건축하라 그리하면 내가 그것으로 말미암아 **기뻐하고 또 영광을 얻으리라** 여호와가 말하였느니라"의 말씀을 듣고 이제까지 각자 **자기중심의 생활에서 하나님중심으로, 육의 생활에서 영적 생활로** 급격히 변화되었을 때 하나님은 기뻐하셨습니다. 오늘부터 복을 주기 시작하였습니다. **시147편 11절** 말씀과 같이 "여호와는 자기를 경외하는 자들과 그의 인자하심을 바라는 자들을 기뻐하십니다."

셋째, 주의 말씀에 순종한 결과 복받게 되었습니다.

성전 재건의 시기는 다리오왕 2년 6월 24일로, 계절적으로 보면 바쁜 추수기였음에도 불구하고 그들은 성전재건을 중시했습니다. 성전재건 착수 이전에는 **실패와 실망뿐**

이었으나 순종할 때 놀라운 일이 생깁니다. 순종은 제사보다 낫고 듣는 것이 수양의 기름부음보다 낫다고 하지요

삼상 3장 10절 "여호와께서 임하여 **사무엘아 사무엘아** 부르시는지라 **사무엘이 이르되 말씀하옵소서 주의 종이 듣겠나이다**"

순종하니 엄청난 복의 문이 열리기 시작했습니다. 회개와 함께 성전 재건을 착수하니 수확도 풍성해 졌습니다. 만민이 기도하는 집이요 하나님이 임재하시며 말씀이 선포되는 성전을 사랑할 때 형통의 복이 주어 진다는 것을 알아야 하겠습니다.

이제 말씀을 마칩니다.

학개를 통해 성전을 건축하라는 말씀대로

1) 전에는 경건의 모양만 있고 경건의 마음은 없었으나
2) 회개하고 성전재건에 힘씀으로
3) 하나님의 전을 더 사랑하며 말씀에 순종하며 살기 원하는 저희들에게 **예수 그리스도의 한량없는 은혜**와 **하나님의 극진한 사랑**과 **성령님의 동행하심이** 함께 하시기를 **간절히 축원합니다.**

다음은 목요일 2월11일(추석 전날) 구약#3. 3장 요엘(1270쪽)입니다

찬송가 해설

1. 449장(예수 따라가며)

잠 16:20 "삼가 말씀에 주의 하는 자는 좋은 것을 얻나니 **여호와를 의지하는 자는 복이 있느니라**"라는 말씀에 근거로 지어진 찬송

지난 번 찬송해설을 한 찬송입니다.
한 청년의 간증시간에 '과거를 청산하고 주님만을 믿고 따르겠다'는 진실어린 고백을 듣고 감동받아 타우너라는 사람이 바로 적어 놨다가 J.H. Sammis(사미스)목사에게 작시를 부탁하여 지어진 찬송입니다.

"의지하고 순종하는 길은 예수 안에 즐겁고 복된 길이로다" 예수 따라가며 복음 순종합시다. 다같이 **찬송 449장**을 부르겠습니다.

2. 453장(예수 더 알기 원하네)

이 찬송은 **벧후 3:18** " 오직 우리 주 곧 구주 예수 그리스도의 은혜와 **그를 아는 지식에서 자라 가라**"는 말씀에 근거

영어 속담에 "Knowledge is power" '**아는 것이 힘이다**'라고 하듯이 **하나님을 아는 것이 힘**입니다.

작시자 **엘리자 에드먼즈 히윗** 여사는 69년을 독신으로 살면서 주일학교 교육과 **찬송시에 전념**하며 살던 독실한 신앙인이었다고 합니다. **평생의 소원은 '주님을 간절히 알기 원하는 것'**이었다는 **찬송 453장** 다같이 불러 봅시다.

3. 내가 내 영을 만민에게 부어 주리니 (요엘2:28-32 / ♪ 185, 190, 191)

지난 월요일 말씀은 학개 2장 19절의 "내가 너희에게 복을 주리라"는 제목으로 복받는 신앙생활을 위해
1) 전에는 자기생활에 빠져 성전건축을 미루며 살던 삶에서
2) 회개하며 성전재건에 힘썼더니
3) 오늘부터 복을 주리라는 말씀에 순종하며 살자고 했습니다.
오늘 함께 볼 말씀은 구약성경의 세 번 째로 짧은 3장인 요엘입니다.
요엘의 약자는 "욜"이며 저자는 책이름과 같이 요엘(Joel)이고

기록연대는 주전(B.C:Before Christ) 830년경에 썼습니다.

기록목적은 죄악에 빠진 유다 백성들에게 메뚜기 떼의 재앙을 통해 장차 하나님의 심판날이 임할 것을 경고함으로써 죄악에서 돌이키고 하나님께 나아 오도록 하기 위해 기록하였습니다.

먼저, 요엘의 주석 몇 군데 살펴보겠습니다.

① 1장 1절에 "브두엘의 아들 요엘에게 임한 여호와의 말씀이라"에서 '요엘'은 '여호와는 하나님'의 뜻입니다. 유다 왕 요아스 때 활동한 선지자로서 **이스라엘의 회개를 촉구**하고, 온 인류를 향해 **하나님의 심판과 성령이 임할 것을 예언**했습니다.

② 1장 4절의 "**팥중이**가 남긴 것을 **메뚜기**가 먹고 메뚜기가 남긴 것을 **느치**가 먹고 느치가 남긴 것을 **황충**이 먹었도다"
에서 '팥중이'는 곡식을 씹어 자를 수 있을 정도로 성장한 유충이며 하나님의 징계의 상징으로 쓰였습니다. 2:25절 "내가 전에 너희에게 보낸 큰 군대 곧 **메뚜기와 느치와 황충과 팥중이**가 먹은 햇수대로 너희에게 **갚아 주리니**" 갚아 준다는 것은 징계를 의미합니다. 느치는 메뚜기과에 속하는 곤충이며, 황충은 큰 무리로 떼지어 다니면서 농작물을 해하는 무서운 곤충이며, 본문에 나오는 **네 곤충**은 모두 메뚜기과에 속하는 것으로 네 곤충은 **앗수르, 바벨론, 헬라, 로마**로 보기도 합니다.

③ 2장 1절 "시온에서 나팔을 불며 나의 거룩한 산에서 경고의 소리를 질러 이 땅 주민들로 다 떨게 할지니 이는 여호와의 날이 이르게 됨이니라 이제 임박하였으니" 에서 '나팔'은 호세아 5:8에 보면 기브아에서 뿔나팔을 불며 라마에서 나팔을 불며 유다와 이스라엘 사이의 전쟁에서 불었고 이사야 27:13절에서는 "그 날에 나팔을 불리니 앗수르 땅에서 멸망하는 자들과 애굽 땅으로 쫓겨난 자들이 들어와서 예루살렘 성산에서 여호와께 예배하리라"에서 알 수 있듯이 성회를 선포할 때 나팔을 불었는데 임박한 '여호와의 날'의 위기를 알릴 때 나팔을 사용하였습니다.

④ 2장 16절 하반절 "신랑을 그 방에서 나오게 하며 신부도 그 신방에서 나오게 하고" 에서 신랑은 결혼 후 1년간 각종 의무에서 면제됩니다. 신명기24:5의 기타 규정에 보니 "사람이 새로이 아내를 맞이하였으면 그를 군대로 내보내지 말 것이요 아무 직무도 그에게 맡기지 말 것이며 그는 일년 동안 한가하게 집에 있으면서 그가 맞이한 아내를 즐겁게 할지니라"
그러나 '여호와의 날'의 환난을 면하기 위한 회개하는 것에는 새 신랑도 예외일 수 없었다고 합니다.

⑤ 3장 14절 "사람이 많음이여, 심판의 골짜기에 사람이 많음이여, 심판의 골짜기에 여호와의 날이 가까움이로다"
여기서 '심판의 골짜기'는 타작 마당의 골짜기로, 본문3:2절의 '여호사밧 골짜기'와 에스겔서39:11절의 '하몬곡 골짜기'와 계시록16:16절의 '아마겟돈 골짜기'등 성경 여러 곳에서 발견할 수 있습니다.
자! 그러면 요엘 2장 28-32절의 본문 중 28절의 "내가 내 영을 만민에게 부어 주리니"라는 제목으로 우리 서로 은혜를 나누는 시간이 되기를 간절히 원합니다

예수님께서는 이 땅에 오셔서 죄인들을 구원하시려고 복음을 전하시다가 십자가에서 죽으시고 부활 승천하실 때 다시 오신다며 재림을 약속하시면서 대신 다시 오시기까지 보혜사 성령을 주셨습니다.

본문은 여호와의 영이신 성령께서 역사하시고 활동하시는 장면을 미리 내다 본 것입니다.

어제 유튜브에서 "스물여섯 살에 대학 총장이 된 이유"란 제목으로 최영환 엠트리 대표의 간증인데 웃기기도 하고 감동넘치는 은혜의 시간였습니다. 군대장교인데 최전방에 근무시 군인교회건축을 기도하여 부대장만나 교회건축하고 기도중 대학 총장을 꿈꾸며 자기 맘대로 유명강사들을 교수로 초빙하여 대학을 운영하는 꿈을 가진 사람이 생각납니다. "여호와의 영이신 성령께서 역사하고 활동하시는 장면이 나와 잠깐 소개했습니다. 내가 내 영을 부어 주리니 여호와의 영은?

첫째, 영적인 복을 주십니다.

28절 "그 후에 **내가 내 영을 만민에게 부어 주리니** 너희 자녀들이 장래 일을 말할 것이며 너희 **늙은이는 꿈을 꾸며** 너희 **젊은이는 이상을 볼 것이며**"
앞 절에서 13절에 보면 "너희는 옷을 찢지 말고 마음을 찢고 너희 **하나님 여호와께로 돌아올지어다** 그는 은혜로우시며 자비로우시며 **노하기를 더디하시며 인애가 크시사** 뜻을 돌이켜 재앙을 내리지 아니하시나니"
또 23절 "여호와로 말미암아 기뻐하며 즐거워할지어다 그가 너희를 위하여 비를 내리시되 **이른 비와 늦은 비를 적당하게 주신다**"고 여호와께서 백성들에게 복을 주시겠다고 약속하셨는데 복의 근원되시는 만복의 근원 하나님은 **육적인 복은 물론 영적인 복까지 허락하시는 하나님**이십니다.
어떤 이유로든지 여호와의 영이 역사하시지 아니하시고 만약 여호와의 영이 떠나가시면 얼마나 불행한 일입니까?
무능해져서 결국 이방인보다 못하게 되듯이 믿지 아니하는 세상의 사람들보다 나을 게 하나도 없습니다.
따라서 하나님의 백성인 저와 여러분은 약속하신 성령의 인도를 따라 성령안에서 순종하며 살며 영적인 복을 풍성하게 받고 누려야 되겠습니다.

둘째, 남종과 여종에게 주신다고 합니다.

29절 "그 때에 내가 또 **내 영을 남종과 여종에게 부어 줄 것이며**"라고 **여호와의 영은** 마지막 때에 남녀노소 막론하고 차별없이 모두에게 임합니다. 계급도 구분하지 않고 일률적으로 임합니다. 이말은 **각양 은사를 여러 가지 방법**으로 여러 모양으로 주신다는 것입니다.

믿는 우리는 성령의 다양한 은사를 힘입고 마지막 최후의 승리자가 될 수 있습니다.

엔드 타임, 임박한 마지막 날에 여호와의 영이 성령이 남종과 여종에게 임함을 믿고 주시는 영을 거부하지 말고 기쁨으로 환영하며 받아 **성령충만한 기쁨의 삶**을 누립시다.

셋째, 구원과 부름을 받게 하십니다.

여호와의 크고 두려운 날에는 **천재지변이 여호와로 말미암아** 일어 납니다. 그러나 32절 말씀처럼 "누구든지 **여호와의 이름을 부르는 자는 구원을 얻으리니** 이는 나 **여호와의 말대로** 시온 산과 예루살렘에서 피할 자가 있을 것임이요 남은 자 중에 나 **여호와의 부름을 받을 자가 있을 것임이니라**"

주의 이름을 부르는 자는 구원이 있습니다.

여호와의 산성과 도성인 시온과 예루살렘에서 **피할 피난처가** 되는 것입니다.

특별히 성도로서 **구별된 자로 구원을 받고, 여호와의 부름을 받는 것입니다.**

이제 말씀을 마칩니다.

여호와의 영은 만민에게 부어 주시리니 마지막 때에

1) **영적인 복을 주십니다.**
2) **남종과 여종에게 주십니다.**
3) **구원과 부름을 받게 하십니다.**

이 약속의 말씀을 믿고 부르심의 사명을 감당하기 원하는

저희들에게 **예수 그리스도의 크신 은혜와 하나님의 다함없는 사랑과 성령님이 충만하시기를 간절히 축원합니다.**

감사합니다.

다음은 월요일 2월15일(추석 끝나고) 구약#4. 3장짜리

나훔(1299쪽)입니다

찬송가 해설

1. 185장(이 기쁜 소식을)

눅 4:18 "주의 성령이 내게 임하셨으니 이는 가난한 자에게 복음을 전하게 하시려고" 라는 말씀에 근거로 지어진 찬송

이 찬송은 미국의 보톰목사가 1890년에 작사하였습니다. 영국에서 태어난 그는 미국으로 이주한 후 신학을 공부하여 감리교 목사가 되었고, 많은 찬송을 지었습니다.

이 찬송은 키크 패트릭이 작곡하여 「새 시대와 부흥을 위한 찬송」이란 복음찬송집에 실린 곡으로

성령이 임한 기쁜 소식을 전하자는 성령강림절 찬송입니다.
다같이 **찬송 185장**을 부르겠습니다.

2. 190장(성령이여 강림하사)

이 찬송은 **행 2:4 "그들이 다 성령의 충만함을 받고"** 는 말씀에 근거

이 찬송은 미국 감리교 목사인 스톡스가 집회 인도하던 중 지었고 그 집회 찬양 인도자였던 스웨니가 작곡했는데 그 스웨니는 미국 육군사관학교 음악교수로 일하면서 약 1,000여 편의 복음 찬송을 작곡하였습니다.

3. 191장(내가 매일 기쁘게)

이 찬송은 요 14:16 "다른 보혜사를 너희에게 주사 영원토록 너희와 함께 있게 하리니"는 말씀에 근거로 지어진 찬송입니다. 다른 보혜사는 성령이죠?

이 찬송은 미국의 버펌목사가 작사, 그는 18세 때부터 설교했고 찬송시를 1만여편이상 쓴 다산 시인이며, 작곡은 생크가 작곡했는데 순례자인 우리 인생의 매일의 삶속에서 성령이 함께하길 기원하는 찬송입니다.

4. 니느웨에 대한 경고 (나훔1:1-8/♪528, 538)

지난 금요일 말씀은 요엘 2장 28절의 "여호와의 영을 만민에게 부어 주리니"라는 제목으로 마지막 때에
1) **영적인 복을 주실 때**
2) **남종과 여종에게 주시며**
3) **구원과 부름을 받게 하신다는 말씀을 살펴 봤습니다.**
오늘 함께 볼 말씀은 구약성경의 네 번 째로 짧은 3장인 나훔입니다.
나훔의 약자는 "나"이며 저자는 **책이름과 같이 나훔**(Nahum)이고

기록연대는 주전(B.C:Before Christ) 663년-654년경에 썼습니다.

기록목적은 니느웨에 대한 엄중한 경고를 통하여, 앗수르가 아무리 강할지라도 그들의 **교만과 죄악은 하나님에 의해 공의의 심판을 받고 만다는 사실을 일깨워 주기 위해** 기록하였습니다.

먼저, 나훔의 주석 몇 군데 살펴보겠습니다.

① 1장 2절 "여호와는 질투하시며 보복하시는 하나님이시라 여호와는 보복하시며 진노하시되 **자기를 거스르는 자**에게 여호와는 보복하시며 자기를 **대적하는 자**에게 진노를 품으시며"에서 '자기를 거스르는 자'란 앗수르처럼 **하나님의 백성을 학대하고 하나님의 생각과 뜻을 거스리며 행동하는 자**를 뜻하는 것입니다.

② 1장 4절의 "그는 바다를 꾸짖어 그것을 말리시며 모든 강을 말리시나니 바산과 갈멜이 쇠하며 **레바논의 꽃이 시드는도다**"
에서 '레바논'은 백향목과 포도나무 그리고 꽃으로 유명한 곳입니다. 호14:7 "그들은 곡식같이 풍성할 것이며 **포도나무 같이 꽃이 필 것이며** 그 향기는 레바논의 포도주 같이 되리라"에서 볼 수 있습니다. 본문에서 이 레바논 지방을 언급하는 이유는 풍요로운 곳으로 으뜸이지만 **하나님이 진노하고 심판하시면 금새 시들 수 있다는 엄중한 경고**를 표현하기 위함입니다.

③ 2장 8절 "니느웨는 예로부터 물이 모인 못 같더니 이제 모두 도망하니 서라 서라 하나 돌아보는 자가 없도다"에서
'물이 모인 곳'이란 교역의 중심지였던 니느웨에 상업적인 목적이나 조공을 드릴 목적으로 많은 사람들이 모여 든 모습을 웅덩이와 저수지로 비유하여 말했습니다.

④ 3장 12절 "네 모든 산성은 무화과나무의 처음 익은 열매가 흔들기만 하면 먹는 자의 입에 떨어짐과 같으리라"에서 '처음 익은 열매'란 무화가 열매가 여름 전에 열리는 가장 좋은 열매로 흔들기만 해도 쉽게 떨어진다는 말은 무르익은 무화가가 쉽게 떨어지듯 앗수르의 모든 산성이 쉽게 함락될 것임을 뜻하는 것입니다.
이사야28:4 "그 기름진 골짜기 꼭대기에 있는 그의 영화가 쇠잔해 가는 꽃이 여름 전에 처음 익은 무화과와 같으리니 보는 자가 그것을 보고 얼른 (냉큼) 따서 먹을리로다" 라는 구절도 있습니다.

⑤ 3장 15절 "거기서 불이 너를 삼키며 칼이 너를 베기를 느치가 먹는 것 같이 하리라 네가 느치같이 스스로 많게 할지어다 네가 메뚜기같이 스스로 많게 할지어다"라는 이 말은 풍자적 표현으로 니느웨 백성들이 전쟁에 대비하여 많은 군사를 동원한다 할지라도 멸망당한다는 뜻입니다. 마치 "시편기자의 말대로 하나님이 세우지 아니 하시면 세우는 자의 수고가 헛되며 파숫군의 경성함이 허사"란 말씀과 일맥상통 합니다.

자! 그러면 나훔 1장 1-8절의 본문 중 1절의 "니느웨에 대한 경고 곧 엘고스 사람 나훔의 묵시의 글이라"라는 말씀중 '니느웨에 대한 경고'란 제목으로 말씀 증거할 때에 은혜의 시간이 되길 바랍니다.
구약성경의 첫 번째 순서인 오바댜의 묵시부터 하나님의 심판내지는 경고의 말씀이 계속되고 있습니다.
오늘 본문은 나훔을 통해 말씀하시는 니느웨에 대한 경고의 말씀인데 그 내용이 무엇인지 살펴보겠습니다.

첫째, 하나님을 거스르는 것 불순종에 대해 경고하십니다.

2절에 "여호와는 질투하시며 보복하시는 하나님이시니라 여호와는 보복하시며 진노하시되 자기를 거스르는 자에게 여호와는 보복하시며 자기를 대적하는 자에게 진노를 품으시며" 또 3절에서도 "벌 받을 자를 결코 내버려두지 아니하신다고" 말씀하십니다. 하나님은 사랑의 하나님이시지만 당신을 거스르는 자와 대적하는 자에게 쉽게 우리 흔히 쓰는 속된 말로 게기는 자에게는 절대로 관용하지 않으십니다. 적당히 못 본체 하거나 그냥 슬그머니 봐주며 넘어가지 않는다는 말이지요 그들에게는 반드시 보복하시고 진노를 내리십니다. 하나님은 죄를 결코 그냥 사하지 않으십니다. 왜냐하면 죄값은 사망이기 때문입니다. 욕심이 죄를 낳고 죄가 장성하면 사망을 가져옵니다.
롬6장 23절은 "죄의 삯은 사망이요 하나님의 은사는 그리스도 예수 우리 주 안에 있는 영생이니라" 한마디로 죄 지면 죽고 하나님의 은사는 영생입니다. 그러므로 죄 지은 자가 그 누구도 감히 하나님 앞에 죄 없는 체 하며 당당히 설 수 있는 자 아무도 없습니다. 그러나 하나님께서는 인애하신 하나님으로 회개하는 자에게 용서해 주십니다. 기회를 주십니다. 얼마나 다행입니까? 억만죄악으로 죽어 마땅한 우리 죄인들에게 회개하면 용서해 주신다고 하니 정말 감사하지 않을 수 없습니다. 하나님은 우리가 우리의 죄를 고백하면 등에 기록한 것 볼 수 없고 동에서 서가 먼 것처럼 기억하지도 않으신다고 하십니다. 사랑의 하나님께 우리의 죄를 고민하지 말고 솔직히 털어 놓고 고백하며 죄 용서함 받는 이 새벽이 되시기 바랍니다.

둘째, 자기에게 피하는 자들을 아신다고 말씀하십니다.

7절에 "여호와는 선하시며 환난 날에 산성이시라 그는 자기에게 피하는 자들을 아시느니라" 말씀하고 계십니다.
하나님께서는 하나님만 의뢰하고 다른 것은 아무것도 의뢰하지 말라고 요구하십니다. 질투하시는 하나님이십니다.
십계명 중 제1계명도 "너는 나 외에는 다른 신들을 네게 두지 말지니라(출20:3)고 말씀하십니다. 질투하시는 하나님의 요구대로 그 뜻대로 하나님 한 분만 잘 섬기도록 합시다.

셋째, 경고를 들은 니느웨 백성은 회개하여 멸망을 면할 수 있었습니다.

8절은 경고를 흘려 버리면 "그가 **범람하는** 물로 그 곳을 **진멸**하시고 **자기 대적들을 흑암으로 쫓아내신다**"고 말씀하십니다. 니느웨는 앗수르의 수도인데, '나의 연고'라고 말한 요나가 하나님의 이름으로 나훔보다 약 100년 전에 이 큰 성읍의 멸망을 예언했었습니다. 그런데 다행히도 요나의 말을 듣고 니느웨 온 백성들이 왕으로부터 어린 아이에 이르기까지 회개하고 **가축까지도** 금식을 하며 자기들의 **죄를 통회 자복**하여 하나님께서 **대적과 진노의** 뜻을 돌이키시므로 임박한 멸망을 면할 수 있었습니다. 하나님께서는 악인들이 경고에 대해 귀를 기울이고 즉각적으로 회개하기를 원하십니다. 오늘 본문의 주제는 경고(Warning)로 이 말은 주의하라고 경계하여 알림을 가리키는 말인데 성경은 말세의 성도들이 믿음을 잘 지키도록 깨어 근신하여 살라고 경고하고 있습니다. 이 경고를 귀 담아 듣지 않고 무시하면 **어떻게 돼요?** 심판을 받게 되는 것입니다.

이제 말씀을 마칩니다.
나훔을 통해 니느웨에 대한 경고의 말씀으로
1) **하나님을 거스르면 심판받고**
2) **자기에게 피하는 자들을 구해주시며**
3) **경고를 듣고 회개한 니느웨 백성은 멸망을 면할 수 있었습니다.**
이 말씀대로 믿음을 잘 지키며 살기 원하는
저희들에게 **예수님의 은혜**와 **하나님의 사랑**과 **성령님의 역사하심이** 임하기를 간절히 **축원합니다.**
감사합니다.

다음은 목요일 2월18일 구약#5. 3장짜리
하박국(1302쪽)입니다

찬송가 해설

1. 528장(예수가 우리를 부르는 소리)

마 11:28 "수고하고 무거운 짐진 자들아 다 내게로 오라 내가 너희를 쉬게 하리라"라는 말씀에 근거로 지어진 찬송입니다.

이 찬송은 미국의 톰프슨이 1880년에 작사·작곡하였습니다. 그는 미국 오하이오 마운트 유니온대학과 보스턴음악학교에서 공부했고 독일 라이프치히에서도 공부했는데 그는 눅15장에 나오는 '탕자의 비유'를 바탕으로 아들이 돌아 오기를 간절히 기다리는 아버지의 심정으로 이 복음찬송을 작사·작곡하였습니다.

"죄 있는 자들아 이리로 오라 주 예수 앞에 오라"
다같이 **찬송 528장**을 부르겠습니다.

2. 538장(죄짐을 지고서 곤하거든)

이 찬송은 사53:6 "우리 모두의 죄악을 그에게 담당시키셨도다"라는 말씀에 근거로 지어진 찬송입니다.

이 찬송은 **결신자들을 초대하는 찬송**으로 미국의 유명한 찬송 작가인 **모리스 여사**가 1898년 메릴랜드의 한 부흥집회에 참석했을 때 작사·작곡했습니다.

"**죄짐을 지고서 곤하거든 네 맘속에 주 영접하며…의심을 다 버리고 구주를 영접하라 맘 문 다 열어 놓고 네 구주를 영접하라**"고 노래하는 찬송가 538장을 부르시겠습니다.

5 구원의 하나님으로 기뻐하리로다 (하박국3:16-19/ ♪ 182, 185)

지난 월요일 말씀은 나훔 1장 1절의
나훔을 통해 니느웨에 대한 경고의 말씀으로
1) **하나님을 거스르면 심판받고**
2) **자기에게 피하는 자들을 구해주시며**
3) **회개한 니느웨 백성은 멸망을 면할 수 있었습니다.**
오늘 함께 볼 말씀은 구약성경의 다섯 번 째로 3장인 하박국입니다.
하박국의 약자는 "합"이며 저자는 책이름과 같이 하박국이고

기록연대는 주전B.C 612년-598년경에 썼습니다.

기록목적은 하박국의 질문에 대해 답변을 통해, 세상에서 악인이 승리하는 것처럼 보이는 모순된 현실 속에서도 하나님께서 여전히 세상을 주관하고 계심을 알려 주기 위해 기록하였습니다.

먼저, 하박국의 주석 몇 군데 살펴보겠습니다.

① 1장 6절 "보라 내가 **사납고** 성급한 백성 곧 땅이 넓은 곳으로 다니며 자기의 소유가 아닌 거처들을 점령하는 **갈대아 사람**을 일으켰나니 "에서 '**사납다**'는 것은 **잔인성과 흉포성**을 대변하는 말로 렘6:23절이 잘 설명해 주고 있습니다. "그들은 **활과 창을** 잡았고 **잔인하여 사랑이 없으며** 그 목소리는 바다처럼 (사자가 으르렁 거리듯) **포효하는** 소리라 그들이 말을 타고 전사 같이 다 대열을 벌이고 시온의 딸인 너를 치려 하느니라 하시도다"
한마디로 살벌하죠?

② 1장 10절의 "왕들을 멸시하며 방백을 조소하며 모든 견고한 성들을 비웃고 흉벽을 쌓아 그것을 점령할 것이라"
에서 '멸시' '조소' '비웃고' 등의 표현은 군사력과 무력에 의존하는 **갈대아인의 교만과 어리석음**을 나타냅니다. 또 '흉벽'은 성을 공략할 목적으로 토성을 쌓는 것을 가리킵니다.

③ 2장 4절 "보라 그의 마음은 교만하여 그 속에서 정직하지 못하나 **의인은 그의 믿음으로 말미암아 살리라**"에서
'그의 마음'은 바벨론을 대표한 **집권자의 교만한 마음**을 뜻합니다. 특히, 하반절의 '의인은 믿음으로 말미암아 살리라'는 말씀은 16세기 **종교개혁자들의 슬로건**이 되었습니다.

④ 3장 2절 "여호와여 내가 **주께 대한 소문**을 듣고 놀랐나이다 **여호와여 주는 주의 일을 이 수년 내에 부흥하게 하옵소서** 이 수년 내에 나타내시옵소서 진노중에라도 긍휼을 잊지 마옵소서"
에서 '주께 대한 소문'은 이스라엘 백성을 갈대아로부터 해방시켜 주겠다는 약속의 계시를 말씀하시면서 **교회들의 표어로 많이 사용하는** 그 유명한 '**여호와여 주는 주의 일을 수년 내에 부흥하게 하옵소서**'라는 말씀이 **하박국 3장 2절**의 말씀입니다.

⑤ 3장 18절 "나는 여호와로 말미암아 **즐거워하며** 나의 **구원의 하나님**으로 말미암아 **기뻐하리로다**"에서 '**구원의 하나님**'은 자신의 **친 백성을 구원**하시는 **하나님**이시기 때문에 적국의 **침략**을 당할 때에도 두려워 떨지 말고 오히려 즐거워하며 기뻐하라고 하십니다.

시편 기자는 이러한 기쁨을 종종 노래하였습니다.
시 31장 19절 "주를 두려워하는 자를 위하여 **쌓아 두신 은혜** 곧 주께 피하는 자를 위하여 인생 앞에 베푸신 은혜가 어찌 그리 큰지요"

자! 그러면 하박국 3장 16-19절의 본문 중 18절의 "나는 여호와로 말미암아 즐거워하며 나의 구원의 하나님으로 말미암아 기뻐하리로다"는 말씀 중 하반절의 '**구원의 하나님으로 기뻐하리로다**'란 제목으로 말씀 증거할 때에 은혜의 시간이 되길 바랍니다.

오늘은 하박서를 살펴보는데 하박국이란 이름은 '포옹하다'라는 뜻의 히브리어 어근에서 파생되었다고 합니다.
하박국은 레위 지파로서 성전에서 악기를 다루는 자였으며 그는 또한 믿음의 선지자로

불린바 2장 4절의 "의인은 그 믿음으로 말미암아 살리라"는 말씀은 바울 신학의 주체가 되었고 루터가 종교개혁의 기수로 되는데 결정적인 역할을 했던 메시지로 '의인은 믿음으로 살아야 한다'는 하박국의 묵시로 인한 것이었습니다. 천국에 가는 길은 오직 믿음입니다. 다른 길은 없습니다. 어느 민족 누구든지 믿음으로만 의롭게 될 수 있다는 점을 명심해야 되겠습니다.

그러면 믿음으로 사는자에게 진정한 행복은 마음에 있는 기쁨의 분량에 비례한다고 볼 수 있습니다. 잘 믿는다고 하면서도 불안에 떨고 늘 걱정근심으로 수심에 찬 얼굴로 산다면 행복한 크리스챤이라고 말하기 곤란합니다.

오늘 본문은 기쁨이 넘치는 삶에 대하여 언급하고 있습니다. **어떤 기쁨**일까요?

첫째, 환난중에도 기뻐하는 기쁨입니다.

참으로 어려운 말이지요?
그러나 진정한 기쁨은 하나님께로부터 오는 기쁨은 환경이나 여건을 뛰어 넘는 초월적인 기쁨이어야 합니다.
즉, 환난과 시련과 역경가운데서도 기뻐하는 기쁨인 것입니다. 하나님의 자녀된 여러분과 저에게는 성도된 우리에게는 이 기쁨이 약속되어 있습니다.
요한복음 15장에서 **나는 포도나무요 내 아버지는 농부라**하시며 **너희는 가지니** 11절에서 "내가 이것을 너희에게 이름은 내 기쁨이 너희 안에 있어 **너희 기쁨을 충만하게** 하려 함이라"고 **기쁨이 충만하라**고 하십니다.
살전 5장 16 "항상 기뻐하라"고 그리스도 예수안에서 너희를 향하신 하나님의 뜻이라고 말씀하십니다.
또 주기철 목사님께서 일제 강점기 신사참배 반대할 때 감옥에 갇혀 옥중생활할 때 그의 부인 오정모여사와 헤어지면서 서로 나눈 인사말로 주목사님은 '항상 기뻐하시오' 하고 오사모는 '쉬지말고 기도하시오' 했다고 하지요
편안한 여건에서 신앙생활하는 우리는 더욱 기뻐해야 하겠습니다.

둘째, 여호와로 말미암은 기쁨입니다.

하박국의 기쁨은 환경에서 오는 기쁨이나 자신에게서 우러나오는 그런 기쁨이 아니라 **여호와로 말미암은 기쁨**, 즉 여호와로 인하여 여호와를 기뻐하는 여호와 자체가 기쁨이었습니다.
이 기쁨이 바로 성도에게 요구되는 기쁨입니다. 우리는 항상 기뻐하되 처해 있는 여건이나 환경이 행복해서가 아니라 또 받은 복이 풍성하여서 기뻐하는 것이 아니라 오직 우리의 구원자이신 주로 말미암아 기뻐해야 합니다.
17-18절 다함께 봅시다.
"비록 **무화과나무**가 무성하지 못하며
포도나무에 열매가 없으며, **감람나무**에 소출이 없으며
밭에 먹을 것이 없으며, **우리**에 양이 없으며,
외양간에 소가 없을지라도
나는 여호와로 말미암아 즐거워하며 나의 구원의 하나님으로 말미암아 기뻐하리로다"
정말 존경스럽습니다. 본받고 싶습니다.

셋째, 주께서 힘과 능력이 되십니다.

전능하신 엘로힘의 하나님은 우리 성도들에게 힘과 능력이 되시며 **주를 의뢰하는 사람들에게** (누구에게?) 힘과 능력을 주십니다.
시18:1 "나의 힘이신 여호와여 내가 주를 사랑하나이다"
여호와는 나의 반석이요 요새시요 나를 건지시는 자시요 나의 하나님이시요 피할 바위시요 나의 방패시며 구원의 뿔이시요 나의 산성이십니다. 코로나19로 다 죽겠다고 하여도 우리는 환난중에도 힘과 능력이 되시는 하나님으로 말미암아 기뻐해야 합니다.

이제 말씀을 마칩니다.
하박국을 통해 주시는 말씀처럼 구원의 하나님으로 기뻐해야합니다.
1) **환난중에도 기뻐해야 합니다.**
2) **여호와로 말미암아 기뻐해야 합니다.**
3) **주께서 주시는 힘과 능력으로 살아야 합니다.**

이 말씀대로 기쁨충만한 삶을 살기 원하는
여러분과 저에게 **예수님의 은혜**와 **하나님의 사랑**과 **성령의 충만함이** 넘치시길 간절히 **축원**합니다. 감사합니다.

내일은 요일 2월18일 구약#6. 3장짜리
스바냐(1306쪽)입니다

찬송가 해설

1. 182장(강물같이 흐르는 기쁨)

요 14:27 "곧 나의 평안을 너희에게 주노라"라는 말씀에 근거하여 지어진 찬송입니다.

이 찬송은 아일랜드의 선교사 퍼거슨여사가 성령운동집회에서 **성령의 충만함을 체험**하고 이 찬송가사를 썼습니다.
먀셜이 작곡한 이 찬송은 **성령의 풍성한 임재를** 가뭄 속의 단비 또는 찬란한 햇빛과 **생명 시내** 등으로 표현한 **성령 강림절 찬송**입니다.
이 아침에 "주님 주시는 참된 평화가 넘치기를" 바랍니다.

다같이 **찬송 182장**을 부르겠습니다.

2. 185장(이 기쁜 소식을)

이 찬송은 눅4:18 "주의 성령이 내게 임하셨으니 이는 가난한 자에게 복음을 전하게 하시려고"라는 말씀에 근거하여 지어진 찬송입니다.

이 찬송은 미국의 보톰 목사가 작사하였고 커크 패트릭이 작곡하였는데 성령이 임한 기쁜 소식을 전하자는 성령강림절 찬송입니다.

이 기쁜 소식을 온 세상에 전합시다
성령이 오셨습니다.
찬송가 185장을 부르겠습니다.

6. 너의 하나님 여호와가 너희 가운데 계시니 (스바냐3:14-20/ ♪ 430, 429)

어제 말씀은 하박국 3장 18절의
'구원의 하나님으로 기뻐하리로다'는 제목으로
1) 환난중에도 기뻐하자고 했고
2) 여호와로 말미암아 기뻐하자고 했으며
3) 주께서 주시는 힘과 능력으로 살자고 하였습니다.
오늘 함께 볼 말씀은 구약성경의 여섯 번 째로 짧은 3장인 스바냐입니다.
스바냐의 약자는 "습"이며 저자는 책이름과 같이 스바냐이고

기록연대는 주전B.C 640년-622년경에 썼습니다.

기록목적은 장차 하나님의 공의로운 심판이 임할 '여호와의 날'을 선포함으로써, **죄악에 빠진 악인에게는 회개를 촉구**하고, 경건한 의인에게는 구원의 소망을 심어 주기 위해 기록하였습니다.

먼저, 스바냐의 주석 몇 군데 살펴보겠습니다.

① 1장 1절 "아몬의 아들 유다 왕 요시야의 시대에 **스바냐**에게 임한 여호와의 말씀이라 스바냐는 히스기야의 현손이요 아마랴의 증손이요 그다랴의 손자요 구시의 아들 이었더라"에서 '스바냐'는 '여호와께서 보호하시는 자'란 뜻을 가졌으며 유다왕 요시야 때 활동하였습니다.

② 1장 7절의 "주 여호와 앞에서 잠잠할지어다 이는 여호와의 날이 가까웠으므로 여호와께서 희생을 준비하고 그가 **청할 자**들을 구별하셨음이니라"에서 '청할 자'는 하나님이 유다와 예루살렘을 심판하기 위해 예비하신 이방 민족, 즉 **바벨론 제국**을 가리킵니다.

③ 2장 9절 "장차 모압은 소돔 같으며 암몬 자손은 고모라 같을 것이라 **찔레가 나며**

소금 구덩이가 되어 영원히 황폐하리니 내 백성의 남은 자들이 그들을 노략하며 나의 남은 백성이 그것을 기업으로 얻을 것이라"에서 '찔레가 나며'는 땅이 황폐해짐을 나타내는 말로 하나님이 **모압과 암몬의 민족들을 이와 같이 멸절하시겠다는 예언의 말씀**입니다.

④ 3장 5절 "그 가운데에 계시는 여호와는 의로우사 불의를 행하지 아니하시고 아침마다 빠짐없이 자기의 **공의를 비추시거늘 불의한 자는 수치를 알지 못하는도다**"에서 '공의'는 여호와께서 **항상 그의 공의를 그들에게 나타내 보이시지만**, 그들은 **뻔뻔스럽게도 그것을 무시하고 더욱 악에 빠져** 들어갔습니다.

⑤ 3장 16절 "그 날에 사람이 예루살렘에 이르기를 두려워하지 말라 시온아 네 손을 늘어뜨리지 말라"에서 '네 손을 늘어 뜨리지 말라'는 말은 '용기를 잃지 말라'는 뜻으로 **코로나19의 악조건에도 낙심하거나 절망하지 말고 하나님만 의지하는 믿음으로 담대하게 역경을 이겨 나가라**는 뜻입니다.

자! 그러면 스바냐 3장 14-20절의 본문 중 17절의 "너의 하나님 여호와가 너희 가운데 계시니"라는 제목으로 말씀 전할 때 은혜의 시간되기 원합니다.

오늘은 스바냐를 살펴보는데 스바냐는 1절에 보니 **요시야 왕** 통치기간 동안에 **예언**하였는데 스바냐는 변절한 유다를 포함한 모든 열방을 혹독하게 징계하시는 여호와의 날이 온다는 것입니다. 그는 **형벌의 무서움을 잘 묘사하는 반면 하나님은 그의 백성을 향해 여전히 은혜로우시며 사랑이 많으시다는** 말하고 있습니다. 그는 비록 **심판을 예언하지만 그 심판은 곧 있을 영광스러운 회복과 임할 복을 염두해 두고** 있습니다.
마치 칠흑같은 **어둔 밤이 지나면** 새벽이 동터 오듯이, 추운 **겨울이 지나면** 춘삼월 호시절이 오듯
스바냐는 하나님의 백성됨으로 당하는 **온갖 수난 속에서도 믿음을 굳게 지키며 남은 자들이 받을 복을 말하고** 있는데

첫째, 죄인이 용서함을 받는 복입니다.

얼마나 감사합니까?
♪찬송305장 "나같은 죄인 살리신 주 은혜 놀라와 잃었던 생명 찾았고 광명을 얻었네" 15절에 "네 형벌을 제거하였고"란 말씀이 있는데 이말은 그들이 형벌을 받은 까닭은 죄를 지었기 때문입니다. 인과응보라고 원인없는 결과는 없죠 씨 안 뿌렸는데 싹이 나고 열매가 맺을 수 없죠?
하나님은 자기 백성을 사랑하시되 질투하시기까지 사랑하십니다. 그래서 사랑하는 자가 죄를 지을 때 참으시지 않습니다. 꾸짖고 벌하십니다. 죄 짓는 백성에게 징계하심은 그것 또한 사랑하기 때문이란 것을 알아야겠습니다.
사53장 4절 "그는 실로 우리의 **질고를 지고** 우리의 **슬픔을 당하였거늘** 우리는 생각하기를 그는 **징벌을 받아** 하나님께 맞으며 **고난을 당한다** 하였노라"

죄 없는 주님은 우리의 질고와 슬픔을 대신 지셨습니다.
시103편 3절 "그가 네 모든 **죄악을 사하시며** 네 모든 병을 고치시며"라고 함같이 우리의 **모든 죄악**을 사해 주셨습니다.
덤으로 여호와 살롬의 **평강의 복**까지 허락해 주셨습니다.

둘째, 임마누엘의 함께하심을 약속해 주셨습니다.

15-16질은 "여호와가 네 가운데 계시니 네가 다시는 화를 당할까 두려워하지 말라하시며 시온아 네 손을 늘어 뜨리지 말라"하십니다.
우리가 **사방으로 우겨쌈을 당하고 박해를 받고 거꾸러 뜨림을 당하여도** 두려워하지 말아야 할 것은 임마누엘의 하나님께서 우리와 함께 하시기 때문입니다.
갓 태어난 아기는 엄마 품에 안기면 세상 모르고 편안히 잘 잘 수 있는 것처럼 우리도 하나님 품에 안기고 하나님께서 우리와 **함께 하시면 만사형통**입니다. 걱정 끝! 모든 것이 합력하여 선을 이루는 것입니다. 저는 종전에는 어느 사회학자가 말한 것에 의하면 실제적인 걱정은 5%에 불과하다고 알았는데 최근에 어느 강좌를 통해 강의 듣다보니 그 강사는 4%로 말하더군요 우리가 해결할 수 있는 걱정은 거의 없다고 해도 과언이 아닌 것 같습니다. 따라서 미안하지만 걱정일랑 주님께 맡기고 항상 기뻐하라는 주님의 명령따라 즐겁고 기쁘게 살며 **행복한 삶**을 살아갑시다.

셋째, 쉴만한 물가으로 푸른 초장으로 인도하십니다.

여호와께서는 죄악많은 세상에 흩어져서 살면서 유리 방황하는 이스라엘의 남은 자들을 목자 잃은 양같이 여기고 잃은 양을 찾아 헤매이며 돌아오기만 밤새 기다리십니다. 찾으면 안고 기뻐하며 잔치를 배설합니다.
잃은 양같던 우리를 찾으시고 교회로 불러 주시어서 하나님께 예배드리시기를 원하십니다. 하나님은 참으로 예배하는 자를 찾으시므로 예배드리는 자는 영과 진리로 예배할지니라 모이기를 폐하는 어떤 사람들의 습관과 같이 하지말고 그 날이 가까울수록 모이기를 더욱 힘쓰라 하십니다.
아무리 코로나19로 5인이상 모이지 말라 하지만 우리는 조심스럽게 사회적 거리두기를 지키며 손을 씻고 마스크를 쓰고서라도 모여 예배드려야 합니다. 이렇게 새벽예배드리는 것이 얼마나 다행스러운지 모르겠습니다. 감사할 뿐입니다.
하나님이 세운 교회! 만민이 기도하는 집이 하나님의 교회는 음부의 권세가 해하지 못합니다. 흔들지 못합니다.
계5장 10절에 보니 "그들로 우리 하나님 앞에서 나라와 제사장들을 삼으셨으니 그들이 **땅에서 왕 노릇**"한다고 말씀하십니다.
선을 행하다가 낙심하지 말지니 끝까지 참는 자가 복을 받습니다. 쉴만한 물가으로 푸른 초장으로 인도하시는 선한 목자되신 주님의 인도하심 따라 **평안히 거하는** 우리 모두가 되길 원합니다.

이제 말씀을 마칩니다.
너의 하나님 여호와가 너희 가운데 계시니, 이 복은
1) **죄인이 용서함을 받는 복이요**
2) **임마누엘의 함께하시는 복으로**
3) **쉴만한 물가으로 푸른 초장으로 인도하십니다.**

이 말씀대로 주님 인도함 따라 순종하며 살기 원하는
여러분과 저에게 **예수님의 은혜**와 **하나님의 사랑**과 **성령의 인도하심이** 늘 함께하시길 **간절히 축원합니다.** 감사합니다.

다음 목요일 2월25일 구약#7. 4장짜리
룻기(402쪽)입니다

찬송가 해설

1. 430장(주와 같이 길가는 것)

창 5:24 "에녹이 하나님과 동행하더니"라는 말씀에 근거

이 찬송은 캐나다 태생의 **복음찬송작가**로 활동하던 심프슨 목사가 작사·작곡하였고 172편의 찬송을 남겼는데 하나님이 총애하신 에녹을 생각하며 지었다고 합니다.

"**한걸음 한걸음 주 예수와 함께
날마다 날마다 우리 걸어 갑시다**"
다같이 **찬송 430장**을 부르겠습니다.

2. 429장(세상 모든 풍파 너를 흔들어)

이 찬송은 **엡1:3 "모든 신령한 복을 우리에게 주시되"**라는 말씀에 근거

이 찬송도 미국 뉴저지 태생의 감리교 부흥사이며 복음찬송작가인 오트만 목사가 작사하였는데 그는 일생동안 5천여편의 찬송시를 남겼다고 합니다. 놀라지도 않네요 그 많은 찬송시 중 가장 훌륭한 찬송이라고 합니다.
엑셀이 작곡하였습니다.

주께 받은 복을 세어 보며, 천사들이 보호하리니 염려없이 앞만 보고 나갑시다.
찬송가 429장을 부르겠습니다.

7 어머니의 하나님이 나의 하나님 (룻기1:15-22/♪384, 144)

지난 주 금요일 말씀은 스바냐 3장 17절의
'너의 하나님 여호와가 너희 가운데 계시니' 라는 제목으로 남은자에게 주시는 복은?
1) 죄인이 용서함을 받는 복이요
2) 임마누엘의 함께하시는 복으로
3) 쉴만한 물가로 푸른 초장으로 인도하신다고 했습니다.

오늘 함께 볼 말씀은 구약의 일곱 번째로 4장인 **룻기**입니다.
룻기의 약자는 "**룻**"이며
저자는 모른다고 하나 유대전승은 '**사무엘**'이라고 하며
기록연대는 주전B.C 1010년-970년경에 썼습니다.
기록목적은 당시의 시대상황이 암울하고 타락한 사사시대에, **모압 여인 룻**을 중심으로 하나님의 놀라운 섭리와 룻의 아름다운 **효성**과 **신앙**의 이야기를 들려주기 위해 기록하였습니다.

먼저, 룻기의 주석 몇 군데 살펴보겠습니다.

① 1장 1절 "사사들이 치리하던 때에 그 땅에 흉년이 드니라 유다 베들레헴에 한 사람이 그의 아내와 두 아들을 데리고 모압 지방에 가서 거류하였는데"에서 '**사사들이 치리하던 때**"란 **여호수아**가 죽은 이후부터 **사울왕**이 대두하기 전 약350여 년간을 말합니다. 특별한 지도자들이 없이 **필요에 따라 세워진 사사들에 의해 통치되던 때**였습니다.

② 1장 20절의 "나오미가 그들에게 나를 나오미라 부르지 말고 나를 마라라 부르라 이는 전능자가 나를 심히 괴롭게 하셨음이니라"에서 '**마라**'는 '**괴로움**'이란 뜻으로 '**쓰디쓴 경험을 한 자**'란 의미로 사용되었습니다.

출15장 23절에서도 "마라에 이르렀더니 그 곳 물이 써서 마시지 못하겠으므로 그 이름을 마라라 "하였다고 합니다.

③ 2장 12절 "여호와께서 네가 행한 일에 보답하시기를 원하며 이스라엘의 하나님 여호와께서 그의 **날개 아래**에 보호를 받으러 온 네게 온전한 상 주시기를 원하노라 하는지라"에서 '날개아래'는 새의 날개나 옷자락을 의미하며 시91편3-4절에 보면 "3. 이는 그가 너를 새 **사냥꾼의 올무**에서와 **심한 전염병**에서 **건지실 것임이로다**. 4. 그가 너를 그의 깃으로 덮으시리니 네가 **그의 날개 아래**에 피하리로다 그의 진실함은 방패와 손 방패가 되시나니"라고 자비로우시며 그 지으신 모든 것에 **긍휼을 베푸시는 하나님의 손길**을 의미하기도 합니다.

④ 4장 15절 "이는 네 생명의 회복자이며 네 노년의 봉양자라 곧 너를 사랑하며 **일곱 아들**보다 귀한 네 며느리가 낳은 자로다 하니라"에서 '일곱 아들'은 태의 열매를 여호와께서 주는 축복으로 간주했던 이스라엘에서는 아들을 얻는 것을 크게 여겼습니다. 저의 작은집도 아들 낳으려고 딸 다섯에 아들을 낳았습니다.

⑤ 4장 22 "오벳은 이새를 낳고 이새는 **다윗을 낳았더라**"에서 나오는 '다윗'은 **이스라엘 역사상 가장 위대한 왕으로 나오미는 다윗의 고조모**이고, **룻은 증조모**이며, 보아스와 룻에게서 태어난 **오벳은** 이새를 낳고 이새는 다윗을 낳았으니 **다윗의 조부**였습니다.

자! 그러면 룻기 1장 15-22절의 본문 중 16절의 "어머니의 백성이 나의 백성이 되고 어머니의 하나님이 나의 하나님이 되시리니"에서 **"어머니의 하나님이 나의 하나님"** 이라는 제목으로 말씀 전할 때 은혜의 시간되기 원합니다.

오늘은 룻기를 살펴보는데 룻기는 남편이 죽은 뒤, 과부인 시어머니와 함께 베들레헴으로 이주한 **모압 여인** 룻의 이름을 따서 붙인 명칭입니다. **룻은 다윗왕과 예수님의 조상** 이었으므로 **이스라엘 역사에서 중요한 위치**를 차지하고 있다고 말할 수 있습니다.

오늘 제목을 정할 때 저는 "마음이 찡하네요 정말로" 유행가 가사처럼 저의 마음에 강한 울림을 느꼈습니다. "어머니의 하나님이 나의 하나님이 된다"는 이 말이 얼마나 가슴에 강한 감동을 주는지 혼자 희열과 은혜의 바다로 배 저어 가듯 은혜의 강가에서 기쁨을 맛보았습니다.
요즘 시대는 어떻습니까? 아파트이름을 외래어로 써서 시어머니 자식집에 찾아 오지 못하도록 지었다는 웃지 못할 유머와 또 명절에 해외 여행가니 돈 10만원 용돈 보내면서 오지 마시고 잘 명절 쇠라는 싸가지가 바가지인 며느리의 풍조에 비하면 정말 효성이 지극한 자부인데 룻의 믿음은 어떤 믿음이었는지 살펴보며 함께 은혜를 나누고 싶습니다.

시어머니가 룻에게 고향으로 돌아가 젊음이 아까오니 네 인생은 네가 알아서 잘 살거라 하며 가라 하였건만 룻은 말하기를 "**시어머니의 하나님이 나의 하나님**"이라며 함께 하나님을 섬기고 싶어 나오미를 **진드기마냥** 떨어지지 않고 따라 갔습니다.
다윗의 조상과 예수님의 조상이 될만한 훌륭한 인성을 갖춘 현모양처의 모범인 룻은 어떤 사람이었을까요?

첫째, 겸손한 사람이었습니다.

하나님의 사람은 어디가 달라도 다른 면모가 있습니다.
겸손은 존귀의 길잡이요 교만은 패망의 선봉인 것은 여러분이 더 잘 아시지요?
겸손한 자는 범사에 감사한 마음으로 살아가고 겸손하지 못한 자는 교만과 불만과 원망으로 살아갑니다.
룻은 시어머니 나오미에게 인간적으로 바랄것이 아무 것도 없었습니다. 그럼에도 불구하고 룻은 돈도 없도 힘도 없는 늙은 시어머니를 모시고 봉양하며 살겠다고 결심하며 고집을 부렸습니다. 이러한 태도는 **우연이 아니라 평소 신앙으로 단련된 하나님을 섬기던 겸손한 믿음의 발로인 것입니다.**

♪찬송212장 "겸손히 주를 섬길 때" 괴로운 일이 많으나
구주여 내게 힘~주사 잘 감당하게 하소서!

둘째, 사랑이 많은 사람이었습니다.

룻은 사람이 된 사람이었습니다.
룻은 가진 것이라고는 아무것도 없는 늙은 시어머니를 **무조건** 사랑했습니다. 또한 룻! 그녀는 이쁘기도 하지요?
시어머니가 섬기는 하나님을 극진히 사랑했습니다.
16절의 오늘 제목과 같이 "어머니의 하나님이 나의 하나님이 되시리니" 믿음도 대물림입니다. 마치 기와집이나 초가집 말고 스레트 지붕은 그 골을 따라 비가 오면 흐르듯이 신앙도 부모의 신앙을 닮아 갑니다. 그래서 자녀들 여울 때 딸은 어머니를 보고, 아들은 아버지를 살펴 보라고 하는 말이 있습니다. 맞습니다. 우리 예수님께서도 룻과 같은 믿음의 사람을 찾고 계십니다.
하나님을 사랑하는 마음이 없이는 시어머니 나오미를 사랑할 수도 없고 봉양할 수도 없었을 것입니다.
하나님의 속성은 사랑이십니다. 미움은 다툼을 일으켜도 사랑은 모든 허물을 덮습니다. 사랑은 율법의 완성입니다.
믿음 소망 사랑 이 세가지는 항상 있을 것인데 그중에 제일은 사랑이라고 말씀합니다.
우리도 룻과 같은 마음으로 하나님을 사랑하고
이웃을 내몸처럼 사랑합시다.

셋째, 하나님과 동행하는 사람이었습니다.

룻은 16절에 "어머니께서 가시는 곳에 나도 가고 어머니께서 머무시는 곳에 나도 머물겠다"고 합니다. 룻은 어떤 열악한 환경과 조건속에서도 시어머니를 섬기겠다는 각오가 대단했습니다.

여러분! 에녹을 잘 아시지요?
에녹은 자녀를 낳으며 이 땅에서 300년을 하나님과 동행하며 살았습니다. 룻도 나오미와 함께 하나님과 동행하며 살았습니다.

룻의 신앙은 부모를 버리고 혼자만 잘 살겠다고 도시로 나가는 불효막심한 사람이나 어른을 공경하지 않고 버릇없이 지하철에서 노인 할아버지에게 쌍욕하며 달라드는 못된 녀석들과는 차이가 많이 나죠? 우리는 **착한 룻! 효성이 지극한 룻을 본 받아야** 하겠습니다.

이제 말씀을 마칩니다.
'어머니의 하나님이 나의 하나님'이시라며 나오미를 따라간 룻은
1) 겸손한 사람이었습니다.
2) 사랑의 사람이었습니다.
3) 하나님과 동행한 사람이었습니다.
룻처럼 같이 살기 원하는 여러분과 저에게 **예수님의 크신 은혜와 하나님의 넘치는 사랑과 성령의 역사하심이 평생토록** 함께하시길 간절히 축원합니다. 감사합니다.

다음 목요일 3월4일 구약#8. 4장짜리 요나(1287쪽)입니다

찬송가 해설

1. 384장(나의 갈 길 다 가도록)

딤후 4:7 "나는 선한 싸움을 싸우고 **나의 달려갈 길을 마치고 믿음을 지켰으니**"라는 말씀에 근거

이 찬송은 그 유명한 미국의 맹인 찬송 작가 크로스비 여사가 작사하였는데 그녀는 어느 날 5달러가 필요해 기도했는데 그를 만나러 온 사람이 가면서 손에 5달러를 건네주고 갔다고 합니다. 그녀는 너무나도 정확하신 하나님의 응답에 감사하면서 이 찬송시를 써 내려갔고 곡은 크로스비의 부탁을 받은 로우리목사가 작곡하였습니다.

무슨 일을 만나든지 만사형통케 하시는
하나님을 찬송합시다.

다같이 **찬송 384장**을 부르겠습니다.

2. 144장(예수 나를 위하여)

이 찬송은 **엡2:16** "십자가로 이 둘을 한 몸으로 **하나님과 화목하게 하려 하심이라**"라는 말씀에 근거

이 찬송도 **8,000여편의 찬송시**를 남긴 미국의 **크로스비** 여사가 지었고
곡은 2,200여편의 곡을 작곡한 미국의 돈이 곡을 붙였습니다.
"**예수님 예수님 나의 죄를 위하여**
 보배피를 흘리니 **죄인받으소서**"

찬송가 144장을 부르겠습니다.

8. 물고기 뱃속에서 기도한 요나 (요나2:1-10/ ♪524, 529)

(기도 : 하나님 감사합니다. 코로나19가운데서도 예배드리게 허락해 주시니 감사합니다. 마른 막대기 만도 못하고 입이 뻣뻣하고 둔한 종이 말씀 전하오니 **성령님 도와 주옵소서** 예배 드리는 시종을 성령님 간섭하여 주시고 영과 진리로 드리는 **이 예배를 통하여 하나님 홀로 영광받아 주시옵소서 예수님이름으로 기도하였습니다. 아멘**)

안녕하세요 **협동목사 유영필입니다.**
담임목사님 성대로 갑자기 스페어 기사가되어 대신 서게 되었습니다. 제가 지난해 **7월 8일 수요예배시 간증설교 후 약 8개월만에** 여러분 앞에 다시 말씀을 전하게 되어 간헐적으로 하는 설교로 설교부담이 되지만 **지난 주일 밤 백석대 부총장이신 김목사님께서 설교시작하시면서** 머리말에서 "**말씀 잘 하려고 연구하면 안 된다**"는 말씀이 저에게 크게 와 닿았고 힘이 되어 **아멘으로 화답하였습니다.**

김목사님은 정말 명 설교가이십니다. 아멘 잘하지 않는 제가 저절로 아멘이 나왔으니까요 왜냐하면 아주 오래 전 주일학교 반사시절 20대 시절이니까 약 40년전에 공무원으로 근무하면서 사무실에서 까놓고 말씀을 준비할 형편이 안 되어 화장실에 가서 공과 준비를 남몰래 열심히 준비했는데 막상 아이들 출석 부르고 **기도 후** 말씀 전하려고 눈 떠 보니 한사람도 없더군요 나중에 알아 보니 당시 P.C방이 유행되어 모두다 PC방 갔다고 하더군요. 정말 황당하고 허전하더군요. 한마디로 헛수고 한 적이 있었습니다. 그 경험이 저에게는 인생을 살면서 큰 교훈이 되었습니다.

아무리 혼자 노력해 봤자 하나님께서 도와 주시지 아니하면 허사요 헛수고로 공염불 이라는 값진 체험을 해 봤습니다.

김 부총장님의 "**설교 잘하려고 연구하지 말라는 말씀**"이 공감이 갔습니다. 물론 **설교 준비는 철저히 하여야 하지만 성령님께 맡기고 하나님을 의지하여야 한다고 믿습니다.** 공무원의 승진도, 사업도, 자녀양육 등 가정문제도 힘써 노력한다고하여 힘쓴 만큼 그 결과가 비례하지 않는다는 것을 살면서 많이 겪어 봤습니다.

그렇습니다.
시편기자의 고백대로 **시편 127편 1-2절 말씀처럼**

"여호와께서 집을 세우지 아니 하시면 세우는 자의 수고가 헛되며 여호와께서 성을 지키지 아니하시면 파수꾼의 깨어 있음이 헛되도다"
함께하시는 **임마누엘의 하나님**께서 함께 하지 아니하시면
전도서 1장 2절의 전도자의 고백처럼 "헛되고 헛되며 헛되고 헛되니 모든 것이 헛되도다" 라고 탄식할 수 밖에 없습니다.
우리는 우리를 지으시고 다스리시는 **창조주**되시는 전능하신 **엘로힘의 하나님**만 의지합시다.

고민하다 평소 하던대로 말씀을 전하기로 했습니다.
제가 새벽예배를 목요일 담당하여 전하고 있는데 처음에 두 세 번 말씀 전하고 나니 다음 주는 무슨 말씀을 골라 전하지 하고 고민이 되어 하나님께 기도하였습니다.
예수님의 비유의 말씀을 전할 까? 주기도문과 사도신경? 이적과 기사의 사건들? 아니면 팔복과 가상칠언 등 신약의 4복음과 잠언이 30장이니까 매일 한 장씩 읽으면 한달에 한번 읽을 수 있는 잠언을 먼저 전할 까? 매일 5장씩 읽어 총 150편인 시편을 먼저 시작할까 등 여러 가지 상념에 잠기던 중 하나님께서 저에게 말씀하시길 성경은 나에 관한 말씀인데 너는 니가 뭘 콩이내 팥이내 하며 고민하냐?
그냥 신약 1장짜리부터 순서대로 성경에 있는대로 네 말 하지 말고 내 말만 전해 그리고 신약 끝나면 구약을 같은 방법으로 짧은 장부터 긴 장순서로 진행하면 되잖니? 맞습니다. 아멘! 그렇게 하겠습니다. 하고 지금 그 방식대로 하여 신약을 마쳤고 구약 진행중에 있습니다.

지난 주 목요일 새벽 말씀은 **구약 일곱 번째**로 4장짜리 **룻기** 중 1장 16절의 말씀인 '**어머니의 하나님이 나의 하나님**'이라는 제목으로 **나오미를 따라간 룻**'은
1) 겸손한 사람이었고
2) 사랑의 사람이었으며
3) 하나님과 동행한 사람이었다고 은혜를 나누었습니다

양해하여 주신다면 **새벽예배 인도방식**대로 진행하겠습니다.
오늘 함께 볼 말씀은 구약의 여덟 번째로 네장인 **요나서**입니다.

요나의 **약자**는 "욘"이며 **저자**는 책의 저자인 **요나**입니다.
기록연대는 주전B.C(Before Christ) 760년경에 썼습니다.

기록목적은 요나 선지자의 니느웨 선교를 통하여, 하나님께 먼저 택함 받은 사람들은 다른 사람들과 나라들에 대하여 **하나님의 말씀을 전파할 사명**이 있음을 보여 주기 위해 기록하였습니다.

먼저, **요나서**의 알아두면 유익한 **주석 몇 군데** 살펴보겠습니다.

① 1장 2절 "너는 일어나 저 큰 성읍 **니느웨**로 가서 그것을 향하여 외치라 그 악독이 내 앞에 상달되었음이니라 하시니라"에서 '니느웨'는 이스라엘 북동쪽 티그리스 강 동편 기슭에 위치한 도시로 성 둘레가 3일길 약 96Km나 될 정도로 거대한 성읍이었고, 앗수르 왕 산헤립 때에는 앗수르의 수도였습니다. **창10:12절**에 의하면 이곳은 니므롯이 건설하였다고 합니다. 창10:9절에서도 **니므롯** 그가 여호와 앞에서 용감한 사냥꾼이 되었으므로 **속담**에 말하기를 '여호와 앞에 **니므롯 같이 용감한 사냥꾼**이라' 하였으며 12절에 보면 그가 니느웨와 갈라 사이의 레센을 건설하였으니 **큰 성읍**이었다고 합니다.

② 1장 3절의 "그러나 요나가 여호와의 얼굴을 **피하려고** 일어나 **다시스로 도망하려** 하여 욥바로 내려갔더니 마침 **다시스로** 가는 배를 만난지라 여호와의 얼굴을 피하여 그들과 함께 **다시스로** 가려고 배삯을 주고 배에 올랐더라"에서 다시스가 세 번이나 나오는데 이 '다시스'는 팔레스틴 북쪽에 위치한 스페인의 옛 무역항으로 **에스겔 27장 12절**에 보면 "다시스는 각종 보화가 풍부하므로 너와 거래하였음이여 은과 철과 주석과 납을 네 물품과 바꾸어 갔도다"라고 철, 은, 납 등 질이 좋은 금속 등을 생산하여 수출하는 항구 도시였습니다. **스페인이란 도시이름**이 나오니까 갑자기 떠오릅니다. 제가 옛날 경제기획원 근무시절 **스페인**을 출장간 적이 있는데 지구의 땅끝이라며 저녁 무렵 해지는 노을이 그렇게 아름다웠고 전원적 분위기에서 연인들이 뭔가 즐기며 마시는 한가한 모습과 학교 마당 같은데서 낯선 사람들끼리 만나 노래에 맞춰 플래밍고 춤을 추는 등 낭만적인 분위기를 만끽하는 그 당시가 생각납니다.

③ 2장 2절 "내가 받는 고난으로 말미암아 여호와께 불러 아뢰었더니 주께서 내게 대답하셨고 내가 **스올의 뱃속**에서 부르짖었더니 주께서 내 음성을 들으셨나이다"에서 '스올의 뱃속'의 '스올'은 음부, 무덤, 악인이 죽어서 형벌 받는 곳으로 **전도서 9:10절**은 "네가 장차 들어갈 스올에는 **일도 없고 계획도 없고 지식도 없고 지혜도 없다**"라고 하는데 오늘날 **젊은이들**을 상징적으로 **다포시대**라고 하지요 정말 **꿈도 이상도 없이** 다 포기하는 것을 말합니다. 여기서 스올은 죽음의 세계와 같은 암흑의 장소와 같은 큰 물고기 뱃속을 비유로 표현하고 있습니다.

④ 3장 5절 "니느웨 사람들이 하나님을 믿고 금식을 선포하고 높고 낮은 자를 막론하고 **굵은 베 옷을 입은지라**" 이는 니느웨 백성들이 하나님 앞에서 자신들을 **겸손히 내려 놓고 낮추며 회개함**을 의미합니다.

여러분! 회개하면 대표적으로 떠오르는 사람있지요

이스라엘의 가장 존경받은 성군이라고 하는 다윗입니다. 사실상 여러분이 잘 알다시피 다윗은 우리아의 아내 밧세바를 탐하여 간음죄를 지었고 그 남편인 우리아를 격전지 전쟁터에 보내 전사하게 만들므로 살인죄까지 지은 악독한 죽어 마땅한 죄인중의 극악무도한 죄인이었으나 그가 하나님 앞에 회개할 때 **그가 덮고 자는 요가 눈물로 적시고 흘린 눈물로 침상이 썩도록까지 철저히 회개하였기 때문에** 회개에 합당한 열매를 맺어 그는 **성군**이 되었습니다. 이제 오는 4월이면 Me Too사건으로 옷벗은 충남지사 안희정에 이어 자살한 **서울시장 박원순**이나 **오거돈 부산시장**으로 때문에 보궐선거하므로 얼마나 많은 **국가예산이 혈세가 낭비됩니까**? 그런데 사실은 역사에서 가장 유명한 간통사례는 바로 이스라엘 왕 다윗이 저지른 것입니다. 우리의 알고 지은 죄 모르고 지은 죄 등 생각나는 죄들을 고백하며 용서함 받읍시다. **하나님은 미쁘시고 의로우사 우리의 죄를 통회자백하며 회개하고 용서를 구할 때** 기억하시지도 않는다고 하지 않습니까? 동에서 서가 먼 것처럼 등에 기록한 것 볼 수 없듯이 용서해 주시는 **인애하신 자비의 하나님께 다윗처럼 요나처럼 회개하고 용서를 구합시다.**

⑤ 4장 8 "해가 뜰 때에 하나님이 뜨거운 **동풍**을 예비하셨고 해는 요나의 머리에 쪼이매 요나가 혼미하여 스스로 죽기를 구하여 이르되 사는 것보다 죽은 것이 내게 낫겠다"

에서 '동풍'은 근동 지방에서 흔히 볼 수 있는 사막 바람으로 뜨거운 열기를 동반한다고 하는데 이는 요나에게 불어 닥치는 육체적 고통을 뜻한다고 볼 수 있습니다.

자! 그러면 요나서 2장 1-10절의 본문 중 1절의 "요나가 물고기 뱃속에서 그의 하나님 여호와께 기도하여"의 말씀에서 "물고기 뱃속에서 기도한 요나"라는 제목으로 말씀을 상고할 때 피차에 은혜가 되기를 바랍니다.

오늘의 주제는 회개입니다. 회개란 첫째, 마음의 변화 둘째, 후회나 양심의 가책 셋째, 윤리나 종교적 의미에 있어서 죄로부터 하나님께로 돌이키는 것 등의 여러 개념들을 내포하는 것으로 사람이 회개하는 동기가 다양합니다만.
습관적으로 반복적으로 지은 죄를 또 다시 지어서는 안되겠습니다. 마치 토한 것을 다시 먹는 어리석은 개가 되어서는 안되겠습니다.
예수믿는 우리들은 악은 모양이라도 버려야 하겠습니다.
그런데 이 시간에는 요나의 회개를 통하여 교훈삼을 말씀을 세가지로 살펴보겠습니다.

첫째, 요나는 물고기 뱃속에서 기도하였습니다.

요나는 하나님의 명령을 버리고 도망하다가 물고기 뱃속에 들어가게 되었습니다. 하마터면 물고기 밥이 될 뻔하였습니다. 물고기 뱃속에 들어간 요나는 물고기 뱃속에서 비로소 자신의 고집과 어리석음을 깨닫고 하나님께 기도하게 되었습니다.

오늘 본문 2장 1절에 "요나가 물고기 뱃속에서 그의 하나님 여호와께 기도하였다고 기록되어 있습니다." 너희는 골방에 들어가 기도하라는 말씀은 보았지만 희한하게 물고기 뱃속에 들어가 기도하게 된 것은 요나의 불순종으로 생긴 불상사입니다. 옹졸한 요나는 그가 생각하기에 본인이 하나님을 피하여 숨으면 하나님께서 모르겠지?하고 찾을 수 없을 것으로 여겼으나 무소부재하신 하나님은 땅 끝까지 감찰하시는 여호와이시기에 요나가 숨고 움직이는 일거수 일투족 모든 것을 정확하게 다 알고 계신다는 사실을 우리는 요나의 뱃속에 들어가 기도하게 된 웃기는 모습을 연상하면서 교훈삼아야 하겠습니다. 세상 사람을 전부 속여도 하나님 한분은 속일 수 없습니다. 그래도 불행 중 다행이라고 물고기 뱃속에서라도 기도하였다는 것이 참으로 다행입니다. 기도와

금식외에는 이런 종류가 나가지 않는다고 악한 영, 어둠의 영, 풀리지 않는 문제 등 이러한 모든 문제의 열쇠는 기도입니다.
오직 기도만이 해결의 실마리를 푸는 해답입니다
마가복음 11장 23-24절에
"예수께서 이르시되 하나님을 믿으라
내가 진실로 너희에게 이르노니 누구든지 이 산더러 들리어 바다에 던져지라 하며 그 말하는 것이 **이루어질 줄 믿고 마음에 의심하지 아니하면 그대로 되리라**
무엇이든지 기도하고 구한 것은 받은 줄로 믿으라
그리하면 그대로 되리라" 말씀 하십니다.

둘째, 하나님의 구원을 인정했습니다.

요나는 물고기 뱃속에서 다시말해 사망의 문 앞에서 자신의 구원이 하나님의 은혜로 인한다는 것을 깨달았습니다.
두손 들고 인정했습니다. 쉽게 말해 백기를 들었습니다. 한마디로 하나님께 항복하였습니다.
시편23:4절 "내가 사망의 음침한 골짜기로 다닐찌라도 해를 두려워하지 않을 것은 주께서 나와 함께 하심이라 주의 지팡이와 막대기가 나를 안위하시나이다" 하나님께서 함께하시면 두려울 것이 없습니다. 무서울 것이 없습니다. **염려할 필요가** 없습니다.
여기서 요나는 하나님을 비로소 구원을 베푸시는 자로 인정했는데 하나님의 구원은? 하나님의 은혜는? 하나님의 복은? 우리의 수고의 댓가나 품삯이 아니라 값없이 베푸시는 하나님의 은혜임을 알아야 합니다.
모든 것에는 때가 있습니다.
고후 6:2의 말씀과 같이
"보라 지금은 은혜 받을 만한 때요 보라 지금은 구원의 날이로다"
지금이 바로 은혜받을 때요 구원의 날이라는 것입니다.
고전 1:18절은 말합니다.
"십자가의 도가 멸망하는 자들에게는 미련한 것이요 구원을 받는 우리에게는 하나님의 능력이라"고

물고기 뱃속에서 기도한 요나 _ 215

구원은 하나님의 능력입니다.
받을 만한 때 받읍시다. 기회를 놓치지 맙시다.

♪찬송가 441장 "은혜 구한 내게 은혜의 주님"이십니다.
은혜 구한 내게 은혜의 주님 은사 원한 내게 은사의 주님
신유 구한 내게 신유의 주님
나의 마음 속에 지금 오셨네
나의 생명되는 내 주 예수님~
영원토록 모셔 내 기쁨 넘치네

은혜든 은사든 신유든 **구해야 주십니다.**
구하라 찾으라 문을 두드리라는 **마태복음 7:7의 말씀**처럼
"**구하라** 그리하면 너희에게 주실 것이요 **찾으라** 그리하면 찾아낼 것이요 **문을 두드리라** 그리하면 너희에게 열릴 것이니"
"구하는 이마다 받을 것이요 찾는 이가 찾아낼 것이요 두드리는 이에게는 열릴 것이니라"

그러니까 당연한 말이지만 **구하지 아니하면 못 받고**
찾지 아니하면 못 찾고
두드리지 아니하면 열리지 않는 다는 이치를 기억해야 하겠습니다. 천리길도 한걸음부터 걸어야 갈 수 있습니다. 걷는 자만이 갈 수 있는 것이 뻔한 말이지만 진리입니다.
구원도 마찬가지입니다. 부모가 잘 믿는다고 자식도 공짜로 하늘나라 가는 것 아닙니다. 이는 마치 감기 걸린 사람이 감기약 먹어야 감기가 낫듯 감기약 대신 먹어 준다고 감기약 안 먹은 사람은 결코 감기가 낫지 않듯 구원도 하나님과 1:1의 관계라고 어느 부흥강사의 말이 생각납니다.

따라서 **사랑하는 가족들을 위하여** 권유나 기도도 좋지만 **전도하여 직접 믿도록 하여야 하겠지요?**
사도 바울은 고전 9:16절에서 "내가 복음을 전할지라도 자랑할 것이 없음은 내가 부득불 할 일임이라 만일 복음을 전할지 아니하면 내게 화가 있을 것이로다"

바울은 에베소 장로들에게 고별 설교를 할 때 행20:24절에서
"내가 달려갈 길과 주 예수께 받은 사명
 곧 하나님의 은혜의 복음을 증언하는 일을 마치려 함에는
 나의 생명조차 조금도 귀한 것으로 여기지 아니하노라"
하였습니다.
End Time을 전하시는 담임목사님의 귀한 말씀을 천재일우의 기회로 삼고 남은자들을 위하여 복음을 부지런히 전합시다.

마지막으로, 주님께 감사하였습니다.
살전 5:18절은 "범사에 감사하라 이것이 그리스도 예수 안에서 너희를 향하신 하나님의 뜻"이라고 말씀하십니다.

회개란 단절된 하나님과의 관계를 회복하는 것인데 회개를 통해 관계회복을 하고 회개에 합당한 열매를 맺는 것은 성도들에게 허락하신 특별한 선물이요 은총입니다.
우리가 비록 부지불식간에 여러 가지 죄를 짓고 살지만 죄를 지을 수 밖에 없는 환경과 분위기 속에서도 죄를 뉘우치고 회개하도록 성령의 도우심을 구해야 합니다. 마치 매일 얼굴을 씻듯이 매일 삶속에서 짓는 죄들을 고백해야 합니다. 숨쉬지 않고 살수 없듯이 산소를 마시고 이산화탄소를 내 뿜듯 성령을 마시고 죄를 고백하는 "성령의 호흡운동"을 날마다 해야 합니다.
요나가 비록 물고기 뱃속에 죽음의 고비를 넘기며 살 수 있었던 것은 회개한 후 하나님께 감사하였기 때문입니다.
감사는 하나님의 자녀만이 할 수 있는 것입니다. 개나 돼지등 짐승들이 감사하는 것 봤습니까? 하나님의 성품을 닮은 하나님의 자녀만이 감사드릴 수 있습니다.
불평은 마귀의 자식들이 사탄의 종노릇하는 증거요
감사는 하나님의 자녀인 것으로 마귀의 자식과 하나님의 자녀를 구분하는 방법이 바로 감사를 하느냐 안하느냐로 구분한다고 아우구스티누스가 말한 것으로 기억합니다.
범사에 감사합시다. 요나는 하나님께 감사하였기에 죽음의 자리에서 생명의 자리로 옮길 수 있었습니다.

문둥병자를 고치신 하나님께서도 돌아와 감사한 그 한사람을 보고 "네 아홉은 어디 있느냐" 호통치신 것처럼 범사에 감사합시다 감사는 기적을 낳는다고 합니다. **0.7초의 기적**이라고 하더군요 "Thank you!"를 생활속에서 습관처럼 연발하면 기적이 생긴다고 합니다. 감사를 통해 매일 기적을 체험하는 여러분과 제가 되기를 간절히 바랍니다.

요나가 주님께 감사할 수 있었던 것은 만시지탄이지만 물고기 뱃속에 들어가 죽을 뻔하였으나 살게 된 주님의 은혜를 깨닫고 감사하였기 때문입니다.

순종은 제사보다 낫고 듣는 것이 수양의 기름부음보다 낫습니다.

우리도 요나를 거울삼아 하나님의 부르심에 순종하며 살기로
합시다.
이제 말씀을 마칩니다.
'물고기 뱃속에서 기도한 요나'는 회개하고 순종하여
1) 물고기 뱃속에서 기도하였습니다.
2) 하나님의 구원을 인정했습니다.
3) 주님께 감사하였습니다.
요나처럼 살기 원하는 여러분과 저에게 **(지금은) 우리주 예수 그리스도**의 **은혜**와 **하나님**의 **극진하신 사랑**과 **성령**의 **교통·교제 인도·역사하심**이 귀가하는 성도들의 심령과 가정과 일터와 이 나라 이 민족위에 영원토록 함께 **(할지어다)**하시길 간절히 축원합니다.
감사합니다.

내일 3월 4일(목) 새벽은 구약#9. 4장짜리 말라기(1327쪽)입니다

찬송가 해설

1. 524장(갈 길을 밝히 보이시니)

시편 32:8 "내가 네 갈 길을 가르쳐 보이고 너를 주목하여 훈계하리로다"라는 말씀에 근거하여 지어진 찬송입니다.

이 찬송은 미국의 찬송 작가인 루트가 작사·작곡하였습니다. 루트는 메이슨에게 음악 공부하고 뉴욕 맹인학교에서 음악을 가르쳤는데 크로스비 여사도 그의 제자였다고 합니다.
특히, 이 찬송은 일제 식민지 시대에 당시 한국 성도들이 이 찬송을 부르며 큰 위로를 받았다고 합니다.

"죄악 벗은 우리 영혼은 기뻐 뛰며 주를 보겠네
하늘에 계시 주 예수를 영원히 섬기리"

다같이 **찬송 524장**을 부르겠습니다.

2. 529장(온유한 주님의 음성)

이 찬송은 계3:20 "누구든지 내 음성을 듣고 문을 열면"
이라는 말씀에 근거하여 지어진 찬송입니다.

이 찬송은 릴레나스목사가 작사하고 작곡도 하였습니다.
이 목사님은 목회하면서 4,000여편의 찬송시를 남겼는데

죄인들을 향한 주님의 부르심을 '피하지 말라'고 호소하는

찬송가 529장을 부르겠습니다.

9. 말라기를 통하여 이스라엘에게 말씀하신 경고 (말라기1:1-5/ ♪524, 529)

(기도 : 하나님 감사합니다. 코로나19가운데서도 예배드리게 허락해 주시니 감사합니다. 어린아이와 같이 약하고 미련하여 깨어지기 쉬운 질그릇같고 막대기 만도 못하며 입이 뻣뻣하고 둔한 종이 이 새벽 말씀 전하오니 **성령님 도와 주옵소서!** 예배 드리는 시종을 성령님 간섭하여 주시고 영과 진리로 드리는 **이 예배를 통하여 하나님 홀로 영광받아 주시옵소서** 예수님 이름으로 기도하였습니다. **아멘)**

어제 수요일 저녁 말씀은 **구약 여덟 번째**로 4장짜리 **요나서** 중 2장 1절의 말씀 중 '**물고기 뱃속에서 기도한 요나**'라는 제목으로 회개하고 순종한 요나는
1) 물고기 뱃속에서 기도하였고
2) 하나님의 구원을 인정하였으며
3) 주님께 감사였다고 은혜를 나누었습니다

오늘 함께 볼 말씀은 구약의 아홉 번째로 네장인 말라기입니다.
말라기의 **약자**는 "**말**"이며 **저자**는 책의 저자인 **말라기**입니다.
기록연대는 주전B.C(Before Christ) 435년-425년경에 썼습니다.

기록목적은 오랜 기다림에 지쳐 **메시아 소망**을 상실하고 **영적인 나태와 도덕적인 타락**에 빠진 이스라엘 백성들을 일깨워서 다시금 올바른 메시아 신앙관을 심어 주기 위해 기록하였습니다.

먼저, 말라기의 알아두면 유익한 주석 몇 군데 살펴보겠습니다.

① 1장 11절 "만군의 여호와가 이르노라 해 뜨는 곳에서부터 해 지는 곳까지의 이방 민족 중에서 내 이름이 크게 될 것이라 **각처에서 내 이름을 위하여 분향하여 깨끗한 제물을 드리니** 이는 내 이름이 이방 민족 중에서 크게 될 것임이니라"에서 '**각처에서 내 이름을 위하여 분향하여 깨끗한 제물을 드린다**'는 의미는 신약시대에 모든 성도가 대제사장이 되어 드릴 영적 예배를 뜻하는 것으로 이는 그리스도의 교회가 세계 각처에 확장되어 나아 갈 것을 의미합니다.

② 2장 2절의 "만군의 여호와가 이르노라 너희가 만일 듣지 아니하며 마음에 두지 아니하여 내 이름을 영화롭게 하지 아니하면 내가 너희에게 저주를 내려 **너희의 복을 저주하리라 내가 이미 저주하였나니 이는 너희가 그것을 마음에 두지 아니하였음이라**"에서 '너희의 복'은 하나님께서 제사장들이 누리도록 허락한 복으로 **제사장들이 특혜를 받아 누리던 물질적인 축복**을 의미합니다.

③ 3장 6절 "나 **여호와**는 변하지 아니하나니 그러므로 야곱의 자손들아 너희가 소멸되지 아니하느니라"에서
'여호와'는 선택된 자기 백성과의 언약관계를 나타내는 하나님의 거룩한 이름으로, 그 뜻은 '나는 스스로 있는 자'입니다. 출애굽기 3:14 "하나님이 모세에게 이르시되 **나는 스스로 있는 자니라 또 이르시되 너는 이스라엘 자손에게 이같이 이르기를 스스로 있는 자가 나를 너희에게 보내셨다 하라**"고 기록되어 있습니다.

④ 3장 8절 "사람이 어찌 하나님의 것을 도둑질하겠느냐 그러나 너희는 나의 것을 **도둑질하고도 말하기를 우리가 어떻게 주의 것을 도둑질하였나이까** 하는도다 이는 곧 **십일조와 봉헌물이라**"에서 '봉헌물'은 성소와 제사장에게 바치는 예물로 그 헌물은 **성전 곳간에 보관**되었습니다.

⑤ 3장 10절 "만군의 여호와가 이르노라 너희의 온전한 십일조를 창고에 들여 나의 집에 양식이 있게 하고 그것으로 나를 시험하여 내가 **하늘 문**을 열고 너희에게 복을 쌓을 곳이 없도록 붓지 아니하나 보라"에서 '하늘 문'은 10, 11월에 내리는 **이른 비**와 3, 4월에 내리는 **늦은 비의 축복과 연관**되어 사용하는 말로 **하나님을 시험해 보라는 구절은 성경 전체에 오직 여기 한 곳 뿐**이라고 알고 있습니다.

자! 그러면 말라기 1장 1-5절의 본문 중 1절의 "**말라기를 통하여 이스라엘에게 말씀하신 경고**"라는 제목으로 말씀을 상고할 때 **피차에 은혜**가 되기를 바랍니다.

구약의 마지막 선지자인 말라기는 느헤미야와 동시대인으로서 당시 신앙상태가 속칭 개판이었는데 거의 불모지와 같은 정황 가운데서 그의 사역을 시작하였습니다. **당시 백성들의 예배**는 바리새인과 같이 **형식주의와 이기주의로 변질**되어 갔고, 이방인과의

결혼 등 이방종교, 마술, 간음 등 온갖 불경건한 일들이 자행되었던 바 말라기는 **이러한 백성들에게 책망과 회개를 촉구했는데 이 시간에는 실망과 좌절의 늪에 빠져 하나님의 사랑에 회의를 품고 있는** 그들에게 선포한 사랑에 대하여 세가지로 살펴보겠습니다.

먼저, 하나님의 경고가 있었습니다.

본문 1절은 말합니다. 오늘의 말씀 제목과 같이 **"여호와께서 말라기를 통하여 이스라엘에게 말씀하신 경고라"**하듯
말라기서는 하나님께서 말라기를 통하여 이스라엘에게 주신 경고의 말씀이 있었습니다. **경고(맛사)란 무거운 짐이라는 뜻**이 있습니다. 엄숙한 선포나 예언을 의미하는 것으로 성경에서는 항상 위협적인 예언의 말씀앞에서 전치사처럼 앞에 붙여 반역하고 배반하고 거역하면 상선벌악이신 하나님의 진노가 임할 것을 말씀하고 있습니다.
날이 궂으면 비가 올 것으로 예측은 하면서 경고의 말씀은 경시해 버리는 경향이 있습니다만 하나님은 상선벌악의 하나님이십니다.
롬6:23 "죄의 삯은 사망이요 하나님의 은사는 그리스도 예수 우리 주 안에 있는 **영생이니라**"라고 **죄의 결과인 죽음과 하나님의 선물은 영생인 것을** 분명히 말하고 있습니다.

둘째, 그럼에도 불구하고 하나님께서는 사랑을 선포하셨습니다.

2절에서 "여호와께서 이르시되 **내가 너희를 사랑하였노라**"하시는 하나님의 사랑이 선포되었음에도 이스라엘은 여전히 사랑의 하나님에 대하여 회의를 품고 있었습니다.
우리는 하나님의 미쁘신 하나님의 사랑이 눈에 보이는 증거가 없을지라도 그분의 말씀을 믿고 감사해야 합니다. 그분의 말씀을 회의적으로 접근하는 것은 하나님을 믿는 신앙인의 올바른 태도가 아닙니다.
여의도 순복음교회 조용기 목사님이 설교중에 흔히 쓰시는 말씀으로 우리 눈에 보이지 않고 손에 잡히는 것 없을지라도 살아계신 하나님을 믿어야 믿음대로 네 영혼이 잘됨같이 범사에 잘되며 강건하기를 간구하노라 자주 듣던 말씀입니다. **의심많은** 도마에게 하신 요한복음 20장 24절의 말씀 "열 두제자 중의 하나로서 **디두모라 불리는 도마는 예수께서 오셨을 때에 함께 있지 아니한지라,**
도마가 말하길 내가 그의 손의 못 자국을 보며 내 손가락을 그 못 자국에 넣으며 내

손을 그 옆구리에 넣어 보지 않고는 믿지 아니하겠노라하니
예수께서 도마에게 이르시되 **도마야!** 네 손가락을 이리 내밀어 네 손을 내 옆구리에 넣어 보라하시며 '믿음없는 자가 되지 말고 믿는 자가 되라할 때 드디어 도마는 대답하죠
'나의 주님이시요 나의 하나님이시니이다'
이 때 다시 예수님께서 하신 말 "너는 나를 본 고로 믿느냐 보지 못하고 믿는 자들은 복되도다 하셨습니다.
히11:1절 말씀과 같이 "믿음은 바라는 것들의 실상이요 보이지 않는 것들의 증거"입니다.

♪찬송가 357장 '주 믿는 사람 일어나'의 후렴가사처럼
믿음이 이기네 믿음이 이기네
주 예수를 믿음이 온 세상 이기네

셋째는, 하나님의 사랑을 확증하여 주셨습니다.

하나님은 이스라엘의 의혹에 대해 **하나님의 말씀을 입증해** 주셨습니다. 우리가 알아야 할 것은 하나님의 인자는 끝이 없다는 것입니다. **하나님은** 자기 백성을 사랑하시되 **끝까지 사랑하시며 하나님의 사랑을 확인하여 주십니다.**
롬8:38-39절 "38.내가 확신하노니 **사망이나 생명이나 천사들이나 권세자들이나 현재 일이나** 장래 일이나 능력이나
39.높음이나 깊음이나 **다른 어떤 피조물이라도** 우리를 우리 주 그리스도 예수 안에 있는 **하나님의 사랑에서 끊을 수 없으리라"** 아멘이십니다.
이 **변찮는** 절대적 사랑을 입은 우리들은 사랑의 실천자들이 되어야 하겠습니다.

♪찬송가 270장 "변찮는 주님의 사랑과" 1절 가사처럼

변찮는 주님의 사랑과 거룩한 보혈의 공로를
우리 다 찬양을 합시다 (언제까지?)주님을 만나 볼 때까지

이제 말씀을 마칩니다.
'말라기를 통하여 이스라엘에게 경고한 말씀'으로

1) 하나님의 경고가 있었습니다.
2) 그래도 하나님께서는 사랑을 선포하셨습니다.
3) 하나님의 사랑을 확증하여 주셨습니다.

말라기의 경고를 듣고 잘 믿기 원하는 저와 여려분에게 **우리주 예수 그리스도**의 **은혜**와 **하나님의 다함없는 극진하신 사랑**과 **성령의 교통·교제 인도·역사하심**이 함께하시길 간절히 축원합니다. 감사합니다.

내일 3월 5일(금) 새벽은 구약#10. 5장짜리 예레미야 애가(1143쪽)입니다

찬송가 해설

1. 524장(갈 길을 밝히 보이시니)

시편 32:8 "내가 네 갈 길을 가르쳐 보이고 너를 주목하여 훈계하리로다"라는 말씀에 근거

이 찬송은 미국의 찬송 작가인 루트가 작사·작곡하였습니다. 루트는 메이슨에게 음악 공부하고 뉴욕 맹인학교에서 음악을 가르쳤는데 크로스비 여사도 그의 제자였다고 합니다.
특히, 이 찬송은 일제 식민지 시대에 당시 한국 성도들이 이 찬송을 부르며 큰 위로를 받았다고 합니다.

"죄악 벗은 우리 영혼은 기뻐 뛰며 주를 보겠네
하늘에 계시 주 예수를 영원히 섬기리"

다같이 **찬송 524장**을 부르겠습니다.

2. 529장(온유한 주님의 음성)

이 찬송은 계3:20 "누구든지 내 음성을 듣고 문을 열면"
라는 말씀에 근거

이 찬송은 릴레나스목사가 작사하고 작고도 하였습니다.
이 목사님은 목회하면서 **4,000여편의 찬송시**를 남겼는데

죄인들을 향한 주님의 부르심을 '피하지 말라'고 호소하는

찬송가 529장을 부르겠습니다.

10 고난 중에 소망을 주시는 하나님 (예레미야 애가3:19-26/ ♪ 259, 375)

(기도 : 하나님 감사합니다. 오늘 새벽도 거룩한 성전에 나와 예배드리게 허락해 주시니 감사합니다. 어린아이와 같이 힘도 없고 약하며 아무것도 모르니 주여 도와 주옵소서 마른 막대기 만도 못하고 입이 뻣뻣하고 둔하오니 성령님 함께 하여 주옵소서! 예배의 시종을 주님께 맡깁니다. 성령님 간섭하여 주시고 영과 진리로 드리는 이 예배를 기쁘게 받아 주옵소서! 하나님 홀로 영광받으시길 원하올 때
사랑의 예수님 이름으로 기도하였습니다. 아멘)

어제 목요일 새벽 말씀은 구약 아홉 번째로 4장짜리 말라기 중 1장 1절의 '말라기를 통하여 이스라엘에게 경고하신 말씀'으로
1) 하나님의 경고가 있었으며
2) 그래도 하나님께서는 사랑을 선포하셨고
3) 하나님의 사랑을 확증하여 주셨다고 하였습니다

오늘 함께 볼 말씀은 구약 열번 째 5장인 예레미야 애가입니다.
예레미야 애가의 약자는 "애"이며 저자는 책의 저자인 예레미야입니다.
기록연대는 주전B.C(Before Christ) 586년경으로 예루살렘 멸망 직후에 썼습니다.

기록목적은 바벨론 군대에 의해 멸망한 성도(成都) 예루살렘에 대해 깊은 슬픔을 표하고, 아울러 죄악이 얼마나 무서운 결과를 초래했는지를 생생하게 일깨워 주기 위해 기록하였습니다.

먼저, 예레미야 애가의 알아두면 유익한 주석 몇 군데 살펴보겠습니다.

① 1장 1절 "슬프다 이 성이여 전에는 사람들이 많더니 이제는 어찌 그리 적막하게 앉았는고 전에는 열국 중에 크던 자가 이제는 과부 같이 되었고 전에는 열방 중에 공주였던 자가 이제는 강제 노동을 하는 자가 되었도다"에서 '슬프다 이 성이여'는 '슬프다'에 해당하는 히브리어 '에이카'는 '어찌 이런 일이 있을 수 있단 말인가?'

라는 뜻입니다. 여기서 선지자는 하나님의 선민인 이스라엘이 이처럼 멸망하게 된 비참한 상황을 좀 더 강하게 전달함으로써 궁극적으로는 **백성들로 하여금 죄책감을 느껴 회개에 이르도록** 하고자 하는 깊은 뜻이 있었습니다.

② 1장 14절 "내 **죄악의 멍에를** 그의 손으로 묶고 얽어 내 목에 올리사 내 힘을 피곤하게 하셨음이여 내가 감당할 수 없는 자의 손에 주께서 나를 넘기셨도다"에서 '내 죄악의 멍에를 묶고'란 이스라엘이 당하는 환난의 원인이 하나님께 대한 **불순종 때문임**을 설명하고 있습니다. 불순종하면 지난 수요일밤에 봤듯이 **요나가 물고기 뱃속에서 밤낮 삼일동안 갇혀 고생**하게 됩니다.

③ 3장 21절 "이것을 내가 내 마음에 담아 두었더니 그것이 오히려 나의 소망이 되었사옴은"에서 '내 마음에 담아 두었더니'는 마음깊이 묵상하는 것을 뜻합니다. 이는 예레미야의 신앙의 자세가 **사두개인의 관료적이거나 율법주의적이 아닌 가슴과 사랑으로 사는 것으로** 머리는 차갑게 냉철한 반면 **가슴은 뜨겁게 정있는 삶을 살아야** 보여 주고 있습니다.

④ 3장 41절 "우리의 마음과 손을 아울러 하늘에 계신 **하나님께 들자**"에서 손과 팔을 드는 행위는 상대방에 대한 전폭적인 의지를 상징하는 데, 여기서는 **하나님 앞에 모든 위선을 버리고 신실한 마음과 모습으로 살아갈 것**을 말합니다.

⑤ 4장 13절 "그의 선지자들의 죄들과 제사장들의 죄악들 때문이니 그들이 성읍 안에서 **의인들의 피를 흘렸도다**"에서 '의인들의 피를 흘렸다'는 말은 **여호와의 뜻을 선포해야 할 선지자와 제사장들이 사리 사욕에 눈이 어두워 여호와의 뜻에 따라 행하는 자들을 죽이는 악을 범하였으며** 그 결과 그들은 그 죄악의 벌로 예루살렘 멸망 때에 마치 부정한 자처럼 대우받아 **결국 그 성에서 쫓겨나게** 되었습니다.

자! 그러면 예레미야 애가 3장 19-26절의 본문 중 **21절**의 "이것을 내가 내 마음에 담아 두었더니 그것이 오히려 **나의 소망이 되었사옴은**"에서 "**고난중에 소망을 주시는 하나님**"이라는 제목으로 말씀을 상고할 때 **피차에 은혜**가 되기를 바랍니다.
로마서 8장 18절은 말합니다.

"생각하건대 현재의 고난은 장차 우리에게 나타날 **영광**과 (족히) 비교할 수 없도다"고 하시며
이어서 로마서 8장 28절에서는
"하나님을 사랑하는 자 곧 그 뜻대로 부름심을 입은자들에게는 **모든** 것이 **합력하여 선을 이룬다**"고 말씀하십니다.
하나님 사랑하면 만사형통입니다.
여러분은 요즘 혹시 남모르게 혼자만 앓고 있는 고민거리로 당하는 고난이 있습니까? 고난이 있다 할지라도 아무리 극심한 고난이 있다 할지라도 소망이 있는 사람은 그 소망으로 현재의 고난을 이겨 낼 수 있습니다.
현재의 고난은 장차 우리에게 나타날 영광과 비교할 수 없기 때문입니다. 따라서 현재의 고난을 참고 슬기롭게 극복하며 이겨내야 합니다.

지금, 고난 당하는 자가 있습니까?

첫째, 인자와 긍휼이 무궁하신 주님을 의뢰해야 합니다.

신앙생활을 하는 우리들은 믿지 않는 사람들과 뭔가 달라야 합니다.
성도들이 고난 당할 때에 가질 수 있는 소망은 인자와 긍휼이 풍성하시고 무궁하신 주님을 의뢰하는 것입니다.
주님을 믿고 의뢰한 사드락과 메삭과 아벳느고는 뜨거운 풀무불 가운데서도 머리털하나 상하지 않고 안전할 수 있었고, 주를 의뢰했던 다니엘은 사자굴 속에서도 전혀 해를 입지 않았습니다.
그 어떠한 환경에서도 주님을 의뢰하는 사람은 어떤 어려움도 극복하고 모든 것이 합력하여 선을 이루며 형통하게 된다는 것을 믿어야 합니다.

♬ 찬송가 536장 "죄짐에 눌린 사람은"
의지하고 의지하세 주 의지하세
구하시네 구하시네 곧 구하시네

주님 의지합시다 주의 말씀 의지할 때 평안을 얻습니다.

둘째, 기업이 되시는 주님을 바라보아야 합니다.

주님이 바로 우리의 기업이십니다.
주님이 기업이 되시는 이상 세상의 아무나 어떤것도 우리를 주님과의 연결고리를 끊을 수 없습니다. 나뉘게 할 수 없습니다. 따라서 우리의 생명되시는 주님을 바라보는 사람은 고난을 극복하고 승리하게 되는 것입니다.
주님 바라보는 사람은 승리한다는 말씀준비하면서 생각난 복음성가를 소개합니다.
♬ 복음성가 "주만 바라 볼찌라" 복음성가(별첨)

터가 없으면 집을 지을 수 없고 밭이 없으면 씨를 뿌릴 수가 없는데 이스라엘 백성들은 터가 되시고 밭이 되시는 하나님을 버리므로 뿌리가 뽑혀 그들은 바벨론으로 쫓겨나고 맙니다.

셋째는, 선을 베푸시는 주님을 기다려야 합니다.

로마서 12장 21절 "악에게 지지말고 선으로 악을 이기라"하십니다.
주는 선하시며 선을 후하게 베푸시는 분이십니다. 그러기 때문에 성도들은 어떠한 고난 중에서도 선을 베푸시는 주님을 기다리며 감내하여야 합니다.

시험을 잘 참는 자가 복이 있습니다.
약1:12에 "시험을 참는 자는 복이 있나니 이는 시험을 견디어 낸 자가 주께서 자기를 사랑하는 자들에게 약속하신 생명의 면류관을 얻을 것이기 때문이라고."말씀하고 있습니다.
우리가 살면서 비록 **죄를 지어서** 사랑의 매를 맞을지라도 **회개하며 기다리면** 반드시 좋은 날을 맞이하게 될 것입니다.
선을 베푸시는 주님의 은총을 날마다 누리며 살기 원합니다.
고난 중에 있을지라도 소망이 있으면 문제 없습니다. 오히려 복과 은혜가 넘칩니다.
마치 **풍랑이는 파도가운데 돛을 단 배가 목적지에 더 빨리 도달하듯** 항해와 같은 우리 인생도 마찬가지로 **환난과 고난의 바람이 불어 올 때 우리 삶의 목적은 더 빨리** 이루어질 줄 믿습니다.

믿으시면 아멘하시기 바랍니다

이제 말씀을 마칩니다.
'고난중에 소망을 주시는 하나님은 말씀하십니다.'

1) 인자와 긍휼이 무궁하신 주님을 의뢰해야 합니다.
2) 기업이 되시는 주님을 바라보아야 합니다.
3) 선을 베푸시는 주님을 기다려야 합니다.
이 말씀대로 살기 원하는 저와 여려분에게 **우리주 예수 그리스도**의 **한없는 은혜**와 **하나님**의 **지고한 사랑**과 **성령**의 **역사하심**이 늘 함께하시길 간절히 축원합니다.
감사합니다.

다음주 목요일 3월 11일 새벽은 구약#11. 7장짜리 미가서(1291쪽)입니다

찬송가 해설

1. 259장(갈 길을 밝히 보이시니)

요일 1:7 "예수의 피가 우리를 모든 죄에서 깨끗하게 하실 것이요"라는 말씀에 근거

이 찬송은 미국의 호프만 목사가 작사·작곡한 복음찬송가.

호프만 목사는 평생을 목회하면서 부인과 함께 찬송시를 썼습니다.

특히, 이 찬송은 **중생의 체험**에 대하여
"예수의 보혈로 그대는 깨끗이 씻기어 있는가?"라고
도전적인 질문하는 찬송입니다.

다같이 **찬송 259장**을 부르겠습니다.

2. 375장(나는 갈 길 모르니)

이 찬송은 시37:5 **"네 길을 여호와께 맡기라"**
라는 말씀에 근거

이 찬송은 배위량 선교사의 부인 애니 베어드 여사가 작사하였고 곡은 미국의 작곡가 굴드가 작곡하였습니다.

찬송가 375장을 부르겠습니다.

사실은 오늘 말씀을 준비하면서 잡히지 않는 줄거리 때문에 하나님 나는 할 수 없으니 도와 주소서 하는 심정에서 생각난 찬송입니다.

11 인애를 기뻐하시는 하나님 (미가서7:18-20/ ♪ 565, 566)

(기도 : 사랑의 하나님 감사합니다. 이 새벽도 거룩한 성전에 나와 예배드리며 기도하게 해 주시니 감사합니다. **어린아이와 같이 힘도 없고 약하며 아무것도 모르니 늘 함께 하옵소서** 마른 막대기 만도 못하고 입이 뻣뻣하고 둔하오니 **성령님 도와 주옵소서!** 예배의 시종을 주님께 맡깁니다. 성령님 간섭하여 주시고 영과 진리로 드리는 **이 예배를 기쁘게 받아 주옵소서! 하나님 홀로 영광받으실 줄 믿사오며** 사랑의 예수님 이름으로 기도하였습니다. 아멘)

지난 주 금요일 새벽 말씀은 구약 열 번째로 5장짜리 예레미야 애가
1) 인자와 긍휼이 무궁하신 주님을 의뢰해야 합니다.
2) 기업이 되시는 주님을 바라보아야 합니다.
3) 선을 베푸시는 주님을 기다려야 한다는 말씀을 통하여 은혜를 나누었습니다.

오늘 함께 볼 말씀은 구약 열한 번 째 7장인 미가서입니다.
미가서의 약자는 "미"이며 저자는 책이름과 같이 '미가'입니다.
기록연대는 주전B.C(Before Christ) 700년경입니다.

기록목적은 부패하고 타락한 지도자들에게는 하나님의 공의로운 심판이 있을 것임을 경고하는 한편, 경건하고 신실한 백성들에게는 하나님의 구원의 소망을 심어 주기 위해 기록하였습니다.

먼저, 미가서의 알아두면 유익한 주석 몇 군데 살펴보겠습니다.

① 1장 7절 "그 새긴 우상들은 다 부서지고 그 음행의 값은 다 불살라지며 내가 그 목상들을 다 깨뜨리리니 그가 기생의 값으로 모았은즉 그것이 **기생의 값**으로 돌아가리라"에서 '**기생의 값**'이란 창녀가 행음하듯 사마리아가 **하나님 앞에서 우상을 섬김으로 영적 간음을 행한** 결과를 말하고 있습니다.

② 2장 2절 "밭들을 탐하여 빼앗고 집들을 탐하여 차지하니 그들이 남자와 그의 집과 사람과 그의 산업을 강탈하도다"에서 '**밭들을 탐하여**'란 원래 땅은 하나님의 것이므로 양도하거나 매매하는 일이 금지되어 있었습니다.

레25장 23절 "토지를 영구히 팔지 말 것은 토지는 다 내 것임이니라 너희는 거류민이요 동거하는 자로서 나와 함께 있느니라" 토지는 내 것이라고 하십니다. 설사 토지의 소유주가 바뀌더라도 **희년(50년)**이 되면 원 소유자에게 **되돌려 주어야 했습니다**. 이를 가르치는 일이 지도자역할이나 오히려 **지도자들이 땅을 빼앗으므로 십계명의 열 번째 계명을 범하게 됩니다.**

출애굽기 20장 17절 "내 이웃의 집을 탐내지 말라 네 이웃의 아내나 그의 남종이나 그의 여종이나 그의 소나 그의 나귀나 무릇 네 이웃의 소유를 탐내지 말라"는 계명을 어기게 되었습니다.

③ 2장 12절 "내가 반드시 **이스라엘의 남은 자**를 모으고 그들을 한 처소에 두기를 보스라의 양 떼 같이 하며 초장의 양 떼 같이 하리니"에서 '**남은 자**'란 심판은 전멸을 의미하지 않습니다. 항상 남은 자가 있어 하나님은 이들을 통해 당신의 구원의 역사를 계속해 가십니다.

④ 5장 1절 "딸 군대여 너는 떼를 모을지어다 그들이 우리를 에워쌌으니 막대기로 **이스라엘 재판자의 뺨을 치리로다**"에서 '**이스라엘 재판자**'는 왕이나 다른 어떤 통치자든 지간에 **최고의 주권자들을 나타냅니다.** 또 '**뺨을 친다**'는 것은 가장 모욕적인 처사를 뜻합니다.

⑤ 7장 1절 "재앙이로다 나여 나는 여름 과일을 딴 후와 포도를 거둔 후 같아서 **먹을 포도송이가 없으며** 내 마음에 사모하는 처음 익은 무화과가 없도다"에서 '**먹을 포도송이가 없으며**'라는 뜻은 부패한 이스라엘에 **의인이 없다는** 뜻입니다.

자! 그러면 미가서 7장 18-20절의 본문 중 18절의 "주와 같은 신이 어디 있으리이까 주께서는 죄악과 그 기업에 남은 자의 허물을 사유하시며 인애를 기뻐하시므로 진노를 오래 품지 아니하시나이다"에서 "**인애를 기뻐하시는 하나님**"이라는 제목으로 말씀을 상고할 때 **피차에 은혜가** 되기를 바랍니다.

미가 선지자는 이사야와 동시대 사람이었습니다. 그는 예루살렘과 사마리아에 대하여 예언을 했습니다.

그 당시 백성들은 우상 숭배에 빠졌고 사회분위기는 극도로 부패하였습니다. 이 때에 **미가**는 **하나님의 심판**을 목터지라고 외쳤습니다. 그는 **성전이 허물어지고 온 국토가 황폐해 질** 것이라고 경고했습니다. 반면에 다른 선지자들과 마찬가지로 회개하고 인애하신 하나님께로 돌아 올 때 회복될 것이라고 예언하였습니다. 경고하며 예언하였던 **미가 선지자는 하나님을 어떤 분으로 고백**하고 있는지 오늘 말씀을 통하여 세 가지로 살펴 보겠습니다.

첫째, 용서하시는 하나님으로 고백했습니다.

우리 하나님은 모든 죄악을 사유해 주시고 모든 남은 자의 허물을 용서해 주시는 분입니다. 죄악을 사유한다 할 때 사유를 제가 빨리 이해 할 수 없어 사전을 찾아 보니 명사로 '사'자가 '생각사'자로서 '대상을 두루 생각하는 일' 또 '개념, 구성, 판단, 추리 따위를 행하는 인간의 이성 작용'이라고 풀이해 놨더군요. 인간의 죄를 사해 주실 수 있는 분은 하나님 한 분 밖에 없으십니다. 인간은 연약하고 완전하지 못하고 죄인이기 때문에 그 어느 누구도 인간의 죄를 감히 사해 줄 수 있는 자격이 없습니다. 아담의 원죄 때문에 전 인류는 죄악으로 인하여 죽을 수 밖에 없었는데 하나님께서는 그의 독생성자 예수 그리스로를 이 땅에 보내시어 우리의 죄를 사해 주셨습니다.

이사야 1장 18절 "여호와께서 말씀하시되 오라 우리가 서로 변론하자 너희의 **죄가 주홍 같을지라도 눈과 같이 희어질 것이요, 진홍같이 붉을지라도 양털 같이 희게 되리라**"하십니다.

우리 하나님께서는 우리가 회개하고 용서를 빌면 그 죄를 용서하시되
시편 103편 12절 " 동이 서에서 먼 것 같이 **우리의 죄과를** 우리에게서 **멀리 옮기셨으며**"
아멘!
또 **이사야 43:25절** "나 곧 나는 나를 위하여 네 허물을 도말하는 자니 네(니) **죄를 기억하지 아니하리라**"
이 얼마나 큰 은혜이며 구원의 감격입니까?

과거 그러니까 지금부터 약 30년 전쯤 일인 것 같아요

옛날 같이 근무하던 동료 중 갑자기 웃통을 벗고 술을 먹기 시작하기에 **갑자기 도대체 왜 옷을 다 벗고 난리냐?** 했더니
왈 하루는 Y-셔츠에 여자 립스틱을 묻혀 집에 들어갔더니 **옷을 짝짝 찢어 버려** 그 생각만 하면 아내의 그 분노에 찬 모습이 떠오르며 진절머리 나서 그 후부터는 옷 벗고 술 먹는 습관이 생겼다고 하니 옆에 있는 **한 사람은** 이어서 **맞장구나 치듯이** "옷을 찢어 버리면 다행이다"해서 그건 또 무슨 말이냐 하니 자기 아내는 싸울 일 생기면 **가만히 있어**하며 농장에 가서 립스틱 묻은 옷을 잘 개어 놨다고 들고 나와 과거 일을 들추며 그래서 당신이 잘 한 게 뭐가 있냐며 따진다는 거예요
이처럼 **세상 사람들은** 한번의 실수나 잘못을 잊지 않고 반복적으로 **약점을 사용**하는데 우리 하나님께서는 우리가 죄를 인정하고 회개하며 용서를 구하면 시원하게 다 잊어버리고 **기억하지도 않으시는 하나님**인 것을 우리는 감사해야 합니다.

♬ **찬송가 255장 "너희 죄 흉악하나"의 가사에 보면**
주홍빛 같은 네 죄, 주홍빛 같은 네 죄!
눈과 같이 희겠네, 눈과 같이 희겠네~

너희 죄 사해 주사 기억 아니 하십니다. 불쌍한 사람들아 오라 하십니다. 너희 죄 사해 주사 기억아니 하십니다.

둘째, 사랑의 하나님이라고 고백하였습니다.

하나님은 사랑이십니다.
하나님은 사랑이시기에 독생자 예수 그리스도를 이 세상에 보내 주셔서 고통의 십자가 지시고 온 인류를 구원하여 주셨습니다. 십자가의 희생적 사랑의 힘입지 않고 과연 그 누가 영생을 얻을 수 있는 장사가 있습니까 그런 재주를 가진 사람은 아무도 없습니다. 하나님께서는 우리같이 연약하고 미련한 저희 인생들을 불쌍히 여기시어 **믿음을 값없이 선물로 주셨습니다.**
♬ **어린이 찬송 "돈으로도 못 가요"에 보면**
'돈으로도 못가요, 벼슬로도 못가요, 어여뻐도 못가요. 하나님 나라
힘으로도 못가요, 지식으로 못가요, 맘착해도 못가요. 하나님 나라

거듭나면 가는 나라 하나님 나라, 믿음으로 가는 나라 ~ 하나님 나라 ~'
믿음으로 거듭나면 가는 나라, 우리같이 낮고 천한 자들에게 감히 하늘나라를 상속받게 하여 주셨습니다.

셋째는, 신실하신 하나님이라고 고백하였습니다.

인간들은 대부분 성실하지 못하고 **거짓과 허물이 많습니다**. 오죽하면 우리는 사훈으로 "근면 **성실** 정직"을 쉽게 발견할 수 있습니다. 쉽게 말해 사람이란 속성이 게으르고 태만하며 정직하지 못하기 때문에 직원들에게 바라는 것이 직장을 자기 가정처럼 생각하고 직원을 가족처럼 여기자며 '근면, 성실, 정직'을 요구하는 것이라고 볼 수 있습니다.
사람은 약속을 지키지 않는 것이 인간의 특성이라고 하는데 신실하신 하나님은 한번 약속하신 것은 더딜지라도 꼭 지키십니다. 마태복음 24장 35절에는 "천지는 없어질지언정 내 말은 없어지지 아니하리라"고 하셨습니다.
하나님의 속성은 사랑, 공의, 진실이십니다.
우리 죄를 용서하시며 변함없이 사랑하시는 신실하신 하나님을 이전보다 더욱 사랑하십시다.

이제 말씀을 마칩니다.
'인애를 기뻐하시는 하나님'에 대해 미가 선지자는 고백하길
1) 용서하시는 하나님이라고 고백했습니다.
2) 사랑의 하나님이라고 고백하였습니다.
3) 신실하신 하나님이라고 고백하였습니다.
미가 선지자와 같이 고백하며 살기 원하는 저와 여러분에게 **우리주 예수 그리스도의 그 크신 은혜**와 하나님의 **측량할 수 없는 사랑**과 성령의 **강한 역사하심**이 오늘도 우리와 함께하시길 간절히 축원합니다.
감사합니다.

다음주 목요일 3월 18일 새벽은 구약#12. 8장짜리 아가서(961쪽)입니다

찬송가 해설

1. 565장(예수께로 가면)

눅18:16 "예수께서 그 어린 아이들을 불러 가까이 하시고"라는 말씀에 근거

어린아이들이 즐겨 부르는 이 찬송은
작사자 미상입니다. 이 찬송은 미국에서 사용되던 장로교 찬양집에서 온 어린이 찬송으로 작곡자도 밝혀지지 않았지만 미국인이 작곡한 것으로 추정된다고 합니다.

오늘 말씀의 주제가 용서와 사랑인데 2절에 보면
"나를 사랑하사 용서하셔요"
가사를 발견하고 아이쿠 **하나님 감사합니다.**
'용서의 찬송'을 찾으려 했는데 나를 사랑하사 용서하신다는 가사를 보고 **깜짝 놀랐습니다**

다같이 **찬송 565장**을 부르겠습니다.

2. 566장(사랑의 하나님 귀하신 이름은)

이 찬송은 마11:25 "어린아이들에게는 나타내심을 감사하나이다" 라는 말씀에 근거

이 **찬송의 작사자는 리슨**으로 바흐의 곡에서 온 것 같다고 합니다.
아주 서정적 찬송이지요 저 푸른 하늘의 **수 많은 별들이** 하나님의 사랑을 늘 속삭 인다고 노래하고 있습니다

찬송가 566장 부르겠습니다.

12. 내 사랑 너는 어여쁘고도 어여쁘도다 (아가서 4:1-5 / ♪ 8, 336)

(기도 : 사랑의 하나님 아버지 감사합니다. 이 새벽에 거룩한 성전에 나와 예배드리게 해 주시니 감사합니다. 어린아이와 같이 미련하고 약하며 부족하오니 늘 함께 하옵소서 마른 막대기 만도 못하고 입이 뻣뻣하고 둔하오니 **성령님 도와 주옵소서!** 예배의 시종을 주님께 맡깁니다. 성령님 간섭하여 주시고 영과 진리로 드리는 **이 예배를 기쁘게 받아 주옵소서!** 하나님 홀로 영광받으실 줄 믿사오며 존귀하신 예수님 이름으로 기도하였습니다. 아멘)

지난 주 금요일 새벽 말씀은 구약 열 한번째로 7장짜리 미가서로
'인애를 기뻐하시는 하나님'에 대해 미가 선지자는 고백하길
1) **용서하시는 하나님**이라고 고백했으며
2) **사랑의 하나님**이라고 고백하였고
3) **신실하신 하나님**이라고 고백한 말씀을 통하여 은혜를 나누었습니다.

오늘 함께 볼 말씀은 구약 열두 번 째 8장인 아가서입니다.
아가서의 약자는 "아"이며 저자는 지혜의 왕 '솔로몬'입니다.
기록연대는 주전B.C(Before Christ) 970년~960년경입니다.

기록목적은 신랑과 신부간의 순수한 사랑을 통한 결혼의 중요성을 보여 주고, 이 같은 신랑 신부의 사랑 이야기를 통하여 자기 백성을 향한 하나님의 사랑을 묘사하기 위해 기록하였습니다.

먼저, 아가서의 알아두면 유익한 주석 몇 군데 살펴보기 전
오늘은 단락별로 내용을 알아보겠습니다.
○ 1:1-3:5 ▶ '사랑의 시작' 부분으로서, 구혼에 대한 신부의 일련 회상으로 구성됨. 즉 신랑 신부가 서로에게 사랑을 구하는 장면으로 신랑이 신부집을 찾아간 장면이며 신랑과 헤어진 신부가 신랑을 애타게 찾는 꿈을 꾸는 장면 등
  * 유행가의 '애가타'의 의미를 알 것 같음

○ 3:6-5:1 ▶ '사랑의 성취' 부분으로서, 신부의 집에서 예루살렘 왕궁으로 이어지는 화려한 혼인 행렬 장면과 신랑이 다양한 은유로서 신부의 순결함과 아름다움을 노래하는 장면으로 구성됨

○ 5:2-6:1 ▶ '사랑의 위기' 부분으로서, **신랑과 신부의 이별장면**과 신부가 신랑을 찾아 예루살렘 거리를 헤메는 내용으로 구성되었다.

○ 6:2-8:14 ▶ '사랑의 성숙' 부분으로서 아가서의 대단원입니다. 신랑과 신부의 재회 장면인데 신랑 신부가 사랑을 확인하는 장면으로 순결한 사랑의 아름다움을 노래하는 장면으로 장식

한정된 시간이지만 **주석 몇 군데** 보겠습니다.

① 2장 1절 "나는 **사론의 수선화**요 **골짜기의 백합화**로다"에서 '**사론**'은 욥바에서 갈멜 산에 이르는 약 16km의 지중해 해안 광야 지역입니다. 또 '**골짜기의 백합화로다**'는 술람미 여인은 자기 자신을 광야의 평범한 들꽃에 비유하는 것으로 백합은 아가서에 10회나 나오며 당시에는 평범한 들꽃으로 여겨졌다고 합니다.

② 3장 1절 "내가 **밤에** 침상에서 마음으로 사랑하는 자를 찾았노라 찾아도 찾아내지 못하였노라" 공동번역에는 '밤에를 밤마다'로 뜻하는데 이는 **사랑하는 자를 그리워**하는 마음에 **매일 밤잠을 못 이루는 심정**을 잘 나타내 주는 표현입니다.

③ 4장 6절 "날이 저물고 그림자가 사라지기 전에 내가 **몰약 산과 유향의 작은 산으로** 가리라"에서
'**몰약 산**'은 문자적으로는 모리아 산을 말하며 여기서는 **신부의 매혹적인 몸매를** 가리킨다고 합니다. 신랑이 신부와 교제를 가질 수 있는 전적인 **명상의 장소**로도 볼 수 있는데, 이는 성도들이 하나님과 교제할 수 있는 장소를 의미하기도 한다고 합니다.

④ 7장 2절 "**배꼽은 섞은 포도주를 가득히 부은 둥근 잔 같고** 허리는 백합화로 두른 밀단 같구나"에서 '**배꼽은 둥근 잔 같다**'는 말은 그녀의 **몸이 포도주잔 만큼이나 탐스럽고 취하게 하는 것임을 비유적으로 표현**한 것입니다.

⑤ 8장 5절 "그의 사랑하는 자를 의지하고 거친 들에서 올라오는 여자가 누구인가 너로 말미암아 네 어머니가 고생한 곳 너를 낳은 자가 애쓴 **그 곳 사과나무 아래**에서 내가 너를 깨웠노라"에서 '그 곳 사과나무 아래'란 **신랑 솔로몬**은 그들이 전에 데이트했던 사과나무 그늘을 상기시킴으로 **신부 술람미 여인**에게 그들의 즐거웠던 추억을 회상시켜 주고 있습니다.

저는 솔직히 아가서의 내용이 사랑을 노래하며 표현한 연애소설처럼 생각했을 뿐 누구의 이야기인지도 확실히 **몰랐었습니다**. 여기 8장 5절에서 **신랑 솔로몬과 신부 술람미 여인의 애틋한 사랑이야기**임을 알게 되었습니다.

자! 그러면 아가서 4장 1-5절의 본문 중 1절의 "**내 사랑 너는 어여쁘고도 어여쁘도다**" 라는 제목으로 '성도의 아름다움'을 상고할 때 **피차에 은혜가 되기를** 바랍니다.

아가서는 솔로몬이 지은 **사랑의 노래로써 솔로몬의 술람미 여인과의 청순한 사랑을 주제로** 지어져 있습니다. 유방 등 야한 표현으로 정경성의 논란을 일으키기도 하였지만 '**하나님과 선민과의 사랑**' 나아가서 '**그리스도와 신자와의 사랑**'을 은유법을 사용하여 **비유적으로 표현하고 있다는** 점에 유의하여 오늘 말씀을 통하여 **성도로서 지녀야 할 개성과 아름다움**이 무엇인지 알아 보겠습니다.

첫째, 성도는 순결해야 합니다.

성도가 지녀야 할 아름다움은 "**순결함**"입니다. 우리 하나님께서는 **베드로전서 1장 16절**에 "기록되었으되 **내가 거룩하니 너희도 거룩할지어다**"라고 말씀하십니다.

성도의 아름다움의 생명은 바로 이같은 깨끗한 믿음에 있음을 명심하고 우리의 믿음이 **깨끗한지 늘 자신을 돌아보며 확인할 필요**가 있습니다. 누구든지 세속의 때가 묻은 믿음을 가졌다고 생각되면 "**오 주님! 이 죄인을 용서하여 주옵소서! 연약한 이 죄인을 불쌍히 여겨 주옵소서!**하며 **죄를 고백하며 회개를** 하여야 합니다.

우리가 이스라엘의 성군이란 칭함을 얻은 다윗은 간음죄와 살인죄를 지은 지옥갈 죄인 중 괴수이지만 철저한 회개로 새사람되었습니다. 거룩은 우리 마음대로 거룩하고 싶다고 거룩해 지는 것이 아닙니다.

성자가 되도록 기도하고 힘써야 합니다.

그래서 ♫①찬송가 10장 "전능와 오셔서" 2절에 보면
"강생한 성자여 오셔서 기도를 들으소서
 택하신 백성들 복 내려 주시고, 거룩한(2회) 마음을 주옵소서"
 아멘입니다. 거룩한 마음도 하나님께서 주셔야 합니다.
 복내려 주시고 거룩한 마음을 허락해 달라고 구합시다.

둘째, 성도는 매력있어야 합니다.

사람도 남성은 남성답게 파워풀하고 **핸섬한 매력**이 있어야 하며 여성은 여성스러운 어여쁘고 나름대로의 **프레티한 매력**이 있어야 합니다. 특히 성도에게 있어서의 매력은 경건한 생활에 있습니다. 초대 예루살렘 교회는 백성들에게 **칭송을 받았는데** 그 이유는 그들이 삶속에서 생활가운데 보여준 **경건한 생활 때문**이었습니다. 오늘날도 우리의 삶의 행태가 서구문화의 영향으로 바뀌고 개방화되었다고 할지라도 우리 신앙인들은 구별된 자로서 세상사람들과 똑같이 때로는 더 악하고 추한 모습으로 실망감을 줄 것이 아니라 우리에게 잣대로 주신 **하나님의 말씀**과 **십계명**을 준수해 나 갈 때, **하나님 중심**으로 **교회중심**으로 **말씀중심**으로 본이 되는 삶을 살 때 세상의 수많은 사람들이 교회에 대한 인식을 새롭게 할 것입니다.
빌2:5 "너희 안에 이 마음을 품으라 곧 그리스도 예수의 마음이니" 너희 마음에 예수님의 마음을 품고 **매력있는** 성도로 경건하고 품위있게 살라고 하십니다.

셋째는, 성도의 부유하여 줄 수 있어야합니다.

사람은 누구나 부자로 행복하게 살기를 원합니다. 마찬가지로 성도도 가난하여 남에 도움을 받으며 궁핍하게 어려운 삶을 살기 원하는 사람은 아무도 없을 것입니다.
그러나 세상 사람과 달리 신앙생활하는 **성도의 부요는 많이 소유함에 있지 않고 나누어 줌에 있다는 것**이 오늘 말씀의 훈계입니다. 성경적인 측면에서 볼 때에는 재물을 많이 소유하고 있는 것을 자랑하는 것은 바람직하지 못하다고 말씀합니다. **따라서 부자가 천국에 들어가는 것은 낙타가 바늘귀에 들어가는 것 보다 어렵다고 하며 지혜의 왕 솔로몬도 부하거나 가난하지 말게 하옵시고 지혜를 주옵소서라고 기도하였습니다.**
주님께서는 **"주는 것"**이 복이 있다고 주라 하십니다.

사도행전 20장 35절 "범사에 여러분에게 모본을 보여준 바와 같이 수고하여 약한 사람들을 돕고 또 주 예수께서 친히 말씀하신 바 **주는 것이 받는 것보다 복이 있다 하심을 기억하여야 할지니라**" 라고 주라고 말씀하십니다.
깊은 밤에 이 말씀을 준비하면서

♬ 복음송② "사랑은 참으로 버리는 것"으로
사랑은 참으로 버리는 것 버리는 것 버리는 것
이상하다 동전한 닢 움켜 잡으면 없어지고
쓰고 빌려주면 풍성해 져, 땅 위에 가득하네
사랑은 참으로 버리는 것, 더 가지지 않는 것

그 뒷장에 ♬③ "주님 것을" 김석균 곡으로 가수 송대관씨가 새에덴교회에서 부른 곡으로 은혜롭게 들은 적이 있는 곡이 발견되어 불러 봅니다.
"주님 것을 내 것이라고 고집하며 살아 왔네
금은 보화 자녀들까지 **주님 것을 내 것이라**
아버지여 철없는 종을 용서하여 주옵소서
맡긴 사명, 맡긴 재물을 주를 위해 쓰렵니다."

이제 말씀을 마칩니다.
'내 사랑 너는 어여쁘고 어여쁘도다'라는 제목하에 성도의 아름다운 삶으로
1) 성도는 순결을 지키며
2) 매력을 가지며
3) 부유하여 주는 삶을 살자고 했습니다.
이렇게 살기 원하는 저와 여러분에게 **우리주 예수 그리스도**의 **크신 은혜**와 **하나님의 망극하신 사랑**과 **성령**의 **임재하심**이
함께하시길 간절히 축원합니다. 감사합니다.

내일 금요일 3월 19일 새벽은 구약#13. 9장짜리 아모스(1275쪽)입니다

찬송가 해설

1. 8장(거룩 거룩 거룩 전능하신 주님)

계4:8 "거룩하다 거룩하다 거룩하다 주 하나님 곧 전능하신 이여"라는 말씀에 근거

성부 성자 성령의 삼위일체 하나님을 찬송하는 전형적인 예배 찬송으로 작사자는 영국 성공회의 히버 주교입니다.
그는 명문대학 옥스퍼드대학을 졸업하고, 15년 동안 농촌 목회를 하면서 많은 찬송시를 작사하였다고 합니다.
작곡자는 영국의 다이크스입니다.

오늘 말씀의 첫 주제가 '성도의 순결'이라 이 찬송을 선곡하였습니다.
"거룩 거룩 거룩 전능하신 주님을 이른 새벽 우리 주를
찬송합니다."

다같이 **찬송 8장**을 부르겠습니다.

2. 336장(환난과 핍박 중에도)

이 찬송은 계2:10 "네가 죽도록 충성하라 그리하면 내가 생명의 관을 네게 주리라"라는 말씀에 근거

이 찬송의 작사자는 영국 카톨릭교회 신부 **페이버**입니다.

작곡은 **영국의 헤미가** 곡을 만들었습니다.

성도의 신앙 본받아 원수도 사랑하겠네,
성도의 신앙 따라서 죽도록 충성하겠다는 다짐의 찬송인

찬송가 336장 부르겠습니다..

13. 그 날에 (아모스9:11-13/ ♪ 485, 175)

어제 새벽 말씀은 구약 열 두번째로 8장짜리 아가서로
'내 사랑 너는 어여쁘고 어여쁘도다'라는 제목하에 성도의 아름다운 삶으로

1) 성도는 순결을 지키며
2) 매력을 가지며
3) 부유하여 주는 삶을 살자고 했습니다.

오늘 함께 볼 말씀은 구약 열세 번 째 9장인 **아모스**입니다.
아모스의 약자는 "암"이며 저자는 책이름인 '아모스'입니다.
기록연대는 주전B.C(Before Christ) 760년~750년경입니다.

기록목적은 하나님의 율법을 무시하고, 우상을 숭배하며, 가난한 자들을 착취하고 압제하는 사람들에게 장차 하나님의 공의로운 심판이 있을 것임을 경고하기 위해 기록하였습니다.

먼저, **아모스**의 단락별로 내용을 알아보면 이 책의 전체내용이 파악될 것 같아 소개하겠습니다.

○ 1:1-2:16 ▶ 아모스는 이스라엘을 중심으로 주변국가들의 죄악상을 지적하고 하나님의 심판이 있을 것을 선포합니다. 심판의 대상은 다메섹, 블레셋, 두로, 에돔, 암몬, 모압, 유다, 그리고 이스라엘 순입니다.

○ 3:1-15 ▶ 아모스의 첫 번째 설교로서, 설교의 주제는 이스라엘에 대한 심판과 소수의 남은 자들에 대한 구원약속입니다.

○ 4:1-13 ▶ 아모스의 두 번째 설교로 하나님께 심판받을 수 밖에 없는 이스라엘의 완악하고 오래동안 지은 죄악상에 대하여 말하고 있습니다.

○ 5:1-6:14 아모스의 세 번째 설교로, 아모스 선지자는 이스라엘의 종교와 사회적 부패와 안일에 대해 꾸짖으면서 '여호와를 찾으라'고 호소하고 있습니다.

○ 7:1-17 앗수르의 침공을 예견하는 세 가지 환상(메뚜기, 불, 다림줄)과 더불어, 진리를 선포하는 하나님의 선지자 아모스를 배격하는 거짓 제사장 아마샤의 모함을 소개하고 있습니다.

○ 8:1-14 아모스가 본 네 번째 환상으로 '여름 과일 한 광주리의 환상'이 소개되며 악인들이 받을 형벌과 더불어 마지막 때의 징조인 영적 기근의 현상이 나타나고 있습니다.

○ 9:1-15 아모스가 본 다섯 번째 환상으로 '부서지는 성전의 문지방 환상'이 소개되며 장차 다윗 가문의 회복을 예언함으로써 남은 자들에게 구원과 회복의 소망을 주고 있습니다.

종전에는 주석을 소개했는데 지금처럼 다루는 성경책의 내용을 전체적으로 파악하는 것도 의미가 있다 생각되어 이렇게 변경하여 진행하는데 여러분의 생각은 어떠한지 궁금합니다. 개별적으로 문자 등으로 의견 주시면 고민해 보겠습니다.

그래도 알면 유익한 **주석 몇 군데만** 보겠습니다.

① 1장 2절 "그가 이르되 여호와께서 시온에서부터 부르짖으시며 예루살렘에서부터 소리를 내시리니 목자의 초장이 마르고 갈멜 산 꼭대기가 마르리로다"에서 '갈멜 산'은 흔히 '감람나무 동산' '포도원'을 가리키며 비옥한 북방 땅을 표현한 말입니다. 따라서 갈멜 산 꼭대기가 마르다는 말은 여호와의 진노가 팔레스틴 전역에 임하였다는 것을 의미합니다.

② 5장 24절 "오직 *정의를 물 같이, 공의를 마르지 않는 강 같이* 흐르게 할지어다"에서 '**정의를 물 같이, 공의를 마르지 않는 강 같이**' 란 팔레스틴에서 한번 비가 오면 산간 계곡에 폭포 같은 하수가 이루어져 어떤 장애물이 있어도 넘쳐 흘러 내린다고 합니다. 말하자면 정의와 공의가 평평 흘러 넘친다는 표현입니다.

③ 8장 2절 "그가 말씀하시되 아모스야 네가 무엇을 보느냐 내가 이르되 **여름 과일 한 광주리니이다** 하매 여호와께서 내게 이르시되 내 백성 이스라엘의 끝이 이르렀은즉 내가 다시는 그를 용서하지 아니하리니"에서 '여름 과일 한 광주리'는 **여름 실과의 끝물**이라고 하지요 **철 지난 과일**을 나타낼 때 쓰는 표현처럼 썩어 버려야 하는 과일을 상징하는 것으로 **북이스라엘 백성들에게 임할 최종적인 재앙, 즉 멸망에 대한 경고 메시지로 심판이 임박하였음을 강조**하고 있습니다.

④ 8장 11절 "주 여호와의 말씀이니라 보라 날이 이를지라 내가 기근을 땅에 보내리니 **양식이 없어** 주림이 아니며 **물이 없어** 갈함이 아니요 **여호와의 말씀을 듣지 못한 기갈이라**"에서 '기근'은 자연적 재해로서 기근이 아니라 '**하나님의 말씀을 듣지 못하는 기갈**'로서 제사장이나 선지자를 통해 하나님의 말씀을 듣는 것은 이스라엘에게 **축복 중 축복으로 가장 큰 축복인데 기근을 보냈다는 것은 하나님께서 그들을 떠나셨다는 의미**입니다.

⑤ 9장 3절 "갈멜 산 꼭대기에 숨을지라도 내가 거기에서 찾아낼 것이요 내 눈을 피하여 바다 밑에 숨을지라도 내가 거기에서 뱀을 명령하여 물게 할 것이요"의 '갈멜 산 꼭대기는' 서편에 2천개의 동굴이 있고 수목으로 울창하여 뒤덮혀 있기 때문에 길의 굴곡이 심하여 바로 앞사람도 구분못할 정도로 사람이 숨기에 좋은 장소를 가리킵니다.
  예) 제가 군대시절 휴가를 제주도로 갔는데 어리목으로 5.16도로지나 한라산에 오르는데 정말 한발사국 앞을 분간 못할 정도로 어둡더군요 혹시나 낭떨어지에 떨어져 죽을까봐 함께 가던 일행과 손에 손을 잡고 간 적이 있습니다.
  무소부재하신 우리 하나님은 전능하시기 때문에 숨어봤자 찾아 낸 다는 것입니다.

자! 그러면 아모스 9장 11-13절의 본문 중 11절의 "그 날에 내가 다윗의 무너진 장막을 일으키고 그것들의 틈을 막으며 그 허물어진 것을 일으켜서 옛적과 같이 세우고"에서 '그 날에'
라는 제목으로 **다윗의 무너진 장막을 일으켜 세우는 그 날**이 어떠한 날인지 함께 생각하면서 **피차에 은혜**가 임하기를 간절히 바랍니다.

본서의 주제는 참 신앙에는 반드시 사회적, 종교적 정의가 수반되어야 한다는 것입니다. **하나님은 사랑이 넘치시고 자비로우시며 오래 참으시는 인애하신 하나님**이시지만 동시에 공의로우신 분이시기 때문에 죄를 모른체 넘어가지 않으시는 **심판의 하나님!** **상선벌악의 하나님**으로 선한 자에게 리워드, 상주시고 악한 자에게는 패널티, 벌을 주시는 분이시기 때문에 **아모스는 회개를 촉구**하며 '**정의를 물같이, 공의를 마르지 않는 강같이**'라는 표현을 사용하고 있습니다.

이사야가 하나님의 거룩함을 주장하고 호세아는 하나님의 사랑을 강조했다면 아모스는 하나님의 속성을 공의 또는 정의로 강조하고 있습니다.

그러면, 그 날은 도대체 어떤 날입니까?

첫째, 그 날은 심판의 날입니다.

본문 11절의 "그 날에 내가 다윗의 장막을 일으키고 그것들의 틈을 막으며 그 허물어진 것을 일으켜서 옛적과 같이 세운다"는 '**그 날**'은 '**여호와의 날**'을 의미하는데 이스라엘 백성들은 화창한 봄 날로 착각하였습니다.

그 날이 오면 신부의 노래 소리가 울리며 복된 소식이 전하여질 것으로 즉, 화창한 봄 날에 하늘에 뭉개구름 떠 다니며 만민이 즐거이 춤추며 노래 할 것으로 생각했는데 그들이 생각한 그 날은 얼음 반푼어치 없는, 택도 없는 착각였습니다.

왜냐하면 사실은 그 날은 하나님의 심판의 날이었기 때문입니다. 그 날은 의인과 악인이 구별되는 날이요 **양과 염소가 구분되는 날**이며 **하나님의 공의와 영광이 드러나는 날**이었습니다.

그 날은 어떤 날이라고요?

심판의 날이라는 것을 기억해야 하겠습니다.

믿는 자에겐 영생의 부활로, 불신자에겐 심판의 부활로 심판하시는 하나님이심을 알아야 하겠습니다.

ex) 며칠 전 옛날 순천시의장였던 김대희의장과 통화할 기회가 있었는데 지금은 전남 교통연수원장으로 행복하다면서

우리가 확실히 아는 것이 3가지인데

하나는 **인생에 정답이 없다는 것**과
둘째는 **공짜가 없다는 것**과
셋째는 **언제 어디서 죽을지 모른다**고 하여 한바탕 웃었습니다. 맞아요!
심은대로 거두며 팥 심은데 팥나고 콩 심은데 콩난다는 진리는 변함없는 진리입니다.
마찬가지 하나님 앞에 **칭찬받을 짓하면 복받고**
불순종하며 하나님 영광가리우며 **거역하면 벌받는 것**은 **당연지사** 같습니다. 우리 모두다 복 받고 칭찬 받는 성도됩시다.

둘째, 그 날은 구원의 날입니다.

고후 6:2절은 말씀합니다.
"보라 지금은 은혜 받을 만한 때요 보라 지금은 구원의 날이로다" 지금이 바로 은혜와 구원받을 호시절이란 말입니다.
준 다고 할 때 받읍시다.
그러나 구원도 사모해야 합니다.
저 같은 경우, 상대방이 줄라면 주고 말라면 마라하면 안 줍니다. 마치 제주도에 가면 두 곳에 가서 외상먹고 가파도 좋고 마라도 좋다고 우스개소리하더군요 가파도와 마라도는 지역이름이지만 갚던지 말던지 마음대로 하란 농담으로 하는 말이지만 의욕이 없고 꿈이 없고 비젼이 없는 사람은 성공할 수 없습니다.
우리는 비록 나이는 조금 먹었지만 자기 나이에서 **20살씩 빼고 젊게 살으라**고 어느 유명강사의 말이 생각납니다.
이래도 한 세상 저래도 한 세상 사는 것 이왕이면 멋지게 즐겁게 후회없이 행복하게 사는 것이 낫지 않겠습니까?

"세월을 아끼라 때가 악하니라
부지런하여 게으르지 말고 열심을 품고 주를 섬기며 살으라"고 하십니다.

본문 13절에 "보라 날이 이를지라 그 때에 파종하는 자가 곡식 추수하는 자의 뒤를 이으며, 산들은 단 포도주를 흘리며 작은 산들은 녹으리라"하십니다.

그 날은 범죄한 나라와 회개하지 아니하는 백성은 심판을 통하여 멸망받게 되지만 한편 그 날은 믿는 **우리에게는** 희소식으로 구원의 날이요 하나님의 구원 섭리 가운데 절정을 이루는 환희와 **축복**의 날이기도 합니다.

셋째는, 그러나 그 날은 아무도 모른다는 것입니다.

마태복음 24:36 "그러나 그 날과 그 때는 아무도 모르나니 하늘의 천사들도, 아들도 모르고 **오직 아버지만** 아시느니라"하십니다. 예수님께서도 분명히 그 날과 그 시는 모르지만 분명히 온다고 말씀하십니다.
그러나 그 날이 언제라고 구체적으로 말씀하지 않으셨습니다. 오직 한 분 하나님께서만 '그 날'을 아시고 계획하고 준비하고 계신다고 합니다.
저 개인적으로 볼 때는 어찌보면 그 날과 그 시를 안다면 그 시기에 임박하여 정신차리고 잘 믿고 평소에는 소홀히 하며 멋대로 살지 않을까 하는 생각이 듭니다.
따라서 성도들은 **구원의 날**, end time 주님 오실 그 날을 바라보며 주님 뜻에 합당한 생활을 하도록 믿음생활에 본을 보이며 자타가 공인하는 성실한 신앙생활을 하도록 하여야 하겠습니다.

이제 말씀을 마칩니다.
'그 날은'
1) **심판의 날입니다.**
2) **구원의 날입니다.**
3) **비록 그 날을 알 수 없으나**
주님 뜻에 합당하게 살기 원하는 저와 여러분에게
우리주 예수 그리스도의 **한량없는 은혜**와 **하나님**의 **다함없는 사랑**과 **성령**의 **역사하심**이 오늘도 함께하시길 간절히 축원합니다. 감사합니다.

다음 주 3.25일(목)은 구약#14. 10장짜리 에스라(711쪽)입니다

찬송가 해설

1. 485장(세월이 흘러 가는 데)

벧전2:11 "나그네 같은 너희를 권하노니"라는 말씀에 근거

이 찬송은 미국 노예해방운동의 선구자요 의학박사요 목사였던 넬슨이 쓴 찬송시입니다.
뉴욕 맹인학교 교사로 활동했던 루트가 곡을 붙였습니다.

"저 뵈는 하늘 집에서 오라 하실 때에
 등 예비하라 하신 말 순종하며
 준비하는 신앙생활하기로 마음다지며

다같이 **찬송 485장**을 부르겠습니다.

2. 175장(신랑되신 예수께서)

이 찬송은 마25:6 "밤 중에 소리가 나되 신랑이로다" 라는 말씀에 근거

이 **찬송의 작사자**는 미국의 라타입니다.
라타는 일생 동안 1,600여편의 찬송시를 썼습니다.
그는 83로 임종시까지 작곡하던 펜을 놓지 않았다고 합니다.
다시 오실 주님을 맞기 위해 성도들이 영적으로 항상 깨어 있어야 한다는 교훈이 담긴 재림 찬송입니다.

예비하고 예비하며 우리 신랑 오실 때
밝은 등불 손에 들고 기쁨으로 주를 맞이하자는

찬송가 175장 부르겠습니다.

14. 에스라가 울며 기도하여 (에스라10:1-4/♪361, 364)

지난 주 금요일 새벽에 구약 열 세번째로 9장짜리 아모스로
'그 날은'이라는 제목으로 그 날은
1) 심판의 날입니다.
2) 구원의 날입니다.
3) 비록 그 날을 알 수 없으나 주님 뜻에 합당하게 준비하며 살자고 하였습니다.

오늘 함께 볼 말씀은 구약 열네 번 째 10장인 에스라입니다.
에스라의 약자는 "스"이며 저자는 책이름인 '에스라'입니다.
기록연대는 주전B.C(Before Christ) 444년 전후입니다.

기록목적은 바벨론 포로 귀환을 통해 **언약을 지키시는 하나님의 신실하심**을 보여 주고, 또한 바벨론 포로 귀환 이후 유다인 사회에 있었던 성전 **건축의 역사**를 보여 주기 위해 기록하였습니다.

먼저, **에스라**의 단락별로 내용을 알아보면 다음과 같습니다.

○ 1:1-11 ▶ 바사왕 고레스에 의해 포로된 유다 백성들의 본국 귀환 및 **예루살렘 성전 재건을 허락하는 조서**가 내려지고, 이에 감동한 유다 백성들이 성전 재건을 위해 예물을 드리는 **장면**입니다.

○ 2:1-70 ▶ 스룹바벨 총독의 인솔하에 실시된 제1차 포로 귀환에 참여한 자들의 **인구 수**가 가족별, 지역별, 직분별로 **조사하여**, 귀환자들의 총계가 소개되는 부분입니다.

○ 3:1-13 ▶ 예루살렘으로 돌아온 유다 백성들은 제일 먼저 **번제단을 쌓고** 하나님께 번제를 드린 후 **착공예배를 드림으로써** 성전 건축에 착수하였습니다.

○ 4:1-24 ▶ 유대의 대적인 **사마리아 사람들이 성전건축을 방해**하고 예루살렘 성벽의 재건 작업도 훼방한 사실을 기록했습니다.

○ 5:1-17 ▶ 오랫동안 **성전건축이 중단되었다가 재건되는 소식을 총독 닷드내가** 바사 제국의 다리오 왕에게 보고하는 장면

○ 6:1-22 ▶ 보고를 받은 다리오 왕이 성전 재건을 허락하여 **건축 재개 4년 만에 성전을 완공하여 봉헌**하고 그간 단절되었던 유월절 예식을 **거행**하게 됩니다.

○ 7:1-28 ▶ 제1차 바벨론 포로 귀환 이후 무려 **80**여 년 만에 학사 에스라의 인솔하에 이루어지는 **제2차 바벨론 포로 귀환**에 대해 기록하고 있습니다.

○ 8:1-36 ▶ 제2차 바벨론 포로 귀환시에 행해진 일들이 소개되고 있으며 귀환자들의 명단과 **귀한 직전의 금식기도**, 예물들을 제사장에게 위탁하고 **귀환 후의 감사제사** 등이 소개되고 있습니다. 여기 보니까 귀환 시 **금식기도**와 **예물도** 드리며 **감사예배**를 드리는 등 **상당히 신앙적인 모습을 발견**할 수 있습니다.

○ 9:1-15 ▶ 제1차 귀환 후 유다 백성들이 이방인과 통혼하는 등 타락한 사실과 그로 인해 **에스라가 크게 개탄하며 회개의 중보 기도**를 드리는 장면이 언급되고 있습니다.

○ 10:1-44 ▶ **에스라의 종교개혁에 관한 내용**으로 유다 백성들의 **통회와 다짐하는 장면**으로 **예루살렘 총회를 통한 개혁 운동의 추진과 이방인 아내를 돌려 보낸 자들의 명단**이 언급되고 있습니다.

알아 두면 유익한 주석을 살펴 보겠습니다.

① 1장 1절 "바사 왕 고레스 원년에 여호와께서 예레미야의 입을 통하여 하신 말씀을 이루게 하시려고 바사 왕 고레스의 마음을 감동시키시매 그가 온 나라에 공포도 하고 조서도 내렸는데"에서 '**바사 왕 고레스**'는 B.C 538년에 바벨론 제국의 전 영토를 정복한 **바사(페르시아) 제국을 창건한 왕**입니다.

② 2장 40절 "레위 사람은 호다위야 자손 곧 예수아와 갓미엘 자손이 칠십사 명이요"에서 '**레위 사람**'은 제사장이 아닌 레위 사람은 크게 셋으로 구분하는데

첫째는 본절의 **일반적인 레위인**이고 둘째는 41절의 **노래하는 레위인**이며 셋째는 42절의 성전 문지기 **직책**을 맡은 레위인으로 구분할 수 있습니다.

③ **3장 10절** "건축자가 여호와의 성전의 기초를 놓을 때에 제사장들은 예복을 입고 **나팔을 들고** 아삽 자손 레위 사람들은 제금을 들고 서서 이스라엘 왕 다윗의 규례대로 여호와를 찬송하되"에서 '나팔을 부는 것'은 민수기 10장 8절에서 보는 바와 같이 "**그 나팔은 아론의 자손인 제사장들이 불지니** 이는 너희 대대에 **영원한 율례니라**" 항상 제사장들의 임무였습니다. 또 역대상 15:16절은 "다윗이 레위 사람의 **어른들에게 명령하여** 그의 형제들을 노래하는 자들로 세우고 **비파와 수금과 제금** 등의 악기를 울려서 즐거운 소리를 크게 내어 하나님을 찬양하라"고 합니다.

④ **6장 10절** "그들이 **하늘의 하나님께** 향기로운 제물을 드려 왕과 왕자들의 생명을 위하여 **기도하게 하라**"에서 다리오 왕이 이스라엘에 바사 왕실을 위하여 기도하라고 하고 있습니다.

⑤ **10장 4절** "이는 **당신이 주장할 일**이니 일어 나소서 우리가 도우리니 힘써 행하소서"에서 '당신이 주장할 일'이란 에스라의 임무 중 하나가 '하나님의 법을 준행하지 하니하는 자의 죄를 정죄하는 것'이며 에스라 7장 26절에 보니 "무릇 네 하나님의 **명령과 왕의 명령을 준행하지 아니하는 자**는 속히 그 죄를 정하여 혹 **죽이거나 귀양 보내거나 가산을 몰수하거나 옥에 가둘지니라**"합니다.

자! 그러면 에스라 10장 1-4절의 본문 중 1절의 "**에스라가** 하나님의 성전 앞에 **울며 기도하여** 죄를 자복할 때에 많은 백성이 크게 통곡하매 이스라엘 중에서 백성의 남녀와 어린 아이의 큰 무리가 그 앞에 모인지라"에서 '**에스라가 울며 기도하여**' 라는 제목으로 지도자 에스라가 백성의 죄악에 대해 책임을 지고 눈물로 기도하는 모습을 통해 **은혜의** 시간 되기를 간절히 바랍니다.

개인기도하는 모습도 여러 가지더군요 소리를 지르며 기도하는 사람도 있고 계중에는 **박수를 크게 치면서** 기도하는 분도 있고 어떤 분을 울면서 기도하는 분도 보게 되는데 그러면, 에스라가 기도한 모습은 어떤 모습일까요?

첫째, 엎드리어 기도하였습니다.

1절에 보니 "에스라가 하나님의 성전 앞에 **엎드려** 울며 기도하였다고"합니다. 에스라가 기도할 때에 엎드려 기도했습니다. 엎드려 기도했다는 말은 몇가지 깊은 뜻이 있는데 **첫째**는 에스라의 **낮아짐**입니다. 마치 세리가 기도할 때에 엎드려 다윗의 자손 예수여 불쌍히 여기소서! 한 것처럼 **겸손한 기도의 자세**를 말합니다. 둘째는 오직 믿을 자는 하나님이요 고백하며 하나님의 능력을 인정하는 하나님만 상대하여 하나님을 신뢰하며 하나님만 찾는 기도입니다. 하나님께서는 에스라와 같은 이런 겸손하고 믿음있는 기도를 응답하십니다.

과연 우리는 새벽기도에 참석하셨지만 하루의 삶가운데 얼마나 하나님 앞에 엎드리는가 스스로에게 물어 보는 시간 되시기 바랍니다.

둘째, 울며 기도하였습니다.

1절에 보니 **하나님의 성전 앞에 울며 기도하였다**고 기록되어 있습니다.
에스라가 **울며 기도했다함**은
첫째, 그의 마음을 숨김없이 전적으로 **하나님께 쏟는 기도**이며
둘째, 하나님과 백성을 **사랑하는 기도**이며
셋째는 전력을 다하여 매어 달리는 기도임을 나타내는 것입니다. 장로님이신데 특히 여성의 울음앞에 약해 진다고 말하더군요다 **한나**는 아들이 없어서 브닌나에게 당하는 수모로 인해 괴로워하며 **하나님 앞에** 심정을 토할 때에 **통곡하며 기도**하였습니다.

사무엘상 1장 10-11절
"10.**한나가 마음이 괴로워서 여호와께 기도하고 통곡**하며
11.**서원하여** 이르되 만군의 여호와여 만일 주의 여종의 고통을 돌보시고 **나를 기억하사** 주의 여종을 잊지 아니하시고 **주의 여종에게 아들을 주시면** 내가 그의 평생에 **그를 여호와께 드리고** 삭도를 그의 머리에 대지 아니하겠나이다"하며 **서원기도**하였습니다.

셋째, 죄를 자복하며 기도하였습니다.

하나님은 미쁘시고 의로우사 우리가 우리 **죄를** 고백하고 통회자복하며 회개하고 **용서를**

구할 때에
우리 죄를 사하시며 기억도 아니 하신다고 하십니다.
에스라는 죄를 청산 할 때에 기도를 들어 주시는 응답하시는 하나님이심을 믿고 간절한 마음으로 하나님 앞에 나아가 기도하였습니다.
성전에 올라가 기도하는 두 사람 바리새인과 세리의 기도를 보면 바리새인은 서서 따로 기도하여 말하길 하나님이여 나는 다른 사람들 곧 토색, 불의, 간음을 하는 자들과 같지 아니하고 이 세리와도 같지 않다고 하며 바리새인은 자신의 괴로움과 종교적 행위를 자랑했지만 세리는 감히 눈을 들어 하늘을 쳐다보지 못한 채 하나님이여 나를 불쌍히 여기소서 나는 죄인이로소이다. 라고 자복하였습니다.
에스라의 눈물어린 간절한 기도를 우리도 본 받아서 바른 기도생활을 하여야 하겠습니다.

이제 말씀을 마칩니다.
에스라는 기도할 때
1) 겸손하게 엎드리어 기도했습니다.
2) 울며 통곡하는 기도를 하였습니다.
3) 통회자복하며 회개의 기도를 하였습니다.

에스라와 같이 엎드리어 울며 회개기도하여 하나님의 긍휼을 입기 원하는 저와 여러분에게 우리주 예수 그리스도의 한없는 은혜와 하나님의 극진한 사랑과 성령의 충만하심이 오늘도 함께하시길 간절히 축원합니다.

내일은 4.1일(목)은 구약#15. 10장짜리 에스더(750쪽)입니다

찬송가 해설

1. 361장(기도하는 이 시간)

시편91:15 "그가 내게 간구하리니 내가 그에게 응답하리라"근거

이 찬송은 우리가 잘 아는 미국의 찬송 작시자 패니 제이 크로스비여사가 작사하였습니다. 95세까지 장수하면서 그녀는 8,000여편의 은혜로운 곡을 남겼습니다.

작곡은 미국의 찬송 작곡가인 돈이 작곡하였으며 돈은 주로 크로시비의 찬송시에 곡을 붙였습니다.

기도에 대한 깊이 있는 가사로 애창되고 있는 찬송가입니다.

"기도시간에 복을 주시네
 곤한 내 마음속에 기쁨충만케 하는"

찬송 361장을 부르겠습니다.

2. 364장(내 기도하는 그 시간)

이 찬송은 행1:14 "마음을 같이하여 오로지 기도에 힘쓰더라" 근거

이 찬송은 맹인인 영국의 월포드 목사가 작사하였습니다.
작곡은 미국의 브래드버리가 작곡, 본래는 '오두막집의 노래'라는 가사로 작곡했는데 나중에 작시자인 월포드의 가사와 결합하여 찬송시가 되었습니다.

"내 기도하는 그 시간 그 때가 가장 즐겁다"고 노래한
찬송가 364장 부르겠습니다.

15. 죽으면 죽으리이다 (에스더4:1-17/♪311, 575)

지난 주 목요일 새벽에 구약 열 네번째로 10장짜리 에스라로
에스라는 기도할 때
1) 겸손하게 엎드리어 기도했습니다.
2) 울며 통곡하는 기도를 하였습니다.
3) 통회자복하며 회개의 기도를 하였습니다.
우리도 에스라와 같이 엎드리어 울며 회개기도하여 하나님의 긍휼을 입자고 말씀을 나눴습니다.

오늘 함께 볼 말씀은 구약 열다섯 번 째 10장인 에스더입니다.
에스더의 약자는 "에"이며 저자는 알수 없다고 합니다.
기록연대는 주전B.C(Before Christ) 464년-436년경입니다.

기록목적은 에스더와 모르드개의 이야기를 통해, 하나님은 세상 어느 곳에서든 모든 것들을 주관하시는 분임과 그 분은 자기 백성을 사랑하고 돌보시는 분임을 보여주기 위해 기록하였습니다.

먼저, 에스더의 단락별로 내용을 알아보면 다음과 같습니다.

○ 1:1-22 ▸ 본서 전체의 배경을 이루는 본문은, 아하수에로 왕이 베푼 대연회 때 왕의 호출을 거절한 왕후 와스디가 폐위되는 장면입니다.

○ 2:1-23 ▸ 폐위된 왕후 와스디를 대신하여 유다 출신의 에스더가 새로운 왕후로 간택되는 과정이 소개됩니다. 또 아하수에로 왕의 암살 음모를 깨뜨린 모르드개의 공로가 소개됩니다.

○ 3:1-15 ▸ 모르드개가 신앙의 절개로 교만한 바사 총리 하만에게 무릎을 꿇지 않자, 이에 분노한 하만이 그 일을 빌미로 유다 민족 전체를 멸절시키려는 무서운 정치적 음모를 꾸미는 장면입니다.

○ 4:1-17 ▶ 하만의 정치적 음모로 바사 제국내의 유다인이 멸절 위기에 몰리게 되자, 유다인들은 크게 비통해합니다. 그런 와중에 민족을 구하기 위한 모르드개와 에스더의 교신이 전개됩니다.

○ 5:1-14 ▶ 목숨을 걸고 아하수에로 왕에게 나아간 에스더는 왕의 총애를 확인하고, 계획대로 왕과 하만을 잔치에 초대합니다. 그리고 하만은 연회를 통해 모르드개를 처형시킬 꾀를 짜냅니다.

○ 6:1-14 ▶ 본문은 묻혀 있던 모르드개의 공적이 발견되어, 하만을 도구로 존귀함을 입게 되는 유쾌한 반전이 이루어지는 장면입니다.

○ 7:1-10 ▶ 에스더가 마련한 두 번째 잔치에서, 에스더의 고소로 하만의 음모가 드러나고 결국 처형당하는 장면입니다.

○ 8:1-17 ▶ 하만의 음모로 유다 민족을 멸절시키려던 아하수에로 왕의 조서가 무효화되고, 왕의 새로운 조서로 유대인이 구원에 이르는 장면입니다.

○ 9:1-10:3 ▶ 본문은 유다 민족을 말살하려던 그 날에 오히려 유다의 대적들이 도륙당하고, 그러한 승리와 구원의 날을 기념하여 '부림절'이 제정되는 장면입니다.

알아 두면 유익한 주석을 살펴 보겠습니다.

① 1장 9절 "왕후 에스더도 아하수에로 왕궁에서 **여인들을 위하여** 잔치를 베푸니라"에서 '여인들을 위하여'란 바사에서는 개인 가정 집에서 조차도 남녀가 함께 식사하지 **않았다고** 합니다.

② 3장 13절 "모든 유다인을 **젊은이 늙은이 어린이 여인들을** 막론하고 죽이고 도륙하고 진멸하고 또 그 재산을 탈취하라하였고"에서 '젊은이 늙은이 어린이 여인들을 막론하고'란 고대인들은 죄인의 처자들을 **본인과 더불어 처형하는** 것을 당연하다고 생각했는데 바사에서는 이런 관습이 보편화되어 있었다고 합니다.

③ 4장 1절 "모르드개가 이 모든 일을 알고 **자기의 옷을 찢고** 굵은 베 옷을 입고 재를 뒤집어쓰고 성중에 나가서 **대성 통곡하며**"의 '옷을 찢고 통곡한' 행위는 극도의 슬픔에 대한 외적 표현으로 **다니엘서 9:3절** "내가 금식하며 베옷을 입고 재를 덮어 쓰고 주 하나님께 기도하며 간구하기를 결심하고"라고 **다니엘이 그런 행위**를 했고, 또 **요나서 3:6절**에 "그 일이 **니느웨 왕**에게 들리매 왕이 보좌에서 일어나 왕복을 벗고 굵은 베 옷을 입고 재 위에 앉으니라"라고 **니느웨 왕**도 '옷을 찢고 통곡하는 행위'를 볼 수 있습니다.

④ 9장 22절 "이 달 **이날**에 유다인들이 대적에게서 벗어나서 평안함을 얻어 슬픔이 변하여 **기쁨이 되고** 애통이 변하여 길한 날이 되었으니 이 두 날을 지켜 **잔치를 베풀고 즐기며** 서로 **예물을 주며** 가난한 자를 구제하라 하매"에서 본 절은 부림절을 나타내 주는 말로 이 날은 **슬픔이 변하여 기쁨이 된 사건을 기념**하기 위한 것으로 **시편 30:11**에 보면 "주께서 나의 **슬픔이 변하여** 내게 **춤이 되게** 하셨습니다".

⑤ 10장 2절 "왕의 능력 있는 모든 행적과 **모르드개를 높여** 존귀하게 한 사적이 **메대와 바사 왕들의 일기에 기록되지** 아니하였느냐"에서 메대와 바사 두 제국이 기록이 한 '일기'에 포함되었다는 것은 두 제국의 긴밀한 동맹관계를 나타내는 것으로 왕과 모르드개가 높임을 받은 것을 기록하고 있습니다.

자! 그러면 **에스더 4장 1-17절**의 본문 중 16절의 "당신은 가서 수산에 있는 유다인을 다 모으고 나를 위하여 **금식하되 밤낮 삼일**을 먹지도 말고 마시지도 마소서 나도 나의 시녀와 더불어 이렇게 **금식한 후**에 규례를 어기고 왕에게 나아가리니 죽으면 죽으리이다" 에서 '죽으면 죽으리이다' 라는 제목으로 말씀을 나눌 때 피차간에 은혜의 시간 되기를 바랍니다.

본문을 통하여 에스더는 연약한 여성이었지만 마치 "여자는 약하나 어머니는 강하다" 말이 있듯이 **에스더**는 보기 드물게 **꼬뿔소처럼 막을 수 없는 뛰어난 용기**를 보여 주었습니다. 그 **당시의 시대상과 왕후를 세우신 것**이 우연한 일이 아니라 **하나님의 섭리였음**과 그 상황에서 **에스더**는 위대한 결단을 감행했음을 통하여 우리는 교훈삼기를 바랍니다.

첫째, 유대인들에게 임한 재난을 통해 교훈삼아야 합니다.

지난해부터 지금까지 세계적인 전염병인 코로나19라는 펜데믹으로 수많은 소규모 영세사업자가 무너지고 있습니다. 직장에서 실직되며 일자리가 창출되기는커녕 직장 구하기가 쉽지 않는 세상이 되고 있습니다.

며칠 전 김영애 전도사님과 잠깐 대화할 시간이 있었는데 코로나19 전염병은 하나님의 말세 징조와 회개를 촉구하는 신호, 사인으로 **빨리 깨닫고 돌아 오는 자는 복이 있다**고 하더군요

맞습니다. 유대인들에게 임한 재난도 그렇습니다.
바사와 메대에 흩어져 사는 모든 유대인들은 간교한 하만으로 인하여 심각한 위기에 처하게 되었습니다. 위기에 처한 그들에게 **하나님의 특별한 도우심이 없이는 위기를 벗어날 수 없습니다.** 마찬가지로 여러분과 저도 하나님을 잘 믿고 섬기며 하나님의 자녀로 기도하며 산다고 하지만, 우리 앞에 닥치는 시험과 환난과 고난과 위험과 위기를 우리 힘으로 막을 수 있는 사람은 아무도 없습니다. 우리 주변에 불의한 자들, 하나님을 대적하는 자들로 말미암아 우리도 심각한 위기를 맞을 수 있다는 것을 인정하며 살아야 합니다.
그래서 우리는 주님께서 가르쳐 주신 **주기도문과 같이**
"우리를 시험에 들게 하지 마옵시며 다만 악에서 구하옵소서" 기도해야 합니다.

둘째, 에스더를 왕후로 세우신 것은 하나님의 섭리였습니다.

우리 인생의 생사화복을 주장하시며 인류의 역사를 주관하시고 우주만물을 다스리시는 하나님의 섭리앞에 연약하고 제한적으로 한계를 느끼며 살아야 하는 우리는 모두다 순응할 수 밖에 없습니다.
에스더가 왕후의 자리에 오른 것은 결코 우연한 일이 아니라 하나님의 섭리였습니다.
모든 것을 다 아시는 만유의 주재자로 무소부재하신 전능하신 하나님 아버지께서, 유대인들을 하만의 간계로부터 구원하시고 또한 이방인들 가운데서 **당신의 이름이 높임을 받으시기** 위해 에스더를 그 존귀한 자리에 우뚝 세우셨던 것입니다.

마른 막대기 만도 못하고 깨어지기 쉬운 질그릇같은 연약한 저와 여러분도 하나님께서 쓰시고자 하면 에스더처럼 우뚝 세우사 존귀하게 쓰신다는 것을 믿읍시다.
이사야 6:8 "내가 또 주의 목소리를 들으니 누가 우리를 위하여 갈꼬 하시니 그 때에 내가 이르되 내가 여기 있나이다 나를 보내소서"한 이사야와 같이 **"주님께서 나를 불러 세우셨다"**는 철저한 소명의식을 갖고 하나님께서 부르실 때에 내가 여기 있나이다 나를 써 주옵소서하며 순종합시다.
순종이 제사보다 낫다고 하십니다.
하나님의 목적에 부합하는 삶을 살도록 힘쓰기로 해요 우리의 **생명을 연장해 주시는 하나님의 은혜에 감사**하며 하루 하루를 최선을 다하며 살기로 합시다. 부지런하여 게으르지 말고 열심을 품고 주를 섬기는 저와 여러분이 되시기 바랍니다.

며칠 저는 사무실에서 잠깐 의자에서 눈을 붙였는데 꿈인지 생시인지 숨이 넘어가며 죽는 줄 알고 "주여! 주여! 주여!하며 소리 질렀더니 사무실의 그림과 글씨를 구분하겠더라고요"
이대로 죽는다면 많은 것이 아깝다는 아쉽다는 생각을 했습니다.
잘 살고 못사는 것은 둘째이고 **저는 살아 숨 쉬는 그 자체가 감사할 뿐입니다. 그래서 저는 설교할 때마다 마지막설교라는 마음으로** 부족하지만 힘껏 할 수 있는 최선을 다하려합니다.

셋째, 에스더는 하나님의 뜻을 따르기로 결단했습니다.

사람이 살면서 술에 술탄 듯 물에 물탄 듯 적당히 살아서는 안됩니다. 결단할 때가 있나니 용기를 내야 합니다.
♬ 찬송가 586장 **"어느 민족 누구게나 결단--할 때 있나니 참과 거짓 싸울 때에 어느 편에 설 건가"**

주가 주신 새 목표가 우리 앞에 보이니 빛과 어둠사이에서 선택하며 살아야 합니다.

이순신 장군이 "생즉필사 필사즉생" 살고자 하면 죽을 것이요, 죽고자 하면 살 것이라고 한 말은 중국 춘추전국시대의 장군이었던 '오기'가 지은 오자병법의 '필사즉생, 행생

즉사'에서 나온 말로 '죽기를 각오하면 살 것이요 요행히 살려고 하면 죽을 것이요' 라는 뜻에서 나온 말이라고 합니다.

에스더가 궁중의 엄한 규례에도 불구하고 죽으면 죽으리라는 각오 아래 하나님의 뜻을 따르기로 결단하였던 것입니다. 우리들도 에스더와 같이 '죽으면 죽으리이다'라는 믿음으로 주님의 일을 하여야 하겠습니다.

이제 말씀을 마칩니다.
1) 유대인들에게 재난이 임했습니다.
2) 재난 가운데 에스더를 세운 것은 하나님의 섭리였습니다.
3) 에스더는 '죽으면 죽으리이다' 결단하였습니다.

에스더와 같이 죽을 각오로 주님 일을 섬기려는 저희들에게
우리주 예수 그리스도의 한없는 은혜와 하나님의 다함없는 사랑과 성령의 역사가 함께 하시길 간절히 축원합니다.

내일은 4.1일(목)은 구약#16. 12장짜리 전도서(948쪽)입니다

찬송가 해설

1. 311장(내 너를 위하여)

갈2:20 "나를 사랑하사 나를 위하여 **자기 자신을 버리신** 하나님의 아들을 믿는 믿음안에서 사는 것이라" 근거

이 찬송은 영국의 **하버갈**이 작시하였습니다. 그녀는 1858년 독일에 유학하고 있을 때 렘브란트의 그림 '예수님의 십자가' 아래 적힌 '**나는 너를 위하여 생명을 주었는데 너는 나를 위하여 무엇을 주었느냐?**'란 글귀를 보고 영감을 얻어 이 시를 쓰게 되었습니다.

곡은 미국의 **블리스**가 작곡하였습니다.

"널 위해 몸을 주건만 너 무엇 주느냐" **주님의 음성**을 들으면서

찬송 311장을 부르겠습니다.

2. 575장(주님께 귀한 것 드려)

이 찬송은 민18:29 "그 **아름다운 것** 곧 거룩하게 한 부분을 가져다가 여호와께 **거제로** 드릴지니라" 근거

이 **찬송**은 미국의 **그로즈** 목사가 '진실한 성도는 삶 전체를 하나님이 기뻐하시는 거룩한 산 제사로 드려야 한다'는 내용으로 작사하였습니다.
그는 경건한 신앙과 학문을 겸비한 자로 **39세**에 〈사우스 다코타 국립대학〉교수 및 **총장(장관급)을 역임**했습니다.

곡은 영국의 왕실 음악학원에서 음악교육을 받은 **바너드**가 작곡했습니다.

"주님께 귀한 것 드려 젊을 때 힘 다하라"고 노래한

찬송가 575장 부르겠습니다.

16. 헛되고 헛되며 헛되고 헛되니 모든 것이 헛되도다
(전도서1:1-11/ ♪ 523, 375)

어제는 새벽에 구약 열 다섯번째 10장짜리 에스더로

성경에 여성이름으로 책이름인 것은 에스더와 룻기 단 2권이라고 하며 에스더 당시의 일어난 사건은
1) 유대인들에게 재난이 임했습니다.
2) 재난 가운데 에스더를 세운 것은 하나님의 섭리였습니다.
3) 에스더는 '죽으면 죽으리이다' 결단하였습니다.

우리도 에스더와 같이 죽을 각오로 주님 일을 섬기자고 말씀을 나눴습니다.

오늘 함께 볼 말씀은 구약 열여섯 번 째 12장인 전도서입니다.
전도서의 약자는 "전"이며 저자는 솔로몬입니다.
기록연대는 주전B.C(Before Christ) 940년-930년경입니다.

기록목적은 솔로몬 왕이 젊은 날의 삶과 경험을 바탕으로, 오는 모든 세대들에게 하나님 없는 삶, 하나님을 떠난 삶은, **물을 떠난 고기 같이 반드시 죽을 수밖에 없듯** 삶의 의미를 찾을 수 없다는 사실을 일깨워 주기 위해 기록하였습니다.

먼저, 전도서의 장별 내용을 알아보면 다음과 같습니다.

○1장 ▶ 전도자는 해 아래 있는 인생의 헛됨에 대해 탄식하며, 인간의 지혜와 지식이 무가치하다는 사실을 역설합니다.
○2장 ▶ 이 땅에서 쾌락이나 재물을 추구하는 일이 얼마나 덧없고 허무한 것인가를 역설합니다. 이제 눈을 돌려 하나님께로 돌려야 합니다.
○3장 ▶ 인생의 허무함을 깨닫고 그것을 극복하는 수단으로 하나님의 주권에 의해 운행되는 인간사의 경륜과 섭리를 제시합니다.

○4장 ▶ 세상살이에서 다반사로 볼 수 있는 인생의 불공평한 모습들과 **인간 사회의 모순과 허무에 대해 논하고** 있습니다.

○5장 ▶ **올바른 예배관과 재물관에 대해** 논하면서 결론적으로 **오직 하나님 한 분만 경외하는 것과 하나님이 주신 분복을 즐거워하는 것이 그 해답**이라고 말하고 있습니다.

○6장 ▶ **하나님 없는 인생의 근원적인 허무함**에 대해 말하면서 재물, 많은 후손, 인간의 수고, 그리고 미래의 소망조차도 **하나님 없는 인생은 모두 헛될 뿐**이라고 말하고 있습니다.

○7장 ▶ 지혜자와 우매자를 비교하면서 **참 지혜를 추구하도록 권면**하며 아울러 **인간의 근원적인 유익함과 세상의 부패한 속성**에 대하여 언급하고 있습니다.

○8장 ▶ 부패한 세상에서 살아가는 인생들에게 **권위에 복종할 것 등 몇 가지 삶의 지혜를 교훈**하고 있습니다.

○9장 ▶ 다시금 인생의 허탄함을 언급하면서, **인생의 참된 주관자는 인간이 아니라 하나님임을 가르치고** 있습니다.

○10장-11장 ▶ 지혜로운 자와 우매한 자의 **삶을 비교하면서 지혜의 우월성을 강조**합니다. 나아가 인간의 일상생활에서 추구해야 할 올바른 삶의 철학과 지혜를 제시합니다. 그러니까 **철학적이고 지혜로운 삶을 살려면** 전도서를 읽어야 하겠지요

○12장 ▶ **결론적으로** 전도자는 **젊은 날부터 창조주요 역사의 주관자로 인생의 주인이신 여호와를 경외하는 것이** 인생에서 가장 가치있고 지혜로운 일이며 또한 **사람의 본분임을** 가르치고 있습니다.

그러면 알아 두면 유익한 **주석을** 살펴 보겠습니다.

① 1장 1절 "다윗의 아들 예루살렘 왕 **전도자의 말씀이라**"에서 '전도자'라는 이 말은 '모으다', '소집하다'란 뜻을 가진 동사(히, 카할)에서 유래한 것으로 일반적으로 '현자' 즉 지혜로운 자, '선생'을 가리킵니다.

② 2장 4절 "사업을 크게 하였노라 **내가 나를 위하여 집들을 짓고 포도원을 일구며**" 에서 '집들을 짓고'란 솔로몬이 이스라엘의 역대 왕 중에서 가장 **많은 건축물을 지은 왕**입니다. 그는 백향목으로 지은 별장들, 레바논에 있는 여름 별장, 재판하는 낭실, 국고성들, 솔로몬 성전, 바로의 딸을 위한 집 등 여러 건축물을 세웠다고 합니다.

③ **5장 1절** "너는 **하나님의 집**에 들어갈 때에 네 발을 삼갈지어다 가까이 하여 **말씀을 듣는 것이** 우매한 자들이 **제물 드리는 것보다 나으니**"에서 '하나님의 집'은 구체적으로 **예루살렘 성전을 가리킵니다**. 예루살렘 성전이 처음으로 지어진 때는 솔로몬 재위 4년였다고 합니다.

④ **7장 1절** "**좋은 이름**이 좋은 기름보다 낫고"에서 '좋은 이름'은 히브리어로 토브인데 문자적의미는 '**선한 이름**(a good name)이며 이것은 '**명예**, '**좋은 평판**(a good reputation, Living Bible)등을 의미합니다. 이왕이면 다홍치마라는 동가홍상이란 말이 있듯이 자녀들의 이름도 잘 지어 주는 것이 좋다고 생각합니다. 이름값 하라고 하잖습니까?

여담으로 제가 군산영광여고 교생실습 나가서 자신을 소개할 때 저는 My name is young pill-You(젊어지는 알약, 영원히 반드시, 승리가 있을지어다)라고 한 적이 있습니다.

⑤ **9장 4절** "모든 산 자들 중에 들어 있는 자에게는 누구나 소망이 있음은 산 개가 죽은 사자보다 낫기 때문이다"에서 '산 개가 죽은 사자보다 낫기 때문이란" 개는 이스라엘 사회에서 가장 경멸받는 동물이며 사자는 가장 존귀한 동물로서 개는 비천하나 사자가 아무리 존귀해도 죽어 버리면 아무짝에도 쓸모없게 된다는 것을 말하고 있습니다.

자! 그러면 전도서 1장 1-11절의 본문 중 2절의 "전도자가 이르되 헛되고 헛되며 헛되고 헛되니 모든 것이 헛되도다" 에서 '**헛되고 헛되며 헛되고 헛되니 모든 것이 헛되도다**' 라는 제목을 정하고 밤 1시경 혼자 웃었어요 제목이 왜 이렇게 깁답니까? 제가 생각해도 참으로 긴 제목같았으니까요? 이 제목으로 말씀을 나눌 때 피차간에 **은혜의 시간** 되기를 바랍니다.

지혜의 왕 솔로몬은 알면 알수록 미지의 세계가 더 **넓음을** 깨닫고 인간 지식의 **한계를** 지적하며 인생은 **덧없이** 지나가고 마는 것으로, 세속적 **삶이** 허무하다는 것을 깨달아야 한다고 말하고 있습니다.

첫째, '사람은 죽는 다'은 엄연한 사실을 인정하여야

얼마전 새벽에 순천시의회 의장이었던 사람과 통화한 내용을 소개하며 **확실히 아는 것 3가지로**
1. 인생은 정답이 없다
2. 비밀은 없다
3. 세상에 공짜는 없다하면서
모르는 것 2가지는
1. 언제 죽을지 모르고
2. 어디에서 죽을지 모른다고 했다고 했던 말이 생각납니다.

솔로몬은 최고의 선을 추구하며 지식을 갖추고 재물을 많이 모았고 향락과 쾌락을 다 누려 보았지만 오늘 **본문2절의 말씀**에 보면 "헛되고 헛되며 헛되고 헛되니 모든 것이 헛되도다"라고 고백한 것처럼 모두 다 안개와 같이 사라지며 **헛되다는 것**을 알게 되었습니다. 특히 군왕이나 재벌가나 위대한 종교 지도자들도 다 죽었습니다. 불행하게 **단명**하거나 갑자기 **횡사하는 경우**에는 더욱 인생무상과 처절함을 느끼지 않을 수 없습니다. 주변에서 보면 잘 나고 똑똑한 사람들이 일찍 가는 것을 보았습니다. 꽃도 **예쁜 꽃이 빨리 잘리듯** 인생도 마찬가지 같습니다.

분명한 사실은 **사람은 누구나 영생불사 할 수 없다는 것**입니다.

둘째, 바로 이 순간 하나님을 찾으라는 것입니다.

우리네 인생은 고해라고 태어나면서부터 고생의 시작입니다. 사람들은 열심히 살며 뭔가 남기고 싶어 수고를 끊이지 않지만 수고의 끝에는 만족이 없습니다. **사람을 보며 세상을 볼 때 만족함이 없습니다.** 또 많은 지식과 지혜는 사람을 빛나게 하고 유용하게 하지만 **결국 번뇌를 더하며 근심을 더한다고 솔로몬은 말합니다.**

솔로몬은 말하길 전도서 12:13절에 "일의 결국을 다 들었으니 하나님을 경외하고 그의 명령들을 지킬지어다 이것이 모든 사람의 본분이니라" 하나님을 경외하고 그 명령을 지키는 것이 인생의 본분이라고 했습니다.

그러므로 **아모스 5:4절** "여호와께서 이스라엘 족속에게 이와 같이 말씀하시기를 너희는 나를 찾으라 그리하면 살리라"

예레미야 29:13 "너희가 온 마음으로 나를 구하면 나를 찾을 것이요 나를 만나리라" 하시며

렘33:3 "너는 내게 부르짖으라 내가 네게 응답하겠고 네가 알지 못하는 크고 은밀한 일을 네게 보이리라"하십니다.

다음주 4월 4일은 부활주일인데 요11:25절은 "예수께서 이르시되 나는 부활이요 생명이니 나를 믿는 자는 죽어도 살겠고"라고 지금 찾고 지금 믿어야 합니다.

미룰 것이 따로 있습니다. 악한 것은 모양이라도 버리고, 시기 다툼 질투 미움은 미루고 하나님을 찾는데는 목마른 사슴이 시냇물을 찾아 갈급하듯 갈급한 심정으로 찾아야 합니다.

최근에 여러 번 인용했습니다만

고후 6:2절 말씀 "보라 지금은 은혜받을 만한 때요 보라 지금은 구원의 날이로다" 아멘이지요?

지금(Now)이 중요합니다. 모든 것은 때가 있습니다.

우리가 부모님께 효도하는 것도 살아 계실 제 성심껏 힘껏 섬겨야 합니다.

셋째, 정도와 진리를 추구하며 정의에 편에 서야 합니다. 모든 것은 때가 있나니 참과 거짓에서 바른편에 서야합니다.

엘톤 트루브럴드는 "정도를 찾아 치열하고 가혹한 싸움의 현장에서 모든 남녀들은 결코 외톨이가 아니라고 하는 것이 나의 굳은 신념이다"라고 하는데 **하나님이 함께 하시면** 결코 외롭거나 고독하지 않고 든든한 디딤목이 되어 넉넉히 이길 수 있다고 믿습니다.

우리의 **선한 목자**되시며 **구원의 뿔**이시오 산성이시며 **방패시며 피할 바위가 되시는 전능하신 하나님**이 우리를 도우실 때 **우리는** 승리할 수 있습니다.

세상의 인심이 아무리 흉용하고 악할지라도 길과 진리와 생명되신 주님 바라보며 우리에게 주어진 삶속에서 최선을 다하며 정도를 걸으며 **진리의 허리띠를 매고 의의 흉배를 붙이고** 복음의 거룩한 신을 신고 주의 길을 순종하며 **따라 갈 때** 우리는 달려가도 고단치 않고 뛰어가도 피곤치 않을 줄 믿습니다. 외모를 보지 않으시고 중심을 보시는 진실하신 우리 하나님께서는 자녀된 우리들이 **정도와 진리를 추구하며 정의에 편에 서서 살기를 원하십니다.**

이제 말씀을 마칩니다. 허무한 인생을 살면서
1) '사람은 다 죽는다'는 것을 솔직히 인정하고
2) 바로 이 순간 하나님을 전심으로 찾으며
3) 정도와 진리를 따라 정의에 편에 서서 살기 원하는 여러분과 저에게
우리주 예수 그리스도의 한없는 은혜와 하나님의 다함없는 사랑과 성령의 역사가 함께 하시길 간절히 축원합니다.

내일은 4.2일(금)은 구약#17. 12장짜리 다니엘서(1231쪽)입니다

찬송가 해설

1. 523장(어둔 죄악 길에서)

고후 6:2 "지금은 은혜 받을 만한 때요 구원의 날이로다" 근거

이 찬송시는 일본의 찬송 작가인 나카다가 작사했습니다.

이 찬송의 가사에서 볼 수 있듯이
이 때라 이 때라 주의 긍휼 받을 때가 이때
지금 주께 나아와 겸손하게 아뢰며 구원함을 받으라고 노래하고 있습니다.

곡은 미국 복음찬송작가인 커크패트릭이 작곡하였습니다.

찬송 523장을 간구하는 마음으로 부르겠습니다.

2. 375장(나는 갈 길 모르니)

이 찬송은 시37:5 "네 길을 여호와께 맡기라" 근거

이 **찬송은** 배위량 선교사의 부인이 애니 베어드여사가 작사하였는데 원가사는 미국의 호퍼목사가 만든 '구세주 예수여, 나를 인도하소서'이지만 애니 베어드 여사가 전혀 다른 창작 가사를 붙여 이 찬송을 만든 것입니다.

곡은 미국의 찬송 작가 굴드가 작곡하였습니다.

"나는 갈 길 모르니 어디가야 좋을지
 아무 것도 모르니 나를 인도하소서"라고 고백한

찬송가 375장 두손 들고 부르겠습니다.

17. 큰 은총을 받은 사람이여 (다니엘10:19 / ♪ 144, 197)

어제는 새벽에 구약 열 여섯번째 12장짜리 전도서를 말씀가지고
허무한 인생을 살면서
1) '사람은 다 죽는다'는 것을 솔직히 인정하고
2) 하나님을 전심으로 찾고 찾으며
3) 정도와 진리를 따라 정의에 편에 서서 살자며

우리도 솔로몬의 인생무상을 교훈삼자고 하였습니다.

오늘 함께 볼 말씀은 구약 열일곱 번 째 12장인 다니엘서입니다.
다니엘서의 약자는 "**단**"이며 저자는 책명과 같이 다니엘입니다.
기록연대는 주전B.C(Before Christ) 530년경입니다.

기록목적은 이스라엘을 비롯하여 세계 열국의 모든 역사를 홀로 주관하시는 **하나님의 절대 주권**을 보여 줌으로써, 바벨론 땅의 포로된 하나님의 백성에게 소망을 주기 위해 기록하였습니다.

먼저, 다니엘의 장별 내용과 알아두면 유익한 주석을 함께 살펴보겠습니다.

○**1장** ▶ 바벨론의 1차 침공 때(주전 605년경), 바벨론 땅에 포로로 **잡혀간 다니엘과 그의 세 친구들이 율법과 신앙을 지킨 결과**, 바벨론 땅에서 **인정을 받고 관리로 등용되는** 장면입니다.
① 1장 17절 "하나님이 이 네 소년에게 학문을 주시고 모든 서적을 깨닫게 하시고 지혜를 주셨으니 다니엘은 또 모든 **환상과 꿈**을 깨달아 알더라"에서 '**환상과 꿈**'은 계시의 일종으로 여겨지는 환상과 꿈을 말합니다.

○**2장** ▶ 다니엘이 하나님이 주신 지혜로 바벨론 왕 느부갓네살의 꿈을 해석하고 **왕의 신임을 받아 바벨론의 고위 관직으로 중용되는** 장면
② 2장 18절 "하늘에 계신 하나님이 이 은밀한 일에 대하여 불쌍히 여기사 다니엘과

친구들이 바벨론으 다른 지혜자들과 함께 죽임을 당하지 않게 하시기를 그들로 하여금 구하게 하니라"에서 '**하늘의 계신 하나님**'은 이교도들이 하늘의 것들을 신들로 숭배하는 것과는 달리 **다니엘서 기자는 하늘의 모든 것들을 다스리시는 전능하신 참 하나님**을 이렇게 표현하였습니다. 이어서 바로 다음 절 19절에서도 "은밀한 것이 밤에 환상으로 다니엘에게 나타나 보이매 **다니엘이 하늘에 계신 하나님을 찬송하니라**"라고 기록하고 있습니다.

○3장▶ 금신상 숭배를 거절한 다니엘의 세 친구들에게 불어 닥친 신앙의 시련속에서도 **끝까지 신앙을 지킨 세 친구들이 풀무 불 중에서 구원을 받은 신앙 행적이 소개**됩니다.
③ 3장 28절 "느부갓네살이 말하여 이르되 **사드락과 메삭과 아벳느고의 하나님을 찬송할지로다** 그가 그의 천사를 보내사 자기를 의뢰하고 그들의 몸을 바쳐 왕의 명령을 거역하고 그 하나님 밖에는 다른 신을 섬기지 아니하며 그에게 절하지 아니한 종들을 구원하셨도다"에서 '사드락과 메삭과 아벳느고의 하나님'이란 이방신들은 대개 물질을 신격화했고 어느 개인의 신이란 표현을 쓰지 않지만, 성경은 유독 한 개인을 들어서 '야곱의 하나님' 또는 '이삭의 하나님' 등의 하나님으로 표현합니다. 즉 저 멀리 있는 관념적인 신이 아니라 한 개인의 삶의 현장에서 밀접한 관계를 맺고 있는 살아 계신 하나님이심을 잘 보여 주고 있습니다.

저 멀리 있는 관념적 하나님이 아니라는 말씀을 정리하다보니 ♬ 복음성가 "**순례자의 노래**"가 갑자기 내 마음을 울려 노래합니다.
"저 멀리 뵈는 나의 시온성, 오 거룩한 곳 아버지 집
내 사모하는 집에 가고자 한 밤을 세웠네
저 망망한 바다 위헤 이 몸이 상할지라도~
오늘은 이 곳 내일은 저 곳 주 복음 전하리"

○4장▶ 하나님의 계시가 담긴 **느부갓네살 왕의 두 번째 꿈** 사건으로, **다니엘이 왕의 꿈을 해석하고, 해석한 대로 성취**되어 왕이 들짐승처럼 살다가 회복된 후 하나님을 찬양하는 장면

○5장▶ 하나님의 성전기물로 연회를 즐기는 오만 방자한 벨사살 왕의 모습과 그런 왕을 징벌하시는 하나님의 심판의 손길로 벨사살 **나라가 무너지고** 갑작스레 **왕도 최후를**

맞이하는 장면.
④ 5장 25절 "기록된 글자는 이것이니 곧 **메네 메네 데겔 우바르신이라**"에서 '**메네 메네 데겔 우바르신**'의 '**우바르신**'의 '**우**'는 그리고 영어로 말하면 and, '그리고'란 뜻으로 실제로 벽에 쓰여진 글자는 '메네 메네 데겔 바르신'으로 '우'자가 빠져있다고 주장하는 학자도 있다고 합니다. 이 뜻은 "세어 보고 세어 보고 달아 보고 나눈다"는 뜻이라고 합니다.

한번 웃어 보자고 그 누군가가 유머로 한 말이 기억나서 소개하며 웃어 볼까 합니다 "월말이면 하숙생이 그 집주인에게 월세를 주는 돈은 흠뻑 적신다고 합니다. 왜냐하면 국민소득이 연 3만달러가 아니라 3만원의 가난한 시절이기 때문에 학생은 한 장 더 갈까봐 자꾸 지폐를 세어보고 받는 여주인도 한 장 덜 올까봐 침묻혀 세어 보고 또 세다 보니까 돈이 침에 흠뻑 적신다고 한 말이 생각나네요 세어 보고 세어 본다는 말 때문에 웃어 봅니다.

○6장 ▶ **다니엘**이 시기하는 무리들의 모함으로 **사자굴에 들어 가**지만 하나님의 도움 가운데 **신앙으로 목숨을 건지는 장면**
⑤ 6장 23절 "왕이 심히 기뻐서 명하여 다니엘을 굴에서 올리라 하매 그들이 다니엘을 굴에서 올린즉 그의 몸이 조금도 상하지 아니하였으니 이는 그가 **자기의 하나님을 믿음이었더라**"에서 '**자기의 하나님을 믿음이었더라**'라는 다니엘의 신앙을 한마디로 압축한 표현으로 이것은 마치 하나님께 의롭다함을 받은 믿음의 조상 아브라함의 믿음과 같다고 할 수 있습니다.

○7장 ▶ 7장은 **다니엘이 꿈을 통해 본 '네 짐승의 환상'**으로, 향후 등장할 세상 제국들의 **모습과 종말에 활동할 적그리스도 및 최후 심판** 등에 관한 내용입니다.

○8장 ▶ 바벨론 왕 벨사살 3년, 다니엘이 본 '**숫양과 숫염소의 환상**'인데 여기서 '**두 뿔가진 숫양**'은 메대-바사 제국을, '**현저한 뿔 있는 숫염소**'는 헬라 제국을 상징합니다.

○9장 ▶ 동족 이스라엘을 위하여 **간구하는 다니엘의 중보 기도**와 더불어, 앞으로 하나님께서 주도하실 세상 역사에 관한 내용○10장 ▶ 바사 왕 고레스 3년에 **다니엘**이

힛데겔(티그리스)강가에서 본 환상으로, 환상 중에 본 천사의 모습 및 천사로부터 위로를 받는 장면

* 제가 재수 중에 '대학가고 나서 교회가도 되지'라는 생각으로 신앙생활을 좀 쉬려는 마음을 갖고 가을 하늘을 봤는데 하늘에 갑자기 은색 큰 십자가가 나타나더니 여러개로 분열되다가 흩어지고, 다시 언덕같은 큰 길이 나타나더니 좌우로 구름이 모여 마치 저 길이 천국가는 길 같다는 생각이 들었는데 금방 싹 사라지더군요 그래서 바로 제가 다니던 군산성광교회로 가서 기도하며 지금까지 신앙생활을 하고 있습니다. 하나님께서는 저 같이 부족한 사람에게도 환상을 보여 주셔서 지금까지 신앙생활하게 하시는 고마우신 하나님이심을 고백합니다.

○11장 ▶ 이스라엘의 장래 역사에 직접 영향을 끼치게 될 이스라엘 주변 열강들의 운명에 관한 내용으로, 북방 왕조와 남방 왕조의 투쟁사 등을 다룹니다.
⑥ 11장 40절 "마지막 때에 남방 왕이 그와 힘을 겨룰 것이나 북방 왕이 병거와 마병과 많은 배로 회오리바람처럼 그에게로 마주 와서 그 여러 나라에 침공하여 물이 넘침 같이 지나갈 것이요" 여기서 '마지막 때'란 역사적으로는 안티오쿠스 치세 말기를 말하지만 상징적의미로는 메시아 재림 이전의 적그리스도의 시대를 가리킵니다.

○12장 ▶ 마지막 날에 관한 예언으로서, 세상 종말에 출현하여 교회를 핍박하고 성도를 미혹할 적그리스도의 활동상과 환난을 통과한 교회와 성도들의 궁극적인 승리와 영광에 관한 내용

자! 그러면 다니엘서 10장 19절의 본문 "이르되 큰 은총을 받은 사람이여 두려워하지 말라 평안하라 강건하라 강건하라 그가 이같이 내게 말하매 내가 곧 힘이 나서 이르되 내 주께서 나를 강건하게 하셨사오니 말씀하옵소서" 에서 '큰 은총을 받은 사람이여' 라는 제목으로 두려워하지 아니하고, 평안함을 누리며 강건하였던 다니엘의 삶을 살펴보면서 함께 은혜의 시간 갖기를 원합니다.

바울은 엡2장 5-9절에
"허물로 죽은 우리를, 그리스도와 함께 살리셨고

또 함께 일으키사 그리스도 예수 안에서 함께 하늘에 앉히시니
이는 그리스도 예수 안에서 우리에게 자비하심으로써 **그 은혜의 지극히 풍성함을** 오는 여러 세대에 나타내려 하심이라
너희는 그 **은혜에 의하여 믿음으로 말미암아 구원을** 받았으니 이것은 너희에게서 난 것이 아니요 하나님의 선물이라
행위에서 난 것이 아니요 하나님의 선물이라고 하십니다. 은총을 받은 사람은 어떻게 살아야 할까요?

첫째, 두려워 하지 말아야 합니다.

두려워하지 말라 오직 믿기만 하라
Fear not, Believe only!(눅8:50)
예수님 말씀하시기를 믿기만 하면 딸이 구원을 얻으리라고 하셨습니다.

그렇습니다. 은총을 받은 사람은 두려워하지 말아야 합니다. 아무리 심각한 곤경에 처하고 난처한 일을 만나도 진퇴양난에 빠진다하여도 낙심하지 말고 주님을 의뢰함으로 어려움을 극복해 나갈 수 있습니다.

어제 새벽에 밤늦도록 직원과 일했다고 했죠 오늘 사무실 출근하니 제 책상위에 사직서가 있어 전화해도 안 받고 일은 잘못한 게 너무 많아 하루 종일 해결책을 마련하려고 분주했습니다. 둘이 일하는데 한사람이 나몰라라하고 그만두는 이런 환경에서 살지만 또 하나님께서 지혜를 주시어 아마 더 돈은 더 들지라도 유능한 직원이 올 것 같아요 이력서를 어제 받았습니다. 솔로몬이 삶이 허무하다고 하며 나훈아 가수는 테스형 세상이 왜 이래? 노래하듯 인생은 고해같습니다. 그래도 생명을 연장해 주신 하나님! 일 거리를 주시고 일용할 양식을 주시는 하나님은혜에 감사해야죠?
동의하면 아멘합시다.
홍해앞에서 사면초가의 궁지에 몰린 모세는 조금도 두려워하지 않았습니다. 하나님의 자녀된 여러분과 저도 세상을 탓하거나 원망하지 말고 오직 전능하신 하나님 한 분만 의뢰함으로 모든 두려움을 물리치도록 합시다. 아멘!

둘째, 평안함을 누려야 합니다.

여호와 살롬! 평안의 하나님께서 '평안할지어다' 하십니다.
은총을 받은 사람에게는 이 세상이 줄 수 없는 알수도 없는 평안함이 있습니다.
♪ 찬송가 412장 "내 영혼의 그윽히 깊은 데서" 맑은 가락이 울려 나네 후렴에 보면, "평화, 평화로다 하늘 위에서 내려 오네 그 사랑의 물결이 영원토록 내 영혼을 덮으소서" 하늘 위에서 내려온 평안! 세상이 빼앗아 갈 수 없는 평안! 이 평안을 가진 사람이 진정한 행복자요 이 평안을 가진 생활이 천국생활입니다. 보통 세상들이 추구하는 돈이나 권세로는 이 평안을 얻을 수 없습니다.
오미희권사 간증시간에 코로나 중에도 감사로 고난주간을 지내자 한 것처럼 **감사로 기쁨과 평안이 넘치시길** 바랍니다.

셋째, 강건해야 합니다.

은총을 받은 사람은 하나님의 주시는 능력을 힘입어 강건하게 살아야 합니다.
이 강건은 사자나 곰과 싸우는 강건함이 아니라 선한 싸움, 믿음의 싸움입니다. 온 세상이 날 버리고 대적한다 할지라도 굴하지 않고 싸울 수 있는 것은 이 같은 **강건함을 주님께서 주셨기 때문입니다**. 홍안의 소년 다윗은 육척 장신 골리앗 장군과 싸울 때에 너는 칼과 창과 단창으로 나오지만 나는 만군의 **여호와의 이름으로 나아 가노라**하며 돌을 던져 이겼던 것입니다. 강건은 주님께서 주신 은총이요 축복인 것입니다.
내 영혼이 잘됨같이 네가 범사에 잘되고 강건하기를 간구하노라 하심처럼 우리는 강건해야 합니다.

이제 말씀을 마칩니다. 주님께 은총을 받은 사람은
1) 두려워하지 않습니다.
2) 오히려 평안합니다.
3) 강건함을 누리며 살기 원하는 저와 여러분에게
우리주 예수 그리스도의 은혜와 하나님의 사랑과 성령의 동행하심이 함께하시길 간절히 축원합니다.

내일은 4.8일(목)은 구약#18. 13장짜리 느헤미야서(727쪽)입니다

찬송가 해설

1. 144장(예수 나를 위하여)

고난주간에 고난의 찬송으로 144장을 선곡했습니다.
이 찬송의 작시자는 미국의 크로스비입니다.
이 찬송은 엡2:16 "십자가로 이둘을 한 몸으로 하나님과 화목하게 하려 하심이라"는 말씀에 근거하여 지어진 찬송입니다.
그는 8천여편의 찬송시를 남겼고요 작곡은 2,200여 곡을 작곡한 미국의 돈이 439장(십자가로 가까이)의 곡조에 맞게 곡을 붙였습니다.

죄 없는 예수님이 십자가를 지심은 무슨 죄가 있습니까? 세상 죄를 지시고 고초 당하셨습니다.
뜻을 생각하면서 144장 부르시겠습니다.

2. 197장(은혜가 풍성한 하나님은)

이 찬송시는 **일본의 찬송 작가인 나카다가 작사**했습니다.
이 찬송은 사4:4 "주께서 … 소멸하는 영으로 … 더러움을 씻기시며"라는 말씀에 근거하여 지어진 찬송입니다.
그는 미국 시카고음악원을 졸업하고 일본에서 작사 작곡 및 번역하는 일을 하면서 **성가 발진에 기여**했습니다.

곡은 **해리스 여사가 작곡**하였는데 이 곡은 **한국 교회에서 많이 불리고 있는 찬송**입니다.

이 찬송의 가사에서 볼 수 있듯이
"은혜가 풍성한 하나님은 믿는 자 한 사람 한 사람을 **변찮고 보호해 주십니다.**
 성령의 은사들을 오늘도 내려 주시고
성령의 뜨거운 불길로서 오늘도 충만케 하십니다."
「**큰 은총을 받은 사람이여!**」 오늘 말씀의 **제목관련**하여
 찬송 197장을 박수치면서 부르겠습니다.

18. 하늘의 하나님 앞에 기도한 느헤미야 (느헤미야1:1-11/♪365)

지난주 목요일 새벽에 구약 열 일곱번째 12장짜리 다니엘서를 통해
주님께 은총을 받은 사람 다니엘은
1) 풀무불속에서도 두려워하지 않았습니다.
2) 오히려 평안했습니다.
3) 강건함을 누리며 산 다니엘의 신앙을 교훈삼자고했습니다.

오늘 함께 볼 말씀은 구약 열여덟 번 째 13장인 느헤미야서입니다.
느헤미야의 약자는 "느"이며 저자는 책명과 같이 느헤미야입니다.
기록연대는 주전B.C(Before Christ) 420년경입니다.

기록목적은 유다 총독 느헤미야에 의한 제3차 바벨론 포로 귀환의 과정과 귀환 이후 예루살렘 성벽 재건의 사업을 통한 유다 백성들의 **신앙 부흥의 모습**을 보여 주기 위해 기록하였습니다.

먼저, 느헤미야의 장별 내용과 알아두면 유익한 주석을 함께 살펴보겠습니다.
에스라가 주로 유다의 종교의 회복을 다뤘다면 에스라와 동시대에 살았던 느헤미야는 주로 유다의 정치와 영토의 회복을 다루면서 **성벽 건축과 남은 자들의 영적 부흥 운동**을 주도했던 인물입니다.

느헤미야는 바사 왕국에서 아닥사스다 왕의 술잔을 받드는 일을 하였습니다. 이것은 왕이 마시는 술잔에 독이 들어 있는지의 여부를 확인하는 대단히 높고 중요한 직위에 있으면서도 하나님의 백성들을 생각하는 사람이었습니다.

느헤미야서는 약속된 메시야가 탄생하기 약 400년 전에 해당하는 **구약 역사의 마지막 부분**을 소개하고 있는데
1-7장은 성벽 재건과
8-13장은 영적 부흥 운동으로 크게 나눌 수 있으며

세분화하면
8장-10장은 언약의 갱신이며
11장-13장은 민족의 개혁입니다.

① 1장 1절 "하가랴의 아들 느헤미야의 말이라" 역사서 중에 이런 식으로 시작하는 경우는 어디에도 없다고 합니다.
본래 에스라서와 느헤미야서는 한 권이었지만 이 어구를 통해 저자가 다르다는 것을 보여 주고 있습니다.

② 2장 13절 " 그 밤에 골짜기 문으로 나가서 용정(龍井)으로 본문에 이르는 동안에 보니 예루살렘 성벽이 다 무너졌고 성문은 불탔더라"에서 '용정'은 '실로암 못'이라고 알려진 우물인데, 그 명칭은 용의 입이 닫혔다 열렸다 하는 것처럼 물이 간헐적으로 나오는 데서 유래하였다고 합니다.

③ 7장 67절 "그 외에 노비가 칠천삼백삼십칠(7,337) 명이요
그들에게 노래하는 남녀가 이백사십오명(245) 명이 있었고"
에서 '노래하는 남녀'가 나오는데 '남녀 가수(공동 번역)로 결혼식, 장례식 등에 고용되어 노래하는 무리로 7장 44절은 "**노래하는 자들**은 아삽 자손이 백사십 팔명이요"라고 하는데 '**노래하는 자**'는 오늘날 **합창단**으로 **찬양대**를 말합니다.
여기서 **합창단의 최소인원**은 제가 기독음대 다닐 때 배운 것으로 **최소 21명**(S:6, A:4, B:8, T:3명)입니다.

④ 9장 13절 "또 시내 산에 강림하시고 하늘에서부터 그들과 말씀하사 **정직한 규례와 진정한 율법과 선한 율례와 계명**을 그들에게 주시고"에서 '**규례, 율법, 율례, 계명**'이란 규례는 분별과 판별의 의미이며, 율법은 법전, 율례는 분리된 포고령, 계명은 단순한 명령입니다. 여기에서 '정직한', '진정한' 등 형용사를 반복하여 사용하는 것은 **하나님의 계명에 대한 찬양의 생각을 감출 수 없기 때문입니다.**

⑤ 12장 27절 "예루살렘 성벽을 봉헌하게 되니 각처에서 레위 사람들을 찾아 예루살렘으로 데려다가 감사하며 노래하며 **제금**을 치며 비파와 수금을 타며 즐거이 **봉헌식**을

행하려 하매"에서 '봉헌식'은 솔로몬의 성전 봉헌식을 재현한 것입니다. 솔로몬이 일제히 **찬송과 감사의 소리를 지르게 하고 또 제금을 치고 나팔을 불며, 비파와 수금도 타게 했던 것처럼** 느헤미야도 그렇게 하였습니다.

자! 그러면 느헤미야서 1장 4절의 말씀 중 "하늘의 하나님 앞에 기도한 느헤미야"란 제목으로 말씀을 전하겠습니다.
우리 주님께서는 주기도문을 통하여 기도의 모범을 보여 주셨습니다.
오늘 본문의 1장 4절을 중심으로 느헤미야가 한 기도의 모습을 보면서 우리가 어떻게 기도하는 것이 모범적인 기도를 닮아 갈 수 있을까 세 가지로 살펴 보면서 은혜를 나누고자 합니다.

첫째, 느헤미야는 간절히 기도했습니다.

간절히 기도한다는 말은 언제가 제가 한번 말씀드렸습니다만 **간이 절이도록 진심으로 간구하는 것을** 말합니다.

느헤미야는 1장 4절말씀처럼 "내가 이 말을 듣고 **앉아서 울고** 수일 동안 **슬퍼하며 하늘의 하나님 앞에 금식하며 기도하였습니다.**"자기 동족의 형편을 듣고 앉아서 울면서 수일 동안 슬퍼하며 하늘의 하나님 앞에서 금식하며 기도했다고 합니다. 저도 못하여 부끄럽습니다만
사랑하는 여러분! 나라와 민족을 위하여 울면서 기도해 보셨습니까? 슬퍼하며 기도해 보셨습니까?
하늘의 하나님 앞에서 금식하며 기도해 보셨습니까?
"기도와 금식외에는 이런 류가 나가지 않는다고 합니다."
금식하면서 간절히 기도할 때 우리를 삼키려하는 공중의 권세잡은 사탄! 악의 영, 어둠의 권세를 물리칠 수 있습니다.
옛뱀, 즉 용이라고 하는 사탄 마귀는 어떻게 하든 우리를 넘어뜨리려 하며 구원받는 백성을 유혹하며 마지막 때에 모이기를 폐하며 주의 일을 방해합니다.
느헤미야는 백성을 바라보며 그의 마음이 찢어지듯 아팠을 것이고 그는 슬픔을 하나님 앞에서 다 토해 내었습니다. 울며 금식하며 자기의 온 마음과 뜻을 다하여 기도하였습니다.

하나님께서는 느헤미야와 같이 간절한 기도를 외면하지 않으시고 응답하십니다.
우리도 느헤미야와 같이 이왕 기도할 때 간절히 구하여 응답받는 저와 여러분이 되기를 바랍니다.

둘째, 통회자복하며 기도했습니다.

느헤미야는 하나님 앞에 앉았을 때에 자기 민족의 죄를 깨달았습니다. 그래서 그는 하나님께 죄를 자복하는 기도를 드렸습니다. 그 당시 모든 백성들이 악을 행하고 하나님의 계명과 율례와 규례를 지키지 않았다는 시인하고 고백하며 통회 자복한 것입니다.
하나님께서는 니느웨로 가라 할 때 말 안듣고 다시스로 간 요나를 큰 물고기 뱃속에서 밤낮 삼일동안 고생시켜 잘못을 알고 **회개한 요나**가 '나의 연고'라 하며 회개하고 순종하여
1)물고기 뱃속에서 기도할 때
2)하나님의 구원을 인정했고
3)생명을 건져 주시고 구원을 베풀어 주신 주님께 감사한 것처럼 느헤미야도 내가 죄인입니다. 죽을 죄인입니다. 바울처럼 **죄인중에 괴수로소이다**하며 자신의 죄를 솔직히 숨김없이 아뢸 때에 통회자복하는 기도를 받으십니다.
♬찬송가 305장 "나 같은 죄인 살리신" 찬송가사처럼
내가 바로 죽을 놈이요 죄인이라고 고백해야 합니다.
"나 같은 죄인 살리신, 주 은혜 놀라워
잃었던 생명 찾았고, 광명을 얻었네" 아~멘~

셋째, 긍휼을 구하였습니다.

사면초가에 빠지면 궁지에 몰리면 모든 문제를 해결해 주시는 해결사 되시는 하나님께 매어 달려 살려 달라고 애걸복걸 구해야 합니다.
마태복음 7장 7절은 "구하라 찾으라 문을 두드리라"라는 말씀처럼 "구하라 그리하면 주실 것이요 찾으라 그리하면 찾아낼 것이요 문을 두드리라 그리하면 너희에게 열릴 것이니" 가만히 앉아서 울지만 말고 구하고 찾고 문을 두드려야 합니다.

복음성가 ♬ "예수님 품으로" 순복음교회 조용기 목사님께서 작사하고 김보훈이 작곡한

"예수님 품으로"의 가사와 마음에 와 닿았습니다.
"인생길 험하고 마음 지쳐 살아 갈 용기 없어질 때
 너 홀로 앉아서 울지만 말고 예수님 품으로 나아 오시오
 예수님은 나의 생명, 믿음, 소망, 사랑되시니
 십자가 보혈 자비의 손길로
 상처 입은 너를 고치시리"

맞아요 앉아서 울지만 말고 예수님 품으로 나와야 합니다.

느헤미야는 자신이나 자기 백성의 힘으로 나라가 회복되거나 평안을 얻을 수 없음을 깨달았습니다.
오직 하나님의 긍휼하심과 도우심이 없이는 그 나라가 회복될 수 없음을 하나님께 고백하였습니다.
그는 일찍이 하나님의 긍휼을 체험하였고 주님의 능력과 권능이 크심을 알고 있었기 때문에 하나님께 전적으로 매달려 긍휼을 구했습니다.
세리가 다윗의 자손 예수여 이 죄인을 불쌍히 여기소서! 한 것처럼 하나님께 불쌍히 여기시고 긍휼을 베풀어 달라고 달라 붙었습니다.
지혜롭게 잘 한 것이지요 붙을 사람한테 붙어야 합니다.
줄 잘 못 서면 함께 도매금으로 죽습니다.
사랑하는 성도 여러분!

이제 말씀을 마칩니다. 느헤미야는 앉아서 울고 슬퍼하며 금식하며 기도할 때
1) 간절히 기도했습니다.
2) 통회자복하며 기도했습니다.
3) 긍휼을 구하였습니다.
느헤미야처럼 기도하며 살기 원하는 저와 여러분에게
우리주 예수 그리스도의 은혜와 하나님의 사랑과 성령의 교통교제 역사하심이 함께하시길 간절히 축원합니다.

다음주 화요일은 4.13일은 구약#19. 14장짜리 호세아서(1257쪽)입니다

찬송가 해설

1. 365장(마음속에 근심 있는 사람)

이 찬송은 마6:34 "내일 일을 위하여 염려하지 말라"에 근거하여 지어진 찬송입니다.

앞으로는 **첫 찬송**은 **부흥회성격의 뜨거운 찬송**을 부르고
두 번째 찬송은 **설교와 관련찬송**으로 선곡하려고 합니다.
오늘은 **기도와 간구의 찬송**으로 '무엇이나 근심하지 말고 주 예수께 아뢰라'는 찬송입니다.
아뢴다는 것이 바로 기도 맞지요?
'찬송은 곡조 붙은 기도문'입니다.
주님은 우리의 친구니 무엇이나 근심하지 말고 주 예수께 다 아뢰는 이 시간되시기 바랍니다.

이 찬송은 미국의 **랜킨 목사**가 작사하였습니다.
랜킨은 이 곡의 **작곡자인 로렌츠 목사**와 친하여 자신의 시를 많이 건네 주었다고 하는데 이 찬송가도 두 사람의 합작품으로 만들어 진 곡입니다.
염려대신 기도를 강조하는 이 찬송은 마태복음 6:34 말씀 "내일일을 위하여 염려하지 말라 내일 일은 내일 염려할 것이요 한 날의 괴로움은 그 날로 족하니라"는 말씀에 기초하고 있습니다.

참 지난 금요일 새벽시간에 저의 사무실 직원문제를 언급했는데 바로 그 날 더 좋은 직원을 보내 주셨습니다. 이는 여러분께서 염려하는 마음으로 기도해 주신 덕분으로 알고 감사드립니다.

괴로움과 두려움 있을 때에 염려하지 말고 주 예수께 아뢰라는 **찬송 365장을 다함께** 부르겠습니다.

19 | 마시고 음행하며 부끄러운 일 (호세아서4:11-19/ ♪ 9)

지난주 목요일 새벽에 구약 열 여덟번째 13장짜리 느헤미야서를 통해
느헤미야는 앉아서 울고 슬퍼하며 금식하며 기도할 때
1) 간절히 기도했습니다.
2) 통회자복하며 기도했습니다.
3) 긍휼을 구하였습니다.
느헤미야처럼 기도하며 살자고 하였습니다. 기억나십니까?

오늘 함께 볼 말씀은 구약 열아홉 번 째 14장인 호세아서입니다.
호세아서의 약자는 "호"이며 저자는 책명과 같이 호세아입니다.
기록연대는 주전B.C(Before Christ) 753년~722년경입니다.

기록목적은 호세아 아내인 고멜 사건을 통해 하나님의 사랑이 얼마나 크고 변치 않는 것인지를 보여 줌으로써, **죄와 우상 숭배에서 돌이켜 하나님께 나아 오도록** 하기 위해 기록하였습니다.

먼저, 호세아서의 장별 내용과 알아두면 유익한 주석을 함께 살펴보겠습니다.
○ 1장은 호세아 선지자가 음란한 여인 고멜을 아내로 취하여 세 자녀를 얻는 장면을 통해, 죄악으로 인한 이스라엘의 절망적인 현실과 그런 중에서도 회복에 대한 하나님의 약속이 소개됩니다.

① 1장 2절 "너는 가서 **음란한 여자**를 맞이하여 음란한 자식들을 낳으라 이 나라가 여호와를 떠나 크게 음란함이니라 하시니"에서 '**음란한 여자**'란 직업적 창기가 아니라 음란한 성질을 가진 자, 즉 **하나님을 버리고 바알을 섬김으로 영적 간음을 범한 이스라엘을 상징**하고 있습니다.

○ 2장은 호세아가 아내 고멜의 음란한 행위를 통하여 당시 **이스라엘의 죄악상을** 고발하고, 하나님의 심판을 선언합니다만 그런 중에도 하나님의 회복의 약속을 제시하고 있습니다.

○ 3장은 호세아가 고멜을 속량한 사실을 통해, 이스라엘에 대한 하나님의 사랑이 소개되고 있습니다.

○ 4장은 호세아 선지자는 **하나님을 아는 지식이 없어 죄에 빠지게 된 이스라엘의 안타까운 실상을 고발**하고 있습니다.

② 4장 19절 "바람이 그 날개로 그를 쌌나니 그들이 그 제물로 말미암아 부끄러운 일을 당하리라"에서 '바람'이 나오는데 이 바람은 **강력한 힘과 파괴력이 있는 심판을** 상징합니다.

○ 5장은 호세아 선지자가 선민 이스라엘을 **잘못 인도한 왕과 제사장**에게 내려질 **형벌**과 북왕국 이스라엘과 남왕국 유다가 모두 하나님의 심판의 대상이 된 사실을 알리고 있습니다.

○ 6장은 호세아 선지자는 인애가 없어 이스라엘이 망하게 된 사실을 일깨우는 동시에, 힘써 **여호와를 참되게 알자**고 권면합니다.

○ 7장은 호세아는 **이스라엘의 죄악상을 지적**하는 가운데, 특히 **하나님보다 열방을 더욱 의지하는 이스라엘의 패역함**을 꾸짖고 있습니다.

○ 8장은 하나님과의 언약을 저버리고 이방 우상을 좇는 에브라임 곧 북왕국 이스라엘에 대한 엄중한 심판의 메시지입니다.

③ 8장 1절 "나팔을 네 입에 댈지어다 원수가 **독수리**처럼 여호와의 집에 덮치리니 이는 그들이 내 언약을 어기며 내 율법을 범함이로다"에서 '독수리'가 나오는데 성경에서는 **독수리는 여러 가지 의미**가 있습니다.
1) 나는 속도가 **빠르고 민첩**합니다.
2) 그 날개의 **힘이 강합**니다.
3) 둥우리를 높은 **절벽**에 짓습니다.

참고로) 예레미야 49장 16절 "네가 독수리 같이 보금자리를 높은 데에 지었을지라도 내가 그리로부터 너를 끌어내리리라 이는 여호와의 말씀이니라" 독수리는 보금자리를 **높은 곳에 짓는다고** 합니다.

4) 대머리의 상징이기도 합니다. **웃기네요?**

5) 힘을 늘 새롭게 하는 자의 상징물입니다.

참고로) 시편 103편 5절 "좋은 것으로 네 소원을 만족하게 하사 네 **청춘을 독수리 같이 새롭게 하시는도다**"하고 기록하고 있습니다.

6) 하나님의 능력을 비유하는 말씀입니다.

7) 주검이 있는 곳에 모여드는 새라고 욥기 39장 30절에 보면 "그 새끼들도 피를 빠나니 시체가 있는 곳에는 (뭐가 있어요?) 독수리가 있다고 합니다."

본문에서는 하나님께서 대적을 통해 **이스라엘을 심판하심이 빠르고 민첩하게 진행되는 것을 표현**하고 있습니다.

○ 9장은 하나님을 떠나 이방 우상을 숭배하는 죄악에 빠진 이스라엘에 대해 하나님의 심판을 선포하고 있습니다.

○ 10장에서도 이방 우상을 좇는 이스라엘의 죄악에 대해 앗수르를 통한 심판을 경고하는 중에 속히 회개할 것을 촉구하고 있습니다.

○ 11장-12장은 이스라엘을 향한 하나님의 사랑과 하나님을 떠나 우상을 이스라엘의 죄악이 대조적으로 묘사되는 중에 **이스라엘 죄악에 대해 하나님의 심판이 임할 것이라는** 설교입니다.

④ 11장 4절 "내가 사람의 줄 곧 사랑의 줄로 그들을 이끌었고"에서 '사랑의 줄'은 사람이 가축을 인도하듯 **하나님께서 자기 백성을 사랑과 은혜의 줄로 이끄심을** 상징합니다.

○ 13장은 우상숭배가 헛되며 하나님을 저버린 이스라엘에 대해 임박한 심판을 경고하는 메시지입니다.

○ 14장은 결론적으로 호세아 선지자는 이스라엘이 진정으로 **하나님앞에 회개할 때 하나님의 풍성한 축복을 받는다고** 역설합니다.

자! 그러면 호세아서 4:11-19중 18절의 "그들이 마시기를 다 하고는 이어서 음행하였으며 그들은 **부끄러운 일을 좋아하느니라**"에서 "**마시고 음행하며 부끄러운 일**"이란 **제목으로 '부도덕한 예배'**에 대하여 말씀을 전하겠습니다.

본문에서 나타나는 **제사 의식** 하나만 보아도 그 당시 이스라엘의 **타락상**이 얼마나 심각했는지를 짐작하고도 남습니다.

본문 6장 6절은 "나는 인애를 원하고 제사를 원하지 아니하며 번제보다 하나님을 아는 것을 원하노라"하십니다.

또 **젊은이들에게 주는 교훈**으로 잠언서 1장 7절은 "여호와를 경외하는 것이 지식의 근본이거늘 미련한 자는 지혜와 훈계를 멸시하느니라" 하나님을 알기 원하시는 하나님은 **여호와를 경외하는 것이 지식의 근본**이라고 말하고 있습니다.

당시 이스라엘의 부도덕한 예배가 어떠했는지 알아보겠습니다.
공자선생은 세 사람이 함께 걷다보면 배울 것이 있다고 하였습니다. 잘 한 사람은 본받아 잘하고 잘 못한 사람을 보면 그렇게 전철을 밟지 않아야겠다고 하여 배우기를 게을리 하지 말라고 하였다고 하지요?
이 시간에는 부도덕한 예배를 살펴보겠습니다.

첫째, 제멋대로 예배를 드렸습니다.

하나님의 영이시는 예배하는 자가 영과 진리로 예배할지니라 하십니다. 하나님은 참으로 예배하는 자를 찾으십니다.

그런데 그들의 제사 의식에는 행음이 뒤따랐습니다. 그들은 산 꼭대기에서나 작은 산 위에서 그리고 나무 아래서, 어디에서나 누구든지 닥치는대로 음행하였습니다. 개 짐승이 따로 없었던 것 같습니다. 그들은 하나님의 둥지를 떠나갔고 보호의 날개를 빗나갔습니다. 잘못을 깨닫지 못하여 결국 패망하고 말았습니다.

예배의 주체는 예배를 받으시는 하나님이시어야 합니다.
하나님의 명령이나 율례를 따라서 예배드려야 합니다.

하나님 보시기에 가증스런 예배는 받으시지 않습니다.
따라서 예배를 제멋대로 드리지 말고 온맘과 정성다하여 예배를 드려야 합니다.

둘째, 우상과 연합하여 형식적인 예배를 드렸습니다.

예배는 유일무이하신 하나님께 드리는 것입니다.
그런데 지방 신 바알이나 조각 신 아세라를 대동하여 순수성을 잃어버린 혼합주의로 예배를 드린다면 하나님께 드리는 예배가 결코 아닙니다.
현대교회에서 예배 시에 하나님을 바라보기보다는 목회자를 바라보거나, 최근에 **사랑의 교회**에서 자세한 내용은 모르지만 대통령 홍보영상을 틀어 오정현목사와 새에덴교회 소강석목사를 공격하는 전광훈목사의 지적하는 유튜브를 본적이 있습니다. **교회는 교회다워야하지** 세상권세를 바라보고 눈치보며 **세속화되어서는 안 된다고하는** 점에서 **저도 그렇게 생각합니다.**
교회의 주인은 하나님이 주인이 되어야 맞지요?
하나님 한 분만 영광받으시기에 합당하신 분이라고 믿습니다.
또 **예배의식 자체로 인해 즐거워하는 것도 삼가야 하며** 특히, **종교다원주의 신앙으로** 어느 종교나 구원이 있다고 하는 것은 이단으로 경계하여야 하겠습니다.

셋째, 수치를 당하는 예배를 드렸습니다.

북조 이스라엘의 대표 지파인 **에브라임은 우상을 섬기는 예배로 독주를 마신 후에 음행**하였습니다.
본문 18절에 보면 "그들이 마시기를 다 하고는 이어서 음행하였으며 그들은 부끄러운 일을 좋아하였다"고합니다. 그로 인해 **국가의 패망을 초래**하였고 그들은 결국 **강한 바람으로 상징되는 앗수르에 의해 심판을 받게 될 것입니다.**
그런데 사랑하는 자식에게 매를 준다는 말과 같이
하나님께서 수치를 들추어내신 것은 그들을 버리시지 않고 기대하며 회복의 한 가닥 희망을 가졌기 때문입니다.
마태 12장 20절 "상한 갈대를 꺾지 아니하며 꺼져가는 심지를 끄지 아니하기를 심판하여 이길 때까지 하신다"고 하십니다.

참 예배는 살아 계신 영이신 하나님께, 그가 원하시는 진리를 따라 **진정으로** 예배를 드려야 합니다.

사랑하는 성도 여러분!

이제 말씀을 마칩니다. 부도덕한 예배는
1) 제멋대로 드리는 예배입니다.
2) 우상과 연합하여 드리는 형식적인 예배입니다.
3) 수치를 당하는 예배입니다.

요한복음 4장 23-24절의 "아버지께 참되게 예배하는 자들은 영과 진리로 예배할 때가 오나니 곧 이 때라 아버지께서는 자기에게 이렇게 예배하는 자들을 찾으시느니라. 하나님은 영이시니 예배하는 자가 영과 진리로 예배할지니라"말씀처럼 예배드리기로 다짐하는 저와 여러분에게

우리주 예수 그리스도의 은혜와 **하나님**의 **사랑**과 **성령**의 **감동·감화 역사하심**이 영원히 함께하시길 간절히 축원합니다.

이번주 목요일 4.15일은 구약#20. 14장짜리 스가랴서(1313쪽)입니다

찬송가 해설

1. 9장(하늘에 가득 찬 영광의 하나님)

이 찬송은 요4:24 "영과 진리로 예배할지니라"에 근거하여 지어진 찬송입니다.

오늘도 **첫 찬송**은 **부흥회성격의 뜨거운 찬송으로**
270장(변찮는 주님의 사랑과)를 불렀습니다.

두 번째 찬송은 설교와 관련찬송으로 '마시고 음행하며 부끄러운 일을 행하며 드린 부도덕한 예배'이기에 경배의 찬송 9장을 선곡했습니다.

이 찬송은 작사자는 오랜만에 우리나라 사람으로 **김정준목사**입니다. 김목사는 **한신대학교 학장**을 지냈으며 구약 신학자이자 시인이기도 합니다.

1절은 **영광**의 하나님
2절은 **사랑과 자비**의 하나님
3절은 **연약한 심령을 굳게 세워 주시는** 하나님
4절은 고난을 이기게 하시는 하나님을 찬양하고 있습니다.

작곡자 곽상수 교수는 연세대에서 교회음악을 가르친 원로로 음악가이며, 한국에 오르간 음악을 정착시킨 분이기도 합니다.

하늘에 가득 찬 영광의 하나님을 가사 생각하면서 **찬송 9장**을 다함께 부르겠습니다.

20. 너희는 내게로 돌아 오라 (스가랴서 1:1-6 / ♪527)

지난 화요일 새벽에 구약 열 아홉번째 14장짜리 호세아서를 통해
부도덕한 예배는
1) 제멋대로 드리는 예배이며
2) 우상과 연합하여 드리는 형식적인 예배이며
3) 수치를 당하는 예배이므로

요한복음 4장 23-24절 말씀대로 "아버지께 참되게 예배하는 자들은 영과 진리로 예배할 때가 오나니 아버지께서는 자기에게 이렇게 예배하는 자들을 찾으시며 하나님은 영이시니 예배하는 자가 영과 진리로 예배드리자고 말씀을 나눴습니다.

오늘 함께 볼 말씀은 구약 스무번 째 14장인 스가랴서입니다.
스가랴서의 약자는 "슥"이며 저자는 책명과 같이 스가랴입니다.
기록연대는 주전B.C(Before Christ) 520년~518년경입니다.

기록목적은 바벨론 포로 귀한 이후 '성전 건축'이라는 거룩한 사역을 통해, 하나님의 구원 계획을 알려 주어 믿는 자들로 하여금 소망을 갖도록 하기 위해 기록하였습니다.

먼저, 스가랴서의 장별 내용과 알아두면 유익한 주석을 함께 살펴보겠습니다. 환상이 많이 나오네요

○ 1장은 스가랴는 백성들을 향해 과거 조상들의 죄악을 반복하지 않도록 권면한 후에, 위로와 격려를 주는 두 가지 환상(말탄 자, 네 뿔과 네 명의 대장장이)을 소개하고 있습니다.

① 1장 6절 "내가 나의 종 선지자들에게 명령한 **내 말**과 내 법도들이 어찌 너희 조상들에게 임하지 아니하겠느냐"에서 '**내 말**'은 하나님께서 선지자들의 입에 넣어 주신 말씀을 가리킵니다
예레미야 39장 16절 "만군의 여호와 이스라엘의 하나님의 말씀에 내가 이 성에 재난을 내리고 복을 내리지 아니하리라 한 **나의 말**이 그 날에 네 눈 앞에 이루리라"에서도 '나의 말이' 이루어지리라 하여 하나님의 말씀을 가리키고 있습니다.

○ 2장은 스가랴가 **본 여덟 환상** 가운데 세 번째 환상인 '척량줄을 잡은 사람'의 환상으로, 예루살렘 회복에 관한 환상입니다.

② 2장 4절 "너는 달려가서 그 **소년**에게 말하여 이르기를 예루살렘은 그 가운데 사람과 가축이 많으므로 성곽 없는 성곽이 될 것이라 하라"에서 '**소년**'은 혹자는 천사라고 하기도 하나 본절에서는 **스가랴 선지자를 가리키는** 말입니다.

○ 3장은 네 번째 환상인 '대 제사장 여호수아'에 관한 환상으로 **하나님의 용서와 축복에 관한** 환상입니다.

저의 간증같은 제 경우를 소개하겠습니다. 지난 화요일 말씀마치고 자유기도시간에 기도하다가 갑자기 **여수 애향원교회의 '사랑의 원자탄'**이라고 하는 손양원 목사님이 떠오르며 제가 고백하기를 저도 손목사님처럼 '**제2의 사랑의 원자탄이 되렵니다**'라고 기도하고, 그 날 사무실 출근하니 지난번 말씀드렸던 지금까지 연락도 안 되는 그 직원이 또 사고를 쳤다고 하여 제가 이 내용을 말씀드리며 내가 손해보고 그 사람 손해배상이나 해를 주고 싶지 않으니 직원들께서도 이해해 주시기 바랍니다. 하고 협조를 구했습니다. 제가 물어줘야 할 돈은 다소 부담되지만 제 마음에 **평안이 오며 오히려 기쁨이 샘솟음**을 느꼈습니다.
사랑하는 성도 여러분!
혹시 지금! 여러분 **마음에 미웁고 싫은 사람** 있습니까?
용서하십시요! 주님께서 주기도를 가르치신 것과 같이
"우리가 우리에게 죄 지은 자를 사하여 준 것 같이
 우리 죄를 사하여 주옵시고"처럼 용서하시기 바랍니다.
사실 어제 이 말씀 준비하다가 이혼한 자부에게 전화하여 잘 지내냐? 안부를 물으며 "도움이 필요한 것 있으면 전화해 달라"고 전화하니 마음이 편하더군요. **사실은 솔직히 말하면 미웁지요 그래도 주님 명령따라 사랑할려고 합니다. "미움은 다툼을 일으켜도 사랑은 모든 허물을 덮으니까요"**

○ 4장은 여덟 환상중 다섯 번째 환상으로 '**순금 등잔대와 두 감람나무**'의 환상인데, 이는 **성전 재건의 성공**을 의미합니다.

○ 5장은 여섯 번째 환상은 '날아 가는 두루마리' 환상이고, 일곱 번째 환상은 '에바 속의 여인' 환상인데, 이 두 환상은 범죄한 이스라엘에 대한 **하나님의 진노의 심판을** 의미합니다.

○ 6장은 스가랴의 마지막 여덟 번째 환상인 '네 병거' 환상이 소개되며 면류관을 쓴 대제사장 여호수아에 관해 언급되는데 이는 성전의 성공적 건축을 보여주는 것입니다.

○ 7장은 스가랴 선지자는 백성들이 제기한 금식에 관한 질문을 통해, 하나님이 원하시는 것이 무엇인지를 가르쳐 주고 있습니다.

○ 8장은 스라랴는 예루살렘을 향한 일곱 가지 회복의 약속과 더불어, **회복 이후의 세 가지 축복에 대한 메시지를** 선포합니다.

○ 9장은 열방에 대한 하나님의 심판을 선포한 후에, 메시아의 강림을 예언합니다.

○ 10장은 반전이 됩니다. 스가랴는 **장차 오실 메시야의 통치로** 말미암아 이스라엘과 유다에 하나님의 은혜가 임할 것임을 예언합니다.

○ 11장은 **고난당하는 메시야의 모습과 배척한 이스라엘 위에 내려질 하나님의 심판이** 묘사됩니다.

○ 12장은 환난 중에 이스라엘 백성에게 **승리를 약속**하면서, 동시에 **회개도 촉구**합니다.

○ 13장은 예루살렘은 **회개를 통해 죄사함을 입을 것이고, 연단을 통해 정결케 될** 것이라고 말합니다. 여기서 생명의 삶의 묵상 메세지에서 "고난은 우리를 위한 **하나님의 디자인이다**"라는 말이 있다고 합니다. 고난없이 영광없습니다. 십자가 없이 면류관도 없습니다. 우리가 당하는 고난을 잘 이겨냅시다.

○ 14장은 **메시야의 재림과 인류 역사의 마지막 때에 일어날 일들에 관해** 예언하면서, '메시야 왕국의 최후 승리'를 선포합니다.

자! 그러면 스가랴서 1:1-6절중 3절의 "너는 그들에게 말하기를 만군의 여호와께서 너희는 내게로 돌아오라 만군의 여호와의 말이니라"에서 '너희는 내게로 돌아오라'는 제목으로 회개를 촉구하시는 하나님의 말씀을 전하겠습니다.

먼저 스라랴 선지자는 학개, 스룹바벨, 대제사장 예수아와 동시대의 인물로서 나이는 이들보다 훨씬 어렸으나 스가랴는 영감이 풍부한 선지자로서 본서에서 놀라운 여덟 번의 환상들을 제시하며 범죄한 자에게는 징벌이 있으며 회개하면 구원을 받는다고 선포하면서 스가랴는 어떻게 회개를 촉구하였는지 살펴볼 때 은혜의 시간 되시기 바랍니다.

첫째, 돌아오라 하십니다.

오늘 부른 찬송가 527장은 지은 죄가 아무리 무겁고 크다 할지라도 우리 주님의 품은 참새 가슴이 아닙니다. 하늘보다 넓고 넓다고 하시며 나간 자식 돌아오기만을 밤새 기다리시는 참으시며 기다리시는 한없이 사랑하시는 사랑의 하나님을 노래했습니다.

스가랴에 임한 하나님의 말씀은 본문 2절 "여호와가 너희의 조상들에게 심히 진노하였느니라"는 말씀처럼

하나님은 불의에 심히 진노하시는 하나님이심을 백성들에게 알렸습니다. 이어서 3절에서는 "그러므로 너는 그들에게 말하기를 만군의 여호와께서 이처럼 이르시되 너희는 내게로 돌아오라 만군의 말이니라 그리하면 내가 너희에게로 돌아가리라 만군의 여호와의 말이니라" 아멘입니다. 하나님께서는 죄인들이 돌아오기만을 간절히 바라십니다.

특별히 이스라엘의 조상들에게 내린 하나님의 진노를 그 후손된 백성들이 깊이 반성하고 통회자복하며 회개해야 한다는 것이었습니다. 지금도 우리 하나님은 돌아오라고 말씀하십니다.

둘째, 너희 조상들을 본 받지 말라 하십니다.

본문 4절에 "너희 조상들을 본받지 말라 옛적 선지자들이 그들에게 외쳐 이르되 만군의 여호와께서 이같이 말씀하시기를 너희가 악한 길, 악한 행위를 떠나서 돌아오라 하셨다 하나 그들이 듣지 아니하고 내게 귀를 기울이지 아니하였느니라 여호와의 말이니라"

말씀하십니다.

그들의 조상들이 지은 죄란 북조 이스라엘이 지은 죄로 열왕기하 17장 13-18절에 잘 나와 있습니다.

"너희는 너희 악한 길에서 떠나 나의 명령과 율례를 지키되 내가 너희 조상들에게 명령하고 너희에게 전한 모든 **율법대로 행하라** 하셨으나

그들이 듣지 아니하고 그들의 목을 곧게 하며 하나님 **여호와의 모든 명령을 버리고** 자기들을 위하여 두 송아지 형상을 부어 만들고 또 **아세라 목상을** 만들고 **하늘의 일월 성신을 경배**하며 또 **바알을 섬기고** 또 자기 자녀를 불 가운데로 지나가게 하며 복술과 사술을 행하며 여호와 보시기에 악을 행하여 격노하게 하였습니다.

또 남조 유다가 지은 죄로 **역대하 36장 15-20절**에 보면 "또 하나님의 전을 불사르며 예루살렘 **성벽을 헐며** 그들의 모든 **궁실을 불사르며** 그들의 모든 **귀한 그릇들을 부수는 등**" 남과 북이 공히 '악한 길'을 갔고 **행위가 악했기 때문에** 멸망받게 된 것입니다. **역사의 교훈**은 지난 과거의 잘못된 전철을 밟지 않는 것이라고 생각합니다.

셋째, 순종하라 하십니다.

사무엘상 15장 22절 "사무엘이 이르되 여호와께서 번제와 다른 제사를 그의 목소리를 청종하는 것을 좋아하심 같이 좋아하시겠나이까 **순종이 제사보다 낫고** 듣는 것이 숫양의 기름보다 나으니"라고 **순종하라** 하십니다.

하나님을 떠나 방황하는 세월은 공허하며 허무하기 짝이 없습니다. 허송세월인 것입니다. 그러나 죄악에서 떠나 영원한 하나님의 나라에서 하나님의 뜻대로 사는 자는 영원한 천국의 소유자가 되는 것입니다.

오직 **하나님의 말씀에 귀를 기울이고 순종하는 사람만이** 하나님께서 내 마음에 합한 자라고 하시며 **복과 은혜를** 더해 줄 줄 믿습니다.

이제 말씀을 마칩니다. 스가랴를 통해 촉구한 회개는?
1) 지금 곧 돌아오라 하십니다.
2) 조상들이 범한 죄를 본 받지 말라 하십니다.
3) 하나님 말씀에 귀 기울이고 순종하라 하십니다.

이렇게 살기로 다짐하는 저와 여러분에게

우리주 예수 그리스도의 은혜와 **하나님**의 **사랑**과 **성령**의 **감동·감화와 충만하심이** 영원토록 함께하시길 간절히 축원합니다.

내일 금요일 4.16일은 구약#21. 21장짜리 사사기(360쪽)입니다

찬송가 해설

1. 527장(어서 돌아 오오)

오늘도 **첫 찬송**은 심령부흥회성격의 찬송으로
257장(마음에 가득한 의심을 깨치고)
지극히 화평을 마음을 갖자고 불렀습니다.

두 번째 찬송은 회개에 관한 찬송으로 '어서 돌아오오'를 선곡했습니다.

이 찬송은 눅15:20 "이에 일어나서 아버지께로 돌아가니라"에 근거하여 지어진 찬송입니다.
이 찬송은 시인인 '늘봄' 전영택 목사가 1943년에 작사했습니다. 약 80년 전이지요
누가복음 15장 탕자의 비유에서 방탕한 자식을 향하여 돌아올 것을 호소하며, 죄인이 회개하고 돌아오기만을 끝까지 참고 기다리시는 하나님 아버지의 인내와 사랑을 노해하고 있습니다.

곡은 교수로, 찬양대 지휘자로, 작곡가로 활동하며 한국 교회음악 발전에 큰 공을 남긴 박재훈(birth. 1922) 목사가 전영택목사가 지은 같은해 1943년에 작곡하였습니다.

우리 죄가 아무리 무겁고 크기로
하늘 보다 넓고 넓은 우리 주님의 품으로
어서 돌아 오오 어서
어서 돌아오기만 밤새 기다리신다오 **1절 한번 더 불러요**

21 한 구원자를 세우셨으니 (사사기3:15-30/♪341)

어제 목요일 새벽에 구약 스무 번째 14장짜리 스가랴서로
스가랴를 통해 촉구한 회개는?
1) 지금 곧 돌아오라 하셨습니다.
2) 조상들이 범한 죄를 본 받지 말라 하셨습니다.
3) 하나님 말씀에 귀 기울이고 순종하라 하셨습니다.

오늘 함께 볼 말씀은 구약 스물 한번 째 21장인 사사기입니다.
사사기의 약자는 "삿"이며 저자는 알 수 없다고 하나 사무엘이라고 보는 학자도 있습니다.
기록연대는 주전B.C(Before Christ) 1050년~1000년경입니다.

기록목적은 하나님은 이스라엘 백성이 **죄악**의 길에 빠지면 반드시 **징벌**을 하시지만, 또한 그들이 잘못을 깨닫고 **회개**하고 돌아 오기만 하면 **용서**해 주시는 사실을 알려주기 위해 기록하였습니다.

먼저, 사사기는 21장으로 장별로 시간상 보기가 곤란하여 주요한 장별로 선택하여 주석을 함께 살펴보겠습니다.
본서는 여호수아의 죽음으로부터 사무엘 시대에 이르는 하나님 백성의 시대적 형편을 알려주는 것으로 하나님은 어려울 때마다 그 **시대에** 필요한 **사람**을 예비하시고 세우십니다. 이것이 바로 사사기의 주제이기도 합니다.
백성들이 절망가운데 부르짖을 때마다 하나님은 사사를 부르시사 백성들을 **압제자의 손에서 구해 주셨습니다**. 그리고 이같은 사역은 사사기로 끝난 것이 아니라 오늘날에도 계속하여 역사 하십니다.

○ 1장은 여호수아가 죽은 이후, 가나안 땅을 정복해 나가는 **유다 지파의 빛나는 활약상**이 소개됩니다. 반면, 다른 지파들은 매우 미미한 활동을 하거나 혹은 가나안 땅에서 실패를 겪습니다.

① 1장 23절 "요셉 가문이 벧엘을 정탐하게 하였는데 그 성읍의 본 이름은 루스라"에서 '루스'는 **벧엘의 본명**으로 벧엘이란 야곱이 처음 붙인 명칭이며 가나안 족속들은 그 곳을 '루스'라고 불렀습니다.

○ 2장은 **언약을 어기고** 가나안 땅의 **우상에 빠진** 이스라엘을 **여호와의 사자가 책망하는 장면**입니다. 덧붙여 여호수아 시대의 올바른 영적 상태와 사사 시대의 타락한 영적 상태가 대비되고 있습니다.

○ 3장 12절과 13절에 모압과 암몬이 나오는 '모압'은 롯과 롯의 맏딸이 잉태하여 낳은 모압의 후손이며 '암몬'은 소돔성의 멸망 이후 롯과 그 둘째 딸 사이에서 태어난 암몬의 후손을 말합니다.

○ 6장은 이스라엘이 미디안의 7년 압제하에 시달리고 있던 때, 하나님께서 이적적인 표징으로써 **기드온을 사사로 부르시는 장면**입니다.

○ 7장은 사사 기드온이 300명의 용사와 더불어 **야간** 기습 공격을 통해 무수한 **미디안의 연합군을 크게 쳐부수는 장면**입니다.

② 7장 6절 "손으로 움켜 입에 대고 핥는 자의 수는 **삼백 명이요 그 외의 백성은 다 무릎을 꿇고 물을 마신지라**"에서 '삼백명'은 임전 태세나 정신 상태가 뛰어난 정예 부대가 아니고 그보다는 자신의 능력으로 대적을 이긴 것이 아니라 오로지 하나님의 능력으로만 승리하였음을 굳게 믿던 **적당한 수의 믿음의 군사들**이었습니다.

○ 11장은 사사 **입다**에 관한 기록입니다. 길르앗의 사람 입다는 이스라엘의 사사로 옹립되어 암몬 족속의 압제로부터 이스라엘을 구하지만 **경솔한 맹세로 인해 무남독녀를 잃게 됩니다**.

○ 13장부터 16장까지는 **사사 삼손에 대한 기록**입니다. 이스라엘이 블레셋의 압제하에 있던 때, 사사 **삼손의 출생을 고지받은 마노아 부부가 하나님께 번제를 드리는 장면**입니다.

○ 16장은 블레셋 여인 들릴라와 그릇된 사랑에 빠진 삼손은 결국 힘을 잃고 블레셋 군사에게 사로잡혀 조롱거리가 됩니다. 그러나 최후의 순간에 회개하고, 사사로서 장렬한 최후를 맞이합니다.
16장 21절 "블레셋 사람들이 그를 붙잡아 그의 눈을 빼고 끌고 가사에 내려가 놋줄로 매고 그에게 옥에서 맷돌을 돌리게 하였더라"에서 '눈을 뺀다는 것'은 승리자가 패배자에게 다시 재기하지 못하도록 하기 위해 가하는 가장 잔인한 형벌입니다. 시드기야 왕도 느부갓네살에게 잡혔을 때 두 눈이 뽑힌 채 포로로 잡혀갔습니다. 여기서 '맷돌을 돌리게' 했다는 말은 고대에는 맷돌을 돌리는 일이 노예의 일중에서도 가장 힘들고 천한 일로 여겨졌다고 합니다.

○ 19장은 사사 시대의 타락상을 잘 보녀 주는 장면입니다. 레위의 첩이 부정을 저지르고 도망치자, 레위인이 그 첩을 데리고 오는 도중 기브아 불량배들에 의해 윤간당하여 첩이 죽는 장면입니다.

○ 20장은 미스바 총회가 열립니다. 그 결과 지파 연맹군과 베냐민 지파 사이에 동족 상잔의 치열한 전투가 벌어지고, 결국 베냐민 지파가 진멸당하는 장면이 나옵니다.

자! 그러면 사사기 15절의 "이스라엘 자손이 여호와께 부르짖으매 여호와께서 그들을 위하여 한 구원자를 세우셨으니 그는 곧 베냐민 사람 게라의 아들 왼손잡이 에훗이라 이스라엘 자손이 그를 통하여 모압 왕 에글론에게 공물을 바칠 때에"에서 '한 구원자를 세우셨으니'라는 제목으로 하나님이 쓰시는 일꾼에 대하여 몇 가지 교훈을 받고자 합니다.

첫째, 하나님이 부르시는 일꾼이어야 합니다.

하나님의 일꾼은 하나님이 부르십니다.
본문 15절에 보면 사사 에훗은 하나님의 사역을 위해서 부름 받았습니다. 이처럼 하나님께서는 사람을 도구로 하여 당신의 뜻을 성취하고 계심을 알 수 있습니다. 선지자, 사사, 제사장, 왕, 사도 등 모든 사역자들이 모두 그렇게 부름을 받은 사람들이었습니다. 이사야는 "내가 여기 있나이다 나를 보내소서"하며 부름은 순종하였습니다.

그러므로 하나님의 사역자들은 부름에 합당하도록 자신이 **하나님의 일꾼임을** 잠시도 잊지 말아야 합니다. 일거수 일투족 하늘나라의 천국대사로서 언행심사를 조심해야 합니다.

♫찬송가 595장 "나 맡은 본분은"가사처럼
나 맡은 본분은 구주를 높이고
뭇 영혼 구원 얻도록 잘 인도함이라

나 맡은 본분을 잘 감당하기 위해서는 **항상 깨어서 늘 기도에 힘쓰며 내 믿음 변치 않도록** 부족한 종을 도와 달라고 늘 기도해야 합니다. 하나님의 일꾼은 기도로 성령받고 하나님이 주시는 지혜와 힘으로 주님의 일을 수행하여야 감당할 수 있습니다. 사람의 간교한 술수나 계략으로 하면 실수하기 쉽습니다. 오직 하나님만 바라보고 하나님만 의지하며 하나님께 기도하여 영력과 지도력을 받고 엘리야에게 허락했던 영감을 갑절이나 받아야 합니다. 마6:33절 "그런즉 너희는 먼저 그의 나라와 그의 의를 구하라 그리하면 이 모든 것을 너희에게 더하시리라" 말씀하십니다.
먼저 그의 나라와 그의 의를 구하는 일꾼들이 됩시다.

둘째, 하나님의 뜻대로 살아야 합니다.

하나님께서는 외모를 보지 않으시고 **중심을 보시는 하나님**이십니다. 하나님께서는 외적인 조건을 중요시 하지 않으십니다. 삼상16:7절은 "여호와께서 사무엘에게 이르시되 **그의 용모와 키를 보지 말라** 내가 이미 그를 버렸노라 내가 보는 것은 사람과 같지 아니하니 **사람은 외모를 보거니와 나 여호와는 중심을 보느니라** 하시더라"하심같이 **중심을** 보십니다. 에훗은 왼손잡이였습니다. 왼손잡이란 오른손이 정상인 사람에 비해 불구인 사람을 가리킵니다. **하나님께서는 연약한 자를 들어 강한 자를 부끄럽게 하시는 분이십니다.** 또한 하나님께서는 **용기있는 신앙의 사람을** 귀하게 보시고 **일꾼으로 사용하십니다.**
17절에 보니 "공물을 모압 왕 에글론에게 바쳤는데 **에글론은 매우 비둔한 자였더라**" 하시며 비둔한 에글론을 사용하지 않으시고 **용기있는 에훗을** 사용하신 것입니다.

하나님이 사용하시는 일꾼은 하나님의 뜻대로 살며
바르게 살아야 합니다. 마치 에녹이 300년동안 하나님과 동행하며 산 것처럼 순간 순간 하나님과 함께하는 삶을 살아야 합니다.
임마누엘의 하나님과 항상 함께하여야 우리가 죄악에 빠지지 않을 수 있습니다. 한눈 팔면 우리는 사탄의 유혹에 빠질 수 밖에 없습니다.
하나님의 일꾼은 말씀대로 살아가야 합니다.
요한계시록 1장 3절 "이 예언의 말씀을 읽는 자와 듣는 자와 그 가운데에 기록한 것을 지키는 자는 복이 있나니 때가 가까움이라"말씀하고 있습니다.
우리가 세끼 밥 다 챙겨 먹듯 영적 양식인 하나님의 말씀을 읽고 듣고 지켜 복 받는 여러분과 제가 되길 바랍니다.

셋째, 자기를 내 세우지 않아야 합니다.

하나님의 일꾼은 자기가 잘 난 체하며 내가 했다고 자랑하지 말아야 합니다. 모든 영광은 오직 하나님 한분께만 돌려야 합니다. 쉽게 말해 생색내지 말아야 한다는 말이죠 티 내지 말고 오른손이 한 것 왼손 모르게 하듯 모든 것을 다 아시는 전지전능하신 하나님이 아시면 되는 것 아닐까요?

멸사봉공이란 말을 잘 아시지요? 사익을 추구하는 자신을 죽이고 공을 위하여 교회를 위하여 조직과 국가를 위하여 희생봉사하라는 뜻이지요?

죽도록 충성하라 하십니다. 그리하면 생명의 면류관을 네게 주리라고 계2:10절은 약속하십니다. 진정한 하나님의 일꾼은 자기를 나타내며 자랑하지 말아야 합니다. 나는 죽고 주님은 살아야 합니다. 하나님이 받아야 할 영광을 가로채면 안됩니다. 그렇지요? 성경에는 하나님의 일꾼으로 충성되게 맡은 사명을 끝까지 잘 감당하는 사람이 있는가 하면 처음엔 잘 하다가 나중에 변심하고 포기하며 일을 망가뜨리는 사람들도 간혹 있습니다. 그러나 하나님의 일꾼은 쉽게 뜨거워진 냄비가 쉽게 식어 버리듯 용두사미가 되지 말고 처음과 나중이 한결 같아야 합니다. 하나님은 인간의 외적인 조건을 보시지 않으시고 항상 중심을 보십니다.

이제 말씀을 마칩니다. 하나님의 일꾼은
1) 하나님이 부르시는 일꾼이어야 합니다.
2) 하나님의 뜻대로 살아야 합니다.
3) 자기를 내 세우지 않아야 합니다.
하나님의 일꾼답게 살기 원하는 저와 여러분에게

우리주 예수 그리스도의 **크신 은혜**와 **하나님**의 **극진한 사랑**과 **성령**의 **역사하심이** 영원토록 함께하시길 간절히 축원합니다.

다음 주 목요일 4.22일은 구약#22. 22장짜리 열왕기상(508쪽)입니다

찬송가 해설

1. 341장(십자가를 내가 지고)

오늘 말씀의 내용이 '하나님의 일꾼'으로 관련
찬송을 341장으로 선곡했습니다.

이 찬송은 성경 막10:28 "우리가 모든 것을 버리고 주를 따랐나이다"에 근거하여
지어진 찬송입니다.

스코틀랜드 출신 라이트 목사가 작사를 하였습니다.
그는 목회를 하며 많은 찬송시를 남겼는데
이 곡이 모차르트 작곡으로 여겨지는 것은
1873년 맥카베와 맥팔란이 편집한 찬송집에 모차르트의 곡을 메인이 편곡한 것으로
표시되어 있기 때문이라고 하는데 확실한 근거는 없다고 합니다.

그러니까 라이트가 작시하고 모차르트가 작곡했다고 알면 될 것 같아요

"십자가를 내가 지고 주를 따라 갑니다" 가사 생각하면서

찬송가 341장 다함께 부르시겠습니다.

22. 다윗이 죽을 날이 임박하매 (열왕기상2:1-9/♪312)

지난 주 금요일 새벽에 구약 스물 한 번째 21장짜리 사사기로
하나님의 일꾼은
1) 하나님이 부르시는 소명의식이 있는 일꾼이어야 합니다.
2) 하나님의 뜻대로 살아야 합니다.
3) 자기를 내 세우지 않아야 합니다.라고 말씀을 나눴습니다.

오늘 함께 볼 말씀은 구약 스물 두번 째 22장인 **열왕기상**입니다.
열왕기상의 약자는 "왕상"이며 **저자**는 알수 없다고 하나 예레미야로 보는 학자도 있습니다.
기록연대는 주전B.C(Before Christ) 562년~537년경입니다.

기록목적은 유다 왕들과 이스라엘 왕들의 기록을 통해서, **하나님의 말씀에 순종하는 것이 나라가 번영하고 백성들이 평강을 누리는 최선의 길**임을 알려 주기 위해 기록하였습니다.

먼저, 열왕기상은 22장으로 장별로 시간상 보기가 곤란하여 주요한 장별로 선택하여 주석을 함께 살펴보겠습니다.

열왕기 상·하는 사무엘상·하 그리고 역대상·하처럼 원래 하나의 문학 작품으로서 히브리 전통에서는 단순히 열왕기(Kings)라 불렸습니다.
본서는 이스라엘과 유다 왕들(다윗부터 아합과 여호사밧까지)의 통치와 역사에 관해 기록하는데 전반부는 솔로몬의 행적에 관해 집중적으로 다루고 있습니다.

○ **1장**은 다윗왕이 늙자, 이를 틈타 아도니야 일당이 왕위 찬탈을 기도합니다. 그러나 선지자 나단과 밧세바의 활약으로 솔로몬이 왕위에 오르고, 아도니야 일당은 뿔뿔이 도망칩니다.

① 1장 1절 "다윗 왕이 나이가 많아 늙으니 이불을 덮어도 따뜻하지 아니한지라"에서 '나이가 많다'는 말은 사무엘하 5:4 "다윗이 나이가 삼십 세에 왕위에 올라 사십 년동안 다스렸으되" 라고 다윗이 30세에 왕위에 올라 40년 동안 통치하였으므로 약 70세로 추정됩니다.

○ 2장은 다윗이 아들 솔로몬에게 마지막 유언을 한 후 70세를 일기로 숨을 거둔 후 **솔로몬은 왕국의 악한 세력들을 차례로 제거하고 숙청함으로써** 자신의 왕권을 공고히 강화합니다.

② 2장 3절 "네 하나님 **여호와의 명령을** 지켜 그 길로 행하여 그 법률과 계명과 율례와 증거를 모세의 **율법에 기록한 대로 지키라** 그리하면 네가 무엇을 하든지 어디로 가든지 형통할지라"에서 '**여호와의 명령을 지키라**'는 이 말은 다윗은 이 말이 **모든 것을 풀 수 있는 열쇠임을 확신하고 솔로몬에게 이 한마디를** 남겼습니다.

○ 3장은 솔로몬은 일천 번제를 통해 하나님께 지혜를 구하여 부귀와 영광까지도 약속받고 지혜의 왕이 된 솔로몬은 지혜로운 재판을 합니다.

③ 3장 10절 "솔로몬이 **이것을 구하매 그 말씀이 주의 마음에 든지라**"에서 '주의 마음에 든지라'는 지혜를 구한 것은 솔로몬이 부귀, 장수 등 자신의 욕심을 위해 구하지 않고 **왕으로서 꼭 필요한 지혜를 구한 것이 하나님의 뜻에 부합**하였으므로 하나님께서는 솔로몬이 구한 것보다 더 많은 것을 허락하셨습니다.

○ 5장은 나라가 안정되고 크게 번성하자 이제 **솔로몬은** 이스라엘 최대의 숙원사업인 '**성전 건축**'을 착수합니다.

○ 8장은 성전에 언약궤를 안치하고, 이스라엘 백성의 대표자로서 솔로몬의 봉헌기도와 권면의 축사가 끝난 후, 엄청난 규모의 화목제를 드림으로써 **성전 봉헌식의 피날레를 장식**합니다.

○ 11장은 솔로몬의 타락에 관한 기록입니다. 많은 **이방의 처첩들로** 인해 솔로몬의 마음이 하나님을 떠나자, 그 결과 솔로몬왕국의 안팎에서 일어난 대적들로 고초를 겪습니다.

○ **16장**은 북왕국 이스라엘의 왕들에 관한 기록입니다. 북왕국 이스라엘의 제4대 왕인 엘라의 통치 및 몰락과 **7일 천하**로 끝난 시므리, 그 뒤를 이은 **오므리 및 아합의 죄악상**이 언급되고 있습니다.

○ 17장은 북왕국 이스라엘에서 활동한 **엘리야 선지자의 사역**이 소개됩니다. **아합 왕에게 대가뭄을 예언한 엘리야**는 사르밧 땅으로 가서 한 과부 집에서 공궤를 받고 **이적을 베풉니다.**

○ 18장은 하나님의 선지자 **엘리야와 바알 숭배자 450명과의 한 판 승부**가 전개되는 **갈멜 산상의 대결**에서 엘리야는 오직 하나님만이 참된 신인 것을 입증해 보여 줍니다.

④ **18장 20절** "아합이 이에 이스라엘의 모든 자손에게로 사람을 보내 선지자들을 **갈멜 산으로 모으니라**"에서 '갈멜 산'은 **해발 170m의 지중해를 바라볼 수 있는 넓은 구릉 지대**로 이스라엘 북부 지중해 연안의 돌출부에 위치하는 지역을 말합니다.

○ 19장은 갈멜 산상의 대결 이후 엘리야에게 닥친 고난 중에 **엘리야를 위로하시는 하나님의 은총**이 언급되며 **엘리야의 뒤를 이을 엘리사의 소명**에 관해 언급됩니다.

자! 그러면 **열왕기상 1절**의 "다윗이 죽을 날이 임박하매 그의 아들 솔로몬에게 명령하여 이르되"에서 '**다윗이 죽을 날이 임박하매**'라는 제목으로 다윗은 죽음을 앞두고 솔로몬을 병상에 불러 놓고 **하나님의 뜻대로 살아가는 방법**을 가르쳐 준 게 무엇인지 살펴보며 은혜의 시간을 갖고자 합니다.

첫째, 힘써 대장부가 되라고 하였습니다.

다윗은 들에서 양을 치던 한낱 목동으로서 왕위에 오른 사람이었습니다. 삼상17장 45절 "다윗이 블레셋 사람에게 이르되 너는 칼과 창과 단창으로 내게 나아 오거니와 나는 만군의 여호와의 이름 곧 네가 모욕하는 이스라엘 군대의 하나님의 이름으로 네게 나아 가노라" 하며 나아 간 결과
49절 "손을 주머니에 넣어 돌을 가지고 물매로 던져 블레셋 사람의 이마를 치매 돌이 그의 골리앗의 이마에 박히니 땅에 엎드러지니라" 하였습니다.
홍안의 소년 다윗이 육척 장신인 골리앗을 이기는 **통쾌한** 모습을 볼 수 있습니다.

"한번 실수는 병가지 상사"라고 싸우는 집안에서도 한번은 실수하여 패전할 수 있다는 옛 말이 있으나 **다윗은** 50년 평생에 싸워서 **한 번도 진 적이 없이** 나라를 확장하고 부강하게 만들었으나 **영적으로는 우리아의 아내 밧세바를 범하는 등** 실패와 번민도 많이 겪었습니다. 그는 그가 사는 동안 평생의 승리와 실패를 기억하면서 **그의 아들 솔로몬에게 2절의 말씀** "내가 이제 **세상 모든 사람이 가는 길로 가게 되었노니 ‖ 너는 힘써 대장부가 되라 ‖**"고 부탁합니다. 대장부답게 삽시다.
이 말은 자신의 경험이나 힘을 의지하지 말고 오직 하나님만 의지하고 하나님의 능력으로 충만해 져야 한다는 의미입니다.
다윗이 세상 모든 사람이 가는 길로 자신도 가게 되었다며 자식에게 당부하는 말씀을 보면서 이런 찬송이 떠올랐습니다.

♪ 찬송가 260장 "우리를 죄에서 구하시려" 4절
우리가 **이 세상 떠날 때에** 예수의 손목을 굳게 잡고
영원히 즐거운 **천국에서 주 함께** 살겠네
후렴) 찬송하세 찬송하세 **주님 나를** 구하셨네
　　　찬송하게 찬송하세 **주가 구원** 하셨네

둘째, 여호와의 말씀을 지켜라하였습니다.

어젯밤 수요일 저녁예배시 김병률간사님 '신앙의 기초를 튼튼히 하자'란 제목으로 기도와 말씀을 생활화하자 하면서 **히브리서 4:12 "하나님의 말씀은 살아 있고 활력이 있어 좌우에 날선 어떤 검보다도 예리하여 혼과 영과 및 관절과 골수를 찔러 쪼개기까지 하며 또 마음의 생각과 뜻을 판단하나니"**를 말씀하며 **하루 1시간씩 성경말씀을 묵상하며** 벌써 신약통독 한번 하고 한 해에 3독한다고 하여 **목사인 저보다 성경을 더 많이 묵상함에 도전**을 받았습니다.

하나님 말씀은 능력이 있습니다.
하나님 말씀은 살아 있고 활력이 있으며
혼과 영을 새롭게 하며 성령의 검입니다.
관절과 골수를 쪼개기도 하며
우리의 생각과 뜻을 판단하십니다.
다윗은 그 아들 솔로몬에게 왕으로서 물려준 부귀와 영화를 누리며 많은 신하를 잘 간수하고 다스리라고 부탁한 것이 아니라, 영과 혼을 새롭게 하며 관절과 골수를 쪼개며 생각과 뜻을 판단하기도 하는 하나님의 말씀 즉, 하나님의 율법과 계명을 지키라고 유언했습니다. **말씀 지키는 것이 하나님의 도우심을 받는 것이고** 네가 무엇을 하든지 어디로 가든지 **형통하게 되는 것이며 왕권을 든든히 지키는 것임을** 다윗은 잘 알고 있었기 때문에 솔로몬에게 **오직 말씀을 지키라고 간곡히 부탁했던** 것입니다.

셋째, 공의로 판단하라고 하였습니다.

시편 106편 3절 "정의를 지키는 자들과 항상 공의를 행하는 자는 복이 있도다"라고 우리 하나님은 정의와 공의를 지키고 행하기를 바라나
오늘날의 사회는 죄로 만연하여 선악을 구별하기가 매우 어렵게 되었습니다. 아주 오래 전 제가 모시던 대학총장님이 무엇이 정의인지 무엇이 과연 옳은 일인지 본인 자신도 판단이 안된다고 하더군요 한참 대학가에 데모가 극성일 때 데모하여 다수의 힘으로 이기면 불의도 정의가 되는 것 같다 한 말이 생각납니다.

이 어지러운 세상을 살면서 우리 그리스도인들은 선악을 분별할 줄 아는 은사를 구하고 받아야 하겠습니다.

그래서 다윗은 그 사랑하는 아들 솔로몬에게 공의를 상실하고 인정에 끌려 하나님의 뜻을 그릇칠까 걱정이 되어 모든 일을 공의로 판단하라고 부탁하였습니다.

모든 것은 사필귀정입니다. 결국 옳은 것이 이깁니다.

성경 로마서 12장 21절에서도 "악에게 지지 말고 선으로 악을 이기라"고 말씀하십니다.

우리도 다윗의 유언처럼 자녀들에게 주의 말씀을 지켜 공의로운 사람이 되는 법을 잘 가르쳐야 하겠습니다.

이제 말씀을 마칩니다. 다윗이 솔로몬에게 한 유언처럼

1) 힘써 대장부가 되어야 하겠습니다.

2) 여호와의 말씀을 지켜야 하겠습니다.

3) 공의로 판단하여야 하겠습니다.

다윗의 유언을 지키며 살기로 작정하는 저와 여러분에게

우리주 예수 그리스도의 한없는 **은혜와 하나님의** 극진한 **사랑과 성령의 충만하심이** 오늘도 함께하시길 간절히 축원합니다.

다음 주 목요일 4.29일은 구약#23. 24장짜리 여호수아(320쪽)입니다

찬송가 해설

1. 312장(너 하나님께 이끌리어)

오늘 말씀의 내용이 '다윗이 솔로몬에게 유언하는'
것으로 이 찬송 312장을 선곡했습니다.

이 찬송은 **시32:8** "내가 네 갈 길을 가르쳐 보이고"에 근거하여 지어진 찬송입니다.

이 찬송은 독일의 **노이마르크**가 **작사하고 작곡**하였습니다.
그는 젊은 시절 **강도를 만나** 모든 것을 다 빼앗기고 **걸식하는 신세**가 되었다고 합니다.

어려운 상황에서 기도하던 중에 옛 친구였던 **베커 목사**의 도움으로 가정교사의 자리를 얻게 되었고 생활의 안정을 찾게 되었는데 **이 어려운 때 이 찬송이 탄생되었다고** 합니다.

그의 찬송시 중 가장 많은 사랑을 받고 불리워지는 찬송이라고 합니다.

"**일평생 주만 바라면 어려울 때 힘 주시고 지켜 주신다는**" 찬송가 312장 **가사 생각하면서** 불러 봅시다.

23. 눈의 아들 여호수아에게 말씀하여 이르시되 (여호수아1:1-9/♪546)

지난 주 목요일 새벽에 구약 스물 두 번째 22장짜리 열왕기상으로
다윗이 솔로몬에게 한 유언처럼
1) 힘써 대장부가 되자고 했고
2) 여호와의 말씀을 지키며
3) 공의로 판단하며
다윗의 유언을 기억하고 지키며 살자고 은혜의 시간을 가졌었지요?

오늘 함께 볼 말씀은 구약 스물 세번 째 24장인 **여호수아**입니다.
여호수아의 약자는 "수"이며 **저자**는 여호수아입니다.
기록연대는 주전B.C(Before Christ) 1350년~1050년경입니다.

기록목적은 하나님께서 일찍이 약속하신 "가나안 땅을 주리라"는 말씀이 실제의 이스라엘 역사속에서 어떻게 구체적으로 이루어지는지, 그 과정을 보여 주기 위해서 기록하였습니다.

먼저, 여호수아는 24장입니다. 장별로 주석을 겸하여 살펴보겠습니다.

○ **1장**은 마침내 가나안 정복의 때가 이르러 하나님은 가나안 정복 전쟁을 지휘할 모세의 후계자 여호수아에게 용기를 북돋워 주셨습니다. 이에 여호수아는 지체 없이 주어진 사명에 착수합니다.

① 1장 4절 "곧 광야와 이 레바논에서부터 큰 강 곧 **유브라데 강**까지 헷 족속의 온 땅과 또 해 지는 쪽 대해까지 너희의 영토가 되리라"에서 '**유브라데 강**'은 서아시아에서 가장 큰 강으로, 이는 가나안 땅의 북쪽 경계를 이루는데 이 강의 총 길이가 얼마나 될 것 같아요? 2,850km(서울-부산:약 396km)약 7배 거리네요

② 1장 6절 "강하고 담대하라 너는 내가 그들의 조상에게 맹세하여 그들에게 주리라 한 땅을 이 백성에게 차지하게 하리라"에서 '강하고 담대하라'는 이 말은 이스라엘의

대지도자이며 여호와의 대변자이던 모세가 죽었기에 여호수아에게 여호와께서 직접적인 위로와 격려의 말씀이 필요했던 것입니다.

9절 "내가 네게 명령한 것이 아니냐 강하고 담대하라 두려워하지 말며 놀라지 말라 네가 어디로 가든지 네 하나님 여호와가 너와 함께 하느니라" 는 말씀으로 강하고 담대할 것을 요구하고 계십니다.

③ 1장 18절 "누구든지 당신의 명령을 거역하며 당신의 말씀을 순종하지 아니하는 자는 죽임을 당하리니 오직 강하고 담대하소서"에서 '오직 강하고 담대하라'은 이 말은 모세의 후계자 여호수아가 1:1-9절의 하나님의 위로에 이어 백성들의 격려는 여호수아에게 큰 힘이 되었을 것입니다.

시편18:1 "나의 힘이 되신 여호와여 내가 주를 사랑하나이다" 고백한 다윗의 고백처럼 백성들의 오직 강하고 담대하라는 말은 큰 힘이 되었을 것임에 틀림없습니다.

○ **2장**은 여호수아는 여리고 성을 정복하기 위해 **2명의 정탐꾼을 파견**합니다. 두 정탐꾼은 위기의 순간에 여리고 성의 기생 라합의 도움을 받게 되고, **도움을 준 라합과 생명의 약조**를 맺는 장면이 나옵니다.

○ **3장**은 약속의 땅 가나안을 정복하기 위해 마침내 **이스라엘 백성들이 언약궤를 앞세우고 요단 강을 건너는 장면**입니다.

○ **4장은 요단 강 도하는** 하나님의 초자연적인 **이적의 사건**이었습니다. 이스라엘 백성들은 요단 강 바닥에서 **돌 열둘을 취하여** 길갈에 세움으로써 **요단 강 도하의 영원한 기념물**로 삼았습니다.

○ **5장**은 요단 강을 건넌 직후에 이스라엘 백성들은 가나안 땅의 길갈에서 할례를 실시하고 유월절을 지킵니다. 이후 승리의 보증으로서 5절에 보니 **여호와의 군대 대장이 여호수아에게 나타나** 이르되 네 **발에서 신을 벗으라** 네가 선 곳은 거룩하니라 하니 **여호수아가 그대로 행하였다**고 합니다.

○ 6장은 이스라엘이 가나안 땅의 강력한 성읍 **여리고를 정복하는 장면**입니다. 우리가 알아야 할 것은 이때 이스라엘은 창칼이 아니라, ‖단지‖ 하나님의 말씀에 순종함으로써 여리고 성을 함락시켰다는 것입니다.

④ 6장 21절 "그 성 안에 있는 모든 것을 온전히 바치되 남녀 노소와 소와 양과 나귀를 칼날로 멸하니라"에서 '멸하니라'는 소돔과 고모라의 멸망시 **의로운 롯과 두 딸만 구원받은 것처럼** 여기서도 하나님을 믿는 라합 집에 속한 사람만 구원함을 받았습니다. 이는 하나님이 공의의 심판자임과 동시에 ‖심판중에도‖ 자신에게로 돌아오는 자에게 긍휼을 베푸시는 분임을 말해 주고 있습니다.

○ 7장은 아이 성 전투의 실패 원인이 기록된 장면으로 **아이성 전투의 패배 원인은 아간의 범죄 때문**으로 밝혀짐에 따라 여호수아는 아간을 처형함으로써 죄악을 제거하였습니다.

⑤ 8장 9절 "그들을 보내매 그들이 매복할 곳으로 가서 아이 서쪽 **벧엘**과 아이 사이에 매복하였고 여호수아는 그 밤에 백성 가운데에서 잤더라"에서 '벧엘(Bethel)'은 예루살렘 북쪽 약19km 지점에 위치하였고, **아브라함이 창12:8**에서 알수 있듯이 "거기서 **벧엘 동쪽 산**으로 옮겨 장막을 치니 **서쪽은 벧엘이요 동쪽은 아이라** 그가 그 곳에서 여호와께 제단을 쌓고 여호와의 이름을 부르며" 단을 쌓은 곳이요, 또 야곱이 창28:19에서 볼 수 있듯이 "그 곳 이름을 '**하나님의 집**'이란 뜻의 **벧엘**이라 하였더라 이 성의 옛 이름은 루스더라"고 하나님께 단을 쌓았던 매우 유서 깊은 곳입니다.

⑥ 10장 13절 "태양이 머물고 달이 멈추기를 백성이 그 대적에게 원수를 갚기까지 하였느니라 야살의 책에 태양이 중천에 머물러서 거의 종일토록 속히 내려가지 아니하였다고 기록되었다고 합니다." 여기서 '**태양이 머물고 달이 멈춘다**'는 것은 인간의 이성으로는 도저히 이해할 수 없는 **초자연적인 하나님의 역사**를 발견할 수 있습니다.

⑦ 14장 6절 "그니스 사람 여분네의 아들 **갈렙**이 여호수아에게 말하되"에서 '**갈렙**'은 광야에서 20세 이상 남자 중 여호수아와 더불어 **유일하게 가나안 땅에 들어 간** 신앙의 사람입니다. 민수기14:6-9 "6.그 땅을 정탐한 자 중 **눈의 아들 여호수아와 여분네의 아들 갈렙**이 자기들의 옷을 찢고, 7.이스라엘 자손의 온 회중에게 말하여 이르되 (뭐라 했습니까?) 정탐한 땅은 ‖**심히 아름다운 땅**‖이라, 8.여호와께서 우리를 기뻐하시면 우리를 그 땅으로 인도하여 들이시고 그 땅을 우리에게 주시리라 이는 **과연 젖과 꿀이 흐르는 땅이니라** 9.다만 여호와를 거역하지는 말라 또 그 땅 백성을 두려워하지 말라 ‖**그들은 우리의 먹이라**‖그들의 보호자는 그들에게서 떠났고 여호와는 우리와 함께 하시느니라 그들을 두려워하지 말라" 하였습니다. **여호수아와 갈렙은 긍정적이고 적극적이며 창조적인 마인드로 진취적 믿음의 사람**으로 **꼬뿔소**같았습니다.

○ 23장은 나이 많아 늦게 된 여호수아가 이스라엘 백성들에게 유언과도 같은 마지막 고별 설교를 하는 장면이며 24장은 **여호수아의 죽음**이 기록되었는데 **향년 110세**였습니다.
참고로 창6:3절 "육신의 날은 **백이십 년**"이 된다고 기록합니다.
자! 그러면 **여호수아 1장 1절**의 "여호와의 종 모세가 죽은 후에 여호와께서 모세의 수종자 눈의 아들 여호수아에게 말씀하여 이르시되"에서 '**눈의 아들 여호수아에게 말씀하여 이르시되**'라는 제목으로 모세의 후계자로 세운 여호수아라는 인물이 어떤 인물이었는지 살펴보며 은혜 나누겠습니다.

첫째, 여호수아는 믿음의 인격이 특출한 인물이었습니다.
흔히 말하길 "꽃은 향기요 사람은 인격"이라고 합니다.
그래서 화향천리요 인향만리라는 말도 있습니다.
여호수아는 각 지파의 지도자인 12명 중에서 **세상이 변하고 아무리 장애물이 많아도** 하나님의 약속은 반드시 성취된다고 믿은 단지 **두 명 중 한 사람**이었습니다.
그 둘이란 여러분이 잘 알다시피 **눈의 아들 여호수아**와
여분네의 아들 갈렙입니다.

♬ **찬송가 270장 '변찮는 주님의 사랑과' 1절 가사처럼**
변찮는 주님의 사랑과~ 거룩한 보혈의 공로를~
우리 다 찬양을 합시다~ 주님을 만나 볼 때까지~
후렴) 예수는~ 우리를~ 깨끗게 하시는 주시니~
　　　그의 피~ 우리를~ 눈보다 더희게 하셨네~

세상은 변하지만 우리 주님의 사랑은 변하지 않습니다.
여호수아는 변치 않는 믿음의 인격이 뛰어난 사람이었습니다.

둘째, 모세로부터 하나님의 율법을 받은 인물이었습니다.

본문 7절에 "오직 강하고 극히 담대하여 **나의 종 모세가 네게 명령한 그 율법을 다 지켜 행하고 우로나 좌로나 치우치지 말라 ‖그리하면‖** 어디로 가든지 형통하리니" 했고
이어서 8절에 "이 율법책을 네 입에서 **떠나지 말게 하며 주야로 그것을 묵상하여 그 안에 기록된 대로 다 지켜 행하라 ‖그리하면‖** 네 길이 평탄하게 될 것이며 네가 형통하리라" 하였습니다.
여호수아는 하나님의 말씀을 **받았을** 뿐만 아니라 그 말씀을 **지킨 사람**이었습니다. **야고보는 행함 없는 믿음은 죽은 믿음**이라고 하였지요? 여호수아는 모세로부터 받은 하나님의 말씀을 준행하며 절대 수행하며 살았기에 그는 모세를 이어 **후계자**가 될 수 있었습니다.

♬ **찬송가 347장 "허락하신 새 땅에"1절 가사처럼**
허락하신 새 땅에 들어가려면~ 맘에 준비 다하여 힘써 일하세~
후렴) 여호수아 본 받아 앞으로 가세~ 우리 거할 처소는 주님 품일세~

우리도 여호수아 본 받아 앞으로 갑시다

셋째, 믿음으로 산 담대한 인물이었습니다.

우리는 믿음의 조상 아브라함을 잘 압니다.
창세기 12:1 여호와께서 아브람에게 이르시되 너는 너의 고향과 친척과 아버지의 집을 떠나 내가 네게 보여 줄 땅으로 ‖가라!‖ 하니 예~하고 순종하여 2절 "내가 너로 큰 민족을 이루고 네게 복을 주어 네 이름을 창대하게 하리니 **너는 복이 될지라**" 복의 근원이 되었습니다.
마찬가지로 **여호수아도 담대한 믿음의 용기있는 사람**이었습니다. 9절에 "내가 네게 명령한 것이 아니냐 **강하고 담대하라** 두려워하지 말며 놀라지 말라 네가 어디로 가든지 네 하나님 여호와가 너와 함께 하느니라"하시며 임마누엘의 하나님께서 함께하시겠다고 약속해 주셨습니다.

이제 말씀을 마칩니다. 모세를 이어 후계자가 된 여호수아는
1) 믿음의 인격이 뛰어난 인물이었습니다.
2) 모세로부터 하나님의 율법을 받은 인물이었습니다.
3) 믿음으로 산 담대한 인물이었습니다.
여호수아처럼 믿음으로 담대하게 살기 원하는 저와 여러분에게

우리주 예수 그리스도의 **은혜**와 **하나님**의 **사랑**과 **성령**의 **역사**가 함께하시길 간절히 축원합니다.

내일 금요일 4.30일은 구약#24. 24장짜리 사무엘하(463쪽)입니다

찬송가 해설

1. 546장(주님 약속하신 말씀위에 서)

오늘은 여호수아는 누구인가?란 말씀관련 찬송으로 546장을 선곡했습니다.

이 찬송은 마24:35 "천지는 없어질지언정 내 말은 없어지지 아니하리라"는 말씀에 근거하여 지어진 찬송으로 "하나님의 약속의 말씀을 굳게 믿고 그 확신가운데 살아갈 것을 다짐하는 찬송입니다.

이 찬송은 미국의 카터목사가 1886년에 작사·작곡했습니다.

그는 교수, 목장 경영자, 작가, 출판인, 외과 의사 등 여러분야에서 뛰어난 재능을 발휘하면서 소설, 수학, 자연과학 분야에 많은 저서를 남겼고, 수십 편의 찬송시도 지었습니다.

"주님 약속하신 말씀 위에 굳게 서리라"는 각오와 결심하는 마음으로 찬송가 546장 부르시겠습니다.

24. 이제 그대로 하라 (사무엘하3:17-21/♪393)

어제 목요일 새벽에 구약 스물 세 번째 24장짜리 여호수아로
모세를 이어 후계자가 된 여호수아는
1) 믿음의 인격이 뛰어난 인물이었지요.
2) 모세로부터 하나님의 율법을 받은 인물이었으며
3) 그는 믿음으로 산 담대한 인물이었습니다.
여호수아처럼 믿음으로 담대하게 살자고 말씀을 나눴는데,

오늘은 구약 스물 네번 째 24장인 **사무엘하**입니다.
사무엘하의 약자는 "삼하"이며 **저자**는 익명의 선지자입니다.
기록연대는 주전B.C(Before Christ) 930년~722년경입니다.

기록목적은 사울 왕가의 몰락과 더불어 **다윗 왕국의 정착 및 중흥 과정**을 보여 주며, 아울러 다윗 왕의 의로운 통치를 통해 장차 도래할 **메시야 왕국을 대망하도록** 하기 위해 기록하였습니다.

먼저, 사무엘하도 24장입니다. 장별로 주석을 겸하여 살펴보겠습니다.

○ 1장에서 다윗은 **길보아 전투**에서 이스라엘이 참패했다는 비보를 전해 듣고 크게 슬퍼합니다. 특히, **사울과 요나단의 전사 소식**을 접한 다윗은 그 죽음에 부쳐 슬픔대신 **조가를 지어 부릅니다.**

① 1장 14절 "다윗이 그에게 이르되 네가 어찌하여 손을 들어 **여호와의 기름 부음 받은 자 죽이기를 두려워하지 아니하였느냐 하고**"에서 '여호와의 기름 받은 자'란 유대인들은 왕과 제사장, 그리고 선지자 등을 세울 때 머리에 기름을 부음으로 그 직위와 권세가 하나님께로부터 왔음을 분명히 했습니다. 그러므로 아말렉 사람은 하나님이 세우신 사람을 임의대로 죽인 꼴이 됩니다. 그 때문에 다윗은 환심을 얻으려 했던 청년 그에게 사형을 내린 것입니다. 15절에 보면 '다윗이 **청년 중 한 사람을 불러 이르되 가까이 가서 그를 죽이라 하매 그가 치매 곧 죽었다**고 기록되어 있습니다.

○ 2장은 사울이 죽은 후 다윗이 유다 지파에 의해 왕으로 추대되지만 **사울의 군사령관 아브넬**이 사울의 아들 '부끄러운 사람', '가증한 사람'이란 뜻의 **이스보셋을 왕으로 옹립**함으로써 내전이 발발합니다.

② 2장 1절의 "그 후에 **다윗이 여호와께 여쭈어 아뢰데 내가 유다 한 성읍으로 올라가리이까? 여호와께서 이르시되 올라가라** 다윗이 아뢰되 (또 다시 물어요?) 어디로 가리이까? 이르시되 **헤브론으로 갈지니라**" 하나님과 대화하는 것 같죠? 저도 하나님과 묻고 답하고 친하게 교제하고 싶어요

○ 3장은 심각한 내분에 휩싸인 **이스보셋 왕권의 군사령관 아브넬은 결국 다윗 왕에게 귀순해 오지만 다윗 왕의 군사령관 요압은 그를 살해하고, 다윗 왕은 아브넬의 죽음을 애도**합니다.

○ 4장은 **요단 강 도하는** 하나님의 초자연적인 **이적의 사건**이었습니다. 이스라엘 백성들은 요단 강 바닥에서 **돌 열둘을 취하여** 길갈에 세움으로써 **요단 강 도하의 영원한 기념물로 삼았습니다.**

○ 5장은 요단 강을 건넌 직후에 이스라엘 백성들은 가나안 땅의 길갈에서 할례를 실시하고 유월절을 지킵니다. 이후 승리의 보증으로서 **5절에 보니 여호와의 군대 대장이 여호수아에게 나타나 이르되 네 발에서 신을 벗으라 네가 선 곳은 거룩하니라** 하니 **여호수아가 그대로 행하였다**고 합니다.

○ 6장은 이스라엘이 가나안 땅의 강력한 성읍 **여리고를 정복하는 장면**입니다. 우리가 알아야 할 것은 이때 이스라엘은 창칼이 아니라, ‖단지‖ 하나님의 말씀에 순종함으로써 **여리고 성을 함락시켰다**는 것입니다.

④ 6장 21절 "그 성 안에 있는 모든 것을 온전히 바치되 남녀 노소와 소와 양과 나귀를 칼날로 멸하니라"에서 '멸하니라'는 소돔과 고모라의 멸망시 **의로운 롯과 두 딸만 구원받은 것**처럼 여기서도 **하나님을 믿는 라합 집에 속한 사람만 구원함을 받았습니다.** 이는 하나님이 공의의 심판자임과 동시에 ‖**심판중에도**‖ 자신에게로 돌아오는 자에게 긍휼을 베푸시는 분임을 말해 주고 있습니다.

○ 7장은 아이성 전투의 실패 원인이 기록된 장면으로 **아이성 전투의 패배 원인은 아간의 범죄 때문으로** 밝혀짐에 따라 **여호수아는 아간을 처형함으로써 죄악을 제거하였습니다.**

⑤ 8장 9절 "그들을 보내매 그들이 매복할 곳으로 가서 아이 서쪽 **벧엘**과 아이 사이에 매복하였고 여호수아는 그 밤에 백성 가운데에서 잤더라"에서 '벧엘(Bethel)'은 예루살렘 북쪽 약19km 지점에 위치하였고, **아브라함이 창12:8**에서 알수 있듯이 "거기서 **벧엘 동쪽 산**으로 옮겨 장막을 치니 **서쪽은 벧엘이요 동쪽은 아이라** 그가 그 곳에서 여호와께 제단을 쌓고 여호와의 이름을 부르며" 단을 쌓은 곳이요, 또 야곱이 창28:19에서 볼 수 있듯이 "그 곳 이름을 '**하나님의 집**'이란 뜻의 **벧엘**이라 하였더라 이 성의 옛 이름은 루스더라"고 **하나님께 단을 쌓았던 매우 유서 깊은 곳입니다.**

⑥ 6장 13절 "태양이 머물고 달이 멈추기를 백성이 그 대적에게 원수를 갚기까지 하였느니라 야살의 책에 태양이 중천에 머물러서 거의 종일토록 속히 내려가지 아니하였다고 기록되었다고 합니다." 여기서 '**태양이 머물고 달이 멈춘다**'는 것은 인간의 이성으로는 도저히 이해할 수 없는 **초자연적인 하나님의 역사를 발견할 수 있습니다.**

⑦ 14장 6절 "그니스 사람 여분네의 아들 **갈렙**이 여호수아에게 말하되"에서 '**갈렙**'은 광야에서 20세 이상 남자 중 여호수아와 더불어 **유일하게 기나안 땅에 들어 간 신앙의 사람입니다.** 민수기14:6-9 "6.그 땅을 정탐한 자 중 **눈의 아들 여호수아와 여분네의 아들 갈렙이** 자기들의 옷을 찢고, 7.이스라엘 자손의 온 회중에게 말하여 이르되 (뭐라 했습니까?) 정탐한 땅은 ‖ **심히 아름다운 땅** ‖ 이라, 8.여호와께서 우리를 기뻐하시면 우리를 그 땅으로 인도하여 들이시고 그 땅을 우리에게 주시리라 이는 **과연 젖과 꿀이 흐르는 땅이니라** 9.다만 여호와를 거역하지는 말라 또 그 땅 백성을 두려워하지 말라 ‖ **그들은 우리의 먹이라** ‖ 그들의 보호자는 그들에게서 떠났고 여호와는 우리와 함께 하시느니라 그들을 두려워하지 말라" 하였습니다.

여호수아와 갈렙은 긍정적이고 적극적이며 **창조적인 마인드**로 **진취적 믿음의 사람**으로 **꼬뿔소**같았습니다.

○ **23장**은 나이 많아 늙게 된 여호수아가 이스라엘 백성들에게 유언과도 같은 마지막 고별 설교를 하는 장면이며 24장은 **여호수아의 죽음**이 기록되었는데 **향년 110세**였습니다.
참고로 **창6:3절** "육신의 날은 **백이십 년**이 된다고 기록합니다.
자! 그러면 **사무엘하 3장 17절**의 "**이제 그대로 하라** 여호와께서 이미 다윗에 대하여 말씀하시기를 내가 내 종 다윗의 손으로 내 백성 이스라엘을 구원하여 블레셋 사람의 손과 모든 대적의 손에서 벗어나게 하리라 하셨음이니라 하고"의 상반절 '이제 그대로 하라'는 **제목으로** 이 세상에서 반드시 성취되게 되는 것은 하나님과 관련된 것들 뿐으로 **어떤 것들**인지 살펴보며 은혜 나누겠습니다.

첫째, 하나님의 약속입니다.

약속은 지키라고 만들어진 것입니다.
오늘은 예화를 하나 들어 보겠습니다.
황성옛터(1932년 곡)의 가수 이애리수는 결혼을 앞두고 시아버지가 가수하지 않길 원하자 그렇게 약속하고 가수를 그만 두니 사망설까지 나돌았으나 그는 그 약속을 지켰다고 합니다. 시아버지가 죽은 후 남편이 이제 아버지가 돌아가셨으니 가수 하고 싶으면 하라 하였으나 이에리사는 아버지와의 약속은 약속이다. 하며 죽을 때까지 가수를 안했다 합니다. 며칠전 카톡에 누가 보내 준 것을 언젠가 예화로 사용해야 겠다 했는데 바로 사용하게 되는군요
주님의 약속 가운데는 우리 사람들이 볼 때는 실현 가능성이 전혀 없는 것처럼 보이는 것들도 적지 않습니다. 예를 들면 처녀 마리아가 잉태한다든지, 벳세다 광야에서 보여준 오병이어의 이적이라든지, 죽었던 회당장 야이로의 딸을 살린다든지 불가능한 것처럼 보일지 몰라도 그러나 하나님은 하실 수 있으시며 주의 약속은 반드시 성취됩니다. 왜냐하면 그분은 전능하신 분이요 미쁘시고 의로우시기 때문이지요 인생이 아니시기 때문에 거짓말하는 법이 없으십니다. 우리는 주의 변찮는 주님의 약속을 믿고 믿음위에 굳건히 살도록 합시다.

둘째, 하나님의 말씀입니다.

하나님의 말씀은 살았고 운동력이 있습니다.
하나님의 말씀은 그리스도의 군사에게 **성령의 검**입니다.
하나님의 말씀은 생명의 말씀이라 광야같은 세상에 길 잃고 방황할 때 절망중에 빠진 이몸 하나님이 보호하사 생명샘이 솟아 나와 새 힘이 넘칩니다.
하나님의 말씀은 은혜의 말씀이라 누구든지 믿고서 참으로 회개하면 하나님이 사해 주사 구원함 베푸시고 가이 없는 큰 은혜로 늘 품어 주십니다.
하나님의 말씀은 진리의 말씀이라 믿음으로 지키어 자유를 얻게 되면 어려운 일 힘든 일도 담대히 할 수 있어 온전하신 말씀으로 승리케 하십니다.
하나님의 말씀은 사랑의 말씀이라 힘한 세상 살 동안 언제나 돌보시고 변함없는 사랑으로 우리를 지키시어 하늘나라 이르도록 인도해 주십니다.
이상은 **조장희 목사**가 작사한 찬송가 203장의 "**하나님의 말씀은**"가사였습니다. 조목사는 감리교 신학대학을 졸업하고 서울에서 개척교회를 설립하려다 실패하고 좌절할 당시 부흥집회에 참석하여 말씀 듣고 기도하던 중 큰 은혜를 받아 이 찬송시를 작곡하였다고 합니다. 은혜로운 가사이지요?

영원부터 영원까지 하나님이신 그 분의 말씀은 천지가 변하여도 하나님의 말씀은 일점일획도 변함이 없습니다. 하늘에서 내린 비가 메마른 땅을 적시어 열매를 내 듯이 그분의 입에서 나오는 모든 말씀은 반드시 성취되게 되어 있으므로 우리는 경외심을 갖고 주의 말씀을 청종하며 그 말씀에 순종하며 살아야 하겠습니다.

셋째, 하나님의 뜻입니다.

♬ 찬송가 549장 "내 주여 뜻대로" 3절을 불러 봅니다.

내 주여 뜻대로 행하시옵소서
내 모든 일들을 다 주께 맡기고~
저 천성 향하여 고요히 가리니, **살든지 죽든지 뜻대로 하소서** 아멘 주님께서 우리에게 가르쳐 주신 주기도문에 보면 "뜻이 하늘에서 이루어진 것 같이 땅에서도 이루어지이다"라고 우리는 기도합니다.
그러므로 너희는 이렇게 기도하라하시며 마태복음 6:10에 "나라가 임하시오며 뜻이 하늘에서 이루어진 것 같이 땅에서도 이루어지이다"
라고 말씀하고 있습니다.

주의 뜻은 온전히 성취되며, 아무도 막지 못합니다. 그러므로 성도는 그 뜻을 올바르게 알고 그 말씀에 따르도록 힘써야 하겠습니다.
이제 말씀을 마칩니다. 이제 그대로 해야하는 이유는
1) 하나님의 약속이기 때문입니다.
2) 하나님의 말씀이기 때문입니다.
3) 하나님의 뜻이기 때문입니다.
주님의 명령대로 살기 원하는 저와 여러분에게
우리주 예수 그리스도의 **은혜**와 **하나님**의 **사랑**과 **성령**의 **역사**가 함께하시길 간절히 축원합니다.

다음 주 목요일 5.6일은 구약#25. 24장짜리 열왕기하(560쪽)입니다

찬송가 해설

1. 393장(오 신실하신 주)

이 찬송은 예레미야애가 3:23 "이것들이 아침마다 새로우니 주의 성실하심이 크시도소이다"는 말씀에 근거하여 지어진 찬송으로

이 찬송가는 미국 감리교의 치솜 목사가 약 100년전 1923년에 작사하였습니다.

그는 건강상의 문제가 생겨서 목회를 중단해야 했지만 찬송시만은 일평생 계속하여 썼습니다.

작곡은 런얀 목사가 했는데 그는 뉴욕 태생이고 무디성경학교의 음악 담당 교수로 일했으며 치솜 목사의 가사 대부분을 작곡했다고 합니다.

"신실하신 주님이 함께 하시니 두렴없고
 그 사랑 변찮고 날 지키시니 어제나 오늘이 한결같다고 합니다."

2절에 보면 사시사철과 해와 달도 다 주님의 것이라고 삼라만상의 주인되시는 주님을 찬양하는 찬송가 393장을 부르시겠습니다.

25 디셉 사람 엘리야로다 (열왕기하1:8 / ♪ 408)

지난 주 금요일 새벽에 구약 스물 네 번째 24장짜리 사무엘하로
사무엘하 3장 17절의 말씀처럼 「이제 그대로 해야하는 이유」는
1) 하나님의 약속이기 때문입니다.
2) 하나님의 말씀이기 때문입니다.
3) 하나님의 뜻이기 때문입니다.
우리도 주님의 명령대로 준행하며 살자고 말씀을 나눴었지요.

오늘은 구약 스물 다섯 번 째 25장인 **열왕기하**입니다.
열왕기하의 약자는 "왕하"이며 저자는 미상, 혹은 예레미야(?)
기록연대는 주전B.C(Before Christ) 562년~537년경입니다.

기록목적은 이스라엘과 유다 왕들의 역사를 보여 줌으로써, 그 배후에 하나님이 계심을 알리고, 또한 **순종은 축복**을, **불순종은 멸망**을 가져 온다는 진리를 일깨워 주기 위해 기록하였습니다.

먼저, 열왕기하는 25장입니다. 장별로 주석을 겸하여 살펴보겠습니다.

○ 1장은 병든 아하시야 왕이 우상을 의지하자, 이에 **엘리야 선지자는 그에게 하나님의 심판을 선포**합니다. 엘리야가 선포한 대로, **아하시야 왕은 결국 자신의 침상에서 죽고 맙니다.**

○ 2장은 사명을 완수한 엘리야 선지자는 마침내 **불병거를 타고 하늘로 승천**합니다. 그리고 엘리야의 후계자 엘리사가 하나님의 능력을 덧입고 스승을 뒤이어 놀라운 기적을 행사합니다.

② 2장 3절의 "벧엘에 있는 선지자의 제자들이 엘리사에게로 나아와 그에게 이르러 **여호와께서 오늘 당신의 선생을 당신의 머리 위로 데려 가실 줄을 아시나이까** 하니 이르되 나도 또한 아노니 **너희는 잠잠하라** 하니라"에서 '너희는 잠잠하라'는 엘리야

승천에 대한 호기심에 싸인 제자들의 산만함을 주의시키는 말로, '거룩한 것에 대하여 함부로 말하지 말라', '좀더 겸손하고, 좀더 말을 삼가라'는 의미입니다.

○ **4장은** 하나님의 능력을 덧입은 **엘리사 선지자가 행한 다섯 가지의 이적들**이 나옵니다. 이같은 이적들은 엘리사가 하나님의 선지자임을 분명히 입증하는 증표이기도 합니다.

③ 4장 33-4절에 보면 "들어가서는 문을 닫으니 두 사람 뿐이라 엘리사가 여호와께 기도하고 (34절). 아이 위에 올라 엎드려 자기 입을 그의 입에, 자기 눈을 그의 눈에, 자기 손을 그의 손에 대고 그의 몸에 엎드리니 아이의 살이 차차 따뜻하더라" 다시 말해 엘리사가 기도하니 아이가 살아 나는 광경입니다.

○ **5장은** 엘리사가 당시 이스라엘의 적대국이었던 **아람의 군대 장관 나아만의 나병을 치료해 준 사건**이 나오는데 반면, **엘리사의 사환 게하시는 물질의 탐욕 때문에** 범죄한 결과 **나병에 걸립니다.** (하나는 낫고 하나는 걸리네요 이런 것을 희비가 엇갈린다고 하지요)

○ **6장은** 물에 빠진 도끼를 물 위로 떠오르게 한 엘리사의 이적이 언급되며 아람의 1,2차 침공 사건이 소개됩니다.

○ **7장은** 사마리아 성을 에워싼 벤하닷의 아람 군대가 하나님의 이적에 의해 일시에 퇴각함으로써 사마리아 백성들이 위기에서 구원받는 상면이 나옵니다.

○ **8장은** 수넴 여인의 귀환과 그녀의 권리 회복에 관해 언급한 후 세 왕에 대해 기록합니다. 벤하닷의 뒤를 이은 아람 왕 하사엘과 남왕국 유다의 두 왕 여호람과 아하시야가 등장합니다.

④ 제8장 7절 "엘리사가 **다메섹**에 갔을 때에 아람 왕 벤하닷이 병들었더니"에서 '**다메섹**'은 아브라함 시대에 이미 알려졌던 **현존하는 최고 오래된 고대 성읍**입니다. "사울아 사울아 네가 왜 나를 핍박하느냐"하는 하나님의 음성을 듣고 사울이 바울로 변화하는 변화산상이 바로 이 **다메섹 도상**이지요

○ 9장은 선지자 생도로부터 기름 부음을 받은 **예후는 반란을 일으켜** 아합의 아들 요람을 살해하고, 이어 아합의 사위 아하시야와 아합의 아내 이세벨을 죽임으로써 **아합 왕가를 몰락시킵니다.**

⑤ **9장 17절** "이스르엘 망대에 **파수꾼** 하나가 서 있더니 예후의 무리가 오는 것을 보고 이르되"에서 '**파숫꾼**'은 '멀리 내다보다'라는 뜻으로 먼 곳에 위치한 적의 움직임을 자세히 살펴 보고 이를 보고하는 군인을 말합니다.
참고로 시127편 1절에 보면 "**여호와께서** 집을 세우지 아니하시면 세우는 자의 수고가 헛되며 **여호와께서** 성을 지키지 아니하시면 **파수꾼의 깨어 있음이 헛되도다**"라고 여호와께서 성을 지켜 주지 아니하시면 파수꾼의 경성함이 깨어 있어봤자 허사라고 말씀합니다.

○ 12장은 아달랴의 폭정이 무너진 후, 7세의 어린 나이에 남왕국 유다의 제8대 왕으로 즉위하여 40년 동안 유다를 통치한 요아스의 치적에 관해 소개되고 있습니다.

○ 20장은 **히스기야 왕의 이적적인 치유 사건**과 더불어, 그 이후 **교만해진 히스기야**가 바벨론 사신들에게 나라의 **부강**을 자랑하다가 이사야로부터 **심판의 예언**을 듣는 장면이 나옵니다. (교만과 자랑이 문제입니다.)
그래도 다행인 것은 **20장 2절**에 보면 "히스기야가 **낯을 벽으로 향하고** 여호와께 **기도하여 이르되**" 세상을 등지고 하나님만 전적으로 의지하고 기도할 때 다윗의 하나님 여호와의 말씀이 (뭐라 하십니까?) 내가 네 **기도를 들었고** 네 **눈물을 보았노라** 내가 너를 낫게 하리니 내가 네 날에 **십오 년을 더할 것**이며 구원을 베풀고 이 성을 보호하리라"
하셨습니다. **히스기야는 15년의 생명을 연장받았습니다.**

자! 그러면 **열왕기하 1장 8절**의 "그들이 대답하되 그는 털이 많은 사람인데 허리에 가죽 띠를 띠었더이다 하니 왕이 이르되 그는 디셉 사람 엘리야로다"에서 끝부분의 '**디셉 사람 엘리야로다**'라는 **제목**으로 망령된 아하시아의 행동에 대하여 경고하였던 엘리야는 과연 어떤 인물이었는지 인물에 관한 연구를 통하여 은혜의 시간을 갖고자 합니다.

첫째, 하나님이 보낸 사람이었습니다.

사람이라고 하여 다 같은 사람이 아닙니다. '된사람', '난사람' '든사람'이 되어야한다고 학창시절 선생님께서 하신 말씀과 함께, 며칠 전 어느 **부흥강사의 설교를** 듣다 보니 운동한다고 다 **국가대표선수되는 것** 아니고 골프친다고 전부 **프로선수**가 되는 것 아니며 고시실에 들어가 공부한다고 **고시에 합격하는 것** 아니며 **예수 믿는다고 하여** 모두 하나님께 칭찬받고 상급받는 것은 아니다라고 사람의 종류를 여러 가지로 언급하는 것이 생각납니다.

엘리야는 스스로 자진하여 아하시야에게 나아간 것이 아니라 **하나님의 보냄심을 받은 사람**이었습니다. 주의 종은 스스로 결심하고 결정하여 되는 것이 아니라 주의 부르심을 따라 소명을 받아야 합니다. 주님은 말씀하십니다. 뭐라고요? "나를 따라 오라. 내가 너희를 사람을 낚는 어부가 되게 하리라"라고
마태복음 4:19절은 말씀하십니다.
예수 믿는 저와 여러분도 마찬가지로 우리가 스스로 주님을 택한 것이 아니라 주님이 우리를 불러 택하여 주셨기에 우리가 하나님의 자녀가 되고 하나님을 아바 아버지로 부를 수 있는 하나님 자녀의 특권을 얻게 된 것입니다. 이것이 바로 칼빈의 예정론이지요 택함 받은 여러분과 저는 그래서 행복한 자요 예수 믿는 그 자체로 감사할 뿐이지요
하박국 3장 17-18절처럼 "비록 **무화과 나무가** 무성하지 못하며 **포도나무에** 열매가 없으며 **감람나무에** 소출이 없으며 **밭에** 먹을 것이 없으며 우리에 양이 없으며 **외양간에** 소가 없을지라도 나는 **여호와로** 말미암아 즐거워하며 나의 구원의 하나님으로 말미암아 기뻐하리로다" 주 여호와는 나의 힘이시라며 하박국처럼 감사의 노래를 부를 수 있는 것입니다.

둘째, 하나님의 말씀을 전하는 사람이었습니다.

옛날 군복무시절 군수사령부의 김소근군목사님께서 하신 말씀이 떠오릅니다. 참나무처럼 똑똑한 것처럼 잘 난체하면 부러지고 버드나무처럼 부드럽게 살면 적도 없고 휘어졌다가도 원위치로 돌아 온다고 하신 말씀이 생각납니다.

맞아요 자기 주장이 강하고 저 혼자 잘 났다고 자랑하고 하면 적이 생기고 주변에서도 좋아하지 않는 것 같습니다.

디셉사람 엘리야는 자신의 생각을 자신의 사상을 전하는 사람이 아니라 주께서 분부하신 말씀만 가감없이 전하는 주의 사역자였습니다. 오늘날 교회들과 그리스도인들의 전도사역도 바로 이와 같아야 합니다. 사람냄새나면 안됩니다. 사람은 말씀을 전하는 도구로 쓰임받고 영광은 오직 홀로 하나님 한 분만 받는 것이 바람직하다고 믿습니다. 살아있고 운동력 있는 하나님의 말씀을 함부로 변형시키지 말고 자기 입맛에 맞게 고치지 말고 **있는 그대로 말씀대로 전해야** 합니다. **인간적인 생각을 가미하면 말씀은 본래의 뜻과 능력을 상실하게 됩니다.**
음식도 고급음식은 조미료를 가급적 사용하지 않는 것으로 압니다.
제가 목사임직을 앞두고 걱정하며 푸념을 하니 명선이란 누나의 딸인 조카가 말하길 "**삼촌 왜 걱정해요 하나님께서 영감 주시는대로 전하며 되잖아요?**" 저에게 보약같은 촌철살인의 명언으로 제 가슴에 늘 새겨두고 주시는 대로 성령의 감동따라 저도 그대로 전하려고 합니다.

셋째, 청빈낙도하는 사람이었습니다.

복장은 직업을 상징한다고 합니다. 의사는 가운을 입고 경찰은 제복을 입고, 법관은 법복을 입으며 운동선수는 운동복을 입습니다.
엘리야는 검소한 복장으로 청빈낙도의 생활을 했다고 합니다. 주의 제자된 성도들은 사치와 허영심을 버리고 청빈낙도하며 선행에 앞장서야 합니다. 그리스도인들은 유명인사가 되기보다는 신앙의 인격을 갖춘 훌륭한 사람이 되어야 하며 많은 것을 소유하기보다는 정진석추기경은 800만원이 그의 전재산이었다는 방송을 보고 가난한 자들과 함께하며 하나님의 선한 일꾼으로 **가난하게 욕심없이 살았구나**하며 혼자 생각해 봤습니다.

이제 말씀을 마칩니다. 디셉사람 엘리야는
1) 하나님이 보낸 사람이었습니다.
2) 하나님의 말씀을 힘있게 전하는 사람이었습니다.
3) 청빈낙도하는 사람이었습니다.
엘리야처럼 영적으로 살기 원하는 저와 여러분에게

우리주 예수 그리스도의 **은혜**와 **하나님**의 **사랑**과 **성령**의 **역사**가 함께하시길 간절히 축원합니다.

다음주 목요일 5.13일은 구약#26. 27장짜리 레위기(147쪽)입니다

찬송가 해설

1. 408장(나 어느 곳에 있든지)

이 찬송은 요14:27 "평안을 너희에게 끼치노니 곧 나의 평안을 너희에게 주노라"는 말씀에 근거하여 지어진 찬송으로

이 찬송가는 조금 특이해요
작사자가 J.S 브라운인데 작곡자도 L.O 브라운으로 두 분 다 브라운으로 별로 알려진 바가 없다고 합니다.

이 찬송을 잘 살펴보세요
4분의 3박자로 시작하는데
후렴 부분에서는 4분의 4박자로 바뀌는 독특한 형식을 취하고 있습니다.

참고로 못갖춘마디는 약박으로 시작하여 첫박을 강하게 하는데
4분의 3박자는 강약약이고
4분의 4박자는 강약 중간약 약으로 불러야 합니다.

"나 어느 곳에 있든지 늘 맘이 평안해
 악한 죄 파도가 많으나 맘이 늘 평안해"

찬송가 408장을 부르시겠습니다.

26 포도주나 독주를 마시지 말라 (레위기10:8-15/ ♪325)

지난 주 목요일 새벽에 구약 스물 다섯 번째 25장짜리 열왕기하로
디셉사람 엘리야는
1) 하나님이 보낸 사람이었습니다.
2) 하나님의 말씀을 힘있게 전하는 사람이었습니다.
3) 청빈낙도하는 사람이었다고 하며
엘리야처럼 영적으로 살자고 말씀을 나눴었지요.

오늘은 구약 스물 여섯 번 째 27장인 레위기입니다.
레위기의 약자는 "레"이며 저자는 모세입니다.
기록연대는 주전B.C(Before Christ) 1446년~1406년경입니다.

기록목적은 이스라엘 백성들에게 거룩하신 하나님을 올바르게 섬기는 방법을 지도해 주고, 하나님의 백성답게 성결하게 살아가는 법을 만들어 안내해 주기 위해 기록하였습니다.

먼저, 레위기는 27장입니다. 장별로 살펴보겠습니다.

○ 1장은 번제에 관한 규례입니다.
'번제'는 희생 제물을 번제단 위에서 온전히 **불태워** 그 향기를 **하나님께 올려 드리는** 제사입니다.

○ 2장은 소제에 관한 규례입니다.
'소제'는 희생 동물의 피없이 곡식을 주요 제물로 삼아 드리는 곡물 제사입니다.

○ 3장은 화목제에 관한 규례입니다.
'화목제'는 하나님과의 화목 및 이웃간의 친교를 위해 자발적으로 드리는 제사입니다.

○ 4장은 속죄제에 관한 규례입니다.
'속죄제'는 죄 지은 인간이 하나님께 죄사함을 받기 위해 의무적으로 드려야 하는 제사입니다.

③ 4장 6절 "그 제사장이 손가락에 그 피를 찍어 여호와 앞 곧 성소의 휘장 앞에 일곱 번 뿌릴 것이며"에서 '성소의 휘장 앞에'란 성소와 지성소 사이의 휘장 앞을 가리키는데, 대제사장은 일 년에 한 번씩만 지성소 안에 들어 갈 수 있었습니다.

○ 5장은 속건제에 관한 규례입니다.
속건제는 하나님의 성물이나 법, 또는 이웃에게 피해를 끼쳤을 경우에 드리는 제사입니다.

○ 6-7장은 앞에서 언급한 5대 제사(번제, 소제, 화목제, 속죄제, 속건제)에 관한 보충적인 규례입니다.

○ 8장은 7일동안 진행된 최초의 제사장 위임식 장면입니다. 제사장 위임을 위한 위임식 대상(아론과 그의 아들들)과 위임식 제사 준비 및 위임식 제사 과정이 소개됩니다. 우리교회도 가을에 장로장립식 등 예정하고 있지요

⑤ 9장 16절"또 번제물을 드리되 규례대로 드리고"에서 '규례대로'란 희생의 피는 번제단 사면에 뿌리고, 살코기는 각을 뜨고, 내장과 정강이는 깨끗이 씻어 기름과 함께 번제단 위에서 완전히 불태워 드렸습니다.

○ 7장은 사마리아 성을 에워싼 벤하닷의 아람 군대가 하나님의 이적에 의해 일시에 퇴각함으로써 사마리아 백성들이 위기에서 구원받는 장면이 나옵니다.

○ 10장은 아론의 두 아들인 제사장 나답과 아비후가 제사 규례를 어긴 죄로 하나님의 진노를 받아 죽는 장면입니다.

⑥ 10장 9절 "너와 네 자손들이 회막에 들어갈 때에는 **포도주나 독주를 마시지 말라** 그리하여 너희 죽음을 면하라 이는 너희 **대대로 지킬 영영한 규례라**"에서 '포도주나 독주를 마시지 말라'고 제사장들이 직분을 행할 때 술을 마시지 못하게 했습니다. 이렇게 한 이유는 그들로 하여금 **거룩한 것을 잘 분별하게 하려는 것**과 백성에게 **진리를 바르게 가르치도록** 하기 위함이었습니다.

⑦ 13장 40절 "누구든지 그 머리털이 빠지면 그는 대머리니 정하고" 성경에서 갑자기 대머리가 나오는데 '대머리'는 뒷머리가 벗겨진 대머리(히, 가라하트)와 앞이마가 벗겨진 대머리(히, 가바하트)로 **가라하트와 가바하트가 있으며 대머리 자체가 부정한 것은 아니라고 합니다.** 여기는 대머리가 없는 것 같은데 대머리라 해도 걱정할 것은 없습니다.

○ 16장은 이스라엘 백성들이 매년 한 차례, 곧 유대 종교력 7월 10일에 거국적으로 지켜야 할 **속죄일 규례**에 관한 언급이 나옵니다.

⑧ 16장 2절에 "여호와께서 모세에게 이르시되 네 형 아론에게 이르라 **성소의 휘장 안 법궤** 위 속죄소 앞에 아무 때나 들어오지 말라 그리하여 죽지 않도록 하라"에서 '성소의 휘장'은 휘장 안쪽의 **지성소**를 가리키며 '법궤'는 **십계명 돌판 두 개**이며 아론의 지팡이와 만나 항아리가 들어 있는 직사각형 상자로 **하나님의 언약과 인도하심의 상징**입니다.

○ 25장은 **안식년과 희년에 관한 규례**입니다. 땅을 쉬어 휴경하게 하는 안식년은 매 7년을 주기로 지켜졌고, 희년은 안식년이 7번 지난 다음 해 속죄일로부터 1년 동안 지켜졌습니다.

⑨ 25장 10절 "너희는 오십 년째 해를 거룩하게 하여 그 땅에 있는 모든 주민을 위하여 자유를 공포하라 이 해는 너희에게 희년이니"에서 '희년'은 50년마다 한 번씩 맞게 되는 희년 제도로서, 희년이 되는 해에는 **경작하지 않고, 종들을 해방시키며, 토지를 본래 주인에게 돌려 주도록** 하였습니다.

자! 그러면 레위기 10장 9절의 "너와 네 자손들이 회막에 들어갈 때에는 **포도주나 독주를 마시지 말라** 그리하여 너희 죽음을 면하라 이는 너희 대대로 지킬 영원한 규례라"에서 '포도주나 독주를 마시지 말라'라는 제목으로 이 새벽에 **술에 관한 설교**를 통하여 은혜의 시간을 나누고자 합니다.

영어의 왕도라는 영어책을 공부하던 시절 그 책 속에서 "술과 셰익스피어에 대하여 모르면 인생에 대해 논하지 말라"는 영국 속담이 생각납니다.

그러나 분명한 것은 술은 우리의 심령을 더럽히고 우리의 인격을 파괴하고 **생활의 축복을 빼앗아** 간다는 사실입니다.
술 취하면 어떻게 되며 그 결과가 어떠한 지에 대해 알아 보면

첫째, 술 취함으로 죄를 범하게 되었습니다.

노아는 술 취함으로 범죄했습니다. 창세기 9장 21-22절 "포도주를 마시고 취하여 그 장막 안에서 벌거벗은지라. 가나안의 아버지 **함**이 그의 아버지의 하체를 보고 밖으로 나가서 그의 두 형제에게 알리매"라고 기록하고 있습니다.
또 술은 사람을 거만하게 만듭니다. 잠20:1 "포도주는 거만하게 하는 것이요" 술 취함으로 방탕해 집니다.
롬13:13 "낮에와 같이 단정히 행하고 방탕하거나 **술 취하지 말며** 음란하거나 호색하지 말며 다투거나 시기하지 말라"하십니다. 술 **취함으로** 깨어 근신하지 **못하게** 되고 불순종하게 합니다

흔히 사람들은 말합니다. 성경에 술 취하지 말라했지 먹지 말라 했냐고 반문합니다.
그러나 엡5:18 "술 취하지 말라 이는 방탕한 것이니 오직 성령으로 충만함을 받으라"라고 바울은 '술 취하지 말라'와 '성령으로 충만함을 받으라'는 말씀을 대조시키면서 **술 취하여 방탕하고 구원의 불가능한 상태에 빠지지 말고 오직 성령의 충만함을 받으라**고 권고합니다.
뿐만 아니라 잠언 20장 1절 "포도주는 거만하게 하는 것이요 독주는 떠들게 하는 것이라 이에 미혹되는 자마다 지혜가 없느니라"고 이에 **미혹되지 말라** 하십니다.

우리가 흔히 하는 말 중에 "처음엔 사람이 술 먹고 술이 술먹다가 나중에는 술이 사람을 먹는다고 하지요"
술에 미혹되는 자는 어리석은 자입니다. 노아와 롯도 술에 미혹되어 크나 큰 실수를 저지르지요 성도들은 술로 인해 죄에 빠지지 않도록 조심해야 합니다.
독주는 우상숭배의 필수품이며 타락과 음란의 온상이요 시발점이란 점을 명심해야 되겠습니다.
성경은 ‖술 취하지 말고‖ 뱀처럼 지혜롭고 비둘기처럼 성결하게 행동하라고 하십니다.

둘째, 술 취한 자들의 실패한 사례를 보겠습니다.

①열왕기상 20장 16절에 보면 "그들이 정오에 나가니 벤하닷은 장막에서 (뭐했어요?) 돕는 왕 삼십이 명과 더불어 마시고 취한 중이라"라고 벤하닷은 술 취함으로 패배했습니다 ②아하수에로 왕이 술 취해서 왕후를 폐위시킵니다.
③또 다니엘서 5장 1-4절에 보면 1.벨사살 왕이 그의 귀족 천 명을 위하여 큰 잔치를 베풀고 그 천 명 앞에서 술을 마시는데 2.벨사살이 그의 부친 느부갓네살이 예루살렘 성전에서 탈취하여 온 금, 은 그릇을 가져 오라고 명하여 그것으로 마셨다고 합니다. (술만 마신 것이 아니라) 그들이 술을 마시고는 그 금, 은, 구리, 쇠, 나무, 돌로 만든 신들을 찬양했다고 합니다. 결국 벨사살이 성전 그릇으로 술을 마시다가 망했습니다.
④아모스 4장 1절에 보면 이스라엘 여자들은 술을 마시며 즐기며 연락 했습니다
⑤고린도전서 11:21-23절에 보면 고린도 교회 신자 중에는 성찬식 때 술 취하여 책망을 받기도 하였습니다.

셋째, 술 취한 자들에게 형벌이 내렸습니다.

사랑하는 성도 여러분!
사람들은 성경이 술 취하지 말라하는 것으로 오해하고 있는데 사실은 ‖잠언서 23장 31절‖에서 포도주는 붉고 잔에서 번쩍이며 순하게 내려가나니 너는 그것을 어떻게요? ‖보지도 말라‖고 명하십니다.

술 취하지 말라는 계명은 성도의 삶을 보람되고 윤택하게 하시려는 **보호막과 같은 것**이나 술 취한 자들에게 내린 형벌을 살펴보면
①방탕하고 술 취한 자들은 돌로 쳐 죽였습니다.(신21:20-21)
②고전5:11에서는 술 취한 자들과 사귀지 말고 그런 자와는 **함께 먹지도 말라**고 하십니다.
③고전6:9-11은 술 취한 자는 하나님의 나라를 유업으로 받지 못한다고 말씀하십니다.
④이사야 29:9-11은 그들의 취함이 영적으로 깊이 잠들게 하는 **영적 무지에 빠지게** 하고 맙니다.

이제 말씀을 마칩니다. 포도주나 독주를 마시게 되면
1) 술 취함으로 죄를 범하게 됩니다.
2) 술 취한 자들의 실패한 사례를 쉽게 볼 수 있습니다.
3) 술 취한 자들은 형벌을 받게 됩니다.
술 취하지 말고 영적으로 깨어 살기 원하는 저와 여러분에게

우리주 예수 그리스도의 한없는 은혜와 하나님의 다함없는 사랑과 성령의 끝없는 역사가 함께하시길 간절히 축원합니다.

내일은 금요일 5.14일은
구약#27. 29장짜리 역대상(609쪽)입니다

찬송가 해설

1. 325장(예수가 함께 계시니)

이 찬송은 롬14:7 "우리 중에 누구든지 자기를 위하여 사는 자가 없고"에 근거하여 지어진 찬송입니다.
이 찬송은 웨이글 목사가 작사하고 작곡했습니다.
웨이글은 미국 인디애나 주 출신으로 그의 부모는 독일에서 이민 온 감리교 신자였는데 그가 지닌 음악적 재능으로 그는 찬송작가가 되었고 순회 전도자로 평생을 살았는데

그의 부인과의 원치 않는 **이혼을 겪은 후 깊은 실의와 좌절** 속에서 하나님의 음성을 듣고 만든 곡이랍니다.

제가 이 곡을 선곡한 이유는 어제 새벽 찬송가를
찾다가 이 **찬송가 325장 4절**을 보면서
우리가 주초를 거절하기에 힘든 경우도 있지만 '주께서 심판 하실 때 잘 했다 칭찬할 것 같다'는 생각이 들었고
후렴의 '그 사랑 안에 살면서 딴 길로 가지 맙시다'라는 가사가 곡을 바꾸게 했습니다.

**아내는 버리고 갔지만 예수는 나의 친구니
사연 있는 찬송 325장**을 다같이 부르시겠습니다.

27 하나님 여호와를 칭송하고 감사하며 찬양 (역대상16:1-6/♪197)

어제 목요일 새벽에 구약 스물 여섯 번째 27장짜리 레위기로
레위기 10장 9절 말씀을 제목삼아 포도주나 독주를 마시게 되면
1) 술 취함으로 죄를 범하게 되고
2) 술 취한 자들의 실패한 사례를 쉽게 볼 수 있으며
3) 술 취한 자들은 형벌을 받게 된다고 하면서
술 취하지 말고 영적으로 깨어 살기 원한다는 말씀을 나누었지요.

오늘은 구약 스물 일곱 번 째 29장인 **역대상**입니다.
역대상의 약자는 "대상"이며 **저자는** 에스라입니다.
기록연대는 주전 5세기 중엽(B.C 450년~430년경입니다.

기록목적은 다윗 왕의 통치를 하나님이 어떻게 **평가하셨는지**를 보여 주고, 다윗을 통한 하나님의 신정정치의 잘된 부귀영화를 회상함으로써 **여호와 신앙을 회복하기 위해** 기록하였습니다.

먼저, 역대상은 29장입니다. 장별로 살펴보겠습니다.

○ **1장**은 이스라엘 족보의 서론으로 아담에서 노아까지, 노아 이후부터 아브라함까지, 아브라함에서부터 야곱까지, 그리고 야곱의 형인에서(에돔)의 후손 명단이 소개되고 있습니다.

① 1:1 "**아담, 셋, 에노스**" 정말 짧네요 여기서 '**아담**'은 '**흙**'에서 유래된 말로 '**사람**', '**피조물**'의 뜻입니다. 아담으로부터 족보가 시작된 것은 그들이 **하나님의 택함 받은 선민임을 밝히기 위함**이었습니다.

○ **2장**은 **야곱에서부터 다윗에 이르는 족보**로, 이스라엘 12지파의 실질적인 조상인 **야곱**으로부터 시작하여 이스라엘의 왕통을 계승한 **유다 지파** 중심의 족보가 소개됩니다.

○ 3장은 유다 가문 중에서도 특별한 인물 곧 **다윗과 솔로몬의 후손** 및 바벨론 포로 귀환 후 다윗 왕권의 복원에 힘을 쏟았던 **스룹바벨 중심의 족보**가 소개되고 있습니다.

○ 4장은 이스라엘의 왕권 지파인 **유다 지파의 후손 명단**과 이스라엘 12지파 중 가장 미약한 세력을 형성했던 **시므온 지파의 후손 명단**이 소개됩니다..

○ 5장은 요단 강 동편에 거주한 두 지파 **반의 후손 명단**으로 즉, **르우벤 지파의 후손들, 갓 지파의 후손들, 므낫세 반 지파의 후손들**이 소개됩니다.

○ 6장은 이스라엘의 **종교 분야**를 담당했던 **레위 지파의 족보**가 소개되며 대제사장의 족보, 레위의 세 아들의 후손, 찬양대에 봉사한 자들, 레위 사람들의 정착지 등이 소개됨.

③ 6장28절 "사무엘의 아들들은 맏아들 요엘이요 다음은 아비야라"에서 '**사무엘**'은 **이스라엘의 마지막 사사**로서 신정시대에서 왕정 시대로 전환되는 시기의 인물입니다.

④ 9장 33절 "또 **찬송하는 자**가 있으니 곧 레위 우두머리라 그들은 골방에 거주하면서 주야로 자기 직분에 전념하므로 **다른 일은 하지 아니하였더라**"에서 '**찬송하는 자**'는 **다른 일은 하지 않고 찬송하는 일만 했다**고 하며 이들의 자세한 이름은 언급되지 않으나 아마도 다윗과 솔로몬 시대에 **찬송의 직무**를 맡았던 **아삽과 여두둔의 자손인 맛다냐와 오바댜의 가족**으로 추측하고 있습니다.

○ 10장은 이스라엘의 **초대 왕 사울의 비극적인 죽음**에 대한 서술로써, 뒤이을 **다윗 왕국의 등장**을 예고하고 있습니다.

○ 13장은 나라의 안정을 이룬 다윗이 **하나님의 궤**(법궤, 언약궤)를 **예루살렘으로 운반하는 궤의 이동 과정**을 다룬 부분으로, 그 일이 불의의 사고로 중단되었음이 기록되어 있습니다.

⑤ 13장 3절 "우리가 우리 하나님의 궤를 우리에게로 옮겨 오자"에서 '하나님의 궤'(Ark of God)는 두 돌판에 새겨진 십계명과 광야에서 먹었던 만나, 아론의 싹난 지팡이가 들어 있는 법궤를 말합니다.

○ 16장은 법궤를 예루살렘 장막 가운데 안치시킨 다윗은 벅찬 감격으로 이스라엘 백성들과 더불어 감사의 제사와 기쁨의 찬양을 드립니다. 아울러 법궤를 섬기도록 성막 봉사자들을 임명합니다.

⑥ 16장 36절 "여호와 이스라엘의 하나님을 영원부터 영원까지 송축할지로다 하매 모든 백성이 아멘 하고 여호와를 찬양하였더라"에서 '아멘'은 '믿다'의 원어 '아만'에서 유래된 말로, '견고함', '진실함'을 의미하며, 이는 앞서 말한 것에 대한 적극적인 긍정으로 '과연 그렇습니다.'라는 동감, 동의를 뜻합니다. 주로 맹세를 표하거나 기도할 때 사용됩니다.

22장은 다윗이 아들 솔로몬 때에 실행될 성전 건축을 위하여 건축에 필요한 만반의 준비를 하는 장면입니다.

25장은 레위인들 중에서 선발된 4,000명의 성가대에 관한 내용으로, 다윗은 하나님 앞에서 악기를 연주하고 찬양을 드릴 성가대를 24반열로 구분하여 체계적으로 조직합니다.

마지막 29장은 임종을 앞둔 다윗이 성전 건축에 필요한 예물을 바치고 하나님께 감사기도를 드리는 장면입니다. 더불어 솔로몬이 왕위를 계승한 사실과 다윗의 임종이 소개됩니다.

자! 그러면 역대상 16장 4절의 "또 레위 사람을 세워 여호와의 궤 앞에서 섬기며 이스라엘 하나님 여호와를 칭송하고 감사하며 찬양하게 하였으니"에서 '하나님 여호와를 칭송하고 감사하며 찬양'이라는 제목으로 이 새벽에 축제(Festival)에 관한 설교를 통하여 은혜의 시간을 나누고자 합니다.

축제는 원래 개인 또는 집단에 특별한 의미가 있는 일 혹은 시간을 기념하는 일종의 의식을 의미합니다. 하지만 최근에는 축제가 지역 기반 문화 산업으로 인식되면서 경제적 가치와 더불어 놀이 문화의 관점에서 주목받고 있습니다. 이런 축제는 관람객들의 경험방식에 의해 보기만 하는 **관람형축제**와 도자기 만들기 등 **체험형축제**로 나눠지며 **축제와 더불어 이벤트행사까지 하는 추세**이기도 하지요

세상의 축제는 함평 나비축제,서울 장미축제, 제주도 휴애리 수국축제, 태안 튤립축제, 곡성 장미축제, 합천 황매산 철쭉축제 등 봄꽃 축제와 해운대 모래축제, 가파도 청보리축제 등 다양한 축제행사를 통해 각 지방에서 경쟁적으로 축제를 하는데
하나님 안에서의 축제는 거룩한 축제로 **어떻게 진행되어야 바람직한 것인지** 함께 생각해보며 은혜를 나누고 싶습니다.

첫째, 죄 사함이 있어야 합니다.

1절에 보면 "하나님의 궤를 메고 들어가서 다윗이 그것을 위하여 친 장막 가운데에 두고 **번제와 화목제를 하나님께 드리니라**"라고
다윗과 백성은 번제와 화목제를 드림으로 **죄사함과 하나님과의 화목의 관계를 맺는** 의식을 가졌습니다.
① ♪찬송가 508장(4/4) "우리가 지금은 나그네 되어도"의 후렴
"주 네게 부탁 하신 일~ 천사도 흠모 하겠네
‖ **화목케 하라신** ‖ 구주의 말씀을 온 세상 널리 전하세"
피스 메이커로 오신 우리 주님은 산상수훈의 팔복에서도 마태5장 9절에 (어떤 자가 복이 있어요?) " ‖ **화평하게 하는 자** ‖ 는 복이 있나니 그들이 하나님의 아들이라 일컬음을 받을 것임"이라고 말씀하십니다. 이제 술 취하면 하나님의 나라를 유업으로 받지 못하다한 반면, **화평케 하는 자는 하나님의 아들로 삼아 주신다**고 하십니다.

우리 서로 용서하고 화평하며 사랑하며 삽시다. 어렵지만 내 마음이 안 내키지만 하나님께서 독생자를 단번에 생명을 주사 우리를 구원하신 사랑의 하나님께서 부탁하니까 **들어 주면 안 될까요?** 저는 해결사로 나설 만큼 훌륭한 인격이나 덕성이 부족하므로 나서지는 못하나 간절히 바랍니다.

사랑도 억제로 안 되는 것 같아요 사랑을 고백하고 표현해도 상대가 좋아하시네? 하며 안 받아 주면 쑥스럽고 무안하거든요

우리도 "너희안에 이 마음을 품으라 곧 그리스도 예수의 마음이니" 하신 **빌2:5절** 말씀 기억하고 노력해 봅시다.

기독교의 가장 기본이며 가장 중요한 요소가 바로 죄사함의 은총을 받는 것입니다.

② ♬옛날 찬송가 210장(4/4) "내 죄 사함 받고서"
 내 죄 사함 받고서/ 예수를 안 뒤
 나의 모든 것 다~ 변했네
 지금 나의 가는 길 천국 길이요 주의 피로 죄를 씻었네
 후렴) 나의 모든 것 변하고 그 피로 구속 받았네
 하나님은 나의 구원되시오니(3) 내게 정죄함 없겠네

둘째, 음식을 나누었습니다.

우선 입이 즐거워야 합니다. 하나님의 잔치에도 음식이 있어 즐겁게 나누어 먹으며 하나님의 잔치의 기쁨을 누려야 합니다.
먼저는 죄사함과 하나님의 말씀 낭독으로 영적인 양식을 먹고, 육신의 건강과 기쁨을 하나님 앞에서 누리기 위해 양식을 나눠야 합니다. 주님께서도 음식을 먹음으로 하늘나라의 잔치, 즉 천국잔치를 느끼도록 하셨습니다. 벳세다 광야에서 물고기 두 마리와 떡 다섯덩이로 기적을 보이신 오병이어의 기적도 먹는 것으로 이적과 기사를 나타내 셨습니다. 음식을 나누며 먹어야 합니다. 사도행전 2장 42절에서도 "그들이 사도의 가르침을 받아 서로 교제하고 ‖**떡을 떼며**‖ 오로지 기도하기를 힘썼다"고 합니다. 금강산도 식후경입니다.
중요한 회의시에도 긴급동의요 '**밥먹고 합시다**' 하지요

셋째, 찬양과 감사가 넘쳤습니다.

하나님 여호와를 칭송하고 감사하며 찬양하였습니다.
만인들이 입을 모으고 **비파와 수금과 제금** 등 각종 악기와 재능으로 하나님의 거룩하심과 행하신 일들을 찬양하였습니다. 찬양은 하나님의 구속함을 받은 성도들이

당연히 해야 할 의무입니다. **영감이 넘치는 찬양**은 하나님이 기뻐하시며 **하늘나라에 상달됩니다.** 타락과 방탕의 세상축제와는 달리 **하늘나라의 축제는 거룩한 아름다운 찬양이 흘러 넘쳐야** 합니다. 기독교는 (징징 울먹이며 슬퍼하는 종교가 아니라) **기쁨의 종교**입니다. 하나님께 드리는 아름다운 찬양으로 기쁨의 축제를 만끽하는 우리 모두가 되기를 바랍니다.

③ ♪(4/4) "찬양이 언제나 넘치면"(김석균 곡)
찬양이, 언제나 넘치면 은혜로, 얼굴이 환해요
성령의, 충만한 모습을 서로가 느껴요~
할렐루, 할렐루 손뼉치면서 할렐루, 할렐루 소리 외치며
할렐루, 할렐루 두손을 들고, 주님을 찬양해요

이제 말씀을 마칩니다. 하나님 안에서의 축제는
1) 죄 사함이 있어야 합니다.
2) 맛있게 음식을 나눠 먹었습니다.
3) 찬양과 감사가 넘쳤습니다.
주 안에서 진정한 축제를 즐기길 원하는 저와 여러분에게

우리주 예수 그리스도의 무한하신 은혜와 **하나님의 극진한 사랑**과 **성령의 충만한 역사**가 함께하시길 간절히 축원합니다.

다음주 목요일 5.20일은
구약#28. 31장짜리 사무엘상(408쪽)입니다

찬송가 해설

1. 197장(은혜가 풍성한 하나님은)

이 찬송은 사4:4 "주께서 … 소멸하는 영으로 … 더러움을 씻기시며"에 근거하여 지어진 찬송입니다.
이 찬송은 일본의 찬송 작가 나카다가 1922년에 작사하였습니다.

그는 미국 시카고음악원을 졸업하고 일본에서 작사·작곡 및 번역과 편찬하는 일을 하여 **성가 발전에 공헌했고**

곡은 해리스 여사가 작곡하였는데

이 찬송은 1962년판 「새 찬송가」에 처음 수록되었으며 한국 교회에서 많이 불리고 있는데 제 기억으로는 부흥성회시 준비찬송으로 많이 부른 곡으로 기억됩니다.

"은혜가 풍성한 하나님은 믿는 자 한사람 한사람 어제나 오늘도 언제든지 변찮고 보호해 주신다"는

은혜의 찬송 197장을 다같이 부르시겠습니다

28. 만군의 여호와의 이름으로 나아 가노라 (사무엘상17:41-49/♪351)

지난 주 금요일 새벽에 구약 스물 일곱 번째 29장짜리 역대상으로
역대상 16장 4절 말씀가지고 「하나님 안에서의 축제」는
1) 죄 사함이 있어야 하며
2) 맛있게 음식을 나눠 먹었고
3) 찬양과 감사가 넘쳤다고 하면서
주 안에서 진정한 축제를 즐기자고 하였습니다.

오늘은 구약 스물 여덟 번 째 31장인 사무엘상입니다.
사무엘상의 약자는 "삼상"이며 저자는 익명의 선지자입니다.
기록연대는 주전 B.C 930년~722년경입니다.

기록목적은 이스라엘의 마지막 사사인 사무엘의 활동과 이스라엘의 초대 왕인 사울의 생애, 그리고 다윗 왕국의 성립 배경에 하나님의 섭리가 있음을 보여 주기 위하여 기록하였습니다.

먼저, 사무엘상은 31장입니다. 장별로 살펴보겠습니다.

○ 1장은 이스라엘의 지도자 사무엘의 출생과 관련된 내용으로 사무엘의 집안사정과 아들을 얻기 위한 한나의 서원 기도, 그리고 사무엘의 출생과 헌신이 소개되고 있습니다.

① 1:2 "그에게 두 아내가 있었으니 한 사람의 이름은 한나요 한 사람의 이름은 브닌나라 브닌나에게는 자식이 있고 한나에게는 자식이 없었더라"에서 '한나'는 '은총을 입었다'는 뜻이며, '브닌나'는 '붉은 진주' 또는 '산호'라는 뜻을 가지고 있습니다. 이스라엘 에서는 대개 남자의 이름은 종교적인 뜻을 지닌 말로 지었고 여자의 이름은 보석 등 애정을 나타내는 말로 지었다고 합니다.

② 1:11 "서원하여 이르되 만군의 여호와여 만일 주의 여종의 고통을 돌보시고 나를 기억하사 주의 여종을 잊지 아니하시고 주의 여종에게 아들을 주시면 내가 **그의 평생에** 그를 여호와께 드리고 **삭도를 그의 머리에 대지 아니하겠나이다**"에서 '서원'은 민6:1-8의 나실인의 서원을 말하는 것으로 **전적인 헌신을** 의미합니다. 민수기 6:1-8이 길지만 소개하면

1. 여호와께서 모세에게 말씀하여 이르시되
2. 이스라엘 자손에게 전하여 그들에게 이르라 남자나 여자가 **특별한 서원** 곧 **나실인의 서원**을 하고 자기 몸을 구별하여 **여호와께 드리려고 하면**
3. **포도주나 독주를 멀리하며** 포도주로 된 초나 독주로 된 초를 마시지 말며 포도즙도 마시지 말며 생포도나 건포도도 먹지 말지니
4. **자기 몸을 구별하는 모든 날 동안에는** 포도나무 소산은 씨나 껍질이라도 먹지 말지며
5. 그 서원을 하고 구별하는 모든 날 동안은 삭도를 **절대로** 그의 머리에 대지 말 것이라 자기 몸을 구별하여 여호와께 드리는 날이 차기까지 그는 거룩한즉 그의 머리털을 길게 자라게 할 것이며
6. 자기의 몸을 **구별하여 여호와께 드리는 모든** 날 동안은 **시체를 가까이 하지 말 것이요**
7. 그의 **부모 형제 자매가 죽은 때에라도** 그로 말미암아 몸을 더럽히지 말 것이니 이는 자기의 몸을 구별하여 하나님께 드리는 표가 그의 머리에 있음이라
8. 자기의 몸을 구별하는 모든 날 동안 그는 **여호와께 거룩한 자**라고 합니다.

○ 2장은 서원대로 아들 사무엘을 나실인으로 드린 후 하나님을 찬양하는 모친 **한나의 기도**와 대제사장 **엘리의 두 아들의 악한 행실** 및 그로 인해 **엘리의 집안에 내려진 저주**가 언급되고 있습니다.

○ 3장은 영적 침체기에, 대제사장 엘리를 뒤이어 **이스라엘의 사사요 지도자가 될 사무엘**을 하나님께서 직접 부르시는 장면입니다.

③ 3:4 "여호와께서 **사무엘을 부르시는지라** 그가 대답하되 ‖ 내가 여기 있나이다 ‖ 하고"에서 '여호와께서 사무엘을 부르시는지라'의 뜻은 유대 역사가 요세푸스에 따르면 이 때 사무엘의 나이는 12세 정도라고 하며, 말씀이 희귀하여 이상이 흔히 보이지 않던 때 **하나님께서 음성으로**

2장 35절 말씀처럼 "내가 나를 위하여 충실한 제사장을 일으키리니 **그 사람은 내 마음, 내 뜻대로 행할 것이라** 내가 그를 위하여 견고한 집을 세우리니 그가 나의 기름 부음을 받은 자 앞에서 영구히 행하리라"하시며 부르신 것은 사무엘을 통한 이스라엘의 회복을 나타내시는 것이라고 합니다.

○ 7장은 법궤 반환에 즈음하여, 사무엘이 **미스바 성회**를 통해 이스라엘의 영적 각성을 일깨우는 장면과 그 시기에 이스라엘을 침공한 블레셋 족속을 무찌르는 장면, 그리고 사무엘의 이스라엘 순회 통치가 소개됩니다.

④ 7장 5절 "사무엘이 이르되 온 이스라엘은 **미스바로 모이라** 내가 너희를 위하여 **여호와께 기도하리라 하매**"에서 '미스바로 모이라'는 말은 사무엘 선지자는 이 때 **우상 제거와 율법 회복**, 즉 **말씀중심의 삶과 회개 운동**을 일으키고 전심으로 여호와께 돌아오기를 촉구했다.

○ 9장은 사무엘과 사울의 만남이 이루어지는 장면으로 즉 왕을 요구하는 백성들의 기대에 부응하여, 이스라엘의 **초대 왕이 될 사울이 전면에 그 모습을 드러내는** 장면입니다.

⑤ 9장 2절 "기스에게 아들이 있으니 그의 이름은 사울이요 준수한 청년이라 이스라엘 자손 중에 그보다 더 준수한 자가 없고 키는 모든 백성보다 어깨 위만큼 더 컸더라"에서 '준수한 청년'이란 사울의 남다른 재주와 뛰어난 풍채를 뜻하는 말로, 13:1에 보면 왕위에 오를 때 그는 40세였다고 기록되어 있습니다.

○ 12장은 사울이 왕권을 확립하자, 이제 **사무엘**은 자신의 공명 정대한 사사직 수행을 회고한 후에, 초대 왕 사울에게 통치권을 이양하면서 백성들에게 **마지막 권면의 설교**를 하는 장면입니다.

⑥ 12장 23절 "나는 너희를 위하여 **기도하기를 쉬는 죄**를 여호와 앞에 결단코 범하지 아니하고 선하고 의로운 길을 너희에게 가르칠 것인즉"에서 '**기도하기를 쉬는 죄**'가 바로 12장 23절에서 나오는 데 이 말은 하나님께서 버리지 아니하겠고, **사무엘**

역시 그렇게 되지 않도록 하나님께 기도하겠다는 맹세이다. 참으로 사무엘은 위대한 기도의 사람이었습니다.

○ 16장은 실패한 사울 왕을 대신하여 이새의 막내 아들 다윗이 사무엘에게서 기름 부음을 받는 장면입니다. 이후 다윗은 악령에 시달리는 사울의 궁중 악사가 되어 사울 왕을 섬깁니다.

⑦ 16장 7절 "여호와께서 사무엘에게 이르시되 그의 용모와 키를 보지 말라 내가 이미 그를 (어떻게 했어요?) 버렸노라 내가 보는 것은 사람과 같지 아니하니 사람은 외모를 보거니와
나 여호와는 중심을 보느니라 하셨습니다."에서 '중심을 본다는' 것은 사울이 외모는 뛰어 났으나 훌륭한 왕이 되지 못한 것처럼, 이렇듯 사람들은 외모에 뽕 가며 배우자를 선택하기도 하지만 잘못될 여지가 많으나, **하나님의 판단 기준은 속마음의 진실함에서 비롯됨을** 강조하고 있습니다.

○ 17장은 **블레셋이 거인 장수 골리앗을 앞세워 이스라엘을 침공하자,** 마침 이스라엘 진영을 방문한 **소년 다윗이** 여호와의 이름으로 담대히 맞서, **물맷돌로 골리앗을 꺾는** 통쾌한 장면입니다.

⑧ **17장 33절** "사울이 다윗에게 이르되 네가 가서 저 블레셋 사람과 싸울 수 없으리니 너는 소년이요 그는 어려서부터 용사임이니라"에서 '너는 소년이요'란 당시 다윗이 어렸으며 이스라엘에서는 20세 이상이 되어야 군인이 될 수 있는 나이인데 다윗은 군인이 될 수 없는 연령이었습니다.

⑨ 17장 40절에 보면 "손에 막대기를 가지고 시내에서 매끄러운 돌 다섯을 골라서 자기 목자의 제구 곧 주머니에 넣고 손에 물래를 가지고 블레셋 사람에게로 나아가니라"에서
막대기(staff)는 목자가 사용하기 한 쪽 끝이 굽어진 지팡이이며,
물매(sling)는 돌을 던지는 기구로 가죽, 동물의 힘줄 등으로 만들었으며 무기로 사용하기도 했다고 합니다.

자! 그러면 **사무엘상 17장 45절**의 "다윗이 블레셋 사람에게 이르되 너는 칼과 창과 단창으로 내게 나아 오거니와 나는 만군의 여호와의 이름 곧 네가 모욕하는 이스라엘 군대의 하나님의 이름으로 네게 나아 가노라"에서 '만군의 여호와의 이름으로 나아 가노라'라는 **제목**으로 이 새벽에 **싸움에 관한 설교**를 통하여 은혜의 시간을 나누고자 합니다.

우리가 흔히 '**병가지 상사**'라고 싸우는 집안에서도 한번 실수는 있을 수 있는 일이라고 하며 '**지피지기면 백전백승**'이라고 적을 알고 나를 알면 백번 싸워도 백번 다 이긴다고 하는 말이 있지요
신앙의 싸움이나 피할 수 없는 싸움 등 싸워야한다면 **싸워 이겨야 하는데** 승리하려면 **용기있는 사람이 되어야 합니다.** 용기있는 사람이 바로 오늘 본문에 나오는 **홍안의 소년 다윗을 예로** 들 수 있는데 **다윗은 과연 어떤 사람이었는지 생각하며** 은혜를 받고자 합니다.

첫째, 골리앗의 싸움을 피하지 않고 자청했습니다.

이스라엘 군대도 무서워서 벌벌 떠는 적장 골리앗에게 군인도 아니면서 자청하여 도전장을 던진다는 것은 보통사람이 할 수 없는 어려운 일입니다. 그렇지요? 그러나 젊고 붉고 용모가 아름다운 다윗은 하나님이 모욕을 받는 것을 보고 그냥 못본 체 앉아 있을 수만 없었습니다. 그래서 그는 블레셋 골리앗을 향하여 외치길 "너는 칼과 창과 단창으로 내게 나아 오거니와 ‖나는‖ 만군의 여호와의 이름 곧 네가 모욕하는 이스라엘 군대의 하나님의 이름으로 나아가노라"하며 누가 나가서 싸우라하지 않았음에도 불구하고 스스로 전투에 나선 것입니다. 오늘 우리 그리스도인들에게도 바로 이와 같은 용기가 필요합니다.
십계명 제삼은 "너는 네 하나님 여호와의 이름을 망령되게 부르지 말라"하시며 여호와는 그의 이름을 망령되게 부르는 자를 죄 없다고 아니하신다고 말씀하십니다.

둘째, 전적으로 여호와를 의뢰하였습니다.

우리가 **전도하다 보면 하나님이 어디 계시냐?** 하며 보이지도 않는 하나님 믿지 말고 내 주먹을 믿으라하며 돈이 나오냐? 밥을 주냐?하며 비방하는 사람을 만나기도 합니다.

오늘날 심지어는 예수 믿는 성도들 중에도 **하나님중심**이 아니라 **교회중심**이 아니라 **말씀중심**이 아니라 자기 중심주의가 판치는 것을 볼 때 얼마나 염려되는지 모릅니다. 요즘 내가 먼저! 직장과 가정이 먼저! 세상이 먼저!하는 것을 당연시 하는 요즘 풍조지만 **다윗은 보통사람과 달랐습니다.**
그가 용기를 낸 그 진원지는 여호와를 경외하고 **여호와를 의뢰하는 믿음**이었습니다. 우리도 다윗의 용기를 본받아 자기 명철을 의뢰하지 말고 모든 것을 하나님께 맡기고 의지합시다. 49절에 보면 "손을 주머니에 넣어 돌을 가지고 물매로 골리앗의 이마를 치매 그 이마에 박혀 땅에 엎드려 죽었다"고 합니다.

셋째, 전능하신 여호와께서 함께하심을 믿었습니다.

홍안의 소년 다윗이 골리앗을 향하여 도전장을 내고 그를 이길 수 있었던 것은, **여호와가 함께 계심을 믿는** 바로 그 믿음 때문이었습니다. 주께서 함께 계시는 사람은 반드시 승리하게 되어 있습니다. 아무도 그를 이기지 못합니다. 엘로힘의 전능하신 하나님이 함께하사 도와 주시기 때문입니다. 문제는 어떻게 하면 권력의 편에 들어가 한자리 할 수 있을까? 생각하며 기회주의로 간신처럼 처신하는 것이 아니라 **어떻게 하면 하나님의 편에 서서 공의롭고 정의로우신 하나님과 함께 거하느냐** 하는 것이 중요합니다.
빌4:13절의 "내게 능력 주시는 자 안에서 내가 모든 것을 할 수 있느니라"는 확신이 필요합니다.
다윗의 용기는 잠재적인 능력까지도 이끌어 내고 기대이상의 성과를 거둘 수 있는 원동력이 된 것입니다. 다만, 한가지 기억해야 할 것은 평소 다윗은 목동으로 양을 치면서 돌을 던지는 연습을 했다는 것도 유의를 해야 합니다. 신앙도 훈련입니다. 훈련을 잘 하여 그리스도의 군사로 전신갑주를 입고 승리하는 여러분과 제가 되길 간절히 바랍니다.

이제 말씀을 마칩니다. 홍안의 소년 다윗은 용기있는 사람으로

1) 골리앗의 싸움을 피하지 않고 자청했습니다.
2) 전적으로 여호와를 의뢰하였습니다.
3) 전능하신 여호와께서 함께하심을 믿었습니다.
다윗처럼 용기있게 살기 원하는 저와 여러분에게

우리주 예수 그리스도의 **한량없는 은혜**와 **하나님**의 **극진한 사랑**과 **성령**의 **충만한 역사**가 늘 함께하시길 간절히 축원합니다.

다음주 목요일 5.27일은
구약#29. 31장짜리 잠언(911쪽)입니다

찬송가 해설

1. 351장(믿는 사람들은 주의 군사니)

오늘은 다윗이 골리앗을 이기는 말씀으로 군가같은 찬송을 선곡했습니다.

이 찬송은 딤후2:3 "너는 그리스도 예수의 좋은 병사로 나와 함께 고난을 받으라"는 말씀에 근거하여 지어진 찬송입니다.
이 찬송은 **딤후 2:3** "너는 그리스도 예수의 좋은 병사로 나와 **함께 고난을 받으라**"는 말씀에 근거

이 찬송의 작사자는 영국 성공회 **바링 굴드신부**가 지었습니다. 바링 굴드는 요크셔 주 호버리 지방에서 주일학교 학생들의 **성령 강림절 행사** 중 행진을 위하여 이 가사를 만들었습니다.

작곡은 **영국의 작곡가 설리번**이 작곡했는데 **처음에는 찬송가로 만들어지지 않았으나** 후일에 성도들에게 애창되는 찬송가가 되었다고 합니다.

믿는 사람들은 주의 군사니 **앞서가신 주를** 찬송하며 따라 갑시다의 찬송가 351장을 **힘차게** 부르시겠습니다.

29. 지혜로운 아들은 아비를 기쁘게 하거니와 (잠언10:1-14/ ♪277)

지난 주 목요일 새벽에 구약 스물 여덟 번째 31장짜리 사무엘상으로
사무엘상 17장 45절 말씀 중 「만군의 여호와의 이름으로 나아 가노라」는 제목으로
홍안의 소년 다윗은 용기있는 사람이었으며
1) 골리앗의 싸움을 피하지 않고 자청했으며
2) 전적으로 여호와를 의뢰하였고
3) 전능하신 여호와께서 함께하심을 믿고 살았던
다윗처럼 용기있게 살자고 은혜를 나눴었지요.

오늘은 구약 스물 아홉 번 째 31장인 잠언서입니다.
잠언서의 약자는 "잠"이며 저자는 솔로몬과 그 외 몇 명
이라고 합니다.
기록연대는 주전 B.C 970년~700년경입니다.

기록목적은 사람들로 하여금 하나님을 경외하는 것이 지혜의 참된 근본임을 올바로 깨닫도록 하여, 무엇보다 하나님을 경외하는 신앙과 지혜의 삶을 살도록 인도하기 위하여 기록하였습니다.

먼저, 잠언서는 31장입니다. 장별로 살펴보겠습니다.

○ 1장은 잠언의 목적과 효용성 및 참 지식의 근본은 여호와라는 사실, 그리고 실제로 악인을 피하는 것이 지혜라는 것과 적극적으로 지혜를 찾으라는 권면 등으로 엮어져 있습니다.

① 1:1 "다윗의 아들 이스라엘 왕 솔로몬의 **잠언**이라"에서 '**잠언**'은 (히, 미쉴레) '다스리다' 라는 뜻을 가진 이 말의 본래 뜻은 '비교' 또는 '유사함'이며 속칭 공자 왈하듯 현자들의 발언을 가리키는 데 사용되었습니다.
참고로)7절은 "**여호와를 경외하는 것이 지식의 근본이거늘 미련한 자는 지혜와 훈계를 멸시한다고**" 말하고 있습니다.

○ 4장은 인생에 있어 지혜가 참으로 중요하다는 사실을 강조하고, 나아가 지혜자의 길과 악인의 길을 비교함으로써 사람이 무엇을 추구하며 살아야 할지를 깨우쳐 주고 있습니다.

② 4:23 "모든 지킬 만한 것 중에 더욱 **네 마음을 지키라** 생명의 근원이 이에서 남이니라"에서 '네 마음을 지키라'는 말의 '마음'은 마태복음 6장21절 "**네 보물 있는 그 곳에는 네 마음도 있느니라**"는 말씀에서 진실어린 마음의 뜻을 살펴볼 수 있으며 '지키라'는 것은 단순히 악을 피하라는 의미보다는 육체의 정욕 등 세상의 **악한 생각과 싸워 이김으로** 신앙의 성장을 가져오라는 **능동적 명령**을 말하고 있습니다.

○ 7장 2절은 "내 계명을 지켜 살며 **내 법을 네 눈동자처럼 지키라**"고 말씀하십니다. 눈동자는 얼마나 민감하고 **중요합니까?** 벌레나 먼지만 날라와도 순간적으로 깜박거리며 보호하지요 하나님의 말씀인 율례와 계명과 법도를 철저히 지키라는 말씀입니다. 우리 모두는 **말씀의 사람이 됩시다**. 눅5장4-6절에 보면 시몬이 밤이 새도록 수고하였으나 잡은 것이 없지만은 '**말씀에 의지하여 그물을 내린 결과 고기를 잡은 것이 심히 많아 그물이 찢어지는지라**' 세어보니 153마리 더라 하였습니다. 말씀대로 살면 기적이 일어 납니다.
갑자기 이런 **복음성가**가 생각났어요
♪"하나님을 아버지라 부르는 자는~ **좋은 일이 있으리라** ~~
많이 있으리라"에서 **개서**하여
"하나님의 말씀대로 살아가는 자는~ **좋은 일이 있으리라**~~ 많이 있으리라"
 말씀대로 살면서 좋은 일이 많길 바랍니다.
지난 주일 목사님 말씀 중 가정에서도 '**영적 분위기**'가 중요하다고 말씀하시면서 목사님가정은 **일어나면 하나님 말씀을 틀어 놓고 듣기** 시작하여 낮엔 7시간 특전사와 작전실 기도 등 온종일 **말씀과 기도중에 사신다**고 하셨지요?

○ 24장은 세상 속에서 악인의 형통함을 부러워하지 말고 오직 하나님을 경외하는 자세로 **정직과 근면**으로 살아갈 것을 가르칩니다.

③ 24장 33절~34절에 보면 "33.네가 좀더 자자, 좀더 졸자, 손을 모으고 좀(조금만) 더 누워 있자하니 34.네 **빈궁이 강도 같이** 오며 네 **곤핍이 군사같이** 이르리라" 하십니다. 우리는 부지런하여 게으르지 말고 열심을 품고 주를 섬기는 저와 여러분이 되시기 바랍니다.

자! 그러면 **잠언서 10장 1절**의 "솔로몬의 잠언이라 **지혜로운 아들은 아비를 기쁘게 하거니와** 미련한 아들은 어미의 근심이니라"에서 '**지혜로운 아들은 아비를 기쁘게 하거니와**'라는 **제목**으로 이 새벽에 **신앙인의 바른 자세**에 관하여 말씀을 나누며 은혜의 시간을 갖고자 합니다.
지혜의 왕 솔로몬은 잠언서의 본문에서 특별히 신앙인이 갖춰야 할 세가지 바른 자세를 권하고 있습니다.

첫째, 부모님께 효도하는 자세를 가져야 합니다.

효는 백행의 근본이라고 말합니다. 효도란 부로를 기쁘게 해 드리는 것이요 불효는 부모를 근심시켜 드리는 것입니다. 1절에 지혜로운 아들은 아비를 기쁘게 하고 미련한 아들은 어미의 근심이라고 말씀하고 있습니다.
잠언서 23장 25절에서도 "네 부모를 즐겁게 하며 너를 낳은 어미를 기쁘게 하라"고 말씀하십니다.
우리가 흔히 알고 있는 것과 같이 효도는 인간의 기본이며 사회 도덕의 기초가 됩니다.
하나님께서는 우리에게 계명을 주셨습니다.
구약성경은 39권 929장 23,214절이요
신약성경은 27권 260장 7,959절로서

신구약성경 합계는 66권 1,189장 31,173절입니다.

십계명이란 무엇일까요?
우리가 지켜야 할 하나님의 명령입니다.
그 십계명중 4계명은 하나님에 관한 계명이고 여섯 계명은 사람에 관한 계명으로 그 **첫째가 제5계명으로**

제오는, "네 부모를 공경하라 그리하면 네 하나님 여호와가 네게 준 땅에서 네 생명이 길리라"라고 공경하면 생명이 길것이라고 하시면서 부모님께 대한 공경을 강조하고 계십니다.

요한복음14장 15절에 "너희가 나를 사랑하면 나의 계명을 지키라"고 명령하십니다.

둘째, 하나님께 대한 올바른 신앙의 자세를 가져야 합니다.

무엇이든지 반듯해야 합니다.
제가 근무하던 국세청의 케츠프레이즈가 '정도 세정'이었고
감사원도 '바른 감사'였습니다.
신앙생활도 올바른 신앙의 자세가 필요합니다.
나 중심이나 내 가족중심이 아니라 교회중심으로 하나님중심으로 살아야 합니다. 지금은 오정현목사께서 담임하시지만 돌아가신 옥한흠 목사님이 소천하셔서 장례를 치루면서 사진을 걸어야 하는데 사진이 없더라는 거예요 특히 가족과 함께 찍은 사진이 없을 정도였다고 합니다. 가정의 가족보다는 교회의 교인을 우선하고 먼저 하나님나라의 확장을 위하여 마태복음 6:33절 "그런즉 너희는 먼저 그의 나라와 그의 의를 구하라 그리하면 이 모든 것을 너희에게 더하시리라"는 말씀의 모범적 실천자였습니다.
히11:6에 믿음이 없이는 하나님을 기쁘시게 할 수 없다고 합니다. 또 소요리문답 1문의 사람의 제일되는 목적이 하나님을 **영화롭게** 하는 것과 **영원토록 그를 즐거워하는 것**이라고 하며 고전 10:31절에서도 "그런즉 너희가 먹든지 마시든지 무엇을 하든지 다 **하나님의 영광을 위하여** 하라"
의인은 믿음으로 산다고 로마서1장 17절은 말합니다.
"복음에는 하나님의 의가 나타나서 믿음으로 믿음에 이르게 하나니 기록된 바 **오직 의인은 믿음으로 말미암아 살리라함과 같으니라**" 믿음으로 살 때에 신실하신 상선벌악의 하나님께서 그의 머리에 **복을 물 붓듯이 주신다는** 사실도 믿어야 하겠습니다.

셋째, 남에게 덕을 세우는 자세를 가져야 합니다.

'화향천리요 인향만리'라고 꽃의 향기는 천리가나 사람의 향기는 만리를 간단 말이 있습니다.
또 꽃은 향기요 사람은 인격이란 표현도 합니다.
11절에 보면 "의인의 입은 생명의 샘이라도 악인의 입은 독을 머금었느니라"라고 우리의 입술은 불평이나 불만하고 원망보다는 남을 칭찬하고 감사하는 입술이 되어야 하겠습니다. 시와 찬미와 신령한 노래로 주를 찬미하듯 우리 입술은 하나님을 찬양하는 입술이 되길 원합니다.
시편 마지막 150편 6절에서도 "호흡이 있는 자마다 여호와를 찬양할지어다 할렐루야" 살아 있는 동안에 여호와를 찬양합시다. 성도의 말은 언제나 덕을 세워야 합니다. 그러기 위해서는 입에서 독을 제하고 12절의 "미움은 다툼을 일으켜도 사랑은 모든 허물을 가리느니라" 말씀처럼 미움과 다툼을 버리며 허물을 가리워 주는 미덕을 가져야 하겠습니다.

이제 말씀을 마칩니다. 신앙인의 바른 자세는
1) 부모님께는 극진히 효도하고
2) 하나님께는 깊고 올바른 신앙심으로 살며
3) 남에게는 덕을 세우며 살아야 하겠습니다.
바르게 신앙생활하기 원하는 저와 여러분에게

우리주 예수 그리스도의 은혜와 하나님의 한량없는 사랑과 성령의 교통 교제 인도하심이 함께하시길 간절히 축원합니다.

내일 금요일 5.28일은
구약#30번째, 34장짜리 신명기(259쪽)입니다

찬송가 해설

1. 277장(양떼를 떠나서)

오늘은 신앙인의 바른 자세로 부모님께 효도하는 자세를 가져야 한다는 말씀을 생각하면서
효에 관한 찬송을 찾아보니 딱 277장 1절에 불효행하여 먼 길로 나갔다는 가사가 있어 선곡했습니다.

이 찬송은 스코틀랜드 보나 목사가 작사하였는데 본래 제목은 '잃었다가 찾은 자(Lost and Found)로 그의 찬송시집「광야의 노래」에 처음 실렸다고 합니다.'
이 찬송시는 벧전 2:25의 "너희가 전에는 양과 같이 길을 잃었더니"라는 말씀을 근거로 하며

작곡은 독일 태생으로 미국에서 **활동**한 **준텔**이 하였습니다.

양 잃은 목자는 그 양을 찾으러 산 넘고 강을 건너 먼길로 나갔다는 부모의 심정을 생각하면서

찬송가 277장을 부르시겠습니다.

30. 나를 사랑하고 내 계명을 지키는 자에게는 천 대까지 은혜를
(신명기5:7-21/ ♪ 202)

어제 목요일 새벽에 구약 스물 아홉 번째 31장짜리 잠언으로
잠언 10장 1절 말씀 중「지혜로운 아들은 아비를 기쁘게 하거니와」라는 제목으로
신앙인의 바른자세는
1) 부모님께는 극진히 효도하고
2) 하나님께는 깊고 올바른 신앙심으로 살며
3) 남에게는 덕을 세우며 살아야 하겠다며
바르게 신앙생활하자고 은혜를 나눴었지요.

오늘은 구약 서른 번 째 34장인 신명기입니다.
신명기의 약자는 "신"이며 저자는 모세(Moses)이며
기록연대는 주전 B.C 1407년경입니다.

기록목적은 하나님께서 이스라엘 백성들을 위해 무엇을 행하셨고 또 얼마나 큰 사랑을 베푸셨는지를 상기시켜 줌으로써, 하나님의 말씀에 순종하도록 하기 위하여 기록하였습니다.

먼저, 신명기는 34장입니다. 주요내용을 살펴보겠습니다.

○ 1장은 전체 서론과 더불어 몇 가지 회고로 구성되었는데 다시말하면 호렙 산에서 행정 체계를 개편한 일과 무모하게 가나안 산지로 올라가다가 실패한 일 들을 기록하였습니다.

① 1:17 "재판은 하나님께 속한 것인즉 너희는 재판할 때에 외모를 보지 말고"에서 '재판은 하나님께 속한 것'이란 율법은 하나님께서 주신 것이므로 사람이 자의적으로 함부로 섣불리 재판하지 말고 그 율법에 의해 판결하는 재판관은 하나님의 권위에 따라 재판해야 할 것을 의미하며
'외모를 보지 말고'는 세상의 권세와 재물에 영향을 받는 재판을 하지 말라는 뜻 입니다.

○ 4장은 몇 가지 복합적인 내용이 소개되는바 율법을 지키고 절대 우상 숭배를 하지 말며 그리고 모세가 선포한 두 번째 설교의 서론이 소개됩니다.

② 4:24 "네 하나님 여호와는 소멸하는 불이시오 **질투하시는 하나님이시라**"에서 '**질투하는 하나님**'은 이스라엘 민족이 **하나님을 버리고 다른 신에게 충성하는 것은** ‖ **결코** ‖ **용서하지 않으신다**는 것을 강조한 말입니다.

○ **5장은 호렙 산 언약의 핵심이 십계명**(十誡命)에 관해 소개하고 있습니다.

○ 6장은 율법이 주어진 목적과 더불어 자녀 교육의 최고 지침인 '쉐마'를 들으라며 **4-9절**에 보면
    4. 이스라엘아 들으라 우리 하나님 여호와는 오직 유일하신 여호와이시니
    5. 너는 마음을 다하고 뜻을 다하고 힘을 다하여 네 하나님 여호와를 사랑하라
    6. 오늘 내가 네게 명하는 이 말씀을 너는 마음에 새기고
    7. 네 자녀에게 부지런히 가르치며 집에 앉았을 때에든지 일어날 때에든지 이 말씀을 강론할 것이며
    8. 너는 또 그것을 네 손목에 매어(하나님의 계명을 모든 행동의 기준으로 삼아) 기호를 삼으며 네 미간에 붙여(여기서 미간은 사람의 지성의 문을 상징하는 것으로 그 계명을 정신적 지주로 삼고 잊지 말며) 표로 삼고
    9. 또 네 집 문설주와 바깥 문에 기록하라고 말씀하십니다.

③ 또 10장 18절 "**고아와 과부를 위하여** 정의를 행하시며 나그네를 사랑하며 그에게 떡과 옷을 주시나니"에서 힘없는 이들 고아와 과부들이 억압받는 것을 허락하지 않으시는 **하나님의 공의로우심과 자비하심**이 잘 나타나고 있습니다.

○ **15장**은 세 가지의 규례가 제시됩니다. ①매 7년 안식년에는 빚 독촉을 면제하라는 규례와 ② 제7년에 동족 히브리 출신의 종을 해방시켜 주라는 규례와 ③출애굽과 연관된 초태생 규례가 나옵니다.

○ 16장은 이스라엘의 모든 남자들이 일 년에 3차례 지켜야 할 3대 절기(유월절, 칠칠절, 초막절)이 소개됩니다.

④ 16:10 "네 하나님 여호와 앞에 **칠칠절을 지키되**"에서 '칠칠절'은 맥추절이라고도 부릅니다. 이는 유월절로부터 7주 후의 일곱 번째 안식일 다음 날부터 시작되며 이 날에는 밀의 처음 익은 곡물을 하나님게 바쳤습니다.

⑤ 23:7 "너는 에돔 사람을 **미워하지 말라** 그는 네 형제임이니라 애굽 사람도 미워하지 말라 하십니다." 어제 잠언서 10장12절의 "**미움은 다툼을 일으켜도 사랑은 모든 허물을 덮느니라**"말하면서 복음송을 불렀는데 오늘도 한번 더 불러 보겠습니다.

♬ 아름다운 마음들이 모여서 주의 은혜 나누며
　예수님을 따라 사랑해야지　우리 서로 사랑해
　하나님이 가르쳐 준 한가지, 네 이웃을 내 몸과 같이
　‖ 미움다툼 시기질투 버리고 ‖ 우리 서로 사랑해
　사랑이 제일입니다. 하나님은 사랑이십니다. 율법의 완성입니다. 사랑없으면 아무 유익이 없습니다. 우리 서로 사랑합시다.

○ 마지막 34장은 느보 산에 올라 약속의 땅을 바라보며 120세를 일기로 생을 마감한 모세의 죽음 장면과 모세에 대한 추모 기록입니다.

자! 그러면 **신명기 5장 10절**의 "나를 사랑하고 내 계명을 지키는 자에게는 천 대까지 은혜를 베푸느니라"에서 '나를 사랑하고 내 계명을 지키는 자에게 천 대까지 은혜를'라는 **제목으로** 이 새벽에 **십계명**에 관하여 말씀을 나누며 은혜의 시간을 갖고자 합니다. 이스라엘 백성과 언약을 맺으신 하나님께서는 그 언약의 조문(條文)이라고 할 수 있는 십계명을 주셨습니다. 이 십계명은 출20:1-17에서도 언급되고 있습니다.

첫째, 십계명은 누가 주셨나요? 바로 하나님이십니다.

어제 우리 함께 외웠지요? 요한복음 14:15 "너희가 나를 사랑하면 나의 계명을 지키라"고 명령하십니다.
십계명이 뭐라 했지요?
우리가 신앙생활하면서 반드시 지켜야 할 하나님의 명령이라고 했습니다.
6절에 "나는 너를 애굽 땅, 종 되었던 집에서 인도하여 낸 네 하나님 여호와다"하시며 하나님이 이 모든 말씀으로 일러 가라사대 나는 너의 하나님 여호와라고 하시지요.
제일계명부터 제4계명까지는 하나님에 관한 계명이요 나머지 여섯계명은 사람에 관한 것으로 그 첫째가 네 부모를 공경하라 그리하면 너의 하나님 여호와가 네게 준 땅에서 네 생명이 길리라. 장수하리라 약속해 주셨습니다.
우리는 이스라엘을 구원하시고 십계명을 주신 하나님이 은혜를 베푸시는 분임을 깨닫고 그분의 명령, 계명 역시 결코 무거운 짐이 아니라 축복을 주기 위한 것임을 알아야 하겠습니다. 우리가 십자가를 짊어질 때 그 십자가가 우리를 짊어주십니다.
믿습니까? 믿으시면 아멘합시다.
요한1서 5장 3절은 "하나님을 사랑하는 것은 이것이니 우리가 그의 계명들을 지키는 것인데 (그의 계명들은 무겁습니까?) 무거운 것이 아니라고" 말씀하십니다.
따라서 십계명을 지키는 것은 의무감이나 복종심에 의하여 억제로 할 것이 아니라 (어떻게요?) 감사와 사랑의 표시로 나타나는 순종의 표현이어야 합니다.

둘째, 십계명의 핵심은 뭘까요?

오늘 본문을 함께 교독한 것처럼 7절에서 21절에서는
십계명은 하나님을 섬기는 도리와 이웃을 사랑하는 도리라고 말할 수 있는데요
함께 읽은 본문을 요약하면 마태복음 22장 34-40절 말씀이 잘 설명해 주고 있습니다.
37."예수께서 이르시되 네 마음을 다하고 목숨을 다하고 뜻을 다하여 주 너의 하나님을 사랑하라 하셨으니
38.이것이 크고 첫째 되는 계명이요
39.둘째도 그와 같으니 네 이웃을 네 자신 같이 사랑하라 하셨으니
40.이 두 계명이 온 율법과 선지자의 강령이니라"라고

아주 짧게 한마디로 "사랑"이란 단어로 표현할 수 있습니다.
♪사랑은 어때요? 움켜 잡는 것일까요? 버리는 것입니다.

셋째, 십계명으로 말미암는 축복과 저주를 볼까요?

본문 9절과 10절에서는
비록 사랑하는 자기 백성에게 구원과 은혜를 아끼지 않으실지라도 **십계명을 어기는 자**는 **저주** 아래 놓이게 되고 죄를 용납하지 아니하시며 죄를 갚되 아버지로부터 아들에게로 삼사 대까지 이르게 하거니와 나를 사랑하며 내 계명을 지키며 순종하는 자에게는 천 대까지 은혜를 베푸시는 무한한 축복을 주시는 사랑과 공의의 하나님 이십니다
이제 말씀을 마칩니다. 성도가 지켜야 할 하나님 나라의 대헌장인 십계명은
1) 십계명은 하나님께서 주셨습니다.
2) 십계명의 핵심은 사랑입니다. 미워하지 맙시다
3) 십계명을 지켜 천대까지 축복을 받읍시다.
십계명을 지키기로 다짐하는 저와 여러분에게

우리주 예수 그리스도의 은혜와 하나님의 다함없는 사랑과 성령의 교통 교제 인도하심이 함께하시길 간절히 축원합니다.

다음 6.3일(목)은 구약#31번째, 36장짜리 민수기(193쪽)입니다

찬송가 해설

1. 202장(하나님 아버지 주신 책은)

오늘은 **십계명에 관한 설교**인데 이 '하나님 아버지 주신 책은'의 찬송이 떠올라 관련 찬송을 찾아보니 이 찬송으로 하나님 아버지 주신 책과 주께서 나를 사랑하시오니 이 가사를 볼 때 가슴이 벅차오르며 나 스스로 감동과 은혜에 젖어 봤습니다.

이 찬송은 드와이트 엘 무디의 부흥집회 음악 동역자인 **블리스가 작사·작곡**하였습니다.

이 찬송은 **요15:9절**의 "아버지께서 나를 사랑하신 것 같이 나도 너희를 사랑하였으니" 말씀에 근거로 지어졌는데

그 **내용**은 '**성경은 귀한 하나님의 말씀이며 주님이 나를 사랑하기에 마귀도 물러가니 그 사랑에 보답하자**'는 내용으로 아주 경쾌한 찬송입니다.

우리도 **경쾌하게** 찬송가 202장을 부르시겠습니다.

31. 이스라엘 자손을 위하여 이렇게 축복하라 (민수기6:22-27 / ♪536)

지난 주 금요일 새벽에 구약 서른 번째 34장짜리 신명기로
신명기 10장 1절 말씀 중 「지혜로운 아들은 아비를 기쁘게 하거니와」라는 제목으로
성도가 지켜야 할 하나님 나라의 대헌장인 십계명은?
1) 십계명은 하나님께서 주셨다고 했지요
2) 십계명의 핵심은 사랑이므로 미워하지 말자고 했습니다.
3) 십계명을 지켜 천대까지 축복을 받자고 다짐했습니다.

오늘은 구약 서른 한번 째 36장인 민수기입니다.
민수기의 약자는 "민"이며 저자는 모세(Moses)이며
기록연대는 주전 B.C 1446년-1206년경입니다.

기록목적은 이스라엘 백성들이 왜(why?) 하나님께서 줄 것이라고 약속하신 가나안 땅에 들어가지 못하고, 오랜 기간 동안 거친 광야에서 방랑해야 했는지를 알도록 하기 위해 기록하였습니다.

먼저, 민수기는 36장입니다. 주요내용을 살펴보겠습니다.

○ 1장은 가나안을 향한 광야 여정을 떠나기 전 먼저 인구 조사를 실시하고 있는 상면인데 레위 지파는 인구 조사에서 제외 되었습니다.

① 1:32 "요셉의 아들 에브라임의 아들들에게서 난 자를 그들의 종족과 조상의 가문에 따라 이십 세 이상으로 싸움에 나갈 만한 자를 그 명수대로 다 계수하니"에서 '요셉'은 야곱의 열한 번째 아들로, 애굽 총리를 말하는데 성경에는 요셉이란 이름을 가진 사람이 9명이나 된다고 합니다.

○ 6장은 하나님께 헌신하기로 서원한 '나실인 규례'가 소개되었고, 또한 하나님을 대신하여 이스라엘 백성에게 **하나님의 보호와 은혜와 평강**을 선포할 '제사장의 축도'가 소개됩니다.

○ 9장은 유월절 준수 명령과 더불어, **부득이한 이유로** 유월절에 참여하지 못한 자들을 위한 유월절 **특례법**이 소개되었습니다. (이 당시에도 **예외 규정**이 있었다는 것을 알 수 있습니다.) 또한 **이스라엘의 광야 행진을 인도한 불과 구름 기둥**이 언급되고 있습니다.

② 9:16절 "항상 그러하여 **낮에는 구름**이 그것을 덮었고 **밤이면 불 모양**이 있었는데"에서 알 수 있듯이 **낮에는 구름기둥, 밤엔 불기둥**이 인도하셨습니다.

③ 13:8절 "에브라임 지파에서는 눈의 아들 **호세아요**"에서 '**호세아**'는 '**구름**'이란 뜻을 가진 이름으로 눈의 아들이며 모세의 후계자인 **여호수아의 원명**입니다. (우리 교회도 목사님께서 새로이 지어 준 이름들이 많더군요 미소, 에스더, 찬미, 예정, 다니엘 등 본명이 따로 있듯이) **여호수아의 원명은 호세아였습니다.**

○ 17장은 고라의 반역 사건 이후, 하나님께서 아론 가문의 제사장 직분에 대해 **이스라엘 백성들의 원망이나 의심을 그치게 하기 위해 아론의 지팡이에 싹이 돋아나게 하시는 장면**입니다.

○ 28장은 이스라엘 백성들이 가나안 땅에 들어가서 준수해야 할 각종 절기 때의 제사 제도에 대해 나오는데
매일, 안식일, 매달 초하루, 유월절(무교절)과 칠칠절(오순절)과 일곱째 달 초하루(나팔절), 속죄일, 장막절(초막절) 등에 드려야 할 제사 규례가 소개됩니다.

④ 28:16 "첫째 달 열넷째 날은 여호와를 위하여 지킬 **유월절이며**"에서 '**유월절**'은 초태생의 보호를 기념하는 절기로 정월 14일 저녁에만 지켜진 절기이며

⑤ 28:17 "또 그 달 열다섯째 날부터는 명절이니 이레 동안 **무교병**을 먹을 것이며"에서 '**무교병**'은 누룩이 없는 떡으로, 애굽으로부터의 해방을 기념하는 절기에 먹도로 규정했습니다.

자! 그러면 민수기 6장 23절의 "아론과 그의 아들들에게 말하여 이르기를 너희는 이스라엘 자손을 위하여 이렇게 축복하여 이르되"에서 **'이스라엘 자손을 위하여 이렇게 축복하라**'는 **제목으로** 이 새벽에 '**제사장의 축복**'에 관하여 말씀을 나누며 은혜의 시간을 갖고자 합니다.

제사장이 백성들을 위하여 하는 **축복기도는** 복주시기를 원하시는 **여호와 하나님께서 언제나 들어 주시고 응답해 주십니다.**

그러면 **제사장의 축복이 무엇이었는지와**
복을 주시는 여호와에 대하여 함께 본문 말씀을 중심으로 살펴 보겠습니다.

첫째, 제사장의 축복은?(23-26절)

대 예배 말미에 항상 목사님께서 축도를 해 주시지요?
고후 13:13절 "주 예수 그리스도의 은혜와 하나님의 사랑과 성령의 교통하심이 너희 무리에게 함께 있을지어다"라고
성부와 성자와 성령의 이름으로 손을 들어 축복을 비는 기도를 해 주시죠?
축복은 인간이 하나님께 복을 달라고 비는 것입니다. 제사장 지파들은 마땅히 그 백성을 위하여 하나님께 복을 빌어야 하는 의무였습니다. 저주를 할 수도 있겠지만 저주를 하지 말고 축복을 하여야 합니다. 왜냐하면 지난번 우리 담임목사님 설교를 인용하여 용서하고 축복하라 그 복이 그분께 안 받아들여지면 내게로 돌아 온다고 했기 때문입니다.
그러면 축복할 내용은 여러 가지로 생각할 수도 있겠지만 본문에서는 세가지로 말합니다.
①24절에 "여호와는 네게 복을 주시고 너를 지키시기를 원하며"처럼 **이스라엘을 지켜 주실 것과**
②25절에 "여호와는 그의 얼굴을 네게 비추사 은혜 베푸시기를 원하며"처럼 그들에게 **은혜를 베풀어 주실 것과**
③26절에 "여호와는 그 얼굴을 네게로 향하여 드사 평강 주시기를 원하노라"처럼 **평강 주시기를** 구하라는 것입니다.

당시의 제사장들과 같은 목회자들은 항상 그 백성을 위하여 기도하듯 양된 성도들을 위하여 이와 같이 축복기도를 드려야 합니다.

둘째, 여호와께서 복을 주십니다.(27)

복을 싫어하는 사람은 아무도 없지요? 그러나 복을 줄 만한 힘과 능력을 가진 자에게 우리는 복을 구해야 합니다.
27절에 보니 "그들은 이같이 내 이름으로 이스라엘 자손에게 축복할지니 ‖ **내가 그들에게 복을 주리라**" ‖ 하셨습니다.
제사장이 하나님께 복을 빌면 하나님은 그 백성에게 복을 내리십니다. **제사장**은 구약에서 제사장의 기능과 역할은 하나님과 사람 사이의 **중개자 역할**이었습니다.
벧전 2:9 "그러나 너희는 **택하신 족속**이요 **왕같은 제사장들**이요 **거룩한 나라요 그의 소유가 된 백성**이니"라고 한 것처럼
이스라엘은 하나님의 언약 백성으로서 열국 중에서 제사장 나라요 거룩한 백성으로서 **제사장은 중요한 위치를 점하고 있었습니다.**

창세기부터 계시록까지 하나님은 그 백성에게 복 주시기를 원하는 분이심을 여러 군데서 명확히 기록하고 있습니다.
그런데 왜 주의 종들이 축복기도하여야 복을 주실까요?
주의 종들이 축복하지 않아도 전지전능하시고 무소부재하신 하나님께서 우리 형편을 잘 아실텐데 알아서 주시면 좋겠고만 왜 하필 주의 종들이 구해야 복을 주실까 의아하게 생각할 수도 있겠지만 그러나 적어도 구약의 제도는 모든 종교의식이 제사장 중심으로 이루어져 있었기 때문입니다.
그러나 우리가 분명히 알아야 할 것은 제사장이 복을 주는 것은 아닙니다. 제사장에게는 복을 빌 수 있는 권한이 주어졌다는 것 뿐입니다. 마치 우리가 수돗물을 먹을 때 수도꼭지 틀면 물이 나온다고 하여 그 수도꼭지가 우리에게 물을 준다고 생각하는 분은 아무도 없겠지요 그 물의 공급지는 저수지입니다. 마찬가지로 만복의 근원되시는 하나님께서 우리에게 복을 줄 수 있는 것입니다.

구약의 당시에는 복을 빌 수 있는 자가 제사장 뿐이었으나 예수님의 십자가 사건 이후부터는 모든 사람들이 서로를 위하여 복을 빌 수 있도록 복의 수도관이 개방되었다고나 할까요?
우리 서로 축복하며 기도하면 응답받을 수 있게 되었습니다.

♬ "좋으신 하나님" 하나님이 좋지요? 많이 좋지요?
"좋으신 하나님, 좋으신 하나님, 참~ 좋으신~ 나의 하-나-님~
한없는 축복을, 우리게 주시네, 참~ 좋으신~ 나의 하-나-님~"

이제 말씀을 마칩니다. 이스라엘 자손을 위하여 제사장이 축복해 준 것처럼
1) 여호와는 복을 주시고 지키시기를 원하며 은혜 베푸시기를 원하며 평강 주시기를 원하였습니다.
2) 제사장이 하나님께 복을 빌면 하나님은 그 백성에게 복을 내리셨습니다.
복과 은혜와 평강얻고자 새벽예배에 참석한 주님의 자녀들에게

우리주 예수 그리스도의 한없는 은혜와 하나님의 극진하신 사랑과 성령의 교통 교제 인도 역사하심이 항상 함께하시길 간절히 축원합니다.

다음 6.10일(목)은 구약#32번째, 36장짜리 역대하(656쪽)입니다

찬송가 해설

1. 536장(죄짐에 눌린 사람은)

오늘은 그 유명한 민수기 6:24-26절의 '제사장의 축복'에 관한 설교로 첫 찬송은 복의 근원을 불렀고요

536장의 가사를 보니
키워드가 복과 은혜와 평강인데
3절에 너 지체말고 믿으면 '**참복**'을 받겠네
4절엔 '**한없는 은혜**' 받아서 영원히 누리리
1절에는 주 말씀 의지할 때에 곧 '**평안**' 얻으리
찬송을 보고 야! 오늘 말씀과 참 잘 맞아 떨어진다 생각했습니다.

이 찬송은 **행2:21**의 "누구든지 주의 이름을 부르는 자는 구원을 받으리라" 말씀에 근거로 지어졌는데

미국의 **스톡턴** 목사가 **작사·작곡**했습니다.
그는 장로교 가정에서 태어났으나 제대로 신앙생활을 하지 못하다가 1832년 감리교 **수련회에 참석하여 회심하고 감리교목사가 되었습니다.**

우리도 '**주 의지하세**' 하는 맘으로 찬송가 536장을
힘차게 부르시겠습니다.

32. 히스기야가 부와 영광이 지극한지라 (역대하32:27-33 / ♪272)

지난 주 목요일 새벽에 구약 서른 한번째 36장짜리 민수기로
민수기 6장 23절 말씀 중「이스라엘 자손을 위하여 이렇게 축복하라」라는 제목으로 제사장의 축복에 관하여

1) 여호와는 복을 주시고 지키시기를 원하며 은혜 베푸시기를 원하며 평강 주시기를 원하였으며
2) 제사장이 하나님께 복을 빌면 하나님은 그 백성에게 복을 내리셨다고 하며 복과 은혜와 평강얻자고 하였습니다.

오늘은 구약 서른 두번 째 36장인 역대하입니다.
역대하의 약자는 "대하"이며 저자는 에스라(Ezra)이며
기록연대는 주전 5세기 중엽(B.C.450-430년경)입니다.

기록목적은 특별히 유다 왕들의 통치를 기록함으로써 다윗 왕조인 남왕국 유다의 정통성을 강조하고, 성전 건축의 역사와 제사 제도 및 성전 예배의 정립을 보여 주기 위해 기록하였습니다.

먼저, 역대하도 민수기와 같이 36장입니다.

○ 1장은 다윗을 이어 통일 왕국 이스라엘의 왕으로 즉위한 **솔로몬**이 **일천 번제 사건을 통해** 하나님께로부터 **지혜를 얻게 되는 경위**와 솔로몬이 누리게 된 **부귀영화**가 소개됩니다.

○ 3장은 성전 건축에 필요한 준비를 모두 마친 솔로몬이 마침내 성전을 건축하는 장면으로 솔로몬은 모리아 산에서 하나님이 전하신 양식에 따라 성전 건물의 각 부분들을 세세히 지었습니다.

① 3:17 "그 두 기둥을 성전 앞에 세웠으니 왼쪽에 하나요 오른쪽에 하나라 오른쪽 것은 **야긴**이라 부르고 왼쪽 것은 **보아스**라 불렀더라"에서 '**야긴**'과 '**보아스**'가

나오는데 이는 성전 건물의 **현관 앞에 세운 두 기둥**을 말하는 것으로, **야긴(그가 세우리라)**은 남쪽에, **보아스(그에게 능력이 있다)**는 북쪽에 각각 위치하였습니다. 이는 **오직 하나님만이 그의 백성들에게 능력과 구원을 줄 수 있음**을 의미하는 것입니다.

② 5:1절 "**솔로몬이 여호와의 전을 위하여 만드는 모든 일을 마친지라** 이에 솔로몬이 그의 아버지 다윗이 드린 은과 금과 모든 기구를 가져다가 하나님의 전 곳간에 두었더라"에서
'**마친지라**'는 **7년에 걸쳐 완성된** 솔로몬의 성전은 그의 재위 4년을 시작으로 11년, 즉 B.C.959년경에 완성된 것으로 추정합니다.

③ 34:1 "**요시야가 제 16대 왕위**에 오를 때에 **나이가 팔 세라** 예루살렘에서 **삼십일 년동안 다스리며**" 2절은 여호와 보시기에 **정직하게 행하여** 그의 조상 다윗의 길로 걸으며 **좌우로 치우치지 아니하고** 특히 3절엔 아직도 어렸을 때 곧 왕위에 있은 지 팔 년에 그의 조상 다윗의 하나님을 비로소 찾고 제십이년에 **유다와 예루살렘을 비로소 정결하게** 하여 그 **산당들과 아세라 목상들과 아로새긴 우상들과 부어 만든 우상들을 제거하여** 버린 것처럼 유다 왕 요시야는 우상들을 제거하여 버리는 **개혁을** 단행하였습니다.

자! 그러면 역대하 32장 27절의 "히스기야가 부와 영광이 지극한지라 이에 은금과 보석과 향품과 방패와 온갖 보배로운 그릇들을 위하여 창고를 세우며"에서 '**히스기야가 부와 영광이 지극한지라**'라는 **제목으로** 이 새벽에 '**히스기야가 받은 복**'에 관하여 말씀을 나누며 은혜의 시간을 갖고자 합니다.

히스기야는 우리가 잘 알 듯이 **열왕기하 20:1-7절**에 보면 "2.히스기야가 **낯을 벽으로 향하고** 여호와께 전심으로 심히 **통곡하며** 간구하니 5.여호와의 말씀이 내가 네 **기도를 들었고 네 눈물을 보았노라**(여인의 눈물에 사내의 마음이 움직인다고 하는데 **하나님께서도 눈물에 약한 가봐요**) 내가 너를 **낫게 하리니 네가 삼 일 만에 여호와의 성전에 올라가겠고** 6.내가 네 (사는) 날에 **십오 년을 더할 것이며**"라고 기도하여 그의 생명을 15년이나 연장받은 기도의 용사였지요

히스기야가 복을 받게 된 이유는 **범사에 하나님을 인정하였고 죄를 지었을 때마다 철저히 회개했기 때문**입니다.

마치 다윗이 그의 심복 우리아 장수의 아내 밧세바를 탐하는 **간음죄**와 우리아장군을 치열한 전쟁터에 보내 **살인죄**까지 범하였으나 **통회자복하는 회개의 눈물로 요가 적시고 침상이 썩도록 회개기도**하면서 시편51편 2절은 "나의 죄악을 말갛게 씻으시며 나의 죄를 깨끗이 제하소서"하며 11절에서는 "나를 주 앞에서 **쫓아 내지 마시며** 주의 성령을 내게서 거두지 마소서"라고 다윗이 큰 죄를 범한 후 하나님의 용서를 간구하며 회개한 참회의 시로 **시편51편**을 '회개의 장'이라고 별명을 붙일 정도로 회개한 것처럼 히스기야도 잘못을 저지르면 때마다 일마다 **죄를 고백하고 용서를 구했던 것**으로 그는 여러 가지 복을 받았습니다.

히스기야가 받은 복은 **어떤** 것이며 그 결과 **역사에 평가를 어떻게** 받았는지 살펴보며 은혜를 받기 원합니다.

첫째, 물질의 복을 받았습니다.(27-29절)

먼저 지난 주 축도예문인 고후 13:13절을 고전으로 믿음소망사랑 그중에 **제일은 사랑인 고전13:13절**이라고 오타난 것을 바로 잡지 못해 죄송했습니다. 축도는 **고후 13:13**입니다.

복에 관한 성경귀절은 참으로 많습니다. 몇 구절만 들어보면

히6:14 "내가 반드시 너에게 **복 주고 복 주며** 너를 번성하게 하고 번성하게 하리라"

시1:1 "**복 있는 사람**은 악인들의 꾀를 따르지 아니하며 죄인들의 길에 서지 아니하며 오만한 자들의 자리에 앉지 아니하고"

우리가 새해 신년인사도 "**새해에 복 많이 받으세요**"하는 등 인간은 누구나 복 받기를 좋아합니다.

히스기야는 교만해 졌으나 저주받거나 책망받지 않고 오히려 복을 받은 것은 그는 남달리 회개함으로 **하나님이 물질의 복을 주셨습니다.**

오늘 말씀의 제목으로 삼은 27절에 보면 "히스기야가 **부와 영광이 지극한지라** 이에 은금과 보석과 향품과 방패와 온갖 보배로운 그릇들을 위하여 **창고를 세우며**

28.곡식과 새 포도주와 기름의 산물을 위하여 창고를 세우며 온갖 짐승의 **외양간을** 세우며 양 떼의 **우리를** 갖추며
29절에 보면 양 떼와 많은 소 떼를 위하여 **성읍들을** 세웠으니 이는 하나님이 그에게 **재산을 심히 심히 많이 주셨다**"고 하십니다.
한마디로 금은 보화를 보관할 **창고를 지었고** 각종 짐승을 가두어 놓는 **성읍들을** 건축할 정도로 넘치는 복을 받았습니다.
중요한 것은 **하나님과의 관계입니다**. 불편한 관계가 아니라 친밀한 관계로 하나님과 올바른 관계를 맺을 때 복은 물론 마음의 평안과 기쁨을 누릴 수 있습니다.
하나님께 찍히지 말고 이쁨받아 히스기야처럼 복받도록 합시다.

둘째, 모든 일이 형통하는 복을 받았습니다.(30)

30절에 보면 "이 히스기야가 또 기혼의 윗샘물을 막아 그 아래로부터 다윗 성 서쪽으로 곧게 끌어들였으니 히스기야가 그의 **모든 일에 형통하였더라**"고 모든 일이 형통하는 복을 받았습니다.

이스라엘이란 나라는 물이 귀하기 때문에 **물이 생명과** 같이 중요하게 여겨졌습니다.
종전에 **영등포병원 원장인 유태전 박사**는 출근길에 2L짜리 물병을 들고 나와 다 먹는다고 하며 **물을 안 먹어서 생기는 병이 많다고** 하더군요
최근에는 **아는 지인이** 사무실을 방문했는데 전보다 **얼굴색이 훨씬 좋고 건강미가 넘쳐서** 무슨 좋은 약이라고 먹었느냐 했더니 **하루에 일어나서부터 잘 때까지 수시로** 물을 먹는다며 제 사무실에서 잠깐 머무는데도 0.5L 두병을 마시면서 **생수 덕분이라고** 하는 말을 들었습니다.
히스기야는 기혼의 샘을 막아 예루살렘 성으로 물길을 인도해 백성들이 평안히 물을 사용할 수 있도록 그 당시 기술로 해낼 수 없는 큰 일을 해냈는데 이것이 바로 **하나님의 절대적인 복과 은혜였음을** 알아야 하겠습니다.

셋째, 역사에 남는 존경받는 왕이 되었습니다.(32-33)

히스기야 왕의 행적이 아모스의 아들 이사야의 묵시책과 유다와 이스라엘 열왕기에 기록되었으며 히스기야가 죽자 다윗 자손의 묘실에 묻히고 온 백성들이 죽음에 존경을 표하였습니다. 이러한 기록은 히스기야가 하나님의 복을 많이 받았다는 표현이고 **백성의 존경**은 물론 하나님이 기뻐하시는 왕이었음을 증명하고 있습니다.

이제 말씀을 마칩니다. 히스기야처럼 성도가 복을 받으려면 **죄**에 대해 민감하고 성령 충만하며 항상 자신을 돌아보아야 하겠습니다. 히스기야는
1) 물질의 복을 받았습니다
2) 모든 일이 형통하는 복을 받았습니다
3) 역사에 남는 존경받는 왕이 되었습니다.

히스기야가 받은 복을 받기 원하는 저와 여러분에게

우리주 예수 그리스도의 은혜와 **하나님**의 **다함없는 사랑**과 **성령**의 **역사하심**이 함께하시길 간절히 축원합니다.

내일 6.11일(금)은 구약#33번째, 40장짜리 출애굽기(82쪽)입니다

찬송가 해설

1. 272장(고통에 멍에 벗으려고)

이 찬송은 사61:1의 "주 여호와의 영이 내게 내리셨으니 이는 여호와께서 내게 **기름을 부으사 가난한 자에게 아름다운 소식을 전하게 하려** 하심이라 나를 보내사 **마음이 상한 자를 고치며, 포로된 자에게 자유를, 갇힌 자에게 놓임을 선포하며**" 말씀에 근거

미국의 회중교회 **슬리퍼**(신발 슬리퍼가 아니라)목사가 1887년에 **작사**하였고
작곡은 미국의 스테빈스가 하였습니다.

스테빈스는 한 **부흥집회에서 찬양 인도를** 하다가 **작사자인** 슬리퍼목사와 만나게 되는데
이 때 **슬리퍼** 목사가 자신의 선교 사역에 필요한 찬송가를 스테빈스에게 **부탁**하여 완성된 곡이 바로 이 찬송 "고통의 멍에 벗으려고"입니다.

고된 삶으로부터의 구원을 갈구하는 내용의 찬송으로
"**낭패와 실망 당한 뒤에 십자가 은혜 받으려고**
영광의 주를 뵈려고 주께로 갑니다."의 찬송가 272장을 **다함께** 부르시겠습니다.

33. 이 노래로 여호와께 노래하니 (출애굽기15:1-18 / ♪303)

어제는 구약 서른 두 번째 36장짜리 역대하로
역대하 32장 27절 말씀 중 「히스기야가 부와 영광이 지극한지라」라는 제목으로
히스기야는
1) 물질의 복을 받았습니다
2) 모든 일이 형통하는 만사형통의 복을 받았습니다
3) 역사에 남는 존경받는 왕이 되었습니다.라고 하며
히스기야가 받은 복을 우리도 받자고 은혜의 시간을 가졌습니다.

오늘은 구약 서른 세번 째 40장인 **출애굽기**입니다.
출애굽기의 약자는 "출"이며 저자는 모세(Moses)이며
기록연대는 주전 (B.C.)1446-1406년경입니다.

기록목적은 하나님께 선택된 이스라엘 백성들이 **애굽**에서 **해방**된 사건을 보여 주고, 그들이 하나의 **국가**로서 **차츰** 정비되고 발전되어 가는 과정을 보여 주기 위해 기록하였습니다.

먼저, 출애굽기는 40장입니다.

○ 1장은 **야곱 일행**이 애굽으로 이주한 지 대략 350년이 흐른 때(주전 1527년경), 애굽 땅에서 이스라엘은 크게 번성했습니다. 이에 위협을 느낀 애굽 왕은 가혹한 탄압정책을 펼칩니다.

○ 2장은 이스라엘이 애굽 땅에서 핍박받던 시절, 나일 강에서 건져진 한 히브리 사내아이가 바로 공주의 양자로 입양되었으니, 그가 곧 모세입니다. 장성한 모세는 혈기로 한 애굽인을 죽인 후 미디안 땅으로 도피하여 40년을 보냅니다. (혈기로 망한자 최근에도 여러분 보았지요 제가 잘 아는 지인이라 이름은 생략하되 국민의 힘 모 의원이 혈기로 욕하고 손찌검하다가 탈당하게 되었지요)

① 4:10 "모세가 여호와께 아뢰되 오 주여 나는 본래 말을 잘 하지 못하는 자니이다. 주께서 주의 종에게 명령하신 후에도 역시 그러하니 나는 입이 (어쩌요?) 뻣뻣하고 둔한 자니이다." 여기서 '입이 뻣뻣하고 혀가 둔한 자'는 모세가 유창한 달변가가 아니라는 뜻으로 이는 하나님의 소명에 대한 모세의 자신 없음과 두려움을 함축하고 있는데 유대인에 따르면 모세가 순음계통(d, v, m, ph, p)의 발음을 하는데 어려움이 있었다고 합니다.

○ 7장은 출애굽을 거부하는 애굽 왕에게 각종 재앙들이 내려집니다. ①피 ②개구리 ③이 ④파리 ⑤심한 돌림병 ⑥악성 종기 ⑦우박 ⑧메뚜기 ⑨흑암 재앙이 애굽 온 땅에 차례로 내려집니다.

○ 11장은 아홉 가지의 재앙에도 불구하고 정신 못차리고 계속 거부하는 애굽 왕에게 최후 통첩으로 애굽의 초태생들이 모두 죽는 열 번째 재앙이 임합니다.

○ 34장은 금송아지 숭배 사건으로 깨뜨려진 언약 관계를 다시 회복하기 위해 하나님은 두 번째 언약의 돌판을 주십니다.

② 34:13 "너희는 도리어 그들의 제단들을 헐고 그들의 **주상**을 깨뜨리고 그들의 **아세라 상**을 찍을지어다"에서 '주상'은 돌기둥으로 만든 우상들을 말하며 '아세라'는 가나안이 3대 여신 중 하나로 바알신의 아내이며 풍요를 상징하는 여신을 말합니다.

③ 34:23 "너희의 모든 남자는 **매년 세 번씩** (몇번씩?) 주 여호와 이스라엘의 하나님 앞에 보일지라"에서 '매년 세 번씩'은 이스라엘의 3대 절기인 무교절(누룩없는 빵), 오순절(오순절 성령), 수장절(쌓을 장)기억나시죠? 이 3대 절기(무교절, 오순절, 수장절)에 백성들이 여호와께 제물을 드려야 했습니다.

④ 40:35 "모세가 회막에 들어갈 수 없었으니 이는 구름이 회막 위에 덮이고 여호와의 영광이 성막에 충만함이었으며"에서
'모세가 회막에 들어갈 수 없었으니"란 여호와의 영광이 충만한 성막 속으로 모세가 들어갈 수 없었다는 것인데 이는

① 모세도 하나님 앞에서 온전히 설 수 없는 죄인이며(롬3:23:모든 사람이 죄를 범하였으매 하나님의 영광에 이르지 못하더니")말씀과 같이 **사람은 누구나 다 죄인**이죠? ②죄인인 인간이 **하나님의 영광에 동참하는 방법은** 오직 예수(Only Jesus)를 통해서만 가능하다는 사실을 말하고 있습니다.

자! 그러면 출애굽기 15장 1절의 "이 때에 모세와 이스라엘 자손이 **이 노래로 여호와께 노래하니 일렀으되**"에서 '**이 노래로 여호와께 노래하니**'라는 **제목으로** 이 새벽에 '**모세의 승리의 노래**'에 관하여 말씀을 나누며 은혜의 시간을 갖고자 합니다.

먼저 창세기가 천지만물의 기원에 관한 책이라면, 출애굽기는 선민 이스라엘이 신정국가 국민으로서 성장하는 모습을 보여주며 중요한 요지는 이스라엘 백성들이 애굽의 압제에서 벗어나 구원에 이르는 일련의 과정으로 그 구원의 배후에는 언제나 하나님이 지켜보고 계셨다는 사실입니다.

모세는 그가 태어날 당시는 바로가 이스라엘 종족을 말살시키기 위하여 이스라엘 남자 아이의 살해정책을 무섭게 시행할 무렵으로 그의 출생연도는 B.C 1526년으로 봅니다. 모세는 태어나자 마자 이스라엘 남자라는 이유로 죽임을 당할 뻔하였으나 그 부모는 애굽의 이러한 정책에 따르지 않고 **모세의 운명을 하나님께 맡기고** 모세를 갈대상자에 넣어 나일강에 띄워 보냅니다. 그러나 아이로니칼하게도 바로의 궁중에서 바로의 딸에 의해 자라났다는 것은 인간이 이해할 수 없는 하나님의 섭리였으며 이는 하나님께서 이스라엘의 해방을 위하여 모세를 통해 해방시킬 준비를 하셨다는 놀라운 계획이 있었습니다.
종전의 슬픔가득한 애굽 생활과는 달리 **자유와 기쁨의 감격에서 부르는 모세의 승리의 노래는** 어떤 것이었는지를 보면서 피차 은혜의 시간되시기 바랍니다.

첫째, 거룩하신 하나님의 이름을 찬양하였습니다.(1-5절)

1절에 "내가 여호와를 찬송하리니 그는 그는 **높고 영화로우심이요** 말과 그 탄자를 바다에 던지셨다고"함은 모든 악의 세력을 멸하실 수 있는 전능의 엘로힘의 하나님! 권능의 소유자이신 하나님을 뜻합니다.

또 2절의 "**여호와는 나의 힘이요 노래시며 나의 구원자시로다**"란 고백은 하나님의 구원을 체험한 자가 고백하는 하나님의 능력을 인정하는 것입니다.
시편18편 1절 "**나의 힘이신 여호와여 내가 주를 사랑하나이다**"과 같은 의미입니다.
또 3절의 "**여호와는 용사시니 여호와는 그의 이름이시로다**"에서 '**여호와**'는 그 이름 그대로 태초부터 영원까지 '스스로 계시는 분'으로 결국 거룩하신 하나님의 이름을 송축하였습니다.

둘째, 애굽인을 이긴 승리를 찬양하였습니다.(6-10)

6절에 보면 "**여호와여 주의 오른 손이 권능으로 영광을 나타내시니이다 여호와여 주의 오른손이 원수를 부수시니이다.**" 애굽인을 이긴 것은 능력의 오른 팔, 강한 손으로 행하신 하나님의 강한 권능으로 된 것입니다. 또 7절에서는 "주를 거스리면? 엎으신다고 말씀하십니다." 이어서 8-10절은 순종하는 자에게 축복을, 거스르는 자에게 진노하시는 상선벌악의 하나님으로 살아 계셔서 심판하시는 하나님이심을 알 수 있습니다. 10절 말미에서 하나님은 교만한 애굽인을 납처럼 물에 잠기게 하셨습니다.

셋째, 이스라엘의 소망인 가나안을 찬양하였습니다.(11-18)

13절에 보면 "주의 인자하심으로 주께서 구속하신 백성을 인도하시되 (어디로 들어가게 했어요?) 주의 거룩한 처소에 들어가게 하십니다. 이는 언약의 땅 가나안을 소망으로 바라보는 신앙을 말합니다. 가나안하니까 옛날 가나안 농군학교의 김용기 장로님 하신 말이 생각나는군요 '하라는 사람이 되지 말고 하는 사람이 돼라' 그래서 저도 어제 쓰레기 봉투를 직접 버렸습니다. 누군가가 세무사님이 직접하세요? 하길래 예 직원들 바쁘니까 제가 직접합니다 했는데 김장로님의 영향입니다.
이스라엘 백성들은 원수들에게서 구원을 받게 되자 하나님께서 약속하고 준비하신 가나안을 믿음으로 바라보며 가나안 복지로 인도하실 하나님을 찬송했던 것입니다.

이제 말씀을 마칩니다. 우리 성도들의 삶 가운데도 자유와 기쁨의 감격이 넘치는 승리의 노래가 있어야 하겠습니다.

모세가 부른 승리의 노래는
1) 거룩하신 하나님의 이름을 찬양하였습니다.
2) 애굽인을 이긴 승리를 찬양하였습니다
3) 이스라엘의 소망인 가나안을 찬양하였습니다
모세와 같이 승리의 노래 부르기 원하는 저와 여러분에게

우리주 예수 그리스도의 **은혜**와 하나님의 **변치 않는 사랑**과 성령의 **역사하심**이 함께하시길 간절히 축원합니다.

다음주 6.17일(목)은 구약#34번째, 42장짜리 욥기(761쪽)입니다

찬송가 해설

1. 303장(날 위하여 십자가의)

이 찬송은 어제 기도시간에 기도 중 **보배로운 피를 흘리사** 구원해 주신 주님의 은혜의 가사가 생각나 선곡했습니다.

시40:3의 "새 노래 곧 **우리 하나님께 올릴 찬송**을 내 입에 두셨으니" 라는 말씀에 근거

이 찬송은 미국 침례교회의 **로우리목사**가 작사하고 작곡한 것을 후에 일본 성결교단 목사 사사오가 새로운 가사를 넣어 1958년에 발행한 일본 성결교 찬송가 「성가」에 수록했습니다.

이 찬송은 **구원받은 것에 대해** 찬양하는 **로우리 목사의 신앙고백적인 노래**인데, 1869년에 만들어 같은 해에 주일학교 찬송가 「Bright Jewels」에 실렸습니다.

" 날 위하여 십자가의 중한 고통 받으사 대신 죽은 주 예수의 사랑을 어찌 찬양 안할 수 있느냐"는
찬송가 303장을 다함께 부르시겠습니다.

34. 욥에게 이전 모든 소유보다 갑절이나 (욥기42:10-17/♪538)

지난주 목요일에 구약 서른 세 번째 40장짜리 출애굽기로
출애굽기 15장 1절 말씀 중「이 노래로 여호와께 노래하니」라는 제목으로 모세가 부른 승리의 노래는
1) 거룩하신 하나님의 이름을 찬양하였고
2) 애굽인을 이긴 승리를 찬양하였으며
3) 이스라엘의 소망인 가나안을 찬양하였다고 하며
우리도 모세와 같이 승리의 노래를 부르자고 하였습니다.

오늘은 구약 서른 네번 째 40장인 출애굽기입니다.
욥기의 약자는 "욥"이며 저자는 모른다고 하나
유대 전승에 의하면 '욥'으로 추정합니다.
기록연대도 알 수 없다고 하나 '족장시대'로 봅니다.

기록목적은 이 세상의 모든 사건들은 **하나님의 섭리와 통제** 아래에 있다는 것과 **경건한 욥의 고난**을 통해 하나님의 절대 주권 및 참된 신앙의 의미를 가르쳐 주기 위해 기록하였습니다.

먼저, 욥기는 42장으로 유익한 내용을 간추려 전합니다.

○ **1장**은 재난당하기 이전의 욥의 부요함과 경건한 신앙을 보여 주고, 이어 사탄의 악한 제안 및 그로 인해 연거푸 닥치는 재난의 장면이 소개됩니다.

○ **2장**은 첫 번째 시험에서 실패한 사탄은 두 번째 시험에서 **욥의 전신에 종기가 나게** 합니다. 그러나 욥은 여전히 여호와 신앙의 정조를 버리지 않습니다. 한편, 이 무렵 욥의 소식을 듣고 **욥의 세 친구가 문병차 욥을 찾아** 옵니다.

○ **3장**은 육체의 고통이 극에 달하자 욥은 입을 열어 자신의 **출생을 탄식**합니다. 또한 지금이라도 죽기를 바라는 처절한 심경을 토로합니다.

① 6:27 "너희는 고아를 제비 뽑으며 너희 친구를 팔아 넘기는구나"에서 '**고아를 제비 뽑으며**'란 그 당시 **지불 능력이 없는 채무자의 자녀들을 놓고** 노예 삼기 위하여 **제비 뽑는 것**을 가치킵니다.

② 7:9 "구름이 사라져 없어짐 같이 스올로 내려 가는 자는 다시 올라오지 못할 것이오니"에서 '스올(sheol)'은 지하 세계로서 이 세상을 떠나간 자들이 거주하는 곳, 때로는 '무덤'이나 '지옥'으로 번역합니다,

○ **23-4장**은 엘리바스의 3차 공박에 대한 욥의 변론인데, 친구들의 공박에 대한 답답함을 느낀 욥은 오직 하나님을 향해 자기 결백을 호소합니다. 그런 후에 욥은 **의인의 고통과 악인의 형통까지도 모두 하나님의 주권임**을 고백합니다.

③ 37:2 "하나님의 음성 곧 그의 입에서 나오는 소리를 똑똑히 들으라"에서 '그의 입에서 나오는 소리'란 엘리후는 여기서 우렁찬 **천둥 소리를 하나님의 목소리**에 빗대어 읊으면서 위대하신 하나님의 음성에 귀 기울이라고 호소하고 있습니다.

④ 40:2 "**트집 잡는 자**가 전능자와 다투겠느냐 하나님을 탓하는 자는 대답할지니라"에서 '**트집 잡는 자**'는 다투어 논쟁하는 자, 또는 다른 성경(RSV)에서는 잔소리꾼(우리 손녀가 외할아버지는 **잔소리가 많아서 싫어**)등으로 표현하고 있습니다. (저는 트집 잡는 자를 **건건이 매사에 트집 잡는 자**라고 말하고 싶습니다.)

○ **42장**은 하나님과의 만남을 통해 욥은 자신의 미천한 한계를 깨닫고 참회하며 끝까지 참은 **욥에게 갑절의 축복이 임합니다**.

⑤ 42:17 "욥이 늙어 **나이가 차서 죽었더라**"에서 욥이 시험당할 때 나이가 50세 정도였다면 190세 이상을 살았다고 볼 수 있습니다.

자! 그러면 욥기 42장 10절의 "욥이 그의 친구들을 위하여 기도할 때 여호와께서 욥의 곤경을 돌이키시고 여호와께서 욥에게 이전 **모든 소유보다 갑절이나 주신지라**"에서

'욥에게 이전 모든 소유보다 갑절이나'라는 제목으로 이 새벽에 '욥이 받은 갑절의 복'에 관하여 말씀을 나누며 은혜의 시간을 갖고자 합니다.

욥은 까닭없이 시험을 받아 모든 것을 다 잃어 버렸습니다. 욥기 2:3에 보면 "여호와께서 **사탄에게** 이르시되 네가 내 종 욥을 주의하여 보았느냐 그와 같이 온전하고 정직하여 하나님을 경외하며 악에서 떠난 자가 세상에 없느니라 네가 나를 충동하여 **까닭 없이 그를 치게** 하였어도 그가 여전히 자기의 온전함을 굳게 지켰느니라"에서 볼 수 있듯 '까닭 없이 그를 치게' 하였습니다. 모대통령의 "왜 자꾸 나만 갖고 그래?"가 생각나네요

욥은 어떤 사람인가요? 욥기 1:1 "우스 땅에 욥이라 불리는 사람이 있었는데 그 사람은 온전하고 정직하여 하나님을 경외하며 악에서 떠난 자더라"라고 하며 또 2-3절에서는 "그에게 아들 일곱과 딸 셋이 태어나니라. 그의 소유물은 양이 칠천 마리요 낙타가 삼천 마리요 소가 오백 겨리요 암나귀가 오백 마리이며 **종도** 많이 있었으니 이 사람은 **동방 사람 중에 가장 훌륭한 자라**"고 기록하고 있습니다.

이렇게 훌륭한 욥이 **까닭없이 시험받아 모든 것을 잃어버렸으나** 42:2절에서 "주께서는 못 하실 일이 없사오며 무슨 계획이든지 못 이루실 것이 없는 줄 아오니"라고 **하나님의 능력과 지혜와 권능**이 영원불변하심을 믿고 전능하신 하나님의 능력앞에 굴복하며 지고하신 하나님께 회개하였습니다.

♪① "전능하신 나의 주 하나님은 능치 못하실 일 전혀 없네"

뿐만 아니라 42:3절에서 자신의 주지함을 깨닫고 "무지한 말로 이치를 가리는 자가 누구니이까 나는 깨닫지도 못한 일을 말하였고 스스로 알 수도 없고 헤아리기도 어려운 일을 (감히) 말하였나이다"라고 자신의 무지를 회개하였습니다. 또한 42:5절 에서도 "내가 주께 대하여 귀로 듣기만 하였사오나 이제는 눈으로 **주를 뵈옵나이다**" 라고 체험을 고백하며 회개하고 하나님앞에 겸손히 굴복하였습니다. 우리도 욥과 같이 체험적인 신앙을 통하여 **철저한 회개**로 자신의 무지와 **하나님의 능력을 인정하는** 저와 **여러분이 되길** 간구합니다.

이처럼 철저히 **깨진** 욥에게 **갑절의 복**이 임했는데 **어떤 복**을 받았는지 말씀을 살펴보며 함께 은혜를 나누고 싶습니다.

첫째, 신령한 은혜를 갑절로 받았습니다.(8-10절)

고후6:2 "보라 지금은 은혜 받을 만한 때요 보라 지금은 구원의 날이로다"라고 지금이 바로 은혜 받을 때라고 하지요?
42:10 "**욥이 그의 친구들을 위하여 기도할 때 여호와께서 욥의 곤경을 돌이키시고 여호와께서 욥에게 이전 모든 소유보다 갑절이나 주신지라**"에서 욥과 하나님과의 관계가 회복된 것을 뜻합니다. 욥의 기도가 응답받을 것을 말합니다. 욥은 자기를 비난하던 친구들을 위하여 오히려 기도해 주었으며 이와 같은 '**용서의 기도**'로 말미암아 자기는 물론 친구들이 모두 다 함께 은혜와 복을 받게 된 것입니다.
용서의 기도로 갑절의 복을 받았는데 그래도 용서하지 안하실 겁니까? 그렇다면 어리석은 것입니다. 용서합시다.
♪② "오늘 집을 나서기 전 용서했나요? 오늘 받을 은총위해 호소했나요? 기도는 우리의 안식, 빛으로 인도하리
앞이 캄캄할 때 기도, 잊지 마세요"

둘째, 인간관계가 갑절로 회복되었습니다.(10-11)

욥기 1:13-22절에 보면 욥이 자녀와 재산을 잃어버립니다. 먼저 부름받은 그의 10남매는 이미 천국에 갔을 것입니다만. 이때 욥의 대단한 신앙고백을 보며 감동받았습니다.21-22절 "말하길 내가 모태에서 알몸으로 나왔사온즉 또한 알몸이 그리로 돌아가올지라 **주신 이도 여호와시오 거두신 이도 여호와시니 여호와의 이름이 찬송을 받으실지니이다**하고, 이 모든 일에 욥이 **범죄하지 아니하고** 하나님을 향하여 **원망하지 아니하니라**" 원망하거나 죄짓도 아니했다고 기록하고 있습니다. 정말 **욥의 인내**는 물론 찬송까지 드리는 깊은 **신앙심은 대단**하였습니다.
그는 또 다시 7남 3녀를 선물받는데, 그의 **딸들은** 전국에서 **최고의 미녀**였고 욥이 그 후에 140년을 살며 아들과 손자의 4대까지 보도록 건강하게 장수를 누렸습니다. 바른 신앙은 자신은 물론 남에게까지 **좋은 인간관계를 회복**시켜 줍니다.

셋째, 물질관계가 갑절로 풍성해졌습니다.(12)

욥1:3절에서 양 7천, 낙타 3천, 소 5백 겨리, 암나귀 오백마리 등 수많은 가축과 많은 종을 거느리는 동방 사람 중에 가장 큰 부자였으나 **사탄**에 의해 모든 것을 잃었다가 **하나님께서는** 모든 것을 갑절로 두배로 회복시켜 주셨습니다. **할렐루야!**
12절에 보면 "여호와께서 욥의 말년에 욥에게 **처음보다 더 복을 주시니** 그가 **양 만 사천과 낙타 육천과 소 천 겨리와 암나귀 천을 두었고**"라고 두 배씩 **갑절의 복을** 더해 주셨습니다.

이제 말씀을 마칩니다. 욥이 받은 갑절의 복은
1) 신령한 은혜를 갑절로 받았습니다.
2) 인간관계가 갑절로 회복되었습니다
3) 물질관계가 갑절로 풍성해졌습니다
욥과 같이 인내함으로 갑절의 복받기 원하는 저와 여러분에게

우리주 예수 그리스도의 은혜와 하나님의 **한량없는** 사랑과 성령의 **역사하심**이 함께하시길 간절히 축원합니다.

다음주 6.24일(목)은 구약#35번째, 48장짜리 에스겔(1151쪽)입니다

찬송가 해설

1. 538장(죄짐을 지고서 곤하거든)

이 찬송은 관련찬송중 하나로 '죄짐을 지고서 곤하거든, 정결케 되기를 원하거든, 진실한 친구를 원하거든, 즐거운 찬송을 하려거든 (어떻게 해요?) 네 맘속에 주 영접하며, 맘 문다 열어 놓고 네 구주를 영접하라' 하십니다. 이 찬송만 불러도 내 무거운 죄짐이 벗겨질 것 같았습니다.

사53:6의 "우리는 다 양 같아서 **그릇 행하여** 각기 **제 길로 갔거늘** 여호와께서는 우리 모두의 **죄악을 그에게 담당**시키셨도다" 라는 말씀에 근거

이 찬송은 결신자들을 초대하는 찬송으로 미국의 유명한 찬송 작가인 모리스여사가 1898년 메릴랜드의 한 부흥집회에 참석했을 때에 작사·작곡했습니다.

그 내용은 "죄짐을 지고서 곤하거든, 죄의 짐이 너를 감싸고 묶어 꼼짝 못하게 한다면, 네 맘속에 주님을 영접하며 **의심을 다 버리고** 구주를 영접하라 하십니다.
맘 문 다 열어 놓고 네 구주를 영접하라"고 하십니다.

이 시간에 영접의 찬송 538장을 마음 껏 부르시겠습니다.

35. 내 입에서 달기가 꿀 같더라 (에스겔3:1-15 / ♪ 200)

어제 목요일엔 구약 서른 네 번째 42장짜리 욥기로
욥기 42장 10절 말씀 중 「욥에게 이전 모든 소유보다 갑절이나」라는 제목으로 욥이 받은 갑절의 복에 관하여
1) 신령한 은혜를 갑절로 받았으며
2) 인간관계가 갑절로 회복되었고
3) 물질관계가 갑절로 풍성해졌다고 말씀을 나눴습니다.
욥과 같이 인내함으로 갑절의 복받자고 하였습니다.

오늘은 구약 서른 다섯번 째 48장인 에스겔입니다.
에스겔의 약자는 "겔"이며 저자는 에스겔(Ezekiel)이고
기록연대도 주전(B.C.)565년경입니다.

기록목적은 예루살렘과 하나님의 백성에게 닥친 비극적인 상황은 죄에 대한 하나님의 엄중한 심판임을 알려 줌으로써, 지금부터라도 회개하고 바르게 신앙생활할 수 있도록 경각심을 주기 위해 기록하였습니다.

먼저, 에스겔은 48장으로 꽤나 길지만 골라 골라 정말 유익한 내용을 간추려 전하겠습니다.

○ 1장은 에스겔서의 서론으로서, 에스겔이 선지자로 소명받는 장면과 관련하여 만물의 주권자이신 하나님의 영광을 보여주는 놀라운 이상(異像)을 목격하는 장면입니다.

① 3:17 "인자야 내가 너를 이스라엘 족속의 파수꾼으로 세웠으니 너는 내 입의 말을 듣고 나를 대신하여 그들을 깨우치라"하십니다. 여기서 보면 하나님은 에스겔을 '인자'라고 부릅니다. 인자란 아담의 후손이란 뜻으로 인간은 무능한 존재임을 깨우치는 말입니다. 이런 인간이 하나님이 주시는 지혜와 용기없이 어떻게 감히 사명을 감당할 수 있겠습니까? 에스겔은 하나님의 능력과 지혜와 용기를 겸손하게 받아 들여 사명자가 될 수 있었습니다.

○ 8장은 에스겔 선지자는 환상 중에 목격한 바 거룩한 **예루살렘 성전**에서 행해지는 갖가지 가증한 우상 숭배의 행위를 통해 유다 백성들의 영적 타락과 부패를 엄중히 고발하고 있습니다.

○ 드디어 10장은 **예루살렘 성읍**에 하나님의 진노를 상징하는 **숯불 심판**이 임한 후에, **하나님의 영광이 성전을 떠나가는 장면**이 등장합니다.

○ 23장은 에스겔 선지자는 음행하는 두 자매(오홀라, 오홀리바)의 비유를 통해, 하나님을 **떠나 이방 나라를 의지하는 북왕국 이스라엘과 남왕국 유다의 패망**을 선포하고 있습니다.

② 23:4 "그 이름이 **형은 오홀라요 아우는 오홀리바라** 그들이 내게 속하여 자녀를 낳았나니 그 이름으로 말하면 **오홀라는 사마리아요 오홀리바는 예루살렘**이니라"에서 '**오홀라**'는 '그녀의 장막'이란 뜻인데 이는 북왕국 이스라엘의 왕 여로보암이 정권 유지를 위해 **벧엘에 산당을 지어 금송아지 숭배**를 한 사실을 염두해 두고 붙인 명칭으로 추정되며
'**오홀리바**'는 '나의 장막이 그녀의 속에 있다는 뜻으로 이는 유다의 예루살렘 성읍 안에 나의 성소가 있다는 의미입니다.

③ 43:3 "그 모양이 **내가 본 환상** 곧 전에 성읍을 멸하러 올 때에 보던 환상 같고 **그발 강** 가에서 보던 환상과도 같기로 내가 곧 얼굴을 땅에 대고 엎드렸더니"에서 '**내가 본 환상**'은 에스겔이 소명을 받을 때, 즉 성읍을 멸하러 올 때 **보던 환상**을 말합니다. '**그발 강 가**'는 바벨론 땅에 있는 강으로 이스라엘 포로시절 생활하던 강가를 말합니다.

④ 48:36 "그날 후로는 그 성읍의 이름을 **여호와삼마**라 하리라"에서 '**여호와삼마**'는 '여호와, 여기 계시다'는 뜻입니다.

자! 그러면 에스겔 3장 3절의 "내게 이르시되 인자야 내가 네게 주는 이 두루마리를 네 배에 넣으며 네 창자에 채우라 하시기에 **내가 먹으니 그것이 내 입에서 달기가 꿀**

같더라"에서 '내 입에서 달기가 꿀 같더라'라는 제목으로 이 새벽에 '하나님의 말씀이란? 누구에게 주어지나 살펴보고 어떤 자에게 능력의 말씀이 되며 그 말씀은 쓴것인지 단것인지 살펴보며 피차간에 은혜의 시간이 되시길 간절히 바랍니다.

에스겔의 사역은 하나님의 심판이 임하기 이전에 하나님의 언약을 준행함으로써 하나님의 복을 백성들에게 확신시켜주는 일이었습니다.
전반부 1-24장은 예루살렘 성에 하나님의 심판이 가까이 왔다는 사실을 알리기 위해 기록한 것이며
후반부 33-48장은 하나님의 왕국이 임하면 이스라엘이 회복될 것이라는 예언을 하기 위해 기록하였습니다.

하나님의 말씀을 받은 에스겔이 1절에서 3절에 보면
1.또 그가 네게 이르시되 (뭐라고요?) 인자야 너는 발견한 것을 먹으라 너는 이 두루마리를 먹고 가서 이스라엘 족속에게 말하라 하시기로
2.내가 입을 벌리니 그가 그 두루마리를 내게 먹이시며

참고로) 시편81:10 "나는 너를 애굽 땅에서 인도하여 낸 여호와 네 하나님이니 네 입을 크게 열라 내가 채우리라 "고 이왕이면 입을 크게 열읍시다. 좋은 것을 많이 달라고 간구합시다.

3.네게 이르시되 인자야 내가 네게 주는 이 두루마리를 네 배에 넣으며 네 창자에 채우라 하시기에 내가 먹으니 그것이 (어떠했나요) "내 입에서 달기가 꿀 같더라" 했습니다.
이와 같이 에스겔에게 사명을 감당하라는 **하나님의 말씀**은 하나님의 명령입니다. 이 말씀은 누구에게 주어집니까?

첫째, 하나님의 말씀은 사모하는 자에게 주어집니다.

다윗은 시편19:10절에서 "금 곧 많은 순금보다 더 사모할 것이며 꿀과 송이꿀보다 더 달도다"고백하며 목마른 사슴이 갈급한 마음으로 시냇물을 찾듯이 말씀을 사모하라고

합니다. 또 많은 정금보다 더 말씀을 사모하라고 합니다. 세상 사람들은 물질을 사모하여 밤잠도 안자고 병이 생기는 줄도 모르고 몸을 돌보지 않고 죽으라고 피나는 노력을 합니다. 그러나 성도들은 (무엇을 사모해야 하나요?) 말씀을 사모해야 합니다. 주님은 마태복음 7:7에서 구하라, 찾으라, 문을 두드리라고 하셨습니다. 이렇게 **사모하고 찾는** 자가 말씀을 받게 됩니다. 예수님을 만나게 됩니다. 세상에 공짜는 없습니다.

♪① 찬송 392장
"주여 어린 사슴이 목이 갈하여
 시냇물을 찾으며 허덕이듯이
 나의 갈급한 영은 살아 계신 주
 나 진정 **사모함으로** 애가 탑니다."

둘째, 순종할 때 능력이 됩니다.

어제 아침에도 고전1:18 "십자가의 도가 멸망하는 자들에게는 미련한 것이요, **구원을** 얻는 우리에게는 하나님의 능력이라"했습니다.
삼상15:22 "순종이 제사보다 낫고 듣는 것이 숫양의 기름보다 나으니"순종하라 하십니다.
에스겔은 순종함으로, 말씀인 두루마리를 꿀같이 달게 받아 먹었습니다. 우리 성도들도 하나님의 말씀을 꿀같이 달게 받아 먹음으로 기쁨의 삶, 능력의 삶을 살 수 있습니다.
약2:14절과 26절의 말씀은 실천하는 믿음을 강조합니다.
"14.믿음이 있노라하고 **행함이 없으면 무슨 유익이 있겠느냐?**"
"26.영혼 없는 몸이 죽은 것 같이 **행함이 없는 믿음은 죽은 것이니라**"하십니다. 길과 진리와 생명되신 주님!
말씀자체이신 로고스의 주님도 순종하셨거든 하물며 우리랴?

셋째, 하나님의 말씀은 꿀같이 단 것입니다.

시119:103 "주의 말씀의 맛이 내게 어찌 그리 단지요 내 입에 꿀보다 더 다니이다" 아멘입니다.
"내가 먹으니 내 입에서 달기가 꿀 같다고 합니다."

하나님의 말씀을 깨닫고 은혜 받으면 세상의 그 무엇보다 귀하고 즐거운 것입니다. 말씀은 진리이자 생명이며 우리 인생에 부족함이 없는 **인도가 되기 때문입니다.** ♬ 주 예수보다 더 귀한 것은 없네

시편기자는 **시편23:1절**에서 "여호와는 나의 목자시니 내게 부족함이 없으리로다" 고백했습니다.

하나님의 자녀로 부름받아 나선 **하나님의 일군들**로서 그 사명을 잘 감당하기 위하여 이 예언의 말씀을 읽는 자와 듣는 자와 그 가운데 기록한 것을 지키는 자가 **복이 있다고** 하시며 **때가 가깝다고** 하시는 주님의 음성을 듣고 임박한 주님의 재림을 **깨닫는** 우리 모두가 되길 간절히 바랍니다.

이제 말씀을 마칩니다. 하나님의 말씀은

1) 사모하는 자에게 주어집니다.

2) 순종할 때 능력이 됩니다.

3) 하나님의 말씀은 꿀같이 단 것입니다.

 주의 말씀 순종하여 복 받기 원하는 저와 여러분에게

우리주 예수 그리스도의 **크신 은혜**와 **하나님**의 **달콤한 사랑**과 **성령**의 **역사하심**이 함께하시길 간절히 축원합니다.

다음주 6.24일(목)은 구약#36번째, 50장짜리 창세기(1쪽)입니다

찬송가 해설

1. 200장(달고 오묘한 그 말씀)

이 찬송은 오늘 말씀의 제목이 "내 입에서 달기가 꿀 같더라"로 정하다 보니 꿀송이보다 더 단 하나님의 말씀을 노래한 200장 찬송이 생각났습니다.

시119:103의 "주의 말씀의 맛이 내게 어찌 그리 단지요 내 입에 꿀보다 더 다니이다"라는 말씀에 근거

이 찬송은 미국의 대표적 복음찬송 작사가 **블리스**가 1874년 뉴욕에서 출간된 **주일학교 「생명의 말씀」**(Word of Life)창간호에 내기 위해 출판사의 요청으로 작사, 작곡한 찬송입니다.

이 찬송은 1876년 부흥사 펜테코스트의 뉴 헤이븐 집회에서 음악 지도자 스테빈스에 의해 소개되었고, 1878년 「복음찬송집」에 **처음으로** 수록되어 **불리게 되었다**고 합니다.

달고 오묘한 그 말씀, 생명의 말씀을 노래한
찬송가 200장 다함께 부르시겠습니다.

36 | 태초에 하나님이 천지를 창조 (창세기1:1-5/ ♪79)

지난 주 금요일엔 구약 서른 다섯 번째 48장짜리 에스겔중
에스겔 3장 3절 말씀 중「내 입에서 달기가 꿀 같더라」라는 제목으로 하나님의 말씀에 관하여
1) 사모하는 자에게 주어지며
2) 순종할 때 능력이 되는
3) 하나님의 말씀은 꿀같이 달다고 하였습니다.
주의 말씀 순종하여 복 받는 성도가 되자고 하였습니다.

오늘은 구약 서른 여섯번 째 50장인 창세기입니다.
창세기의 약자는 "창"이며 저자는 모세(Moses)이고
기록연대도 주전(B.C.)1446년-1406년경입니다.

기록목적은 하나님께서 이 세상의 모든 것들 및 사람을 창조하셨다는 것과, 또한 그분께서 선택하신 백성을 통하여 인류에게 구원의 길을 보여 주기 위해 기록하였습니다.

먼저, 창세기는 50장으로 많이 길지만 압축하여 전하겠습니다.

○ 1장은 하나님께서 우주 만물을 창조하시는 장면입니다. 하나님은 6일 동안에 걸쳐 **완전한 무(無)의 상태에서 충만한 유(有)의 상태로 천지를 창조**하셨고, 제7일째 안식하심으로써 창조 사역을 최종 완성하셨습니다.

○ 2장은 타락 이전, 인류 최초의 거주지인 '에덴 동산'과 더불어 에덴 동산에서 살아갈 인류의 조상 아담과 하와가 최초로 결혼하는 모습이 소개됩니다.

① 2:24 "이러므로 남자가 부모를 떠나 그의 **아내와 합하여 둘이 한 몸을 이룰지로다**" 에서 '한 몸'이란 여자의 본성은 남자와 온전히 한 몸을 이룰 수 있도록 모든 면에서 적합하게 준비되어 있다는 것으로 이 단어는 예수님께서 결혼이 신성함을 말씀하실 때도 인용하셨습니다. 참고로 엡5:31 "그러므로 사람이 부모를 떠나 그의 **아내와 합하여 그 둘이 한 육체가 될지니**"라고 기록하고 있습니다.

○ 3장은 인류의 조상인 아담과 하와가 뱀의 유혹에 빠져 **금단의 열매인 선악과를 따먹음으로써** 범죄하는 장면과 그로 인해 하나님의 저주의 심판을 받고 **에덴 동산에서 추방당하는 장면**입니다.

○ 11장은 **바벨탑 사건**으로 인해 **인류의 언어가 혼잡**하게 된 배경이 소개됩니다.

② 11:7 "자, 우리가 내려가서 거기서 그들의 언어를 혼잡하게 하여 그들이 서로 알아듣지 못하게 하자 하시고"에서 '자'는 **여호와께서 행동하시기 전에 하신 말씀**으로 이는 **하나님의 독백**이거나 **삼위의 하나님이 서로 권유**하는 말입니다.

○ 25장은 **향년 175세를 일기로 아브라함도 죽어** 막벨라 굴에 장사됩니다. 이삭은 쌍둥이 아들 에서와 야곱을 낳는데, 형 에서는 동생 야곱에게 장자의 명분을 팥죽한 그릇에 팔죠?

③ 42:9 "**요셉이** 그들에게 대하여 **꾼 꿈**을 생각하고 그들에게 이르되 너희는 정탐꾼들이라 이 나라의 틈을 엿보려고 왔느니라"에서 '요셉이 꾼 꿈'은 37:9절 "내가 또 꿈을 꾼즉 **해와 달과 열한 별이 내게 절하더이다** 하니라"처럼 형들의 곡식단이 요셉의 곡식단에 절하는 꿈을 가리킵니다.

④ 47:9 "**야곱이** 바로에게 아뢰되 내 **나그네 길의 세월이 백삼십 년**이니이다. 내 나이가 얼마 못 되나 **힘악한 세월**을 보냈다고" '나그네 길'은 야곱의 인생여정을 말하기도 하지만 신약 시대에 천성을 향해 살아 가는 성도들의 삶을 상징합니다.

과거 **최희준의 1965년 곡**♬ '**하숙생**' "인생은 나그네 길 어디서 왔다가 어디로 가는가 **구름이 흘러가듯** 떠돌다 가는 길에 정일랑 두지말자 미련이랑 두지말자 **인생은** 나그네 길, 정처없이 흘러서 간다" 그가 예수 믿기 전 즐겨 부르던 노래라고 합니다.

자! 그러면 오늘 본문 말씀 창1:1절의 "태초에 하나님이 천지를 창조하시니라"란 **말씀을 토대로** 이 새벽에 **창조**에 관한 말씀 나누며 은혜의 시간되시길 바랍니다.
창세기는 천지만물과 인간의 기원에 관한 책입니다.

구약 39권과 신약 27권중 구약의 첫 책이 **창세기**로 성경의 제일 첫 번째로 기록된 책으로 그 **주제**는 "**태초에 (누가?) 하나님이 천지를 창조하셨다**"는 것입니다.
하나님께서 하나님의 자녀인 저희들에게 주신 최고의 선물인 하나님의 말씀인 **성경의 주제**를 살펴 보겠습니다.

첫째, 주어가 바로 하나님이십니다.

우리가 소학교시절 국어 공부할 때 주어는 "은,는,이,가"라고 배웠지요? **창조의 주어가 바로 하나님**이라는 것입니다.
성경의 주제의 주어가 하나님이라는 사실은 결코 우연이 아닙니다. 성경의 처음부터 끝까지, 그리고 성경의 구석구석을 하나님께서 완전히 장악하고 계십니다. 그렇기 때문에 성경은 일반 사서삼경이나 고사성어같은 윤리책이 아니며 우리가 흔히 알고 있는 성경이 단지 하나님에 대한 책이란 것보다 훨씬 고차원적인 의미로 **하나님이 직접! 손수 지으시고 훈계하시는 책으로서 모든 성경은 하나님의 입으로부터 나온 하나님의 말씀**이란 점을 새롭게 인식하는 이 아침이 되길 바랍니다.
성경은 하나님의 감동으로 기록된 하나님의 말씀으로써 **구원의 책**입니다.
기록 연대는 구약성경은 1,500년, 신약성경은 100년으로 약 1,600년간 기록하였으며
기록한 사람은 농부, 목자, 음악가, 세리, 어부, 의사, 왕, 사도, 선지자 등 다양한 분야의 사람들입니다.
또 기록인원은 약36명으로, 구약 약28명, 신약 약8명입니다.
성경을 기록한 언어는 구약성경은 히브리이와 일부의 아랍어이며 신약성경은 당시의 일상 생활 용어였던 헬라어로 기록되었습니다.
성경의 권수는 **구약**이 39권 929장 23,214절이며
신약이 27권 260장 7,959절로서 **성경전체는 66권 1,189장 31,173절**이 되겠습니다.

딤후 3:15 "또 어려서부터 성경을 알았나니 **성경은 능히 너로 하여금 그리스도 예수 안에 있는 믿음으로 말미암아 구원에 이르는 지혜가 있게 하느니라**"하시며 이어서
3:16 "**모든 성경은 하나님의 감동으로 된 것으로 교훈과 책망과 바르게 함과 의로 교육하기에 유익하다**"고 말씀하십니다.

둘째, 시제는 태초입니다.

태초(콩 태, 처음 초라는 한자어)라는 말은 시간적 상황 속에서 맨 처음에 또는 '시작이 있게 된 때에'라는 뜻입니다.
즉 이것은 역사의 시작을 의미하기도 합니다.
요1:1-3절에 "**태초**에 말씀이 계시니라 이 말씀이 하나님과 함께 계셨으니 이 말씀은 곧 하나님이시니라 2.그가 **태초**에 하나님과 함께 계셨고, 3.만물이 그로 말미암아 지은 바 되었으니 지은 것이 하나도 그가 없이는 된 것이 없느니라"에서의 태초는 이보다 훨씬 이전을 가리키는 즉 '**영원부터**'라는 의미를 말하고 있습니다.
결국 하나님이 '**태초에**' 천지를 창조하셨다는 것은 천지가 하나님에 의해 그 시작을 갖게 되었고 그 끝도 하나님이시다는 것으로 **하나님은 알파요 오메가로 시작과 마침인 것입니다.**
관련성구로 계1:8 "주 하나님이 이르시되 나는 **알파와 오메가라 이제도 있고 전에도 있었고 장차 올 자요 전능한 자라 하시더라**"
계22:13 "나는 **알파와 오메가요 처음과 마지막이요 시작과 마침이라**"고 말씀하고 있습니다.

셋째, 내용은 천지를 창조하셨다는 것입니다.

창세기의 책명이 말해 주듯 그 내용이 천지를 만드셨다는 것입니다. 우주와 지구와 인류의 기원에 관한 여러 학설이 있습니다만 그러나 성경은 그 모든 것을 하나님께서 직접 손수 창조하셨다고 단호하게 선언합니다.
창조라는 말은 창1:2의 "땅이 혼돈하고 공허하며 흑암이 깊음 위에 있고 하나나의 영은 수면 위에 운행하시니라"는 말씀처럼 아무것도 없는 공허하며 무질서한 상태인 무에서 유를 만들어 내는 것으로서 **창1:21** "하나님이 큰 바다 짐승들과 물에서 번성하여 움직이는 모든 생물을 그 종류대로, 날개 있는 모든 새를 그 종류대로 **창조**하시니 하나님이 보시기에 좋았더라"고 생명체를 만들 때 창조라는 단어를 사용하셨고
또 **창1:27** "하나님이 자기 형상 곧 하나님의 형상대로 사람을 **창조**하시되 남자와 여자를 **창조**하시고"라고 인간을 만들 때에도 역시 창조라는 단어를 사용하셨습니다.

결론적으로 말씀드리면 성경의 첫 주제인 "태초에 하나님이 천지를 창조하셨다"는 사실! 즉, 진화설이 아니라 **창조설을 믿음으로 받아들이는 것이 참된 신앙의 첫 출발**입니다.
이제 말씀을 마칩니다. 성경의 첫 주제는 창조로서
1) 주어는 하나님이시요
2) 시제는 태초이며
3) 그 내용은 천지를 창조하셨다는 것입니다.
창조론을 믿고 바른 신앙생활하기 원하는 저와 여러분에게

우리주 예수 그리스도의 놀라우신 은혜와 **하나님의 다함없는사랑**과 **성령의 역사하심**이 함께하시길 간절히 축원합니다.

내일 6.25일(금)은 구약#37번째, 52장짜리 예레미야(1050쪽)입니다

찬송가 해설

1. 79장(주 하나님 지으신 모든 세계)

이 찬송은 오늘 말씀의 **제목**이 "태초에 하나님이 천지를 창조"로 관련찬송으로 떠올라 선곡했습니다.

시95:3의 "**여호와는 크신 하나님**이시요 모든 신들보다 크신 왕이시기 때문이로다" 라는 말씀에 근거

이 찬송은 미국의 유명한 부흥사 빌리 그래함의 집회에서 언제나 불리는 이 찬송은 스웨덴의 유명한 설교가 **보베르그목사**가 지은, **하나님이 창조하신 자연의 아름다움을 노래**한 9절로 된 시 '**오! 위대하신 하나님**'에서 유래하였습니다.
영국 선교사 하인 목사가 4절로 영역한 이 찬송은 본래 스웨덴 민요를 편곡한 곡으로 보베르그 목사가 이 곡에 맞게 작사한 것입니다.

다함께 **주님의 높고 위대하심을 찬양**하는
찬송가 79장을 목청껏 불러 봅시다.

37. 이 세대여! (예레미야 2:29-37 / ♪ 529)

어제는 구약 서른 여섯 번째 50장짜리 창세기중
창세기 1장 1절의「태초에 하나님이 천지를 창조하시니라」라는 제목으로 성경의 첫 주제인 천지창조에 관하여
1) 주어가 하나님이시요
2) 시제는 태초이며
3) 그 내용은 천지를 창조하셨다는 것으로
창조론을 믿고 바른 신앙생활하자고 다짐하였습니다.

오늘은 구약 서른 일곱번 째 52장인 **예레미야**입니다.
예레미야의 약자는 "렘"이며 저자는 예레미야(Jeremiah)이고
기록연대도 주전(B.C.)627년-586년경입니다.

기록목적은 **죄악**에 대해서는 반드시 하나님의 심판이 있음을 눈물로 경고함으로써 유다 백성들이 자신들의 죄악을 깨닫고 **회개하여 하나님께 돌아오도록** 하기 위해 기록하였습니다.

먼저, 예레미야는 52장으로 꽤나 길지만 압축하여 전하겠습니다.

○ 1장은 두 환상을 통한 예레미야의 소명 장면입니다. 예언의 시기와 주제, 하나님의 초월적인 선택과 절대적인 후원 및 **예레미야에게 주어진 하나님의 위로와 격려**가 나타납니다.

① 1:6 "내가 이르되 슬프도소이다 주 여호와여 보소서 **나는 아이라** 말할 줄을 알지 못하나이다 하니"에서 '아이란' 문자대로 나이가 어림을 나타내는 것이 아니라 선지자로서의 자격이나 능력이 없음을 고백하는 말입니다.

○ 2장은 하나님의 크신 은혜에도 불구하고 하나님보다 애굽이나 앗수르를 의지하려는 유다 백성들의 어리석음과 배교를 지적하면서, 그에 대한 하나님의 공의로운 심판이 선포됩니다.

○ 3장은 선지자는 **우상 숭배와 각종 죄악으로 결국 패망**한 북왕국 이스라엘의 슬픈 역사를 회고하면서, 유다 **백성들을** 향하여 **참회하고 돌이킬 것을 촉구**합니다.

② 7:2 "너는 **여호와의 집 문**에 서서 이 말을 선포하여 이르기를 여호와께 예배하러 이 문으로 들어가는 유다 사람들아 여호와의 말씀을 들으라"에서 '**여호와의 집 문**'은 당시 축복의 근원이요, 신앙의 보루였던 성전의 문을 나타내며, 이 문은 후에 **바룩이 예레미야의 예언을 낭독한 성전문**이기도 합니다.

○ 17장은 예레미야 선지자는 죄악에 대한 심판의 경고와 더불어 회개를 촉구하면서 유다 백성들을 위해 탄원의 간구를 드립니다. 그런 후에 다시 용기를 내어 **안식일 성수**를 힘차게 외칩니다. (제가 섬기던 군산성광교회 이진휘목사님의 입버릇처럼 하시던 말씀, **주일성수와 십일조 철저**가 떠오릅니다.)

○ 24장은 두 무화과 열매(좋은 무화과, 나쁜 무화과)의 환상을 통해 **회개하는 자들에게는 구원이, 끝까지 거역하는 자들에게는 멸망이** 있을 것임을 선포하는 장면입니다.

○ 36장은 하나님의 명령에 따라 예레미야는 바룩의 대필을 통해 예언의 말씀을 두루마리에 기록하자, 여호야김 왕이 그것을 읽고 격노하여 불태우지만 두루마리는 다시 작성됩니다.

③ 여기서 '바룩'은 **예레미야와 같이 예언을 기록한 사람**으로 외경인 '바룩서'를 쓴 저자이기고 하며 네리야의 아들로서 스라야와 형제였으며 **예레미야의 서기로** 그 이름의 뜻은 '**축복받은 자**'입니다.

④ 49:23 "**다메섹**에 대한 말씀이라 하맛과 아르밧이 수치를 당하리니 이는 흉한 소문을 듣고 낙담함이니라 바닷가에서 비틀거리며 평안이 없도다"에서 '**다메섹**'은 현재 **시리아의 수도**인데 사울이 바울로 변한 다메섹도상 아닌가 싶습니다.

자! 그러면 오늘 본문 말씀 **렘2:31절**의 "너희 **이 세대여** 여호와의 말을 들어 보라"에서 '이 세대여'란 제목으로 **예레미야를 통하여 주시는 말씀**가지고 이 새벽에 경고의 말씀을 들으며 은혜의 시간을 나누고 싶습니다.

예레미야서는 예레미야의 망국에 대한 **애국적인 고민**과 범죄에 대한 **의분**, 그리고 **하나님에 대한 신뢰**와 이스라엘의 회복에 대한 확신이 산문형식으로 기록된 책입니다.

예레미야는 유다에서 요시야 왕의 통치 중반 무렵에 예언활동을 시작하여 여호아하스, 여호야김, 여호야긴, 그리고 시드기야의 재위 기간에 걸쳐 활동한 눈물의 선지자입니다.

선지자 예레미야는 자기 백성들의 죄악을 고발하고 심판을 선포하지 않으면 안되는 **비극적 선지자**였지만 미래에 대한 희망을 잃지 않고 **메시야 예언**을 통해 '**의로운 가지**'와 '**새 언약**'을 알렸습니다. 그래서 예레미야는 눈물의 선지자인 동시에 **희망의 선지자**였습니다.
하나님께서는 **눈물과 희망의 선지자인 예레미야**를 통하여 그 당시 세상의 부패성을 언급하고 있는데 우리가 **교훈삼아야 할 말씀**이 무엇인지 살펴 보겠습니다.

첫째, 여호와의 말씀을 들어야 합니다.(31절)

어제 성경은 믿음으로 말미암아 구원에 이르는 지혜가 있다고 하였으며 모든 성경은 **하나님의 감동으로 된 것**으로 교훈과 책망과 바르게 함과 의로 교육하기에 유익하다고 말씀하였습니다.
본문 31절은 "너희 이 세대여 여호와의 말을 들어 보라"하십니다. 예레미야가 전한 모든 말씀들은, 모두가 **하나님으로부터 받아 전한 것**이었습니다.
우리가 선자자의 말이나 목사의 설교를 듣는 것은 하나님의 말씀을 듣는 것입니다.
왜냐하면 예레미야뿐만 아니라 모든 선지자들은, 자기 개인의 의견이나 생각을 전하지 않고, **오직 하나님의 말씀을 대신 전하기 때문입니다**. 따라서 저와 여러분은 진리의 말씀인 달고 오묘한 진리의 말씀인 **생명의 말씀**인 **하나님의 말씀**을 사모하고 어떻게 해야 합니까?

계1:3 "이 예언의 말씀을 읽는 자와 듣는 자와 그 가운데 기록을 것을 지키는 자는 복이 있나니 때가 가까움이라"고 말씀의 생활화를 요구하십니다.
시편1:1-2절 "복 있는 사람은 악인들의 꾀를 따르지 아니하며 죄인들의 길에 서지 아니하며 오만한 자리에 앉지 아니하고 2.오직! 오직! 여호와의 율법을 즐거워하여 그의 율법을 주야로 밤낮으로 묵상하는자"라고 말씀하십니다.

둘째, 심판 받을 줄 각오해야 합니다.(35절)

35절에 보니 "그러나 너는 말하기를 나는 무죄하니 그의 진노가 참으로 내게서 떠났다 하거니와 보라 네 말이 나는 죄를 범하지 아니하였다 하였으므로 내가 너를 심판하리라" 심판 받을 줄 각오하라고 명령하십니다.
그들이 하나님을 거역하고, 하나님을 잊어 버리고 선한 충고자들을 죽이고, 범죄하고도 스스로 죄 없다 하며, 급기야는 하나님 대신 이방나라들에 기대려는 소행에 대하여 하나님께서는 매우 불쾌하게 여기시고 범죄한 그들에게 수치를 당하게 함은 물론 각종 심판이 있게 될 터이니 각오하라고 경고하셨습니다.
심판관련 성구가 엄청 많더군요 신·구약에서 하나씩만 소개하면
신약의 마5:22 "나는 너희에게 이르노니 형제에게 노하는 자마다 심판을 받게 되고 형제를 대하여 라가라 하는 자는 공회에 잡혀가게 되고 미련한 놈이라 하는 자는 지옥불에 들어가게 되리라"하십니다.
구약의 시94:2 "세계를 심판하시는 주여 일어나사 교만한 자들에게 마땅한 벌을 주소서" 하십니다. 노하지 말고 교만하지 맙시다. 지옥불에 들어갑니다. 벌받습니다.

셋째, 끝까지 거역하면 형통하지 못한다고 경고하십니다.(37절)

37절은 "네가 두 손으로 네 머리를 싸고 거기서도 나가리니 이는 네가 의지하는 자들을 나 여호와가 버렸으므로 네가 그들로 말미암아 형통하지 못할 것임이라"하십니다. 하나님께 미움받고 찍히면 죽습니다. 수고가 헛됩니다. 고생한 인생, 망하는 것입니다.
시편127:1 "여호와께서 집을 세우지 아니하시면 세우는 자의 수고가 헛되며 여호와께서 성을 지키지 아니하시면 파수꾼의 깨어 있음이 헛되도다"

그렇습니다. 우리 인생의 성공실패도 하나님의 손에 달려 있습니다. 하나님을 거역하는 길에는 형통이 없습니다. 반면에 인생에 대하여 '오래 참으사, 아무도 멸망하지 않고 다 회개하기에 이르시기를 원하시는' 하나님은 죄를 통회자백하며 주께로 돌아 오는 자를 관대하게 받아 주십니다.

성도된 여러분과 저는 죽으나 사나 세상의 악은 모양이라고 버리고 오직 하나님께 산 제사드리는 삶을 살아야하겠습니다. 이제 말씀을 마칩니다. 눈물의 선지자 예레미야는 이 세대여! 각성하라고 외칩니다.

1) 여호와의 말씀을 들어야 합니다.
2) 거역하면 심판 받을 줄 각오해야 합니다
3) 끝까지 거역하면 형통하지 못한다고 경고하십니다

이 말씀대로 순종하며 형통한 삶을 살기 원하는 저와 여러분에게

우리주 예수 그리스도의 풍성한 은혜와 하나님의 한량없는 사랑과 불같은 성령의 역사가 오늘도 함께하시길 간절히 축원합니다.

다음주 7.1일(목)은 구약#38번째, 66장짜리 이사야(968쪽)입니다

찬송가 해설

1. 529장(온유한 주님의 음성)

이 찬송은 오늘 말씀의 **제목**이 "이 세대여"로 '심판받을 줄 각오하라'는 **소제목과 관련**하여 후렴 가사의 **"심판날 당할 때 주님을 너 맞을 준비해**, 맘속에 주님을 영접하라 주 영접하라"는 가사가 연상되어 선곡했습니다.

계3:20의 "볼지어다 내가 문 밖에 서서 두드리노니 누구든지 **내 음성을 듣고 문을 열면** 내가 그에게로 들어가 **그와 더불어 먹고 그는 나와 더불어 먹으리라**"라는 말씀에 근거

이 찬송은 1925년에 **릴레나스** 목사가 작사, 작곡했습니다. 그는 **노르웨이 태생**으로 미국으로 건너 온 노르웨이계 **미국인 전도 목사**였습니다.

이 찬송시는 죄인들을 향하여 주님의 부르심에 '**피하지 말라**'고 호소하고 있습니다. 그는 여러 곳에서 목회했으며 **4,000편 이상의 많은** 찬송가와 복음 성가를 썼습니다.

주님 맞을 준비하며 맘속에 주님 영접하자는
찬송가 529장을 힘껏 불러 부르겠습니다.

38. 말일에 (이사야 2:1-11 / ♪179)

지난 주 금요일 구약 서른 일곱 번째 52장짜리 예레미야중
예레미야 2장 31절의「이 세대여」라는 제목으로 눈물의 선지자 예레미야가 이 세대여!
각성하라고 외친 말씀!
1) 여호와의 말씀을 들어야 합니다.
2) 거역하면 심판 받을 줄 각오해야 합니다
3) 끝까지 거역하면 형통하지 못한다고 경고하셨지요
이 말씀대로 순종하며 형통한 삶을 살자고 다짐하였습니다.

오늘은 구약 서른 여덟번 째 66장인 이사야입니다.
이사야의 약자는 "사"이며 저자는 이사야(Isaiah)이고
기록연대는 주전(B.C.)740년-681년경입니다.

기록목적은 이스라엘 백성들의 **죄**를 지적하여 그들로 하여금 **죄를 깨닫고** 회개토록 인도하고, 또한 장차 메시야를 통하여 하나님의 구원이 이루어진다는 사실을 알려주기 위해서 기록하였습니다.

먼저, 이사야는 66장으로 많이 길지만 압축하여 전하겠습니다.

○ 1장은 당시 비참한 상황에 빠진 유다의 아픈 현실과 유다의 위선적인 신앙상이 지적된 후, 회개를 촉구하는 메시지와 더불어 회개치 않는 자에게 임할 하나님의 심판이 언급되었습니다.

① 1:6 "발바닥에서 머리까지 성한 곳이 없이 상한 것과 터진 것과 새로 맞은 흔적 뿐이거늘 그것을 짜며 싸매며 **기름으로** 부드럽게 함을 받지 못하였도다."에서 '**기름**'은 왕, 선지자, 제사장을 임직할 때와 약용으로 사용하였습니다. 여기서는 치료제의 용도로 쓰였습니다.

② 5:14 "그러므로 스올이 욕심을 크게 내어 한량없이 그 입을 벌린즉"에서 '스올'은 무덤, 지옥, 불신자가 가는 곳, 죽은 자가 사는 곳, 보이지 않는 곳이라는 뜻입니다. 신약에 와서는 고통을 받는 장소로 하나님과 결연된 지옥으로 묘사됩니다.

○ 6장은 **이사야가 소명받는 장면**으로, 그는 **하나님의 성전**에서 **거룩한 환상 중에 하나님의 선지자로 부름 받게 됩니다.**

③ 22:9 "너희가 **다윗 성**의 무너진 곳이 많은 것도 보며 너희가 아랫못의 물도 모으며"에서 '**다윗 성**'은 예루살렘 성을 가리킵니다. B.C. 1003년에 **다윗이** 여부스 족속에게서 빼앗아 자신의 이름을 따서 **다윗성이라** 부르고 **이스라엘의 수도로 삼았습니다.**

④ 38:20 "여호와께서 나를 구원하시리니 우리가 종신토록 여호와의 전에서 **수금으로** 나의 노래를 노래하리로다"에서 '수금'은 아하스 왕 때 성전 예배에 사용이 금지되었던 악기였으나 이 악기를 히스기야가 다시 사용하도록 하였고 레위인이 수금으로 노래하는 일을 맡도록 하였습니다.

⑤ 40:31 "오직 여호와를 앙망하는 자는 **새 힘을 얻으리니** 독수리가 날개치며 올라감 같을 것이요 달음박질하여도 곤비하지 아니하겠고 걸어가도 피곤하지 아니하리로다"에서 '새 힘을 얻으리니'란 문자적인 뜻은 '힘이 새 것으로 바꾸어지리니'인데, 이는 약한 힘이 강한 힘으로 바꾸어질 것을 말한다고 할 수 있습니다.

♪찬송가 354장 "주를 앙모하는 자" 올라가 올라가 독수리같이 모든 싸움이기고 근심 걱정 벗은 후, 걸어가 달려가 피곤치않네
  후렴) 주 앙모하는 자, 주 앙모하는자, 주 앙모하는자,
      늘 강건하리라

⑥ 41:10 "두려워하지 말라 내가 너와 함께 함이라 놀라지 말라 나는 네 하나님이 됨이라 내가 너를 굳세게 하리라 참으로 너를 도와 주리라 참으로 나의 의로운 **오른손으로 너를 붙들리라**"에서 '두려워하지 말라'는 이 말씀은 고레스의 일어남은 이스라엘에게 두려운 일이나 이 사건이 이스라엘에게는 **하나님의 약속 성취**임과

동시에 **이스라엘 회복의 증거로서** 오직 하나님만이 **참된 도움이시요 의지가 되시는** 분임을 가리키시며 **내가 굳세게 하며 너를 도와 주리니 두려워하거나 놀라지 말라**고 위로하십니다.

자! 그러면 오늘 본문 말씀 이사야2:2절의 "말일에 여호와의 전의 산이 모든 산 꼭대기에 굳게 설 것이요 모든 작은 산 위에 뛰어나리니 만방이 그리로 모여들 것이라" 에서 '말일에'란 제목으로 메시야가 이 세상에 오시면 **어떻게 될 것인가**를 예언하고 있는바 '말일'이란 모든 날의 마지막 날을 뜻하는 것으로 어떤 일이 발생하고 우리는 **어떻게 준비하며 살 것인지** 말씀을 나눌 때 은혜의 시간이 되시기 바랍니다.

이사야서는 하나님의 심판과 구원을 펼쳐 보여주는 책입니다. 하나님은 당신의 사랑하는 자녀들일지라도 **잘못이 있으면 심판을 행하시지만** 심판 중에도 **돌아 올 때는** 용서하시고 긍휼히 여기시며 **구원을 베풀어 주시는 자비로우신 분**이란 것을 기억해야 하겠습니다.

아모스의 아들 이사야는 여러 선지자들 가운데 가장 위대한 선지자로 간주되고 있습니다. 그의 이름은 '**여호와는 위대하시다**' 는 뜻입니다.
이사야서를 통하여 메시야가 세상에 오셔서 말일에 하실 일들을 살펴 보겠습니다.

첫째, 마지막 날에 되어질 일들을 알아 봅시다

메시야이신 예수님이 이 땅에 오시기 전에 그의 복음이 온 세계에 전파될 것이라고 하셨습니다.
예수님은 "너희가 난리와 난리 소문을 들어도 두려워하지 말라 아직 세상 끝은 아니라"고 말씀하시면서 복음이 땅 끝까지 전파된 후에라야 비로소 종말이 온다고 말씀하셨습니다.
본문 **4절**에 "그가 열방 사이에 판단하시며 많은 백성을 판결하시리니 무리가 그들의 칼을 쳐서 보습을 만들고 그들의 창을 쳐서 낫을 만들 것이며 이 나라와 저 나라가 다시는 칼을 들고 서로 치지 아니하며 다시는 전쟁을 연습하지 아니하리라"라고 **기록된대로** 마지막 때에는 하나님을 아는 지식이 편만해져서 누구나 다 듣게 된다고 하셨습니다.
또 각 나라가 다시는 칼을 들고 서로 치지 아니하며 다시는 전쟁을 연습하지 아니한다고 말씀하셨습니다.

둘째, 마지막 날에 우리는 어떤 자세로 살아야 할까요?

말일에 택한 백성들은 어떤 자세로 살아야 하냐하면

자세 제1은 3절에 "오라 우리가 여호와의 산에 오르며" '오라', 즉 회개하라는 것입니다. 죄는 무서운 것이지만 더 무서운 것은 회개하지 않는 것입니다. 죄를 지어도 죄를 지은것인지 무감각한 것이 더 큰 문제인 것이지요? 아무리 큰 죄라도 회개하면 용서를 받지만, 아무리 작은 죄라도 회개하지 않으면 죄인으로 심판을 받기 때문에 우리는 날마다 성령의 호흡운동을 하며 살아야 합니다. 마치 숨쉬기운동을 쉬면 죽듯 산소를 마시고 이산화탄소를 내뿜듯, 우리는 **성령을 마시고 죄를 고백하여야** 합니다.

자세 제2는 하나님의 말씀에 순종하는 것입니다. 3절가운데 보면 "이는 율법이 시온에서부터 나올 것이요 여호와의 말씀이 예루살렘에서부터 나올 것임이니라"하듯 진리의 말씀에 순종하며 빛 가운데로 행하는 사람만이 그날에! 말일에! 메시야 시대를 맞이할 수 자격을 갖게 되는 것입니다. 천국행 티켓을 소유하게 되는 것입니다.

자세 제3은 우상을 버리라는 것입니다.
예수 믿는 우리들은 옛 습성을 버려야 합니다. 겉사람은 후패하였으나 속사람은 날로 새로워져야 합니다. 만일 우리가 그리스도 예수 안에 있으면 새로운 피조물이 되었도다라고 고백하며 날마다 새롭게 살아야 합니다. 마치 새 술은 새 부대에 넣어야 함과 같이 날마다 그리스도인으로서 **빛과 소금의 역할**을 다하며 **그리스도의 향기를** 풍기는 품격있는 명품 크리스챤이 되어야 하겠습니다.
십계명에서도 제이는, "너를 위하여 새긴 우상을 만들지 말고 또 위로 하늘에 있는 것이나 아래로 땅에 있는 것이나 땅 아래 물 속에 있는 것의 어떤 형상도 만들지 말며 그것들에게 절하지 말며, 그것들을 섬기지 말라" 명령하십니다.
이제 말씀을 마칩니다. 마지막 날에 되어질 징조를 알고 이사야를 통한 예언의 말씀대로
1) 회개 자복하고
2) 하나님 말씀에 순종하며
3) 우상 숭배를 버리고 마지막 날을 맞이해야 하겠습니다.

이 말씀대로 말일을 준비하며 살기 원하는 저와 여러분에게

우리주 예수 그리스도의 놀라우신 은혜와 하나님의 망극하신 사랑과 불길같은 성령의 역사가 오늘도 함께하시길 간절히 축원합니다.

내일 7.2일(금)은 구약#39번째, 마지막으로 150편 시편(805쪽)입니다

찬송가 해설

1. 179장(주 예수의 강림이)

이 찬송은 오늘 말씀의 **제목**이 **"말일에"**로 '주 예수의 강림이 가까우니 옛날 찬송은 불원하니라고 불렀는데요 어쨌든 주님 오실 날이 임박한 지금, 저 천국을 얻을 자는 회개하라'는 내용의 찬송입니다.

계22:12의 **"보라 내가 속히 오리니 내가 줄 상이 내게 있어 각 사람에게 그가 행한 대로 갚아 주리라"**라는 말씀에 근거

이 찬송은 미국의 회중교회 **홉킨스목사**가 1830년에 작사·작곡한 찬송입니다. 이 찬송은 그의 찬송집 「그리스도인의 수금」에 처음 수록되었습니다.
이 찬송은 당시 **부흥집회**에서 **많이** 불려졌습니다.

주님의 재림을 준비하라는 내용의
찬송가 179장을 힘껏 부르겠습니다.

39. 네 짐을 여호와께 맡기라 (시편55:22/ ♪337)

어제는 구약 서른 여덟 번째 66장짜리 이사야중 이사야 2장 2절의 「말일에」라는 제목으로 이사야 예언의 말씀대로
1) 통회 자복하고
2) 하나님 말씀에 순종하며
3) 우상 숭배를 버리고 마지막 날을 맞이하는 삶을 살자고 하였습니다.

오늘은 구약 서른 아홉번 째 150장인 시편입니다.
시편의 약자는 "시"이며 저자는 다윗을 비롯한 여러 저자들입니다.
기록연대는 주전(B.C.)15-5세기(1000여 년 동안)입니다.

기록목적은 하나님께 **기쁨과 슬픔, 감사와 찬양, 죄의 고백 및 회개** 등 우리가 말하는 감정 들 '희노애락애오욕'을 표현하고, 더불어 이스라엘의 **예배와 축제 때**에는 찬양 및 신앙의 교본으로 삼기 위하여 기록하였습니다.

먼저, 시편은 신구약 성경을 통하여 가장 긴 150장입니다.

○ 1장에서 41장은 유대 랍비들은 기존에 전해져 오던 단편의 시들을 권별로 묶어, 모세 오경에 근거하여 다섯 권으로 분류했습니다. **모세 오경** 중 '창세기'에 해당되는 본문의 **대주제**는 '**창조와 사랑**'입니다. 참고로 모세 5경은 구약성경의 맨 앞에 있는 '창세기' '출애굽기' '레위기' '민수기' '신명기' 등 5종의 책을 모세오경이라고 하지요

① 1:3 "그는 **시냇가에 심은 나무**가 철을 따라 열매를 맺으며 그 잎사귀가 마르지 아니함 같으니 그가 하는 모든 일이 다 형통하리로다"에서 '**시냇가에 심은 나무**'는 며칠 전 장기본동주민자치센터 길 건너에 3층에 '시냇가에 심은 나무 교회'라는 교회가 보이던데요. 이는 메마른 광야 같은 세상에서 **하나님께로부터 흘러 내리는 성령의 신령한 생수로 살아가는 거룩한 성도들**을 비유한 것입니다.

② 14:7 "이스라엘의 **구원이 시온에서** 나오기를 원하도다 여호와께서 그의 백성을 포로된 곳에서 돌이키실 때에 야곱이 즐거워하고 이스라엘이 기뻐하리로다"에서 '**구원이 시온에서**'의 시온은 **예루살렘에 있는 성막**을 말합니다. 이곳에는 하나님께서 자기 이름을 두신 **언약궤**가 있기 때문에 구원이 시온에서 나온다는 말은 구원이 **여호와께로 말미암는다**는 말과 같습니다.

③ 18:1-2 "나의 힘이신 여호와여 내가 주를 사랑하나이다.여호와는 나의 **반석**이시요 나의 **요새**시요 나를 **건지시는**이시요 나의 **하나님**이시요 내가 그 안에 **피할 나의 바위**시요 나의 **방패**시요 나의 **구원의 뿔**이시요 나의 **산성**이시로다"에서 '**구원의 뿔**'의 뿔은 힘과 위엄을 상징합니다. '구원의 뿔'이라고 했으니 눅1:69 "우리를 위하여 **구원의 뿔**을 그 종 다윗의 집에 일으키셨으니"라고 이것은 다윗의 후손으로 올 **구원자 메시야를 상징**합니다.
사랑하는 성도 여러분! **뿔**하니 우리 담임목사님의 '**꼬뿔소 용사들이 온다**'는 저서가 생각나지 않나요?

④ 시30:5 "그의 노염은 잠깐이요 그의 은총은 평생이로다 저녁에는 울음이 깃들일지라도 아침에는 기쁨이 오리로다"에서 '아침에는 기쁨이 오리로다'는 말은 '아침과 함께 기쁨이 온다는 뜻'으로 롬8:18 "생각하건대 **현재의 고난은 장차 우리에게 나타날 영광과 비교할 수 없도다**"는 말씀과 같이 성도가 이 땅에서 당하는 고난은 잠깐이며, 장차 우리에게 나타날 영광과 족히 비교할 수 없는 것으로 성도는 환난 가운데서도 소망을 가지고 기뻐하며 살아야 할 것을 권면하고 있습니다.

⑤ 37:5 "네 길을 **여호와께 맡기라** 그를 의지하면 그가 이루시고"에서 '여호와께 맡기라'는 것은 삶의 고통과 근심 등 모든 짐을 여호와께 맡기라는 뜻입니다. 맡기면? 하나님께서 이루시고 평강으로 채워 주십니다.

⑥ 150:6 "**호흡이 있는 자마다 여호와를 찬양할지어다 할렐루야**" '할렐루야'는 '여호와를 찬양하라'는 뜻이지요 시편150:6절은 본 시의 결론이자 시편 전체의 결론에 해당하는 구절입니다. 여기서 '호흡이 있는 자'는 '숨을 쉬는 모든 생명체'란 의미로, 본절은

하늘과 땅, 바다의 모든 생명 있는 존재는 다! 모두 다! 하나님을 찬양하라는 명령입니다.

자! 그러면 오늘 본문 말씀 **시편55:22절**의 "**네 짐을 여호와께 맡기라** 그가 너를 붙드시고 의인의 요동함을 영원히 허락하지 아니하시리로다" 말씀 중 '**네 짐을 여호와께 맡기라**'란 제목으로 인생을 사는 동안 당하는 환난, 시험, 걱정 등 마음의 무거운 짐 없는 사람은 아무도 없습니다. 이런 무거운 짐들을 여호와께 맡겨 버리고 홀가분하게 **기분좋게** 가벼운 마음으로 즐겁게 하나님을 찬양하며 항상 기뻐하는 삶을 살기 원하는 간절한 바램에서 이 새벽에 이 무거운 짐을 과연 **누구에게 맡길 것인가?** 맡기는 방법과 **얼마나 맡길 것인지** 함께 상고하며 은혜의 시간을 갖고자 합니다.

마11:28 "수고하고 무거운 짐 진 자들아 다 내게로 오라 내가 너희를 쉬게 하리라" 말씀하시며 무거운 짐 진 자들아 다 나한테 오라고 하십니다. 쉬게 하여 주신답니다. 그래서 요즘 어느 교회는 교회이름을 '**쉴만한 교회**'라고 짓기도 하더군요

첫째, 전능하신 엘로힘의 하나님께 맡겨야합니다.

무거운 짐을 아무한테나 맡길 수 있나요? 안되지요 임자없다고 가져가 버릴 수도 있고 무책임하게 방치할 수도 있지만 우리 하나님은 **아무나 오게 아무나 오게** 하시며 인애하신 음성으로 우리 죄인을 부르시며 그 넓은 품에 **덥석** 안아 주십니다.
♫**찬송가 528장** "예수가 우리를 부르는 소리 그 음성 부드러워, 문 앞에 나와서 사면을 보며 우리를 기다리네,
오라 오라 방황치 말고 **오라**, 죄있는 자들아 이리로 오라 주 예수 앞에 오라"

인간의 힘에는 한계가 있으며 또 세가지 약점 곧 1)인간의 **연약성** 2)**부족성** 3)**나약성** 때문에 더욱 잘 넘어집니다. 깨어지기 쉬운 질그릇 같은 인생들입니다. 이러하기에 **여호와께 우리의 짐을 맡겨야** 합니다. 우리 마음을 불안케하는 장래의 불확실성과 닥치는 환난 등 한치 앞도 못 내다보는 우리들은 사실은 **순간순간 걱정하지 않을 수 없습니다.** 고민하지 않을 수 없습니다. 그러나 이러한 인간의 약점 때문에 늘 **겸손하여야** 하며 **우리의 생명까지도** 다 하나님께 맡기고 오! 주여! 살든지 죽든지

뜻대로 하소서 기도하고 찬송 부를 수 밖에 없습니다. 왜냐하면 우리의 생사화복과 인생의 성공실패를 다스리시는 하나님의 섭리하에 **하나님의 손아래 달려 있기 때문입니다.** 따라서 단적으로 말씀드리면 모든 문제의 해결사이신 **전능하신 하나님께** 맡기는 것이 **현명합니다** 맡기는 것이 답입니다.

둘째, 어떻게 맡길까요? 믿음으로 맡겨야 합니다.

히11:1 "믿음은 바라는 것들의 실상이요 보이지 않는 것들의 증거니" 믿음으로 맡겨야 합니다.
♪찬송가 361장 "기도하는 이시간"의 가사 중
"**믿음으로 나가면 주가 보살피사 크신 은혜를 주네 거기 기쁨 있네**" 믿음으로 맡기면 주가 보살피사 은혜를 주십니다.
하나님의 크신 능력과 그 약속의 말씀을 믿고 과감하게 맡겨야 합니다. 맡기지 못한다는 것은 믿음이 없기 때문이요 의심하기 때문입니다. 하나님께 맡겨 버리지 않는 한 무거운 짐을 지고 고생해야 합니다. 마음고생을 피할 방법이 없습니다. 롬14:23 "의심하고 먹는 자는 정죄되었나니 이는 믿음을 따라 하지 아니하였기 때문이라 **믿음을 따라 하지 아니하는 것은 다~ 죄니라**" 범사에 믿음으로 하지 않으면 다 죄라고 말씀하십니다. 믿음의 **행위**에는 **평강과 기쁨의 보상**이 따른 다는 것도 우리는 기억해야 되겠습니다.

셋째, 모든 것을 맡겨야 합니다.

모든 것을 맡길 때 역사가 일어납니다. 강하게 붙들어 주십니다. 세상은 변하고 우리를 넘어뜨리려고 하는 자들로 가득 차 있습니다. 그러므로 우리는 하나님께서 붙들어 주셔야 합니다. 하나님의 능력의 손에 붙잡힐 때 가치가 있고 승리와 영광이 있습니다. 영영히 요동치 않게 굳세게 하십니다.
♪ 찬송가 135장 "어제께나 오늘이나" 가사중 후렴의
'어제께나 오늘이나 영원 무궁히 한결같은 주 예수께 찬양합시다. 세상 지나고 변할지라도 영원하신 주 예수~ 찬양합시다.'

이제 말씀을 마칩니다. 사는 날 동안 네 짐이 무겁거든

1) 전능하신 엘로힘의 하나님께 맡겨야 합니다.

2) 믿음으로 맡겨야 합니다.

3) 모든 것을 맡겨야 합니다.

이 말씀대로 여호와께 맡기고 살기 원하는 저와 여러분에게

우리주 예수 그리스도의 풍성하신 은혜와 하나님의 극진하신 사랑과 불과 같은 성령의 역사가 오늘도 함께하시길 간절히 축원합니다.

그동안 부족한 저와 함께 성경 66권을 살펴보면서 고생하셨습니다. 잘 들어 주셔서 정말 감사합니다. 다음 순서는 성령께서 주시는 대로 하겠습니다.

찬송가 해설

1. 337장(내 모든 시험 무거운 짐을)

이 찬송은 오늘 말씀의 제목이 "네 짐을 여호와께 맡기라"인데 '내 모든 시험 무거운 짐을 주 예수 앞에 아뢰이면 예수는 나의 능력이 되사 세상을 이길 힘주신다고 합니다. 무거운 짐을 나홀로 지고 견디다 못해 쓰러질 때 구원해 줄이 오직 주님 밖에 없습니다.'
오늘 말씀의 제목과 같은 찬송이라서 골랐습니다.

마11:28의 "수고하고 무거운 짐 진 자들아 다 내게로 오라"라는 말씀에 근거

이 찬송은 미국의 호프만목사가 작사·작곡한 찬송입니다. 그는 빈민촌을 다니며 복음을 전하였습니다. 1894년 어느 봄날, 한 가난한 교인 집을 방문하여 번민과 고통속에 있는 그 교인과 상담하면서 얻은 영감으로 지어진 찬송입니다.

걱정없는 가정이 없지요? 모든 시험 괴롬, 닥치는 환란을 우리 주님께 아룁시다 우리의 편은 오직 주님 한 분 밖에는 위로와 소망이 없습니다.

다같이 찬송가 337장을 보통빠르기로 부르겠습니다.

저녁설교

하나님의 말씀은 살아 있고 활력이 있어 좌우에 날선 어떤 검보다도 예리하여
혼과 영과 및 관절과 골수를 찔러 쪼개기까지 하며 또 마음의 생각과 뜻을
판단하나니(히브리서 4장 12절)

1. 하나님의 뜻 (데살로니가전서5:16-18/♪438,303/수요예배·간증설교)

○ 찬송 : 1) 438장 내 영혼이 은총 입어 2) 303장 날 위하여 십자가의
○ 성경 : 살전 5:16~18 ○ 제목 : 하나님의 뜻

(기도 : 하나님은 영이시니 예배하는 자가 영과 진리로 하옵시고 성령충만한 예배를 통해 하나님 홀로 영광 받아 주옵소서 예수님의 이름으로 기도합니다. 아멘)

저는 김포영광교회 주일학교 어린이들 교육하는 선생님이 되고 싶어 담임목사님께 **교사직을 부탁드렸는데,** 과분하게도 **협동목사라는 중직을 맡겨 주셔서 감사**하였지만 한편으로는 솔직히 부족한 게 너무 많아서 부담되었습니다. 교회 앞에 인사를 겸하여 수요예배 간증설교를 준비해 보라하셔서 오늘 이 자리에 서게 되었습니다.
먼저 **하나님께 영광**을 드리며 기회를 허락해 주신 **담임목사님께도 감사**드립니다.

성도 여러분! 그동안은 목사님의 귀한 말씀을 많이 들었으니까 오늘은 평소의 쌀밥과는 달리 **색다른 보리밥**을 한번 드신다는 마음으로 들어 주시기 바랍니다. 저는 아랫녘 전북 군산이란 항구도시에서 정말 가난한 목수의 막내 아들로 1955년에 태어나 공부도 제대로 못하고 고등학교 졸업하고 말단 공무원 9급공무원으로 시작하여 낮에 근무하면서 야간에 원광대학교과 전북대학원을 다니며 흔히 말하는 주경야독을 하였습니다. 군대는 76년 휴전선부근에서 미루나무사건으로 전쟁이 일어날 것 같은 분위기속에서 부산 1199부대라는 병참보급부대로 배치되었는데 첫날 엄청 얻어 맞고 대가리를 박고 열중셔 자세로 기합받고 있는데 저 멀리 수송사령부 부대가 있는 감만동산의 군인교회에서 땡그렁 땡그렁 종소리가 들리어 오더군요. 그 순간에 주마등처럼 여러 가지 생각이 머리를 스쳐 지나갔습니다.
분위기상 전쟁이 일어나면 총알 맞아 전사하든지
아니면 손들고 교회 다녀와 맞아 죽으면 순교하든지 순간적으로 고민하다 결국 저는 **우리 박영민 목사님 설교 중 가끔 갑시다!** 하시면서 찬양 부르듯 가자! 교회 다녀와서 죽자!하고 기합 받다가 **별떡** 일어나 손을 번쩍 들고 용무 있습니다. 하니까 고참병이

너 왜 그래! 미쳤어? 하더군요. 안 미쳤습니다!. 사실은 예수에 미친 것이지요. 예수쟁이니까 그런 것 이지요 안 미쳤는데 기합 받다 왜 벌떡 일어납니까? 고참 말하길 "용무 있다니? 무슨 용무야?" 하길래 저는 교회 다니는 신자인데 종소리 들으니 교회가고 싶습니다. 교회 다녀와 단독으로 기합 받겠습니다~. 했더니 죽고 싶으면 교회 가! 하더군요 에이~ 죽더라도 교회나 갔다 와서 죽자하고 주섬주섬 옷 입고 교회 다녀 오는데, **말이 그렇지** 말씀에 은혜받기 보다 정말 시범적으로 맞을 일 생각하니 정말 많이 겁도 나고 불안하더군요. 그런데 다녀와서 충성!하고 기합 받으러 왔습니다. 했더니 고참병이 밤이나 먹고 자! 하면서 몇 개를 주길래 야! 죽을 줄 앉았는데 밤까지 주네 하면서 이름을 보니 그 분 이름이,
'원채호' 였습니다. 당신은 원채 좋은 사람이로구나 했지요 그 결과 당시 서울신학대학 다니는 사람이 있었음에도 불구하고 그 소문으로 인하여 가나안농군학교 김용기 장로님 손자인 김승한 군종병이 저를 군종병 조수로 삼아 저의 군대 주특기가 780 군종병으로 군생활을 했습니다. 제대할 때 부대장인 수송사령관이 유군종병은 제대 후 목사님하실거지? 할 때 예 그럴 생각입니다. 했는데 제대후 약 40년이 흘러 지난 2017년 이곳 김포에 와서 역주행하여 죽을 뻔 하였으나 하나님께서 제 생명을 보호하여 주셔서 어차피 죽었어야 하나 살려 주신 하나님은혜 생각하며 목사 임직을 받게 되었습니다. 저는 순천에서 2013년 상반기 세무서장으로 공직을 마무리하고 기획예산처 예산실과 국세청 등 근무한 곳이 주로 수도권이고 집도 과천이라 서울 가까운 곳으로 오고 싶었는데 여건이 되어 김포로 왔고 온지 3개월도 안되어 강화 고인돌 갔다 오는 길에 세가 역주행하여 상대방과 제 차 모두 폐차할 정도로 큰 사고가 났는데 두 사람 모두 피 한방울 안 흘렸습니다. 그 날 밤 잠자리에 들어서 사고 당시가 떠 올랐습니다. 전적으로 살려 주신 하나님 은혜이다 생각하고 그 해 저는 목사되는 것을 포기하던 것을 포기하고 10월 27일 종교개혁일에 기독교100주년 기념관에서 약 70여명이 목사임직을 받고 김포경찰서 부근의 김포참된교회에서 약 1년동안 협동목사를 하였습니다.
지난 6.13지방선거에서 김포시장에 나왔다가 낙선한 경험도 있습니다. 사실 한 달도 준비하지 않고 5월 17일 민주평화당에 입당하여 선거했으니 당선은 어불성설이죠.
최근 박목사님 설교시에도 성평등 차별금지법안 반대입장을 강력히 말씀하시는

것처럼 사실은 저도 기적적으로 만약 시장이 된다면 하나님의 영광을 위해 전도할 목적으로 도전했었습니다. 정말 우리 믿는 기독교인들은 이를 위해 기도해야 합니다. 대형교회 목사님들은 눈치 보지 말고 소신을 갖고 양심껏 바르게 전해야 합니다. 나라 망하면 종교도 탄압받고 자유롭게 신앙생활하지 못합니다. 결국 하나님 앞에 설 때 심판받습니다. 토지공개념과 동일노동 동일임금 등 사회주의 생각으로 꽉 찬 이인영 전 더불어 민주당 원내대표가 통일부장관으로 임명된다는 소식을 접하면서 이 나라의 장래가 도대체 어떻게 될려고 하는가 심히 걱정이 됩니다. 저희 가정은 아들이 먼저 순천 내려 와서 대동맥박리로 8시간 수술 후 한달 입원했을 때 독자 아들 죽는 줄 알았고 그 다음해 또 아내가 출국위해 집에서 나가는 시간 30분전 쓰러져 의식을 잃고 약 한달 입원 후 살아 났고 저 또한 김포 와서 역주행으로 죽음의 문턱까지 갔다 온 사람으로 저의 가정은 가족 모두 다 거저 공짜로 산다고 생각합니다. 저는 올해부터 지공세대로 지하철 공짜로 타는데 남은 삶은 사나 죽으나 주님 위해서 살려고 합니다. 간증거리는 오늘 다하려면 시간이 부족하니까 기회있을 때마다 조금씩 말씀드리기로 하고 이 시간에는 방금 전 봉독해 드린 데살로니가 전서 5:16-18절 말씀을 토대로 "하나님의 뜻"이란 제목으로 주어진 시간 내에서 함께 은혜 나누기를 간절히 바랍니다.

첫째는 16절에 항상 기뻐하라고 하십니다.
우리의 몸도 웃으면 엔돌핀이 팍팍 솟고 행복해 진다고 하지요
옛날 방송프로에 "웃으면 복이 와요"라는 프로로 있었습니다만
웃음은 웃을 일이 있어서가 아니라 억제로라도 웃어줘야 우리 몸이 행복해 신다고 합니다. 기회 있을 때마다 웃는 것이 건강에 좋습니다. **어제 밤 작전실기도회에서 박목사님의 웃음바케스 10초간 웃기로 새 힘을 얻었습니다.**
인생은 나이의 속도만큼 세월이 빠르게 지나간다고 하지요 저는 66KM 속도로 달리고 있습니다. 세월을 아끼라 때가 악하니라. 부지런하여 게으르지 말고 열심을 품고 주를 섬기라고 말씀하십니다. 다들 분주하게 사시겠지만 저도 요즘 바쁘게 삽니다. 늦잠 자며 새벽기도를 잘 안드리다가 지난 달 협동목사가 된 후 기도하지 않고는 감당할 수 없을 것 같아 두렵고 떨리는 마음으로 안하던 새벽기도를 하니 생체리듬이 깨져서 그런지 힘들더군요 습관되면 괜찮아 지겠지요 그래도 새벽기도는 해야 합니다. 우리

주님께서도 새벽에 오히려 미명에 한적한 곳으로 가사 거기서 기도하셨기 때문에 우리도 기도해야 될 줄 믿습니다.

그런즉 너희는 이 마음을 품으라 곧 그리스도 예수의 마음이니. 자! 여러 가지 하는 일이 많은 중 최근에는 영광교회 새벽기도회 참석하면서 피아노 치시는 최현수 권사님으로부터 피아노를 배우기 시작했답니다. 이 나이에 웃기지요 아직 한 달이 안되었는데 370장 "주안에 있는 나에게" 대강 한 곡을 서툴지만 조금 흉내내는 정도입니다. 왕초보 지도하시면서 힘들었을텐데 중간 중간 "잘 했어요" "참 잘 했어요"하시며 칭찬을 아끼지 않으셔서 얼마나 감사한지 모릅니다. 여러분 칭찬은 고래도 춤추게 하고 술고래가 술도 끊게 된다는 유머가 생각납니다. 참고로 여러분 자녀들에게도 부부간에도 칭찬은 하면 할수록 다다익선입니다. 『이번 주일낮 설교시 담임목사님께서는 이왕이면 장미 100송이 등 분위기 있는 꽃을 선물하면 저녁밥 메뉴가 달라지고 늦둥이가 생기기도 한다고 하셨지요. 피아노에서 놀다가 혼나면 그 아이는 결국 피아노 못 배운다고 합니다. 우리 자녀들 키울 때에도 가급적 꾸중과 책망보다는 칭찬이 효과가 더 좋다고 합니다. 우리 자녀들 교육도 사랑으로 기도 많이 해 주어 우리 김포영광교회출신 자녀들이 김포시장도 국회의원도 나오고 총학장같은 교육자나 장차관 등 훌륭한 지도자들이 많이 배출되는 교회로 좋은 소문나는 교회가 되길 바랍니다. 우리 박영민 목사님이 지으신 유머에 관한 "예수님의 웃음초대"라는 베스트 셀러 책자가 있더군요 '웃기시는 하나님'이란 내용을 보고 제2의 바이블처럼 저도 많이 웃으며 살려고 합니다. 요즘 코로나19로 사업도 힘들고 교회도 침체되고 웃음도 사라지고 사람도 서로 마주치지 않고 가급적 피하려 드는 새로운 풍조가 생겼지요? 이런 와중에 우리교회는 **전국에서 모여들며** 오히려 새신자가 늘어나는 성령의 강한 역사를 체험합니다.

이렇게 날마다 웃으면 어떨까요?
월요일은 원래 웃는 날이니까 웃고요
화요일은 화끈하게 웃어 봐요
오늘 같이 예배드리는 수요일은 수수하게 웃고요
목요일은 목이 비뚤어 지게 웃어야 하나 **목 부러지면 안됩니다.**
금요일은 금방 웃고, 또 웃는 날이래요

토요일은 토실토실하게 웃고요

일요일은 어떻게 웃어야 할까요?

일부러라도 억제로라도 웃는 날이랍니다. 허균의 동의보감에 보면 **웃음은 보약**이라고 합니다. 저는 고향이 항구도시 전북 군산인데 이웃도시 익산 어느 교회앞에 길가의 큰 돌에 "**웃음은 하나님이 주신 최고의 선물**"이라고 쓰인 것을 본 적이 있습니다. 차 타고 가다가 잊어 버릴까봐 메모했는데 오늘 인용하며 사용하게 되는 군요, **교회**에서도 **가정**에서도 **직장**의 일터에서도 길을 가면서도 잘 때도 일어날 때도 짜증나고 **화가 나더라도 억제로라도 웃고 살기 바랍니다**. 여성들은 틈만 나면 길을 가면서도 **지하철**에서도 화장실에서도 화장하는 것 같아요. 지난 금요일 새벽예배 인도시 **김미소간사님의 말씀**을 들었습니다만 이름을 참 잘 지어 주셨다는 생각이 들었어요 말이 씨된다는 속담도 있잖아요. 그래서 우리는 자녀들을 혼낼 때도 복 받을 놈! 큰 일할 놈! 전도왕 될 놈! 등 노에다 ㅁ은 붙이되 꾸미는 말은 좋은 말하라고 어느 부흥강사의 말이 생각납니다. "**미소는 돈 안드는 최고의 화장술**"이라는 휴게소 화장실에서 문구를 본 적이 있습니다. 요즘 **미스터트롯**이 인기지요 제 아내도 **김호중**에 푹 빠져 있어요 조항조의 "고맙소" "태클을 걸지마" 신곡 "할무니" 등 제가 들어도 노래 잘 하더군요 노래할 때도 웃어야 얼굴이 악기통으로 커지면서 좋은 노래를 할 수 있고 특히 세계적인 100미터 달리기 선수 **우사인 볼트**는 가장 힘든 70-80미터 지점을 지날 때 반드시 싱끗 웃는다 합니다. 고통을 이기는 방법도 웃음인가 봅니다.

성경에도 기뻐하라 내가 다시 말하노니 기뻐하라고 합니다. 신사참배를 반대했던 **주기철 목사님**께서는 옥중에서 면회 온 부인 오정모 사모에게 "항상 기뻐하세요 하면 부인은 쉬지 말고 기도하세요"로 서로 화답하며 헤어질 때 인사했다고 합니다. 우리 담임목사님 차별금지법 반대하다 감옥갈 각오로 막겠다는 말씀 들을 때 가슴이 찡했습니다. 우리 목사님 옥에 가시기 전 하나님의 역사로 이 악법이 무산되고 통과되지 않도록 합심하여 기도합시다.

항상 기뻐하라는 것은 하나님의 명령입니다. 하나님의 **명령에 순종하는 사람들이** 다 되기를 바랍니다. 순종은 제사보다 낫고 듣는 것이 수양의 기름부음보다 낫다고 말씀합니다. **항상 기뻐합시다**.

둘째는 17절에 쉬지 말고 기도하라고 하십니다.
재판관에게 간청한 과부의 탄원을 생각하며 우리는 앉아서 **울지만 말고** 기도해야 합니다. 감 떨어지기만 기다리면 감 못 먹습니다. 마7:7절에서도 구하라 그러면 주실 것이요 찾으라 그러면 찾을 것이요 문을 두드리라 그리하면 문이 열린다고 했습니다. 사람도 자녀가 떡을 달라는데 돌 주지 않고 생선을 달라는데 전갈, 뱀을 주지 아니하는데 **하물며 좋으신 하나님께서** 너희 구하는 것을 주지 않겠느냐 하십니다. (노래) 박목사님 특기로 예배 중 갑시다 잘 하시는데 **저도 한번 가 보겠습니다.** "좋으신 하나님 좋으신 하나님, 참 좋으신 나의 하나님 "God is so good, God is so good, God is so good, He so good to me"

성도여러분! 여러분은 지금 무엇이 필요합니까?
영광교회가 추구하는 기도 제목이 속히 응답되도록 간구합시다. 간구는 간이 절이도록 구하는 것이라고 합니다. 후히 주시고 꾸짖지 아니하시는 하나님께서 누르고 흔들어 넘치도록 지혜 등 우리의 필요한 것을 채워 달라고 간구합시다. **믿으십니까?** 아멘 하시기 바랍니다. 아멘은 동의한다는 뜻이지요 그대로 믿습니다. 과연 그렇습니다.는 의미로 우리가 박영민 담임목사님 주옥같은 생명의 진리의 말씀을 들을 때 임계점기도와 작전실 기도회 시간에 아멘을 자주 하시기 바랍니다. 또 주변 이웃들에게 **전도할때도** 우리 영광교회를 **자랑하시기** 바랍니다. 엔드 타임, 코로나19로 국내는 물론 세계적으로 혼란과 죽음으로 어려움겪는 이 때에 말씀으로 영적전쟁에서 승리하게 하시는 영성이 뛰어나신 박목사님의 진리와 생명의 말씀을 듣게 하시니 더욱 감사합니다.

말씀들을 때도 우리 목사님 가끔 하나님께 영광 GLORY GLORY 박수로 하나님께 영광, 할렐루야! 하시는데 그로리 그로리를 그려 그려 맞아 맞아 잘못 이해하지 말라고 하시더군요 아주 오래전 어느 부흥강사님께서 남편을 일찍이 천국보내고 찬송가 445장 태산을 넘어 험곡에 가도 빛 가운데로 걸어가면 주께서 항상 지키시기로 약속한 말씀 변치않네 '하늘에 영광' '하늘에 영광'해야 하는데 먼저 간 영감 생각하면서 '하늘엔 영감' '하늘엔 영감' 하고 찬송한다는 농담이 생각납니다. 그랜드캐년을 그년도 개년 이라고 잘못들을 수 있다고 하지요. 나이 많은 노인들은 **'나이야가라'** 폭포를 나이야,

가거라라고 한다지요. 평소 우리는 말씀들을 때 목마른 사슴이 시냇가를 찾아 갈급함 같이 모래가 물을 빨아 들이 듯이 아멘으로 화답하는 성도들에게 복과 은혜가 넘치실줄 믿습니다. 믿습니까? 믿으시면 두손 들고 아멘! 한번 더 해 보겠습니다.

인천상륙작전을 성공으로 이끈 맥아더 장군은 기도하지 않고는 결코! 군복을 벗지 않았다고 합니다. 다시 말해 기도하지 않고는 잠자지 않았다는 말이지요 우리도 하루의 시작과 마침을 기도로 시작하고 기도로 마칩시다. 복음송의 노래가사처럼 '오늘 집을 나서기 전 기도했나요? 오늘 받을 은총위해 호소했나요? 기도는 우리의 안식, 빛으로 인도하리'

'찬송은 곡조있는 기도'입니다. 마음에 분노 가득할 때 기도합시다. 나의 앞길 막는 친구 위해서도 기도합시다. 주의 일 한다는 데 방해하는 자 있습니까? 그를 위해서도 기도합시다. 하나님은 사랑과 지혜와 능력의 하나님으로 우리 사정을 훤히 다 아시고 문제를 해결할 능력도 있는 엘로힘의 전능한 분이므로 기도하면 모든 문제의 해결사이신 마스터 키를 가지신 하나님께서 합력하여 선을 이루어 주실 줄 믿습니다. 여러분도 믿습니까? 믿으면 다시한번 아멘하시기 바랍니다.

마지막은 18절에 범사에 감사하라고 하십니다.
너희는 기도할 때에 받은 줄로 알고 감사함으로 간구하라고 하십니다.
스펄전목사의 예화를 잠깐 소개할까 합니다.
이미 유명한 예화라 많은 분들이 알고 계실줄로 압니다만 "달빛을 보고 감사하는 자에게 햇빛 주시고 햇빛을 보고 감사하는 사에게 서 천국의 소망의 빛을 준다고 합니다.
예수 믿는 우리가 유의해야 할 한 가지, 그것은 많은 것을 갖고도 습관처럼 불만하고 일마다 때마다 사사건건 불평을 말하는 사람들을 우리는 주변에서 봅니다. 이것은 마귀가 좋아합니다. 사탄의 종노릇하는 것입니다. 본인의 심령은 물론 주변사람들에게도 나쁜 영향을 미치므로 **조심하고 삼가야** 합니다.
저는 아주 오래된 이야기인데요 청년시절 군산 서문교회 교사로 섬길 때 늦은 밤이 되니 몸도 지치고 힘들어 쓰러질 것 같은 몸을 이기며 캄캄한 어두운 밤 골목길에서 발을 헛 딛어 삐꺽했는데 순간 저는 "**주님 감사합니다.**"했습니다. 왜냐고요? 다리가

뿌러지지 안했으니까요

스펄전의 유명한 예화이지요 도적맞고도 **도적질하는 사람이** 아니라 **도적맞는 사람이** 되어 **감사했다고 합니다.**

사랑의 원자탄이란 별명을 가진 손양원 목사님께서는 공산당의 손에 두 아들 동인이와 동신이의 죽음앞에서 9가지로 감사한 유명한 감사시가 있잖습니까? 아들을 죽인 공산당 안재선을 용서하고 친 아들삼은 **다함없는** 숭고한 사랑을 닮아 갑시다.

여수지역에 신자율이 높은 것은 손목사님의 영향이 크다고 합니다.

선교비에 새겨진 노래 '고대가'가 생각납니다.

(낮에나 밤에나 눈물 머금고 내 주님 오시기만 고대합니다. 가실 때 다시 오마 하신 예수님 오 주여! 언제나 오시렵니까)

성경에서도 열명의 문등병환자를 고쳐 주셨는데 한 사람만 돌아 와 감사할 때 하나님께서는 **야!야!야!** 네 아홉은 어디 갔느냐? 하시며 책망하신 것을 기억하실 것입니다.

작은 것에 충성하는자에게 "네가 작은 일에 충성하였으니 네게 많은 일을 맡기리니 주인의 즐거움에 참예할지어다"하시며 칭찬하셨습니다. 작은 감사의 조건에도 크게 감사하는 우리 모두가 되기를 간절히 바랍니다.

찬송은 감사의 뜻이 담겨 있습니다. 감사한 일이 있을 때 찬송을 불러야 합니다. 하나님께서는 찬송을 부르게 하려고 우리를 지었다고 **이사야 43장 21절**에 "**이 백성은 내가 나를 위하여 지었나니 나를 찬송하게 하려 함이니라**"하십니다. 찬송을 부를 때 악한 마귀가 물러갑니다. 대신 기쁨이 찾아옵니다. 병이 낫습니다. 시와 찬미와 신령한 노래로 찬미의 제사를 드립시다. 우리는 원불교를 물리쳐야 합니다.

원불교란 원망과 불평과 교만의 약자니까요

평소 말도 감사하다고 자꾸 해야 합니다. 0.7초의 기적으로 thank you! 하고 말하면 감사한 일이 자꾸 생긴답니다. 무조건 감사합시다. 우리의 일상 생활속에서 땡큐 땡큐를 연발하며 **감사의 사람이란 별명**을 갖고 삽시다.

오늘 **말씀의 요지**를 노래로 불러 보겠습니다.

"그 날(The day) 그 날이 도적같이 이를 줄 너희는 모르느냐? 늘 깨어있으라 잠들지 말아라 (에녹같이) 주님과 동행하라"

항상 기뻐하라 쉬지 말고 기도하라 범사에 감사하라
이는 예수 안에서 너희에게 향하신 **하나님 뜻이니라.**

하나님의 뜻은 '**항상 기뻐하라**'고 하십니다.
또 '**쉬지말고 기도하라**' 하십니다. 기도는 호흡과 같습니다. 숨 쉬지 않고 살 수 없습니다. 마찬가지 기도하지 않고 믿음생활 잘 한다고 할 수 없습니다. **종교개혁자 루터**는 바쁜 날 일수록 기도의 시간을 늘렸다고 합니다. **사무엘도** "기도하다 쉬는 죄를 결단코 범하지 않겠다"고 하였습니다. **주님께서도** 새벽 오히려 미명에 한적한 곳으로 가사 거기서 기도하셨습니다. 우리도 **새벽기도하신 주님처럼 새벽제단을 쌓는 것 어떻습니까?** 좋습니까? 좋으면 좋습니다. 한번 해 보시죠? **좋습니까?** 특히 이번 **임직받으시는 분들은 기도로 준비해야 합니다.** 시험에 들지 않도록 기도하면 좋겠습니다. "교만은 패망의 선봉이요 겸손은 존귀의 앞장"이니까요
맞지요? 저도 안수집사시절 장로 투표 앞두고 잘못하면 장로될 것 같아 1주일 금식해 봤는데 그 땐 떨어졌습니다. 준비 없이 장로 될까봐 겁나더라고요. 우리 **영광교회**는 100만명 하늘나라 데리고 올라가신다고 하시는 박영민 **담임목사님의 달고 오묘한 그 능력의 말씀 생명의 진리의 말씀**에 더하여 기도를 많이 하는 교회로 **하나님께 칭찬받는 교회**가 되기를 간절히 바랍니다.

마지막은 범사에 감사하는 것입니다. 범사는 무릇 범자에 일사로 역경중에도 감사하라는 것입니다. 마귀는 범사에 감사하는자를 두려워하고 불평하는 사람을 좋아합니다.

최현수권사님께서 저에게 피아노를 지도하시면서 찬송가 370장 '주안에 있는 나에게' 가사 중 "**내 앞길 멀고 험해도**" 하지말고 "**날마다 감사하면서**" 나 주님만 따라가리로 고쳐서 부르라고 하신 말씀이 기억납니다.
맞아요! 박영민 목사님께서도 슬픈 노래 "고요한 바다로" 등 우울한 노래하지 말고 "찬송이 넘치면 얼굴이 환해요" 등 기쁘고 힘찬 노래를 부르라고 하시듯 우리도 『**길 시리즈의 복음송**』인 박목사님의 "단 한번 살고 마는 것을"과 그레이스김 사모님의 "그 길" 등 "주님 가신 그 길을 나도 걸어야 하네" 찬송 부르며 기적을 만들어 갑시다.

한밤 중 바울과 실라가 기도하고 찬미하매 큰 지진이 나서 옥터가 움직이고 문이 다 열리며 모든 사람의 매인 것이 다 벗어지는 것을 보고 간수가 어떻게 하여야 구원을 받으리이까 물을 때 그 유명한 사도행전 16장 31절의
"주 예수를 믿으라 그리하면 너와 네 집이 구원을 받으리라"는 이적과 기사가 일어난 것입니다.
저도 담임목사님처럼 끝내주는 목사가 되기 위하여 이제 말씀을 마칩니다.

사랑하는 서울김포영광교회, 성도 여러분!
우리 모두는 항상 기뻐하고, 쉬지말고 기도하며, 범사에 감사하면서 **하나님의 뜻대로 순종하며** 사는 복된 하나님의 자녀가 다 되시기를 간절히 축원합니다.

기도하겠습니다. 하나님! 방금 상고한 말씀, 항상 기뻐하고 쉬지말고 기도하며 범사에 감사하는 것이 하나님의 뜻인 것을 깨닫고 그 말씀대로 살기 원합니다. 기쁨과 기도와 감사의 생활할 수 있도록 생활속에서 여건의 복을 허락하옵소서!
예수님의 이름으로 감사드리며 기도하였습니다. 아멘

(축도) 지금은 주 예수 그리스도의 은혜와
    하나님의 다함없는 사랑과
    성령님의 교통·교제·충만·역사하심이

    이 예배를 마치고 돌아 가는 성도들의 심령과
    가정과 일터와 이 나라·이 민족위에
    영원토록 항상 함께 하실지어다. 아멘!

천국이 이런 사람의 것 (마태복음19:13-15/ ♪565/수요예배·어린이 날 설교)

(기도 : 하나님 감사합니다. 화창한 봄날! 저희에게 어린이날에 즐겁게 어린이들과 지내다가 이 밤 수요예배로 예배당으로 불러 주셔서 예배드리게 하여 주시니 감사합니다. 입이 뻣뻣하고 우둔한 종이 귀한 어린이 날에 말씀 전합니다. 도와 주옵소서 예배의 시종을 **성령님께** 맡기오니 **주관하여** 주시어 영과 진리로 드리는 **이 예배를** 받아 주시고 하나님 홀로 영광받아 주시옵소서. 예수님이름으로 기도하였습니다. 아멘)

먼저 이 밤에 저희에게 주시는 하나님 말씀! 마태복음입니다. 마태복음19장 13절부터 15절까지로 신약성경 32쪽입니다. **저와 함께 합독하시겠습니다.**

제가 **지난 3월 3일**했던 수요예배 설교 요나서 2장 1절의 "요나가 물고기 뱃속에서 그의 하나님 여호와께 기도하여"의 말씀대로 "물고기 뱃속에서 기도한 요나"라는 제목으로 요나는 니느웨로 가라 명하실 때 고집부리고 다시스로 간 자기 잘못을 '나의 연고'로 솔직히 인정하며

1) 삼일 밤낮 물고기 뱃속에서 기도하면서 회개했고
2) 하나님의 구원을 인정했으며
3) 생명을 살려주신 하나님께 감사하였다 하였습니다.

오늘은 어린이 날이라서
무슨 말씀을 전하는게 하나님께서 기뻐하시고 **성도님들께도 은혜가 될까** 생각하다가 어린이에 관한 내용이 좋겠다고 판단하여 어린 아이들에게 안수하고 기도해 주시면서 하신 마태복음의 말씀을 정하였습니다.
사실 어린 아이들에게 안수하신 말씀은 마태복음외에도 막10:13-16과 눅18:15-17 에서도 언급됩니다.

오늘 함께 볼 말씀은 마태복음 19장의 13-15절의 어린 아이들에게 안수하신 내용입니다.

먼저 마태복음은 총 28장인데 마태복음은 **구약을** 인용한 부분이 **약 90회**로 다른 복음서보다 훨씬 많습니다.

마태복음의 저자는 책이름같이 12사도 중 하나로 **마태**입니다.

기록연대는 주후A.D(Anno Domini, 라틴어로는 '주님의 해'란 뜻으로)즉, **예수님 탄생이후 65년-70년경**에 썼습니다.

기록 목적은 **나사렛 예수**가 바로 구약성경에서 줄곧 예언되어 왔던 **메시아** 곧 온 인류의 **영원한 왕이신 '그리스도'**라는 사실을 입증하고 증거하기 위해서 기록하였습니다.

□ 주요한 장과 관련된 절을 몇 군데 살펴 볼까합니다.

○ 1장은 아브라함과 다윗의 자손 예수 그리스도의 계보로 그분이야말로 약속된 유대인의 왕이요 참 메시야임을 보여주는 예수그리스도의 족보가 소개되며 인류 구원을 위해 오신 **예수 그리스도의 동정녀 탄생 과정**을 묘사하고 있습니다.

○ 4장은 예수께서 40일 광야 금식 후에 사탄의 유혹을 이기시는 장면으로 4절에 보면 "예수께서 대답하여 이르시되 사람이 떡으로만 살 것이 아니요 하나님의 입으로부터 나오는 모든 말씀으로 살 것이라"고 하시며 본격적인 공생애의 시작으로서 갈리리 사역과 제자들을 부르시는 장면이 소개됩니다.

○ 5장에서 7장은 산상수훈으로 팔복을 말씀하시며 하나님의 백성이 갖추어야 할 성도의 바른 삶으로 12절에 보면 '무엇이든지 남에게 대접을 받고자 하는 대로 너희도 남을 대접하라 이것이 율법이요 선지자니라'라고 말씀하십니다.

○ 13장은 천국에 관한 예수님의 일곱가지 비유로 ①씨 뿌리는 비유 ②곡식과 가라지 ③겨자씨 ④누룩 ⑤감추인 보물 ⑥진주 ⑦그물 비유로 13장 47절 "또 천국은 마치 바다에 치고 각종 물고기를 모는 그물과 같다고 그물비유를 들기도 하셨습니다.

○ 23장은 유대 종교 지도자들의 음모와 위선에 대해 엄히 책망하시는 모습으로 23:27절 "화 있을진저 외식하는 서기관들과 바리새인들이여 회칠한 무덤 같으니

겉으로는 아름답게 보이나 그 안에는 죽은 사람의 뼈와 모든 더러운 것이 가득하도다" 이런 모습을 흔히 **외화내빈**이라고 말하지요

○ 25장은 종말과 재림에 관한 내용으로, 세 가지 비유 곧 **열 처녀 비유, 달란트 비유, 양과 염소의 비유**를 통하여 말세에 엔드 타임을 살아가는 성도들에게 올바른 신앙 자세를 가르쳐 주고 있습니다.

○ 본서의 **끝장인 28장**은 **예수 그리스도의 부활** 장면으로 예수님이 부활하실 때, "지키던 자들이 무서워하며 떨며 죽은 사람과 같이 되었더라. 이 때 천사가 무서워하지 말라 십자가에 못박히신 **예수는 여기 계시지 않고 그가 말씀하시던 대로 살아나셨느니라**" 라고 합니다.

마지막 제자들에게 지상 명령으로
18. "하늘과 땅의 모든 권세를 내게 주셨으니
19. 너희는 가서 **모든 민족을 제자로 삼아** 아버지와 아들과 성령의 이름으로 세례를 베풀고
20. 내가 너희에게 분부한 모든 것을 가르쳐 지키게 하라 볼지어다 내가 세상 끝날까지 너희와 항상 함께 있으리라" 약속해 주셨습니다.

자! 그러면 마태복음 19장 13-15절의 본문 중 14절의
"예수께서 이르시되 어린 아이들을 용납하고 내게 오는 것을 금하지 말라 **천국이 이런 사람의 것이니라 하시고**"의 말씀에서 "**천국이 이런 사람의 것**"이라는 제목으로 말씀을 상고할 때 피차에 은혜가 되기를 바랍니다.

오늘은 어린이에 관한 말씀으로
어린이 주일의 제정과정을 잠깐 살펴보겠습니다.

어린이 주일은 꽃주일이라고도 했던 같으로 기억납니다.
미국 최초로 어린이 주일을 제정한 유니버셜리스트 제일교회의 레오날드 목사는

지금으로부터 165년 전인 1856년 어린이들을 그리스도인으로서 훈련시키고, 또 어른들에게는 어린이에 대한 인식을 새롭게 한다는 취지에서 6월 둘째 주를 자신이 사역하는 교회에서 어린이 주일로 정하고 그 날 어린이 주일 행사를 거행하였습니다. 그 후 교회들은 이에 대하여 큰 관심을 갖고 호감을 느껴 그 결과 1868년에 미국 감리교에서 6월 둘째 주를 '어린이 주일'로 정식으로 승인하였고 이 결정은 다른 교파에도 영향을 주어 1883년 미국의 장로교를 비롯한 대부분의 교파에서도 교회의 절기로 정해졌다고 합니다.

한편 우리나라에서는 1919년 3.1운동 이후 소파 방정환 선생님을 중심으로 어린이들에게 민족의식을 불어 넣고자 하는 운동이 활발하게 전개되는 시기인 1923년 5월 1일, 소파 방정환 선생이 결성한 어린이 운동단체인 '색동회'를 중심으로 방정환외 8명이 어린이 날을 공포하고 기념행사를 함으로써 비로소 어린이 날의 역사가 시작되었습니다.
그후 1927년부터 5월 첫째 일요일로 날짜를 바꿔 계속행사하다가 1939년 일제의 억압으로 중단된 뒤 1946년에 다시 5월 5일을 어린이 날로 정하였습니다.
1957년 대한민국 어린이 헌장을 선포하고, 1970년 '관공서의 공휴일에 관한 규정"에 따라 법정 공휴일로 정해진 이래 오늘에 이르고 있습니다.

우리 나라의 교회들도 초창기에는 미국에서 처음 제정된 6월 둘째 주일을 어린이 주일로 지켜오다가 1956년부터 5월 첫째 주를 어린이 주일로 변경하여 지금에 이르고 있습니다.

우리가 이런 어린이 날과 어린이 주일의 유래를 살펴본 결과 저는 정말 잘 제정 되었다고 생각하는데 여러분은 어떠신지요?
혹시 어린이 날 자녀들이 옷 사줘요? 자전거 사줘요? 놀이공원가고 맛있는 음식 사줘요? 한다고 잘못 만들어졌다고 생각하실 분은 안계시죠?

어린이들은 이 나라의 기둥이며 하나님나라의 주인공들이기 때문에 우리는 어린이를 사랑해야 합니다. 내 자식은 물론 남의 자식도 잘 보살펴 주어야 합니다.

천국을 소유한다는 것은 세상을 다 차지한 것과 같이 만족하고 행복한 일인데 **이렇게 좋은 천국**은 **어떤 사람들이 들어 갈 수 있는지 세가지로 살펴보겠습니다.**

첫째, 천국은 어린 아이와 같은 사람들이 들어 갈 수 있습니다.

어린 아이는 천진난만하고 순수하고 무구하지요
아주 옛날 아이들은 거짓말을 못한다고 하시며 이런 말을 들은 것이 생각납니다. 아마 영락교회 한경직 목사님 설교집에서 본 것 같이 기억됩니다만
돈 받으러 온 사람이 집 문을 노크하며 주인어른 안 계십니까?하며 들어 가면서 얘야! 네 아버지 방에 계시냐?하고 물으니 아버지는 안 계신다고 가르쳤는데 그 아이 말하길 "우리 아빠가 아빠 안 계신다고 말하라 했어요!" 이와같이 우리 아이들은 정직합니다. 거짓말을 못합니다.
미국 대통령하고 노예해방시킨 훌륭한 아브라함 링컨은 정직하였다고 하지요 저도 정직은 최선의 정책이라는 영어 속담을 외웁니다. 제 삶의 모토로 삼기 때문입니다. "Honesty is the best 최고의 polocy"라고 정직하게 살려고 합니다.

천국을 소유하고자 하는 사람들은 빈부귀천을 막론하고 누구든지 어린 아이와 같아야 천국에 들어 갈 수 있습니다.

어린 아이와 같다 함은 주님께 모든 것을 전폭적으로 믿고 맡기는 것입니다.

♬ 찬송가 430장 "주와 같이 길 가는 것" 즐거운 일 아닌가?
우리 주님 걸어 가신 발자취를 밟겠네

2절 가사보면
"어린 아이 같은 우리 미련하고 약하나
 주의 손에 이끌리어 생명길로 가겠네
 한 걸음 한 걸음 주 예수와 함께
 날마다 날마다 우리 걸어 가리"

어린 아이와 같이 미련하고 약한 우리들은 주님 손 꽉 붙잡고 한걸음 한걸음 주님과 함께 생명길로 가는 저와 여러분이 되시길 간절히 바랍니다.
마태 11장 25절에 "그 때에 예수께서 대답하여 가라사대 천지의 주재이신 아버지여 이것을 지혜롭고 슬기있는 자들에게는 숨기시고 어린 아이들에게는 나타내심을 감사하나이다"했고

또 본문의 마태19:14절에 "예수께서 가라사대 어린 아이들을 용납하고 내게 오는 것을 금하지 말라 천국이 (누구의 것이라고요?) 이런 자의 것이니라" 하셨습니다.
하나님께서는 스스로 지혜롭고 슬기롭다하는 유대 제사장들과 서기관 바리새인들에게 예수님을 숨기시고 철없는 어린 아이와 같은 "주는 그리스도시오 살아 계신 하나님의 아들"이라고 고백한 베드로나 안드레, "토색한 것을 4배로 갚겠나이다" 한 삭개오 같은 사람에게 나타나셨습니다.
그러나 하나님의 능력을 인정하고 믿고 받아들일 때 역사하십니다.
며칠전 카톡에서 이런 글을 읽으며 참 안되었다고 생각했습니다.
내용은 어느 노인 갑부가 여행중에 몸이 아프고 길을 잃어 잘못하면 죽게 생겼는데 오두막집에 들어가 할머니의 극진한 정성스런 대우로 생명을 건지고 며칠 머물던 그 누추한 집을 떠나면서 감사의 표시로 편지와 거액의 수표 한 장을 넣고 와서 시간이 지난 후 궁금하여 방문해 보니 그 할머니는 굶어 죽었고 그 수표는 바람막는 문풍지로 벽에 붙어 있었다고 합니다. 수표를 단지 종이딱지로 알고 그 가치를 몰랐기 때문였습니다.
마찬가지로 가나안 땅에 들어 갈 때에도 하나님은 하나님을 제대로 인정하고 의지한 2세들을 통하여 일하셨습니다.
1세인 이스라엘 민족은 하나님께서 보낸 모세를 불평,불만, 원망하고 악평만을 일삼은 그들은 가나안 땅에 들어가지 못하였고 광야에서 죽었습니다.
따라서 우리들도 평소에 모세의 후계자가 된 눈의 아들 여호수아처럼 긍정적인 마인드로 매사에 진취적이며 적극적이며 생산적이고 창의적인 마인드로 하면 된다 해 보자 내게 능력 주시는 자 안에서 모든 할 수 있느니라는 빌4:13절 말씀처럼 야고보의 행함 없는 믿음은 죽은 것처럼
어린 아이와 같이 순수한 믿음으로 순종하여 복받고 천국의 소유자가 다 될 수 있기를 간절히 바랍니다.

둘째, 천국은 계명을 지키는 사람들의 것입니다.

17절에 "예수께서 이르시되 어찌하여 선한 일을 내게 묻느냐? 선한 이는 오직 한 분이시니라 네가 생명에 들어 가려면
계명들을 지키라"라고 명하십니다.,
하나님의 말씀은 달고 오묘하십니다.
♪찬송가 200장 "달고 오묘한 그 말씀" 1절 가사처럼.
"달고 오묘한 그 말씀 생명의 말씀은
 귀한 그 말씀 진실로 생명의 말씀이
 나의 길과 믿음 밝혀 보여 주니
 후렴) 아름답고 귀한 말씀, 생명샘이로다~
        아름답고 귀한 말씀, 생명샘이로다. 아멘이시죠?
하나님의 말씀은 살았고 운동력이 있습니다.
하나님의 말씀은 그리스도의 군사에게 성령의 검입니다.
찬송가 203장을 지은 조장희 목사님의 "하나님의 말씀은"
생명의 말씀이라. 광야같은 세상에 길 잃고 방황할 때 절망중에 빠진 이 몸을 보호하시고 새힘을 주신다고 합니다.

하나님의 말씀은 은혜의 말씀이라 누구든지 믿고서 참으로 회개하면 구원을 베푸시고 은혜로 늘 품어 주신다고 합니다.

하나님의 말씀은 사랑의 말씀이라 험한 세상 살 동안 언제나 돌보시고 변함없는 사랑으로 우리를 지키어 주시며 하늘나라 이르도록 인도해 주신다고 합니다.

하나님의 말씀, 즉 계명이요 규례요 법도는 사랑으로 요약됩니다. 요한3:16 "하나님이 세상을 이처럼 사랑하사 독생자를 주셨으니 이는 그를 믿는 자마다 멸망하지 않고 영생을 얻게 하려 하심이라"고 말씀하십니다.
고전13장 사랑의 장에서도 "믿음 소망 사랑 이 세가지는 항상 있을 것인데 그 중에 제일은 사랑이라고" 고전 13:13은 사도 바울은 고백합니다.

하나님의 계명은 사랑으로 요약됩니다.
하나님 사랑과 이웃 사랑이 그것이며
이 둘은 따로 놀 수 없습니다.
그 많은 계명 중 이 사랑을 실천하며 끝입니다.
왜냐고요 바울이 롬13:10에서 말하듯이 "사랑은 율법의 완성이기 때문"입니다.

끝으로, 천국은 주를 따르는 자가 갈 수 있습니다.

오늘 본문의 14절 제목처럼 천국은 이런 사람들의 것인데
천국의 소유권을 갖는다는 것은 이 세상을 다 주어도 바꿀 수 없는 귀중한 것입니다.
이 세계를 모두 차지하는 것보다도 더 귀하고 값진 것입니다. 우리는 하나님을 아바 아버지로 부르는 하나님의 자녀가 된 것은 어느 대통령의 자식이 된 것보다도 가치 있고 존귀합니다.
왜냐하면 하나님 아버지를 나의 아버지로 부르는 천국의 상속자가 되었기 때문입니다.
이 보다 더 큰 복이 어디 있습니까? 믿으시면 아멘합시다.

먼저 천국은 어떠한 곳입니까?
천국은 예수 믿고 구원받은 자들이 가는 곳으로, 그 나라는 하나님께서 계시는 곳입니다. 새 하늘과 새 땅으로 그 곳엔 아픔이나 슬픔도 없고 못 고칠 질병도 없고 죽음이 없는 곳으로, 성문은 열두 진주문이요 그 성은 벽옥과 정금과 각종 보석으로 만들어져 맑은 유리같이 매우 아름다운 곳으로,
행복이 넘치는 영원한 나라입니다.
이렇게 황홀할 정도로 좋은 천국은 누가 갈까요?
♬찬송가 544장의 '울어도 못하네' 가사처럼
울어도 못가네 눈물 많이 흘려도 겁을 없게 못하고
죄를 씻지 못하니 울어도 못하네
후렴) 십자가에 달려서 예수 고난 당했네
　　　　나를 구원 하실 이 예수 밖에 없네. 아멘입니다.
 울어도 힘써도 참아도 못하고, **오직 예수만 믿으면** 영원 삶을 얻는 것입니다.

세상 부귀와 권세 다 버리고 **주를 따르는 자들이 천국을 차지하게 됩니다**. 그런데 많은 사람들이 세상의 소유 때문에 예수님을 포기하는 경우가 있습니다.

또 마태 11:12절에 보면 "세례 요한의 때부터 지금까지 천국은 침노를 당하노니 침노하는 자는 빼앗느니라"하십니다.

그러므로 천국은 침노하여 빼앗는 것으로 우리의 경험이나 재주로가 아니라 오직 성령의 도움심을 바라야 합니다.

천국 소유권은 하나님의 주권을 신뢰하고 의지하는 자에게 주어지는 것입니다.

이제 말씀을 마칩니다.

'천국은 이런 사람의 것입니다.'

1) 천국은 어린 아이와 같은 사람들이 들어 갈 수 있습니다.

2) 천국은 계명을 지키는 사람들의 것입니다.

3) 천국은 주를 따르는 자가 갈 수 있습니다.

천국 가길 원하는 여러분과 저에게 **(지금은) 우리주 예수 그리스도**의 **한없는 은혜**와 **하나님**의 **다함없는 사랑**과 **성령**의 **교통·교제 인도**와 **끝없는 역사하심**이 서울김포영광교회에 속한 성도들의 심령과 가정과 일터와 이 나라 이 민족 위에 영원토록 함께 하시길 간절히 축원합니다.

찬송가 해설

1. 565장(예수께로 가면)

어린이들이 즐겨 부르는 이 찬송은 눅 18:16 "예수께서 그 어린 아이들을 불러 가까이 하시고 이르시되 어린 아이들이 내게 오는 것을 용납하고 금하지 말라 하나님의 나라가 이런 자의 것이니라" 라는 말씀에 근거

이 찬송은 작사자 미상으로 한국 선교 초기 장로교 찬송가 「찬송시」(1905년 119장)에 처음 수록되어 소개되었습니다.

이 찬송은 미국에서 사용되던 장로교 찬양집에서 온 어린이 찬송으로 작곡자도 밝혀지지는 않았지만 미국인으로 추정된다고 합니다.

참고로 작시자도 크로스비라고도 하는데 확실하지 않다고 합니다.

제도 주일학교에서 많이 불렀던 곡으로
예수께로 가면 걱정근심 없고 정말 정말 즐거워
나와 같은 아이 부르신 '예수께로 가면'을

다같이 **찬송 565장**을 부르겠습니다.

십계명 The ten commandments

**하나님이 이 모든 말씀으로 말씀하여 이르시되, 나는너를 애굽 땅,
종 되었던 집에서 인도하여 낸 네 하나님 여호와니라.**

제일은, 너는 나 외에는 다른 신들을 네게 두지 말라.

제이는, 너를 위하여 새긴 우상을 만들지 말고,
또 위로 하늘에 있는 것이나, 아래로 땅에 있는 것이나,
땅 아래 물 속에 있는것의 어떤 형상도 만들지 말며,
그것들에게 절하지 말며, 그것들을 섬기지 말라,

나 네 하나님 여호와는 질투하는 하나님인즉 나를 미워하는 자의 죄를 갚되,
아버지로부터 아들에게로 삼사 대까지 이르게 하거니와,
나를 사랑하고 내 계명을 지키는 자에게는 천 대까지 은혜를 베푸느니라.

제삼은, 너는 네 하나님 여호와의 이름을 망령되게 부르지 말라.

여호와는 그이 이름을 망령되게 부르는 자를 죄 없다 하지 아니하리라.

제사는, 안식일을 기억하여 거룩하게 지키라.

엿새 동안은 힘써 네 모든 일을 행할 것이나, 일곱째 날은 네 하나님
여호와의 안식일인즉, 너나 네 아들이나 네 딸이나, 네 남종이나
네 여종이나, 네 가축이나, 네 문안에 머무는 객이라도
아무 일도 하지 말라. 이는 엿새 동안에 나 여호와가 하늘과 땅과
바다와 그 가운데 모든 것을 만들고 일곱째 날에 쉬었음이라.
그러므로 나 여호와가 안식일을 복되게 하여,
그 날을 거룩하게 하였느니라.

제오는, 네 부모를 공경하라.

그리하면 네 하나님 여호와가 네게 준 땅에서 네 생명이 길리라.

제육은, 살인하지 말라.

제칠은, 간음하지 말라.

제팔은, 도둑질하지 말라.

제구는, 네 이웃에 대하여 거짓 증거하지 말라.

제십은, 네 이웃의 집을 탐내지 말라.
네 이웃의 아내나, 그의 남종이나 그의 여종이나, 그의 소나 그의 나귀나,
무릇 네 이웃의 소유를 탐내지 말라.
(출애굽기 20장 1절-17절)

**예수께서 이르시되,
네 마음을 다하고 목숨을 다하고 뜻을 다하여
주 너의 하나님을 사랑하라 하셨으니,
이것이 크고 첫째 되는 계명이요, 둘째도 그와 같으니,
네 이웃을 네 자신같이 사랑하라 하셨으니,
이 두 계명이 온 율법과 선지자의 강령이니라.**
(마태복음 22장 37절-40절)